Christian Ottersbach

FRANKFURT & RHEIN-MAIN

Burgen und Schlösser in und um Aschaffenburg, Darmstadt, Mainz, Taunus und Wetterau

KulturRegion FrankfurtRheinMain

MICHAEL IMHOF VERLAG

INHALT

Vorwort

Der Marburger Arbeitskreis für europäische Burgenforschung e. V. freut sich, Ihnen mit diesem Buch zu den Burgen und Schlössern im Rhein-Main-Gebiet einen weiteren Band aus seiner Reihe Burgen – Schlösser – Herrensitze präsentieren zu können, die es sich zur Aufgabe gemacht hat, interessante Regionen Mitteleuropas vorzustellen.
Der Marburger Arbeitskreis hat sich in seiner Satzung verpflichtet, nicht nur die Erforschung historischer Wehr- und Wohnbauten und ihres kulturgeschichtlichen und historischen Kontextes voranzutreiben und zu fördern, sondern auch für die Verbreitung der Forschungsergebnisse zu sorgen. Für den Wissenschaftler gibt er daher ein Jahrbuch heraus und publiziert auch die Ergebnisse seiner Fachtagungen. Damit die Erkenntnisse nicht im Elfenbeinturm der Wissenschaft verbleiben, wendet sich der Verein mit einer Reihe von Führern an den interessierten Laien. Mit dem vorliegenden Band wird nun eine ehemals zentrale Region des mittelalterlichen Reiches vorgestellt. Frankfurt war jene Stadt, in der der König gewählt wurde.
Heute ist das Rhein-Main-Gebiet einer der Wirtschaftsmotoren Deutschlands. Darüber wird gern vergessen, welche Fülle an herausragenden Bauwerken der vergangenen 1000 Jahre sich in der Region erhalten haben. Zu diesen will Sie der vorliegende Führer mitnehmen. Entsprechend der Grundidee der Reihe Burgen – Schlösser – Herrensitze werden Burgen, Schlösser und Herrensitze nicht getrennt vorgestellt. Sie gehören eng zusammen und sind oft gar nicht zu unterscheiden. Burgenforschung ist im Gegensatz zur Erforschung von Schlössern, die klar als Bestandteil der Architektur- und Kunstgeschichte akzeptiert ist, im Grenzbereich von Kunstgeschichte, Geschichte, Bauforschung und Mittelalterarchäologie angesiedelt und bildet ein wichtiges Gebiet der Erforschung von Hof- und Adelskultur in Mittelalter und Früher Neuzeit. Interdisziplinarität ist hier unabdingbar. Zu den Bauten treten Festungen. Sie stehen mit Burgen und Schlössern in engem Zusammenhang und sind von Burgen durch den Laien oft ebenso schwer zu unterscheiden wie Schlösser von Herrensitzen. Zudem waren manche Schlösser noch in der Frühen Neuzeit immer auch Festungen.
Die Gemeinsamkeiten zwischen Burg und Festung, Herrensitz und Schloss aufzuzeigen und zugleich auch ihre Besonderheiten herauszustellen, ist aber nur ein Hauptanliegen der vorliegenden Reihe. Vor allem soll Ihr Interesse an den historischen Bauten geweckt und Verständnis für ihre Besonderheiten vermittelt werden. Wir wünschen Ihnen zahlreiche Anregungen und viel Freude beim Besuch heimischer Burgen, Schlösser, Herrenhäuser und Festungen. Und wenn Ihnen die Anlagen gefallen, engagieren Sie sich für Ihren Erhalt. Noch heute verschwinden in Mitteleuropa täglich zahlreiche Denkmäler.

Der Vorstand

Grußwort

Liebe Leserin, lieber Leser,

der Ballungsraum FrankfurtRheinMain mit seinen rund 3,5 Millionen Einwohnern ist bislang vorwiegend als europäisches Finanz- und Wirtschaftszentrum bekannt. Weniger bewusst ist vielen Menschen, dass diese zentral in Deutschland und Europa gelegene Region auf Grund ihrer reichen Vergangenheit eine große Dichte sehenswerter Schlösser, Burgen und Paläste besitzt. Von der einsam im Wald gelegenen Burgruine im Taunus bis zum prachtvollen Residenzschloss in der modernen Großstadt Frankfurt am Main spiegeln sich hier alle möglichen Bauzeugen weltlicher Macht und Pracht wider. Wir als KulturRegion FrankfurtRheinMain gGmbH freuen uns daher, Ihnen einige der schönsten und bedeutendsten Anlagen der Region vorstellen zu dürfen.
Die Ende 2005 gegründete KulturRegion FrankfurtRheinMain ist ein freiwilliger, bundesländerübergreifender Zusammenschluss von 30 Gebietskörperschaften sowie dem Planungsverband Ballungsraum Frankfurt/Rhein-Main. Unsere Aufgabe ist die Bündelung, Vernetzung und Vermarktung der regionalen Kultur. Mit unseren Projekten „Route der Industriekultur RheinMain“, „GartenRheinMain“, „Geist der Freiheit – Freiheit des Geistes“, „Starke Stücke“ und „Zu Gast in der Region“ machen wir unsere Region neu erfahrbar und schaffen das Bewusstsein für die Schönheit und Vielfalt unseres polyzentrischen Gebietes. Mit diesen Projekten sorgen wir für Integration und Identifikation der Bewohner mit ihrer Region und damit für eine „Identität FrankfurtRheinMain“. Unsere Projekte bauen auf eine reichhaltige, vielfältige und abwechslungsreiche Kulturgeschichte unserer Region auf. Inzwischen haben wir uns auch den „Burgen, Schlössern und Palästen“ unseres Ballungsraumes FrankfurtRheinMain zugewandt. Als oft weithin sichtbare Bauwerke bilden sie zum einen wichtige Identifikationspunkte für die Menschen mit ihrer Heimat. Zum anderen sind mit vielen alten Burgen und prachtvollen Schlössern spannende Geschichten verknüpft, die eine wichtige Grundlage zum Verstehen der Entwicklung dieser Region darstellen. Wir unterstützen daher sehr gerne das vorliegende Buch und hoffen, dass es zu einem breiteren Verständnis und verstärkten Interesse an den Zeugen unserer gemeinsamen Geschichte beiträgt.

Viel Spaß beim Lesen und Entdecken!

Konrad Dörner
Geschäftsführer
KulturRegion FrankfurtRheinMain gGmbH

Einleitung

Liebe Leserin, lieber Leser,

mit dem vorliegenden Buch wird Ihnen eine Auswahl verschiedener Burgen, Schlösser, Festungen und Herrenhäuser im Rhein-Main-Gebiet vorgestellt, die alle der Entdeckung lohnen. Einige Anlagen sind sehr bekannt, so die Pfalz in Gelnhausen oder das Aschaffenburger Schloss, andere eher vergessene und oft übersehene Kleinode, so Babenhausen oder das Isenburger Schloss in Offenbach.
Das Rhein-Main-Gebiet ist eine äußerst geschichtsträchtige Region und bildete lange eines der Zentren des Heiligen Römischen Reiches Deutscher Nation. Die Gegend ist daher reich an adeligen Herrensitzen unterschiedlichster Epochen und Stile. Und so musste zwangsläufig eine Auswahl getroffen werden, die sich hauptsächlich auf noch einigermaßen gut erhaltene und zugängliche Anlagen beschränkt. Sie spannt den Bogen vom Mittelalter bis zum Historismus des späten 19. Jh., von der großen Dynastenburg bis zum niederadeligen Rittersitz. Als vor- und frühgeschichtliche Ausnahme wurde der Glauberg aufgenommen, der immerhin bis ins Hochmittelalter immer wieder besiedelt war und dessen mittelalterliche Geschichte angesichts der so bedeutenden Funde aus der Keltenzeit in der breiten Öffentlichkeit fast in Vergessenheit geraten ist.
Der Schwerpunkt des Buches liegt auf dem Gebiet der Wetterau und des südlichen Taunus, beliebte Ausflugsziele für den Großraum Frankfurt. Der Rheingau wurde dabei allerdings ausgespart, denn er findet sich zur Genüge im ersten Band dieser Reihe von Heiko Laß behandelt. Abstecher führen bis nach Aschaffenburg, und auch das Gebiet zwischen Odenwald und Mainz bzw. Rhein wurde aufgenommen. Den südlichsten Punkt dieses Führers bildet die alte Residenzstadt Darmstadt.
Der Führer ist nach Regionen untergliedert. Besonders bei den Städten Wiesbaden, Mainz, Frankfurt und Darmstadt wurde versucht, auch historisch gewachsene Zusammenhänge zu berücksichtigen. Kaum einem ist heute noch bewusst, dass z. B. Darmstadt oder Wiesbaden Residenzstädte waren, geprägt durch die Bauten des Hofes. Bis heute lassen sich diese Ensembles, die mit Achsen und Gartenanlagen weit ins Umland ausgriffen, teilweise noch gut ablesen.
Selbstredend wäre dieses Buch nicht ohne die Hilfe einiger Freunde und Kollegen zustande gekommen. Besonders Astrid Schlegel, die mit mir zahlreiche Burgenfahrten unternommen und mir einige Fotos zur Verfügung gestellt hat, möchte ich hier danken, aber auch Martina Hackl und Michael Karkosch. Weiter gilt mein Dank für Korrekturen, Anregungen und Hinweise Anja Kalinowski, Sandra Kress, Heiko Laß, Frank Pütz, Olaf Wagener, Nils Wetter, Waltraud Friedrich und Rainer Zuch. Ein besonderer Dank geht an Herrn Kolb, den 2. Vorsitzenden des Förderkreises Schloss Langenselbold e. V., der so freundlich war, mich durch das Schloss zu führen und mit Infos und Material versorgt hat.
Vor allem gilt aber mein Dank Dr. Michael Imhof, den fleißigen MitarbeiterInnen seines Verlages sowie Herrn Konrad Dörner, Geschäftsführer der KulturRegion FrankfurtRheinMain gGmbH, die das Buch finanziell unterstützt hat.
Nun bleibt nichts weiter übrig, als Ihnen erlebnisreiche und spannende Entdeckungstouren durch die Burgen- und Schlösserwelt im Großraum Frankfurt zu wünschen.

Christian Ottersbach

BURGEN UND SCHLÖSSER IM RHEIN-MAIN-GEBIET

Ein kurzer Überblick über Entwicklung und Geschichte

Das Rhein-Main-Gebiet ist eine ausgesprochene Burgen- und Schlösserlandschaft. Das hat seinen Grund in der Geschichte, denn das heutige Hessen unterteilte sich bis 1806 in eine Vielzahl von Herrschaften. Zugleich bildete das Rhein-Main-Gebiet eines der politischen und wirtschaftlichen Zentren des Heiligen Römischen Reiches Deutscher Nation. Nicht nur, dass die Region sehr fruchtbar war (besonders die Wetterau), hier kreuzten sich auch wichtige Straßen, an denen sich große Städte entwickelten, so Mainz, Frankfurt und Friedberg. Die Ströme Rhein und Main bildeten wichtige Verkehrswege. Den jeweiligen Territorien und Landesherren ging es im Laufe der Jahrhunderte immer darum, Macht und Einfluss in der Region auszubauen und somit die bedeutenden Handelsrouten und Wirtschaftsräume zu kontrollieren.

Die Mitte des Reiches

Schon in karolingischer Zeit war das Rhein-Main-Gebiet ein Zentrum des Reiches. Ludwig der Deutsche errichtete im 9. Jh. in Frankfurt eine große Pfalz (Nr. 11), in der er sich bevorzugt aufhielt. In salischer und staufischer Zeit bildeten der Reichsforst Dreieich und die Wetterau mit dem Reichsforst Büdingen eine wichtige Machtbasis für das Königtum. Besonders das Haus Hohenstaufen versuchte unter Konrad III. und vor allem unter Friedrich I. Barbarossa in der Wetterau und in der Dreieich sich eine Machtbasis zu schaffen. Die Wetterau sollte zu einer *Terra Imperii*, einem Reichsland ausgebaut werden. Um ihre Machtbasen zu verwalten, aufzubauen und zu schützen, stützten sich Salier und Staufer auf die sog. Reichsministerialen. Das waren unfreie Dienstleute, die vom König mit verschiedenen Ämtern betraut wurden. Diesen Familien gelang oftmals ein Aufstieg zu adelsgleichem Rang, und verständlicherweise strebten sie eine Erhöhung in den Adelsstand und die Aufhebung ihrer Unfreiheit an. Zu den bedeutendsten dieser Reichsministerialen gehörten die Herren von Hagen und von Arnsburg. Die Herren von Hagen und Arnsburg verbanden sich 1093 durch Heirat. Seit dem 12. Jh. nannten sie sich nach ihrer neuen Burg Münzenberg. Die Münzenberger bestimmten die Geschicke der Wetterau und Dreieich bis zur Mitte des 13. Jh. Sie waren so bedeutend, dass noch die ihnen folgenden Herren oft den Namenszusatz „Münzenberg" trugen, so die Herren und späteren Grafen von Hanau-Münzenberg.

Bekanntester und bedeutendster Vertreter der Münzenberger war Kuno I., der Friedrich I. als Reichskämmerer diente und diesen auf seinen Italienzügen begleitete. Er trat in umfangreichem Maße als Bauherr in Erscheinung und entfaltete, wohl gezielt vom Herrscher gefördert, eine regelrechte Baupolitik. Die Errichtung und der Ausbau zahlreicher Burgen am Taunusrand, in der Wetterau und der Dreieich geht auf ihn zurück, wobei dies alles sicher in enger Abstimmung mit dem Kaiser geschah.
Neben den Münzenbergern gab es auch edelfreie Geschlechter, die in königlichen Diensten standen, so die Herren von Büdingen, die mit der Vogtei über den Reichsforst Büdinger Wald betraut waren, während die Münzenberger den Reichsforst Dreieich verwalteten.
Mit der wachsenden Schwäche des Königtums am Ende der Stauferzeit versuchten sich die edelfreien Herren wie auch die Reichsministerialen zunehmend an einer eigenständigen Politik, um mehr Autonomie zu erlangen, und am Aufbau eigener Territorien. Sie wurden seit 1241 in den Machtkampf zwischen der Stauferpartei und dem vom Papst unterstützten Gegenkönig Heinrich Raspe aus dem Haus der Thüringer Landgrafen hineingezogen, und bald wütete der Konflikt auch im Rhein-Main-Gebiet. In der Schlacht bei Frankfurt 1246 obsiegte die Partei Heinrichs. Die staufische Vormacht über die Region zerbrach.

Mächtige Adelsfamilien im Kampf um die Macht

Mit dem Aussterben der Münzenberger 1255 bzw. dem Untergang der Staufer zerfielen auch das Reichsland Wetterau und der Reichsforst Dreieich. Diverse Familien teilten sich in das Erbe, darunter die Herren von Falkenstein. Ihnen gelang bis zum 14. Jh. der Aufstieg zu einer der führenden Familien der Region. Die falkensteinische Macht erlitt allerdings 1356 einen ersten empfindlichen Rückschlag, als Ulrich III. von Hanau, damals Reichslandvogt der Wetterau, eine private Auseinandersetzung mit Philipp VI. von Falkenstein zum Reichskrieg gegen diesen nutzte. Zahlreiche Falkensteiner Burgen wurden eingenommen und teilweise auch zerstört. Immerhin gelang den Falkensteinern noch 1397 die Erhebung in den lang ersehnten Grafenstand. Doch schon 1418 starb das Geschlecht im Mannesstamm aus. Ihr Erbe fiel wiederum an zahlreiche Adelsfamilien, so dass eine erneute Besitzzersplitterung erfolgte.

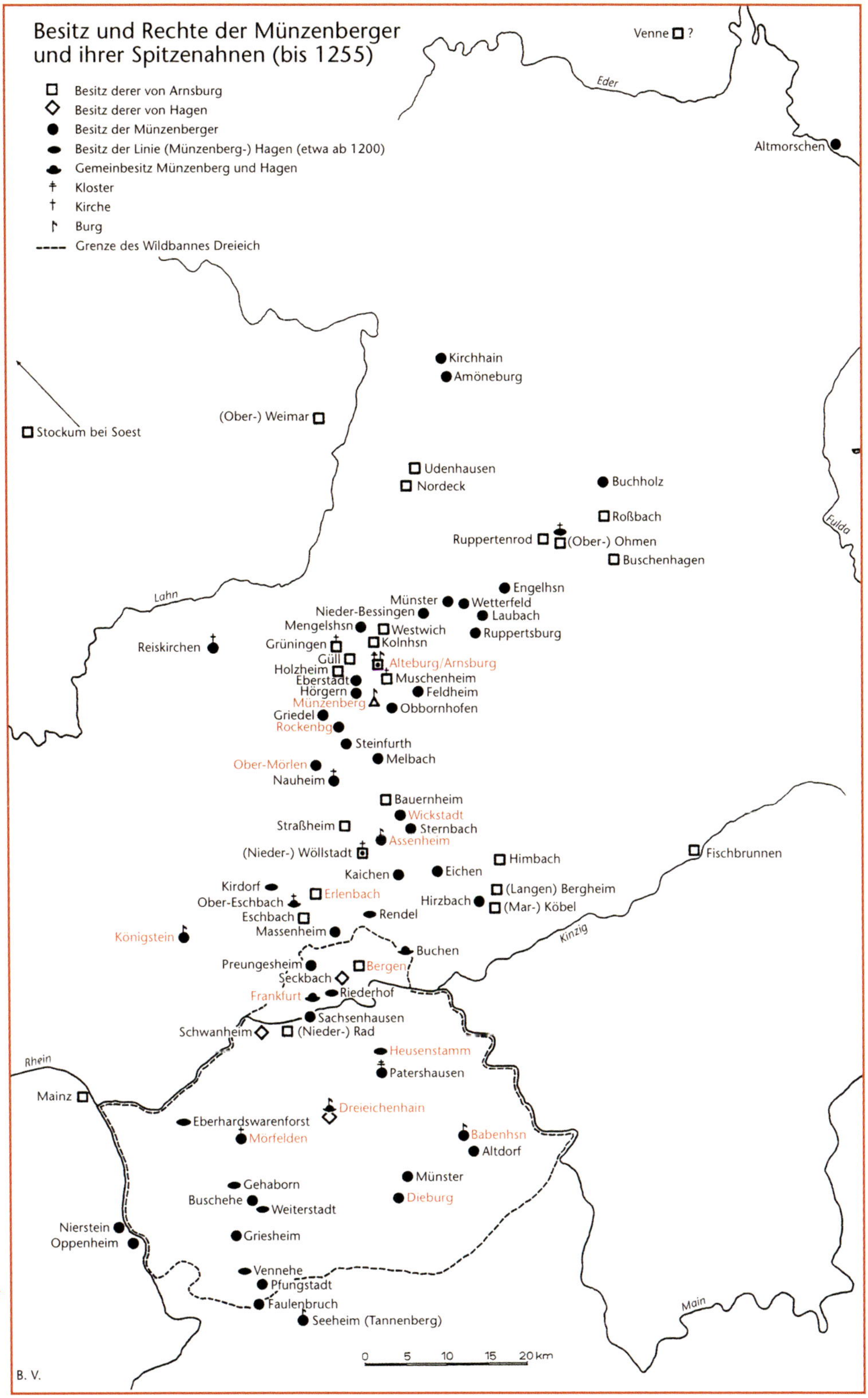

Besitz und Rechte der Reichsministerialen von Hagen-Arnsburg bzw. Münzenberg bis 1255. Farbig unterlegt sind die im Buch behandelten Orte.

Außer den Falkensteinern traten in der Region noch andere politische Kräfte seit dem 13. Jh. in Erscheinung. So etablierten sich die Grafen von Eppstein, die gleich dreimal den Mainzer Erzstuhl mit Bischöfen besetzten und dadurch die Reichspolitik im 13. Jh. entscheidend bestimmten. Sie beerbten gemeinsam mit den Grafen von Solms 1418 auch in weiten Teilen die Falkensteiner. Nicht weniger wichtig wurden die Herren von Hanau, die mehrfach das Amt des Reichslandvogtes über die Wetterau ausübten. Sie erlangten 1429 die Erhebung in den Grafenstand. Im Osten beerbten 1241 die Herren von Isenburg die Herren von Büdingen. Sie stammten aus dem Mittelrheingebiet und hatten im Lauf des 12. Jh. in der Wetterau Fuß gefasst. 1442 wurden die Isenburger in den Reichgrafenstand erhoben, und auch sie stellten immerhin mit Diether von Isenburg einen Mainzer Erzbischof. Aber auch kleinere Adelsgeschlechter wie die Ritter von Reifenberg versuchten sich am Aufbau eigener Territorien. Ihnen gelang es gar in einer Fehde, die politisch bereits geschwächten Falkensteiner 1374 zu besiegen und deren Zentrum Burg Königstein (Nr. 43) einzunehmen.

Eine zentrale Rolle im steten Kampf um die Macht spielten die größeren Regionalmächte, so die Grafen von Katzenelnbogen, die im Taunus und südlich des Mains ihre Machtpositionen hatten. Aus kleinen Anfängen als mainzische Lehnsträger gelang ihnen seit dem 12. Jh. bis zu ihrem Aussterben 1479 der Aufbau einer umfassenden Herrschaft am Mittelrhein und an der Bergstraße, wo Darmstadt (Nr. 87) das Zentrum ihrer sog. Obergrafschaft bildete.

Den wesentlichsten Machtfaktor stellte aber für lange Zeit das Erzbistum Mainz dar. So war es der Erzbischof, der ab 1241 die staufische Position in der Wetterau und im Reich ins Wanken brachte. Die Kurfürsten und Erzbischöfe von Mainz betrieben bis ins 17. Jh. hinein eine expansive Territorialpolitik und bedienten sich dabei zur Durchsetzung ihrer Interessen seit dem 11. Jh. auch einer aktiven Burgenpolitik.

1479 erschienen im südlichen Hessen schließlich die Landgrafen von Hessen auf dem Plan, denn mit dem Aussterben der Katzenelnbogen hatten sie deren Erbe angetreten. Die offensive Expansionspolitik der Landgrafen stellte gerade für die kleineren Herren einen Grund zur Beunruhigung dar. So nahmen die Landgrafen 1504 im Landshuter Erbfolgekrieg den Grafen von Hanau Bad Homburg (Nr. 38) ab und erhielten neben Eppstein (Nr. 46), das sie schon im 15. Jh. zur Hälfte käuflich erworben hatten, einen weiteren Stützpunkt im Taunusgebiet. In der nördlichen Wetterau besaßen sie mit Nidda und Butzbach (Nr. 63) ebenfalls bereits seit dem 15. Jh. Stützpunkte.

Die in der Wetterau ansässigen Grafen- und Herrengeschlechter der Hanauer, Solmser und Isenburger verbanden sich schließlich mit den Grafen von Nassau im sog. Wetterauer Grafenverein, nicht nur um den Landfrieden zu wahren und ihre Interessen zu vertreten, sondern vor allem, um sich gegen den Landgrafen von Hessen abzusichern. Wie sehr sie sich von dessen Anspruch auf die Vormachtstellung bedroht fühlten, zeigte sich 1605, als Wilhelm Dillichs *Hessische Chronica* erschien. Darin wurden nicht nur hessische Herrschaften abgehandelt, sondern auch die des Wetterauer Grafenvereins, was bei diesem wütende Proteste hervorrief. Man veröffentlichte eine Gegenschrift, in der die eigenen, althergebrachten Rechte hervorgehoben wurden. Landgraf Moritz von Hessen-Kassel ließ daraufhin die gesamte Auflage auf der Frankfurter Messe aufkaufen und vernichten.

Nicht zu vergessen im steten Machtringen ist auch die Reichsstadt Frankfurt, die ihrerseits im Kampf um Freiheiten und Rechte eine recht offensive und erfolgreiche Territorialpolitik trieb (Kap. III.). Sie verbündete sich mit anderen Reichsstädten der Region, mit Friedberg und Wetzlar, aber auch mit der Stadt Mainz, der es zeitweilig gelungen war, die erzbischöflich-kurfürstliche Herrschaft abzuschütteln, bis sie im 15. Jh. schließlich mit militärischer Gewalt wieder unter die Botmäßigkeit des Erzbischofs gezwungen wurde.

Gerade das Spätmittelalter war im Rhein-Main-Gebiet geprägt von zahlreichen bewaffneten Konflikten. Die Bündnisse waren dabei stets wechselnde: Mal gingen Städte und große Herren gemeinsam gegen Niederadelige vor, die mit Überfällen und Entführungen die Städte zu erpressen versuchten und dadurch deren Handel empfindlich gefährdeten. Mal kam es zum Konflikt zwischen den Städten und dem Adel, mal zwischen Rittern und großen Herren, gegen deren Vormachtstreben sich die Niederadeligen – letztendlich vergeblich – zur Wehr zu setzen versuchten. Die große Zeit des Fehdewesens lag zweifellos im 14. und 15. Jh., aber einzelne Konflikte wie die Sickingische Fehde 1522/23 flammten auch noch nach Verkündung des allgemeinen Landfriedens auf dem Wormser Reichstag 1495 bis zum Dreißigjährigen Krieg immer wieder auf. Die konfessionellen Konflikte im 16. und 17. Jh. verschärften die Situation oft noch zusätzlich.

Burgenpolitik

In all diesen Auseinandersetzungen spielten Burgen als feste Plätze eine bedeutende Rolle. Nicht nur als militärische Stützpunkte, sondern mehr noch als in Stein gemauerte Machtsymbole, mit deren Errichtung der jeweilige Bauherr seine Gebietsansprüche sichtbar zu unterstreichen gedachte. Es kam sogar zu regelrechten Raubgründungen auf fremdem Boden, um Herrschaftsansprüche geltend zu machen

(Nr. 7). Jede Burg stellte eine potentielle Bedrohung dar, konnte sie doch als Stütz- und Ausgangspunkt für Kriegszüge genutzt werden. Die Reichsstadt Frankfurt legte daher besonderen Wert darauf, dass in ihrer unmittelbaren Umgebung keine festen Plätze angelegt wurden. Ihr gelang es, 1322 vom Kaiser ein entsprechendes Privileg zu erwirken, das den Bau von Befestigungen innerhalb eines Umkreises von fünf Meilen um die Stadt verbot. Und Frankfurt wachte hierüber peinlich genau. Als Mitte des 16. Jh. das Schloss in Offenbach (Nr. 23) ausgebaut werden sollte, schickte die Reichsstadt zwei Beobachter, da man nicht zu Unrecht eine Verstärkung der Befestigungen vermutete. Nicht weniger misstrauisch betrachtete man das nahe Höchst (Nr. 19), wo der Erzbischof von Mainz eine Zollburg errichtet hatte, die von den Frankfurtern 1396 zerstört wurde. Allerdings baute der Erzbischof sein Schloss wieder auf. Auch bei der zweiten Zerstörung 1635 im Dreißigjährigen Krieg soll Frankfurt seine Finger im Spiel gehabt haben. In einigen Fällen erzwang Frankfurt das Öffnungsrecht an fremden Burgen, d. h. diese mussten der Reichsstadt im Kriegsfall zur freien Verfügung stehen. Auch Adel und Landesherren bedienten sich dieses Rechts.

Der Erzbischof von Mainz seinerseits achtete darauf, dass kein anderer als er am Main feste Plätze neu errichtete. Als die Grafen von Katzenelnbogen in Rüsselsheim Ende des 14. Jh. mit einem Burgbau begannen (Nr. 21), legte der Kurfürst hiergegen beim König Einspruch ein. Und als 1628 in Offenbach das Isenburgische Schloss durch bastionierte Erdwerke verstärkt wurde, war es der Erzbischof von Mainz, der die Initiative ergriff und kurzerhand für die Schleifung derselben sorgte, um den Bau einer protestantischen Festung am Main zu verhindern. Mainz betrieb Burgenpolitik sogar noch bis in die zweite Hälfte des 17. Jh. Denn nicht nur der Bau von Burgen war ein Mittel, Herrschaftsansprüche durchzusetzen, sondern auch die Inbesitznahme bestehender Anlagen, zumal mit dem Besitz einer Burg immer bestimmte Herrschaftsrechte verbunden waren. So gelang es Mainz 1581 das Erbe der Grafen von Stolberg-Königstein anzutreten und die Festung Königstein (Nr. 43) handstreichartig an sich zu bringen. Das war nicht unwichtig, denn Mainz, das sich vom Kaiser mit dem Erbe belehnen ließ, versuchte so zu verhindern, dass Königstein in die Hände protestantischer Erben fiel. Sofort wurde in der Grafschaft die Gegenreformation durchgeführt. Auf Kosten anderer ging schließlich auch der Erwerb von Reifenberg im Taunus (Nr. 51), dessen letzten Besitzer, einen Mainzer Domherrn aus dem Hause der Reifenberger, der Kurfürst kurzerhand in Haft nehmen ließ. Damit befand sich eine starke Feste in seinem Besitz.

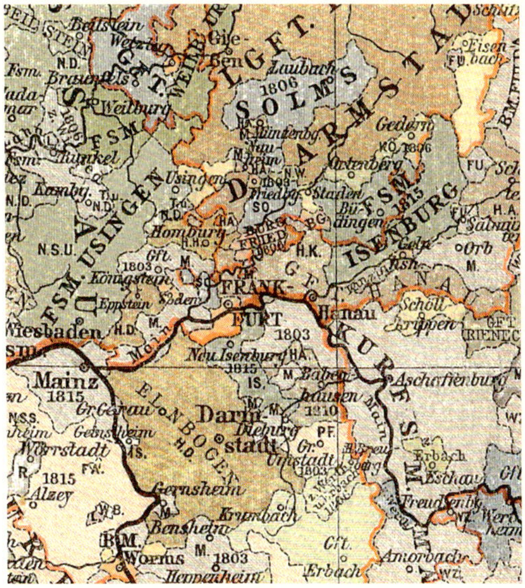

Historische Territorien im südlichen Hessen um 1789, rote Grenzen geben die Staaten und preußischen Provinzen vor 1918 an

Ursprünglich durfte nur der König Burgen bauen, ohne seine Genehmigung war die Anlage einer Befestigung nicht erlaubt. Allerdings begann dieses Recht im beginnenden Hochmittelalter mehr und mehr aufzuweichen. Bald bauten auch Grafen und große Herren und schließlich alle Adeligen Burgen. Das Befestigungsrecht entwickelte sich schließlich zu einem Hoheitsrecht der sich im Lauf des Mittelalters herausbildenden Landesherrschaften. Ein Lehnsmann war daher verpflichtet, seine Burg seinem Lehnsherrn im Bedarfsfall zu öffnen.

Ganerbenburgen und Verwaltungssitze

Nicht alle Burgen dienten als Wohnsitz eines Adeligen. Gerade im Spätmittelalter, als sich feste Residenzen herauszubilden begannen, erfüllten viele Burgen nur noch die Funktion eines Amts-, Gerichts- und Verwaltungssitzes, vor allem dann, wenn sie abseits größerer Siedlungen lagen. Die Burgen am Main dienten zur Kontrolle der Mainschifffahrt und zur Erhebung von Zöllen. Nur ab und an kam der Burgherr zum Aufenthalt, ansonsten bewohnten sie – mitunter adelige – Amtleute oder ein Wirtschaftsverwalter, der Keller. Diese Burgen bildeten ein wichtiges Mittel zum Ausbau der sich allmählich entwickelnden Territorialstaaten einzelner Landesherren. Die Mainzer Erzbischöfe verfügten allerdings neben ihren Amtsburgen über zahlreiche repräsentative Sitze, die sie bis zum Ende des Kurstaates abwechselnd aufsuchten, darunter Höchst (Nr. 19), Steinheim (Nr. 29) und Aschaffenburg (Nr. 35).

Weit verbreitet waren im Spätmittelalter Ganerbenburgen, d. h. es teilten sich gleich mehrere Familien, die nicht miteinander verwandt sein mussten, in den Besitz einer Burg. Vertraglich wurden in einem sog. Burgfrieden Besitzrechte und Unterhaltskosten geregelt. Wichtig waren den Ganerben oftmals nur noch die Herrschaftsrechte, die mit dem jeweiligen Anteil verbunden waren. Solche Anlagen verloren meist ihre Bedeutung als Wohnsitz, wie das Beispiel Münzenberg (Nr. 66) zeigt, dessen einzelne Anteilseigner alle eigene Burgen besaßen und somit Münzenberg kaum nutzten.
Landesherrliche Burgen wurden in der Regel mit adeligen Burgmannen besetzt, die hier oder in einer angeschlossenen kleinen Siedung lebten. Sie waren mit der Bewachung und Verteidigung der Burg im Kriegsfall betraut. Hingegen gab es auf den meisten Burgen keine große Besatzung. Erst im Kriegsfall, wenn das Lehnsaufgebot aus adeligen Kriegern zusammengestellt und Söldner angeworben wurden, erhielten Burgen eine Garnison. In Friedenszeiten gab es auf großen landesherrlichen Burgen gerade mal zehn Wächter, auf kleinen Anlagen oft nur einen Pförtner und einen Türmer. Erst in der frühen Neuzeit wurden einzelne Burgen als Landesfestungen mit größeren Garnisonen dauerhaft belegt (Nr. 43).
Oft wurden Burgen auch von einem Fürsten an andere Adelige zu Lehen gegeben, bzw. diese mit dem Bau einer Burg beauftragt. Das barg allerdings das Risiko, dass der Lehensnehmer irgendwann versuchte, dieses Lehen erblich zu machen und dem Lehnsherrn zu entfremden, um es als Ausgangspunkt zum Aufbau einer eigenen Herrschaft zu nutzen. Viele Territorien haben so ihren Anfang genommen, u. a. die Grafschaft Katzenelnbogen.

Frühe Burgen

Burg ist nicht gleich Burg, und dies gilt besonders für die Entwicklung des Burgenbaus. Aussehen und Lebensverhältnisse auf einer Burg sahen im 11. Jh. anders aus als im frühen 16. Jh., eine niederadelige Anlage weitaus einfacher als die Burg eines Landesherrn. Insofern kann nur schwer von *der* Burg des Mittelalters gesprochen werden.
Die Anfänge der Adelsburg liegen im 10. und 11. Jh. In jener Zeit begann der Adel damit, zumindest in Mittel- und Süddeutschland, wo die entsprechenden geographischen Gegebenheiten vorhanden waren, seine Wohnsitze aus den Dörfern auf die Höhen zu verlegen. Berge und Hänge boten sich für den Burgenbau an, denn sie gewährten nicht nur eine gewisse Sicherheit, sondern vor allem eine gute Sichtbarkeit des Herrschaftsmittelpunktes. Der Adel grenzte sich mit seinen Wohnungen auf den Bergen sichtbar vom Rest der Bevölkerung ab. Die Burg wurde in der Folge zu *dem* Symbol des Adels und blieb dies bis weit in die Neuzeit hinein.
Die Adelsburg der Salierzeit war in der Regel verhältnismäßig klein. Ein hervorragend erhaltenes Beispiel bildet der Wohnturm von Dreieichenhain, der noch aus dem 11. Jh. stammt (Nr. 80). Er diente als repräsentative Wohnung des Burgherrn und wurde in schmalem Abstand von einer Ringmauer mit gerundeten Außenkanten umgeben. Der Wohnturm war im 10./11. Jh. eine Innovation. Er vereinte Wohnkomfort mit Sicherheit und Repräsentationsanspruch des Adels. Dass die Türme der Salierzeit mitnichten unwohnliche Bauten waren, belegen Funde von Fensterglas und frühen Kachelöfen.

Burgen der Stauferzeit

Im Lauf des 12. Jh. entstand dann jener Burgentyp, der als klassische Adelsburg definiert worden ist. Die Burg hatte sich inzwischen als Statussymbol des Adels etabliert. Ein regelrechter Burgenbauboom im 12. und 13. Jh. war die Folge.
Die ideale „Ritterburg“ der Stauferzeit umfasste mehrere Gebäude. Statt eines Wohnturmes wurde, meist an der besonders gefährdeten Seite der Anlage, ein Bergfried errichtet. Manche Bergfriede wiesen zwar Wohneinrichtungen mit Kaminen und Aborterkern, auch ab und an größere Fenster auf, doch hauptsächlich dienten diese Türme multifunktional als steinerne Zeichen der Macht, zur Verteidigung, als Wachtposten und mitunter sogar als Gefängnis. Seit dem späten 12. Jh. lösten zunehmend runde Türme die ältere viereckige Form ab.
Die Wohnfunktion wurde nun in verschiedene Gebäude ausgelagert, die sich in der Regel an die Ringmauer schmiegten: Es entstanden der Saalbau und Wohngebäude (Kemenaten), in einigen Anlagen auch eine Kombination aus beidem, die als Palas bezeichnet wird und das herrschaftliche Zentrum der Burg bildete. Im Palas verbanden sich Wohn- und Repräsentationsfunktion. Auf Münzenberg zeugen bis heute die reich verzierten romanischen Fenster des zweiteiligen romanischen Palas vom Anspruch des Bauherrn, und noch prachtvoller war die Bauplastik an den Fenstern und Türöffnungen der Kaiserpfalz in Gelnhausen (Nr. 76). Neben diesen meist steinernen Gebäuden vervollständigten aus Fachwerk aufgeführte Wirtschaftsbauten die Anlage. Allerdings nahmen sich viele Sitze des Niederadels und auch so manches Ministerialen auf dem Lande weitaus einfacher aus. Nicht selten bestanden ihre Burgen immer noch aus nicht mehr als einem Wohnturm, der den Mittelpunkt eines Herrenhofes bildete.
Auffälligstes Merkmal stauferzeitlichen Burgenbaus sind die Buckelquader, die als typisch für den Pro-

fanbau der Zeit gelten. Paradebeispiele in Hessen bieten Münzenberg und Gelnhausen. Die mächtigen Quader mit mehr oder weniger breitem Randschlag hatten eine rein ästhetische Funktion. Sie waren Teil der Repräsentationsarchitektur. Münzenberg stellt dabei mit seinen riesigen Buckelquaderzinnen ein besonders frühes Beispiel in der Region dar.

Burgenbau im Spätmittelalter

Im Lauf des Spätmittelalters entstand dann jenes Burgenbild, das wir normalerweise vor Augen haben: eine mächtige, vieltürmige Anlage mit zahlreichen Zwingern und zinnengekrönten Mauern. Tatsächlich sahen aber nur wenige Burgen so aus, die Mehrzahl war verhältnismäßig einfach.
In der Regel wurden seit dem 13. Jh. die romanischen Anlagen ausgebaut und erweitert. Eher selten kam es noch zu Neugründungen. Tatsächlich sind solche aber gerade im Rhein-Main-Gebiet bis ins 15. Jh. zu verzeichnen, da hier Burgen in den politischen Auseinandersetzungen des Spätmittelalters eine große Rolle spielten. Bei diesen Neubauten ist nun teilweise ein Bemühen um die Schaffung regelmäßiger Grundrisse zu erkennen, wobei der Bau streng regelmäßiger Kastelle doch die Ausnahme blieb, so in Rockenberg (Nr. 65) oder Lich (Nr. 68).
Stellte die stauferzeitliche Burg noch eine relativ einfache Ringmaueranlage dar, so wurden nun um die Kernburg oft ausgedehnte Zwinger gelegt, um eine Annäherung des Gegners zu verhindern und ein in die Tiefe gestaffeltes Verteidigungssystem zu schaffen. Aus den Zwingermauern traten Türme vor, um eine Flankierung der Kurtinen aus Schießscharten zu erlauben. Eine weitere Neuerung stellten Zugbrücken dar, die im 14. Jh. aufkamen.
Als besonders innovative Burgenbauer erschienen im 14. Jh. die Grafen von Katzenelnbogen. Ihre Burg Hohenstein (Nr. 49) erhielt eine Schildmauer, die auf drei Ebenen Wehrgänge besaß und somit aus zahllosen Schlitzscharten verteidigt werden konnte. Für diese Innovationen spielte wohl besonders der französische Befestigungsbau eine Vorbildrolle.
Wesentlich für die Veränderungen im Befestigungswesen wurde die Einführung der Feuerwaffen im 14. Jh. Schon Ende des Jahrhunderts kamen große, mauerbrechende Kanonen zum Einsatz, und gerade im Rhein-Main-Gebiet sind zu dieser Zeit gleich mehrere Fälle verheerenden Artillerieeinsatzes gegen Burgen überliefert. Das bedeutete nun aber nicht das Ende der Burg als Bauaufgabe, sondern zuerst einmal deren Nachrüstung. Anfänglich wurden die Befestigungen zur Verteidigung mit Handfeuerwaffen, sog. Hakenbüchsen, eingerichtet. Dazu diente eine Vielzahl an Schartenformen, deren üblichste Schlüssel- und Maulscharten sind. Ein frühes Beispiel hierfür

Münzenberg, Buckelquader der Ringmauer

ist der Wiederaufbau der Burg in Bad Vilbel (Nr. 54). Im Lauf des 15. Jh. begann man auch, die Mauern gegen die zunehmend effektivere Artillerie zu verstärken. Es entstanden Geschütztürme mit meterdicken Wänden, die genügend Aufstellungsraum für weitreichende Kanonen boten. Die Errichtung solch gewaltiger Anlagen kostete allerdings viel Geld, und so mancher Kleinadelige konnte hier nicht mehr mithalten. Es blieb schließlich mehr und mehr den großen Landesherren und den Reichsstädten überlassen, ihre Befestigungen entsprechend nachzurüsten. Da Festungsbau kostspielig war, konzentrierten sich die Landesherren oft auf wenige strategisch wichtige Punkte, die weiter ausgebaut wurden, so die Landgrafen von Hessen auf Rüsselsheim oder die Grafen von Hanau-Münzenberg auf ihre Residenz Hanau. Einige Burgen wurden zu reinen Festungen und Garnisonen umgewandelt, die vorrangig militärischen Zwecken zu dienen hatten.

Burgen als Repräsentationsbauten

Die Burg war nicht nur Wehr-, sondern auch Repräsentationsbau, der vom Selbstverständnis des Adels zeugte. Die architektonische Darstellung adeliger bzw. landesherrlicher Macht und Stellung geschah auf verschiedenen Ebenen, z. B. über die Wehranlagen, die natürlich abschreckend und ehrfurchtgebietend wirkten. Nicht umsonst hielt der Adel bis weit in die Neu-

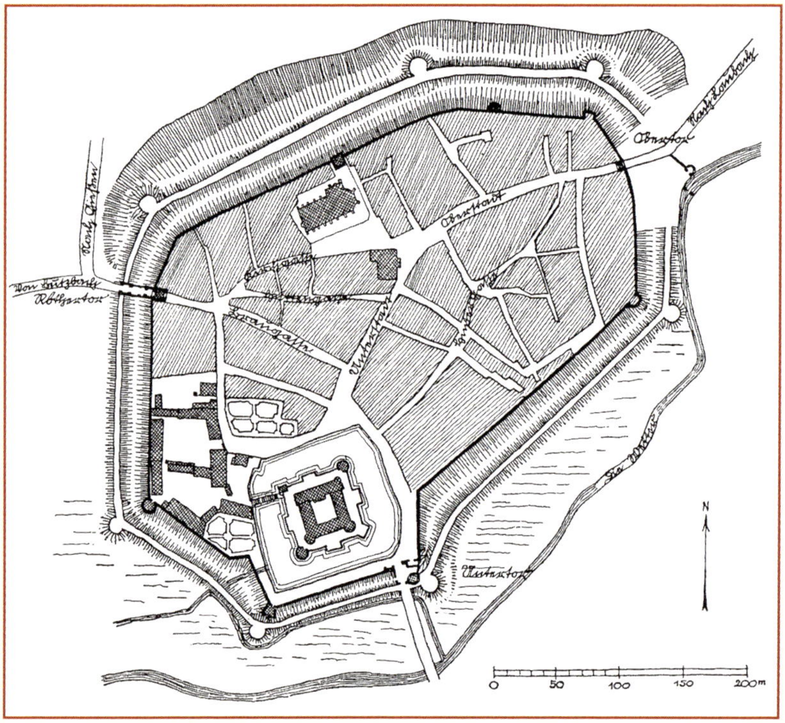

Lich wurde im 16. Jh. durch den Grafen Reinhard von Solms mit Erdrondellen befestigt, aus Walbe 1933

zeit an Wehrmotiven im Schlossbau fest, so an Schießscharten und Zinnen. Letztere gehören ebenso zu den Bauelementen, die wir noch heute als unabdingbar für eine Burg ansehen, wie ein Turm. Nicht immer dienten zahlreiche Türme der Verteidigung, wie das Beispiel Königstein (Nr. 43) zeigt. Ausgerechnet über der steilsten Stelle des Berges, direkt über dem Städtchen, entstand hier im 14. Jh. eine turmreiche Schaufassade, die weithin sichtbar war und so von der Macht und dem Ansehen der Herren von Falkenstein Zeugnis ablegte. Und noch beim Ausbau im 16. Jh. entstanden hier die mächtigsten Rondelle, die quasi als Sockel die Kernburg präsentieren. Die Vieltürmigkeit, die unser Burgenbild prägt, ist im Spätmittelalter entstanden.

Des Weiteren diente die aufwändige Gestaltung der Wohnbauten herrschaftlicher Selbstdarstellung, wie das Beispiel Münzenberg mit seinem überreichen Bauschmuck zeigt. Das betraf auch das Innere, wo mitunter gewölbte Säle existierten. Mittelalterliche Burgen waren also im Vergleich zu einem Barockschloss keinesfalls weniger prachtvoll. Man muss sich dabei vorstellen, dass Burgen nicht in waldiger Einsamkeit lagen, wie so manche Ruine heute, sondern auf weitgehend bewuchsfreien Höhen. Das hatte nicht nur militärische Gründe, um eine ungesehene Annäherung zu verhindern, sondern vor allem Repräsentationsgründe. Nur so gelangte das Bauwerk zu optimaler Wirkung, die noch durch die in der Regel farbige Fassung erhöht wurde. Die Steinsichtigkeit so vieler Burgen beruht auf romantischen Anschauungen des 19. und 20. Jh. Im Mittelalter waren die Bauten verputzt und angestrichen. Das galt selbstverständlich auch für die Innenräume, die oftmals mit Wandmalereien ausgeziert oder aber – im Spätmittelalter – mit Holz getäfelt waren.

Burg und Schloss in der Renaissance

Gewöhnlich wird heute zwischen Burg und Schloss unterschieden. Die Burg wird oft einseitig als reiner Wehrbau definiert, das Schloss als prunkvoller und wohnlicher Repräsentationsbau. Das stimmt so nicht, und im Spätmittelalter bzw. der Renaissance existierte diese Unterscheidung auch noch nicht. Burg und Schloss meinten noch dasselbe, nämlich die befestigte adelige Wohnung. Einige Schlösser stellten regelrechte Festungen dar, gut gesichert durch Geschütztürme und Erdwälle wie z. B. Babenhausen (Nr. 82). Und noch im späteren 16. Jh. wurde das Residenzschloss in Darmstadt (Nr. 87) mit drei Bastionen neu befestigt. Auch der Adel auf dem Lande verzichtete nicht auf Gräben, Mauern und Türme. Mochte eine einfache Ringmauer mit Ecktürmen zwar nicht lange Artilleriebeschuss standhalten, so gewährte sie doch genügend Schutz gegen Marodeure, ebenso bei Auseinandersetzungen mit niederadeligen Nachbarn.

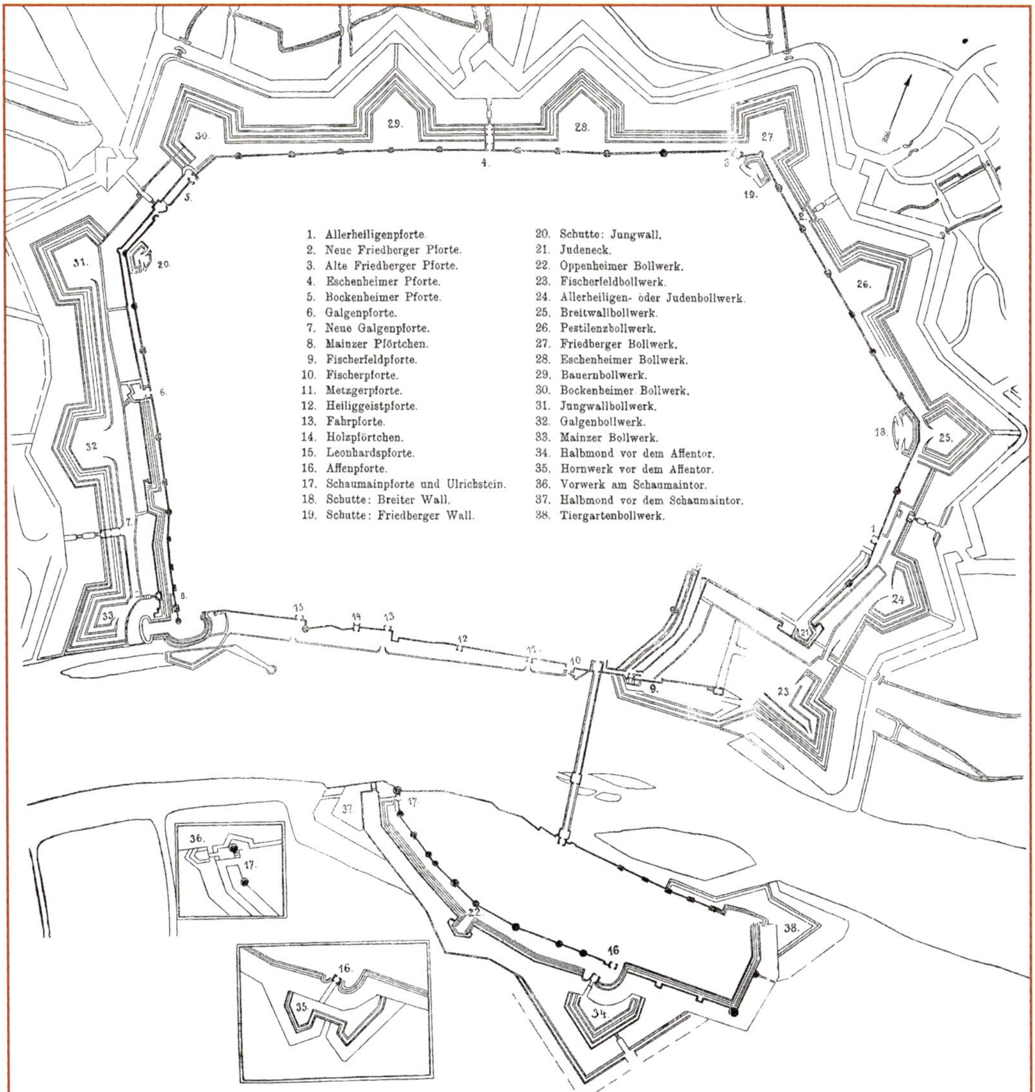

Die Reichsstadt Frankfurt erhielt im frühen 17. Jh. eine moderne Wallbefestigung mit Erdbastionen nach niederländischem Vorbild, aus Padjera 1920

Die Epoche blieb unsicher, und bis in die Zeit nach dem Dreißigjährigen Krieg waren Schießscharten, Gräben und Zugbrücken für ein Schloss üblich. Eines der spätesten Beispiele findet sich in Heusenstamm (Nr. 81), wo man noch in den 1660er Jahren runde Ecktürme mit Schlüsselscharten baute.

Burgen wurden in jener Zeit auch nicht einfach militärisch wertlos. Viele spielten oft noch in den Kriegen des 16.–18. Jh. eine mehr oder weniger große Rolle, oft als Zuflucht für die Bevölkerung, aber oft genug auch noch als militärische Stützpunkte. Die Befestigung hatte überdies eine wichtige Symbolfunktion. Das Befestigungsrecht war zwar schon längst ein Privileg der Landesherren, und nur mit ihrer Genehmigung durfte ein landsässiger Adeliger seine Wohnung befestigen, aber gleichzeitig war die Befestigung auch eine Verpflichtung, zumal der Adel sich nach wie vor als militärischer Stand sah, ein festes Schloss also seinen standesgemäßen Wohnsitz darstellte. Das Renaissanceschloss war folgerichtig nichts anderes als die Weiterentwicklung der Bauaufgabe Burg, nur eben mit neuen Mitteln. Der Turm bzw. Türme blieben kennzeichnend, nicht nur aus Sicherheitsgründen, sondern auch als Aussichtspunkte und vor allem Statussymbole. Errichtete man neue Schlösser, so blieb oft der alte Bergfried stehen, steter Verweis auf Alter und Herkunft der Bauherren und deren Herrschaftskontinuität. Treppentürme wiederum, die seit dem Spätmittelalter im Profanbau Einzug gehalten hatten, ermöglichten den repräsentativen Zugang zu den Gemächern und Sälen. Bereichert wurde das Bild des Schlosses nun noch durch eine Vielzahl von Elementen, die von Ferne ebenfalls Assoziationen an Türme wecken konnten: Erker und Zwerchhäuser mit Giebeln. So waren die Bauten für jedermann deutlich als Wohnsitze einer Elite wahrnehmbar.

Gab es schon im 14. Jh. einzelne Bestrebungen zu regelmäßigen Grundrissformen, so wurde die Kastellform im Lauf des 16. Jh. mehr oder weniger verbindlich, sofern man zu kompletten Neubauten schritt. Das ideale Beispiel hierfür bietet die Johannisburg in Aschaffenburg (Nr. 35). In der Raumanordnung hatte sich seit dem 15. Jh. das Stubenappartement durchgesetzt, das aus beheizbarer Wohnstube und unbeheizter Schlafkammer bestand. Nach und nach kam es zu einer weiteren sozialen und funktionalen Ausdifferenzierung von Räumen.

Die Schlösser des Landadels veränderten sich wenig. Sie passten sich allerdings den neuen, von den Landesherren etablierten Bauformen an. Diese wiederum versuchten sich ihrerseits durch bestimmte Architekturelemente voneinander abzugrenzen. So versuchten sich die Grafen der Wetterau stilistisch von den Bauten der Landgrafen von Hessen abzusetzen. Familiäre Verbindungen und politische Bündnisse förderten dabei den Austausch von Dekorformen und Innovationen. Deutlich sichtbar wird jetzt auch eine Konkurrenz der Bauherren zueinander, die ihren Rang und ihre Bedeutung in der Reichspolitik über entsprechende Bauten zum Ausdruck zu bringen suchten.

Zu den großen und bedeutenden Schlössern der Zeit zählen besonders die Anlagen in Darmstadt und Offenbach. Wenig blieb von dem großartigen Schloss in Höchst, und die prachtvolle Wolfenburg in Kelsterbach ist fast ganz verschwunden. Den Höhepunkt stellt sicher die Aschaffenburger Johannisburg der Kurfürsten von Mainz dar. Solch große Neubauten blieben aber die Ausnahme. Überwiegend wurden bestehende Anlagen erweitert und modernisiert, um mehr Raum für eine sich vergrößernde Hofhaltung und Verwaltung zu gewinnen (z. B. Ronneburg, Nr. 75).

Residenzen, Jagdschlösser und Landsitze vom Barock bis Klassizismus

Das unbefestigte Schloss, der Palast, entwickelte sich erst nach dem Dreißigjährigen Krieg. Gerne hat man immer und immer wieder Versailles als Vorbild für die barocken Residenzen deutscher Fürsten angeführt, aber mit Versailles hatten deren Paläste nur den offenen Ehrenhof und die axialsymmetrische Ausrichtung auf einen formalen Garten gemein. Schon in der Raumanordnung unterschieden sie sich deutlich vom französischen Königsschloss, wobei die Übernahme eines modernen Paradeschlafzimmers in die Appartements tatsächlich auf die Anlehnung einzelner Höfe an das französische Zeremoniell zurückgeht. Versailles war für den deutschen Adel schon deshalb kein geeignetes direktes Vorbild, weil der Sonnenkönig Ludwig XIV. als Feind des Reiches galt. Viel eher lehnten sich die Landesherren entweder an den Kaiserhof, oder, als Protestanten, an nordeuropäische Höfe und die Niederlande an (vgl. Bad Homburg, Nr. 38). Eines der wenigen Beispiele für die direkte Übernahme eines französischen Vorbildes stellt Schloss Philippsruhe bei Hanau dar (Nr. 27), dessen Bauherr das Lustschloss Clagny bei Versailles gesehen hatte. Hier findet sich wohl erstmals im Rhein-Main-Gebiet eine offene Ehrenhofanlage, bezeichnenderweise bei einem Lustschloss und nicht einem Residenzschloss. Denn auch nach dem Dreißigjährigen Krieg hielt man in Deutschland noch lange an der geschlossenen Hofanlage, wie sie für Residenzschlösser im alten Reich üblich war, fest. So wurde die Friedrichsburg in Bad Homburg um zwei geschlossene Höfe geplant.

Der Palast des Landesherrn war in der Barockzeit nicht nur dessen Wohnung, sondern Regierungs- und Verwaltungssitz des Landes, an dessen Spitze der Fürst stand. Er wurde mehr und mehr zum ideellen und realen Zentrum des absolutistischen Staates, dessen Schaffung die Landesherren anstrebten. Ein zunehmend verfeinertes und um 1700 fixiertes Zeremoniell stellte dabei neue Anforderungen an den Palastbau. Die Raumfolgen umfassten nun mehrere Zimmer, die ein Appartement bildeten, das in der Regel aus Vor-, Audienz- und Schlafzimmer, einem Kabinett als besonders intimem Raum, und einer Garderobe, die dem Schlafzimmer zugeordnet war, bestand. Alle Räume des Appartements wurden in Enfilade angeordnet, d. h. alle Türen lagen in einer Achse. Es war genau geregelt, wer in welche Zimmer vorgelassen wurde. Ein minutiös festgelegtes Zeremoniell sorgte für das Aufeinandertreffen verschiedener Personen entsprechend ihres Ranges. Anfang des 18. Jh. wurde für die Paläste deutscher Landesherren eine bestimmte Raumfolge verbindlich. Aus dem Vestibül betrat man ein Treppenhaus im Mittelbau. Es löste die alten schneckenförmigen Treppentürme, die für ein ausgefeiltes Zeremoniell bei Empfängen unbrauchbar waren, ab. Von der Prunkstiege gelangte man in einen Vorsaal und schließlich einen mittig in der Beletage angeordneten Saal, zu dessen beiden Seiten die Appartements mit den Enfiladen ihren Aus-

Die Friedrichsburg in Bad Homburg ist der erste große Schlossbau der Region nach dem Dreißigjährigen Krieg

gangspunkt nahmen. Diese Raumanordnung wurde bis ins 19. Jh. beibehalten.
Wichtig für die Palastbaukunst wurden die Säulenordnungen, die sich in der Renaissance etabliert hatten. Im Rückgriff auf den römischen Architekturtheoretiker Vitruv und die antike Baukunst stellte die Säule ein wesentliches Element der Prachtarchitektur dar. Je nach angewandter Säulenordnung drückte sich der Charakter und Rang eines Gebäudes bzw. der Person aus, die es bewohnte. Im Schloss des Fürsten verkörperte sich seine Stellung in Abgrenzung zu anderen Landesherren. Je höher der Rang, umso aufwändiger musste der Palast sein, ein Kriterium, das schon in der Renaissance Anwendung fand. Dies brachte man durch das *decorum*, den Bauschmuck in Form der Säulenordnungen und die ihnen jeweils zugeordneten Ornamente zum Ausdruck. Der Säulenkanon blieb bis etwa zur Mitte des 19. Jh. verbindlich.
Um 1800 machte sich bald eine räumliche Trennung mehr privater von öffentlichen, zeremoniell genutzten Bereichen bemerkbar. War am Anfang des 18. Jh. das Staatsappartement des Fürsten auch seine Wohnung, so unterschied man nun beide Appartements mehr und mehr, wobei ein Landesherr im Prinzip nie eine Privatperson, sondern immer eine öffentliche war. Ein schönes Beispiel für diese Trennung von Staats- und Privatappartements findet man im herzoglichen Residenzschloss zu Wiesbaden (Nr. 1). Hier existiert ein eigener Gebäudeteil, in dem sich die Festsäle befinden.
Im Rhein-Main-Gebiet kam es in der Barockzeit nur zu verhältnismäßig wenigen Palastneubauten. In der Regel erweiterte und erneuerte man bestehende Schlösser, legte neue Appartements und repräsentative Treppenhäuser in ältere Gebäude.
Neben den Residenzschlössern entstand eine Vielzahl von Lust- und Jagdschlössern. Sie dienten u. a. dem Rückzug und der Erholung der Landesherren. Lustschlösser waren zwar nicht zeremoniellfrei, aber das Zeremoniell war eingeschränkter, mitunter gab

es ein eigenes *Campagne-Zeremoniell*, das für Aufenthalte auf dem Land galt. Eine verbindliche architektonische Norm zur Anlage solcher Lustschlösser existierte nicht, nur sollten Lustschlösser weniger ernst als Residenzschlösser wirken. Die Bauaufgabe bot daher die Möglichkeit zu einer freieren Gestaltung und die Möglichkeit, Innovationen zu erproben, wie der offene Ehrenhof in Philippsruhe zeigt. Wesentlich waren große Gartenanlagen. Die bedeutendste Schöpfung dieser Art stellt Philippsruhe bei Hanau dar. Ein später Vertreter ist der Schönbusch in Aschaffenburg, der Ende des 18. Jh. geschaffen wurde (Nr. 37).
Die Jagdschlösser hingegen dienten als Ausgangspunkte für die fürstlichen Jagden, die nicht nur höfisches Vergnügen waren, sondern vor allem die Landesherrschaft sichtbar vor Augen führten, war doch die Jagd eines der wesentlichen Hoheitsrechte. Und mit der raumgreifenden Jagd ließ sich die Herrschaft über das ganze Land bestens verdeutlichen.
Lust- und Jagdschlösser lagen meist in der Nähe der Residenz- und Hauptstadt und waren über Alleen mit ihr verbunden. So entstanden ganze Residenzlandschaften, deren einzelne Bauwerke oft durch Sichtachsen aufeinander bezogen waren. Die Landesherrschaft erstreckte sich für jedermann sichtbar auch architektonisch über das ganze Gebiet, der Landesherr gestaltete sein Territorium und war so allgegenwärtig. Ein schönes Beispiel hierfür bietet in Ansätzen noch Hanau, das über Sichtachsen mit den Lustschlössern Fasanerie, Wilhelmsbad und Philippsruhe verbunden wurde.
Auch kleinere Höfe versuchten den großen Landesfürsten nachzueifern. Allerdings musste man sich oft bescheiden und geplante Projekte blieben meist unausgeführt oder wurden nicht fertig. Die winzigen Herrschaften in der Wetterau verfügten für großangelegte Bauprojekte über kein Geld. Selbst das Residenzschloss des landgräflichen Zwergstaates Hessen-Homburg blieb Stückwerk.
Eine späte Palastschöpfung stellt das Stadtschloss in Wiesbaden dar, das noch vor der Revolution von 1848 entstand. Und auch in Hessen-Homburg hat man in der ersten Hälfte des 19. Jh. noch einmal das frühbarocke Schloss durch Georg Moller in klassizistischem Stil aus- und umbauen lassen, um eine standesgemäße, moderne Residenz für das seit dem Wiener Kongress 1815 souveräne Ländchen zu schaffen.
Während sich die Architektur weiter an den Regeln der klassisch antiken Architektur orientierte, verhielte es sich mit der Gartenkunst anders. In den 1770er Jahren wurde auch auf dem Kontinent der formale Barockgarten mehr und mehr durch den Landschaftsgarten, dessen Idee aus England kam, abgelöst, wobei anfänglich bezeichnenderweise die Gärten von Lust- und nicht von Residenzschlössern in landschaftlichem Stil gestaltet wurden. Der Landschaftsgarten kam dem höfischen Ideal nach einem idyllisch-arkadischen Landleben sehr nahe. Zugleich verbanden sich mit ihm Ideen von mehr Natürlichkeit, die dem steifen Hofleben mit seiner als gekünstelt und unnatürlich empfundenen Etikette entgegengesetzt wurde. Im Rhein-Main-Gebiet finden sich gleich mehrere sehr frühe Landschaftsgärten, so Wilhelmsbad und Schönbusch.

Festungen

Während sich nach dem Dreißigjährigen Krieg das Schloss zum unbefestigten Palast bzw. Landhaus entwickelte, entstanden andererseits reine Militärfestungen, die strategisch wichtige Punkte sichern sollten und Garnisonen beherbergten. Burgen boten hierzu meist zu wenig Platz, sehr viel geeigneter waren Städte mit ihrer Infrastruktur. Nur wenige Höhenburgen wurden daher bis zum Ende des 18. Jh. als Landesfestungen genutzt, so das mainzische Königstein. Die Festung mit einer ständigen Garnison war Mittel zur Sicherung der Landeshoheit gegen innere und äußere Feinde.
Im Lauf des 16. Jh. löste die in Italien entwickelte Bastion die Geschütztürme und Rondelle ab. Die frühesten erhaltenen Beispiele im Rhein-Main-Gebiet bilden die drei kleinen Bastionen des Darmstädter Schlosses und stammen noch aus der zweiten Hälfte des 16. Jh. Zweck der Bastionärbefestigung war, möglichst jeden toten Winkel zu vermeiden. Die Idee entsprang dem Glauben, die Verteidigung mit Hilfe reiner Geometrie verbessern zu können. Grundlage für den Festungsbau war daher die Mathematik, eine rationale Wissenschaft, mit deren Hilfe man die Natur beherrschen wollte. So entstanden ausgedehnte, sternförmige Wallanlagen mit zahlreichen Vorwerken. Wie das landesherrliche Residenzschloss mit seiner durch Achsen bestimmten Umgebung und den streng geometrisch angelegten Gärten wurde auch die mit wissenschaftlicher Exaktheit angelegte Landesfestung zum Sinnbild fürstlicher Macht und der Effizienz eines rational organisierten Staatswesens.
Je effektiver und weitreichender die Artillerie wurde, umso ausgedehnter wurden auch die Festungswerke. Seit dem 18. Jh. begann man Fort- und Schanzengürtel in immer weiterem Abstand um die eigentliche Festung anzulegen, um den Gegner zu einem verlustreichen Kampf im Vorfeld zu zwingen. Stärkste Festung im Rhein-Main-Gebiet war die Reichs- und spätere Bundesfestung Mainz. Ihre Reste vermitteln einen anschaulichen Eindruck von der Entwicklung der Wehrbaukunst zwischen dem 17. und 19. Jh. Die Festungswälle von Frankfurt und Hanau hingegen verschwanden schon im frühen 19. Jh. und machten Parkanlagen und der wachsenden städtischen Be-

Kransberg, neugotischer Wohnbau

bauung Platz. In Frankfurt lässt sich ihr Verlauf aber bis heute noch anhand des Grüngürtels ablesen, der ab 1806 entstand.

Burgenromantik und Burgenrezeption

Ende des 18. Jh. kam es zu einer Rückbesinnung auf das Mittelalter. Es galt den Zeitgenossen als eine heldenhafte Epoche, eine längst überwundene Zeit des Faustrechts, gegenüber der man einerseits wohlig erschauerte, andererseits im Hinblick auf ritterliche Helden tiefe Bewunderung empfand. Seinen Ursprung hatte das zum einen in der Ritter- und Schauerliteratur des 18. Jh., zum anderen in den aus England kommenden Landschaftsgärten. Ruinen, ob antik oder mittelalterlich gestaltet, sollten den Betrachter beim Lustwandeln durch die Parklandschaft an die Vorzeit und die Vergänglichkeit alles Irdischen gemahnen. Der deutsche Adel griff das Thema gerne auf, denn es berührte das aristokratische Interesse an der eigenen Geschichte. Diese zu inszenieren war lange Tradition. Ganze Räume malte man schon in Mittelalter und Renaissance mit Stammbäumen aus, um auf Alter und edle Abkunft zu verweisen und so die angestammte Herrschaft zu legitimieren. Dem diente auch die Einrichtung von Ahnengalerien. Mit künstlichen Burgruinen stand nun ein weiteres Mittel bereit, Anciennität, also Alter und Tradition, vorzuführen. Besonders deutlich wird das in einer der frühesten Anlagen dieser Art in Deutschland, der Burg im Wilhelmsbad (Nr. 28), die der Erbprinz von Hessen-Kassel errichten ließ. In der vermeintlich mittelalterlichen Turmburg findet sich eine Ahnengalerie der Landgrafen. Ähnlich verhält es sich mit der Mosburg im Schlosspark Biebrich (Nr. 4). Sie zeigt sehr schön, wie man versuchte, die eigene Geschichte zu inszenieren, indem man Anfang des 19. Jh. eine Burgruine neugotisch ausbaute und mit Spolien anderer mittelalterlicher Gebäude, die in Beziehung zur nassauischen Familien- und Landesgeschichte standen, bestückte. Die Mosburg markiert dabei schon den

Die Villa Andreae in Königstein bietet ein Beispiel für die Burgenrezeption im großbürgerlichen Villenbau des späten 19. Jh.

Übergang zu einer neuen Form der Burgenromantik. Errichtete man anfänglich noch künstliche Ruinen, so schritt man nun zum Ausbau alter Anlagen, die später am Rhein mit den preußischen Burgenwiederaufbauten einen ihrer Höhepunkte finden sollten. Solch große, historistische Bauten, geschweige denn Neubauten sind im südlichen Hessen in der ersten Hälfte des 19. Jh. fast gar nicht zu finden. Eine Ausnahme stellt nur das Gotische Haus in Bad Homburg (Nr. 39) dar. Erst in der zweiten Hälfte des Jahrhunderts kam es zum neugotischen Ausbau des Schlosses Kransberg (Nr. 52). Ein kompletter Neubau des späten 19. Jh. ist Schloss Friedrichshof (Nr. 42). Hier ging es aber weniger um die Vorführung von Anciennität, als vielmehr darum, ein Gebäude zu schaffen, das mit seinen in verschiedenen Stilen eingerichteten Räumen den adäquaten Rahmen für die Kunstsammlungen Kaiserin Friedrichs bieten sollte. Gleichwohl verzichtet auch dieser Bau nicht auf einen trutzig wirkenden Turm, der Assoziationen an Bergfriede auslöst. Noch im 19. Jh. war ein Turm wesentlicher Bestandteil eines Schlosses, um es als solches zu charakterisieren. Mehr noch als deutsche Burgen des Mittelalters waren für Friedrichshof aber englische Herrenhäuser der Tudorzeit das Vorbild. Wesentlich für die architektonische Gestaltung war ein vielfältiges, ein malerisches Architekturbild, das sich in die Landschaft bzw. in umgebende Parkanla-

gen harmonisch einfügte und glauben machte, vor einer historisch gewachsenen Anlage zu stehen. Vorbildhaft hierfür wirkte dabei die Landschaftsmalerei des 16.–18. Jh.
Wie aus dem historistisch-romantischen Bauen mehr und mehr eine ernsthafte Auseinandersetzung mit der Vergangenheit wurde, zeigt Burg Kronberg (Nr. 41). Hier suchte man ein Konzept umzusetzen, das sich aus wissenschaftlichen Studien deutscher Burgen und bauarchäologischen Befunden speiste. Dabei ergänzte man die Burg „stilecht", und dies mitunter so geschickt, dass dem Besucher von heute Manches auf den ersten Blick als alt erscheinen mag, was in Wirklichkeit Zutat der Zeit um 1900 ist.
Während der Adel historistische Schlösser errichtete oder seine Familiensitze neugotisch umbauen ließ, adaptierte auch das aufstrebende Bürgertum im 19. Jh. diese Formen im großbürgerlichen Villenbau. Ein hervorragendes Beispiel stellt die um 1890 errichtete Villa Andreae in Königstein dar. Der Bau entstand für Albert Andreae de Neufville aus Frankfurt, und dementsprechend zitiert er spätmittelalterliche Architektur der Reichsstadt, womit Andreae sich sichtbar auf die große Zeit Frankfurts als „bürgerliches" Gemeinwesen bezog. Zusammengenommen entsteht allerdings das Bild einer spätgotischen Burg mit hohem Bergfried. Ähnlich fiel der Bau der Villa Rothschild in Königstein aus, der als Sommersitz für die berühmte Frankfurter Bankiersfamilie 1888–94 durch Armand-Louis Bauqué und Emilio Pio, zwei Modearchitekten der Zeit, errichtet wurde. Auch hier gibt es Reminiszenzen an spätmittelalterliche und frührenaissancezeitliche Architektur. Andere rekurrierten auf Bauten des 18. Jh., so die riesige Villa Gans (Haus Hainerberg), ebenfalls in Königstein, wo sich zahlreiche reiche Frankfurter ihre Sommerfrischen erstellten. Der monumentale Bau, der mit Ehrenhof und säulengeschmückten Mittelrisaliten an barocke und klassizistische Palastbauten erinnert, entstand 1910–15 nach Plänen des Berliner Architekten und Designers Bruno Paul, einem der Mitbegründer des „Deutschen Werkbundes". Mit all diesen Bauten ging es letztendlich um eine Angleichung an den immer noch privilegierten Adel, und viele Industrielle, die sich um Staat und Wirtschaft verdient gemacht hatten, sahen in der Verleihung des persönlichen Adels den Höhepunkt ihrer Karriere. Ihre konservative, historistische Baugesinnung entsprach dabei dem Wunsch nach dem Fortbestand der gesellschaftlich-politischen Verhältnisse der Kaiserzeit. Sehr frühe Beispiele für den Versuch von Großbürgern, sich dem Adel in Lebensstil und Stellung anzugleichen, bilden übrigens der Bolongaro-Palast in Frankfurt-Höchst (Nr. 20) oder das Palais Büsing in Offenbach (Nr. 24), die beide noch im 18. Jh. entstanden.
Aber nicht nur Villen gaben sich im späten 19. Jh. burgartig, sondern bald auch Brauereien, Bahnhofsbauten, ja erst recht Kasernen und Gefängnisse. Das Bild der Burg fand für vielerlei Gebäudetypen Verwendung, mal als Ausdruck altdeutscher Gemütlichkeit, mal als Zeichen militärischer Stärke, mal als Symbol der Aufrechterhaltung staatlicher Ordnung. Gleichzeitig begannen sich diese Formen aber mehr und mehr zu überleben. Schon die Revolution von 1848 hatte die adelige Lebenswelt nachhaltig erschüttert. Waren dem Adel in der Wetterau z. B. bereits mit der Mediatisierung seiner kleinen Graf- und Reichritterschaften 1806 die landesherrlichen Vorrechte genommen worden und seine Angehörigen zu privilegierten Untertanen herabgesunken, so verlor er nun noch weitere Rechte, wie Fronden und Jagden. Mit dem Ende der Monarchie in Deutschland 1918 ging auch die Adelswelt als privilegierte Klasse endgültig unter, die Bauaufgabe Schloss bzw. Palast verlor ihren Sinn. Aus herrschaftlichen Burgen und Schlössern wurden nun endgültig Denkmäler einer vergangenen Zeit, die uns heute zum Besuch einladen und deren oft kostspielige Erhaltung als Geschichtsdokumente für kommende Generationen uns Heutigen ein Anliegen sein muss.

I. DIE LANDESHAUPTSTADT WIESBADEN

Paläste und Burgen in der einstigen Residenz des Herzogtums Nassau

Wiesbaden erlebte seinen Aufstieg in der ersten Hälfte des 19. Jh. Die beiden Fürstentümer Nassau-Usingen und Nassau-Weilburg bildeten seit 1806 unter Herzog Friedrich August (reg. 1806–16) den Rheinbundstaat des Herzogtums Nassau, das von 1814 bis zur Annexion durch Preußen 1866 souveräner Staat des Deutschen Bundes war. Wiesbaden war schon seit 1744 Residenz der Fürsten von Nassau-Usingen, wobei der Fürst nicht im Stadtschloss residierte, wo nur die Regierungsbehörden untergebracht waren, sondern in dem am Rheinufer gelegenen bisherigen Lustschloss Biebrich (Nr. 3). Es bot in seiner Ausdehnung und mit seinem großen Garten eine standesgemäße moderne Wohnung. Erst Herzog Wilhelm (reg. 1816–39) entschied sich 1835 zum Bau eines Residenzpalastes in der Hauptstadt (Nr. 1).
Zur Ausgestaltung der Hauptstadt Wiesbaden gehörte die planmäßige Erweiterung der Stadtanlage. Für den Hof und die Staatsbehörden mussten Gebäude errichtet werden, repräsentative Straßen- und Platzanlagen der Residenz ein modernes Gesicht verleihen. Der nassauische Baudirektor Carl Florian Goetz und sein Mitarbeiter, der Bauinspektor Johann Christian Zais, legten 1818 einen Plan zum systematischen Ausbau Wiesbadens vor.
Das Schloss ist also nicht isoliert zu betrachten, sondern als Mittelpunkt der sich entwickelnden Residenzstadt zu sehen, die von den Herzögen bis zur Annexion Nassaus durch Preußen 1866 ausgestaltet wurde.
Wiesbaden geht auf eine römische Siedlung zurück. Schon in der Antike waren die Heilquellen von *Aquae Mattiacorum* bekannt. Im 13. Jh. gelangte der Ort als Reichslehen an die Grafen von Nassau und wurde eines ihrer Herrschaftszentren. Das alte Schloss ist allerdings verschwunden. An seine Stelle trat, nur wenige Meter vom alten Standort entfernt, der klassizistische Herzogspalast.
Mit der Verlegung der Residenz nach Wiesbaden wurde das bisherige Residenzschloss Biebrich zur Sommerresidenz Herzog Adolphs (reg. 1839–66). Neben Stadtschloss und Biebrich gab es seit dem 18. Jh. noch weitere Schlösser in der Umgebung Wiesbadens, die vom Hof genutzt wurden, so die Fasanerie in Klarenthal, ein Jagdhaus auf der Platte und das inzwischen untergegangene Paulinenschlösschen am Hang oberhalb der Sonnenberger Straße. Es wurde 1841–45 als nobles Gartenkasino errichtet und diente Pauline von Württemberg, der zweiten Frau Herzog Wilhelms, als Witwensitz.
Mit der Annexion durch Preußen 1866 verlor Wiesbaden seinen Status als Residenz. Aber immerhin kamen die preußisch-deutschen Könige und Kaiser ab und an nach Wiesbaden, das auch in der Belle Epoque eines der berühmten Modebäder Europas blieb und die feine Gesellschaft anzog.

Die Burg zu Wiesbaden um 1646, Kupferstich von Matthäus Merian

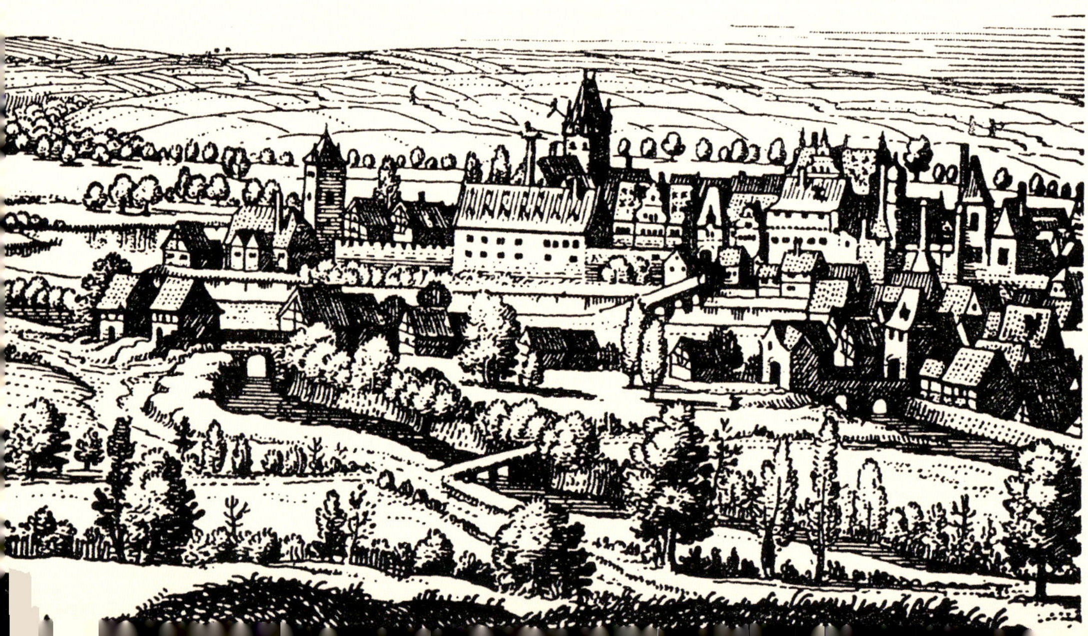

1. Wiesbaden

Stadtschloss

Das Stadtschloss stellt einen der bedeutendsten Residenzbauten des Klassizismus in Deutschland dar. Es erhebt sich an Stelle einer älteren nassauischen Burg. Sie entwickelte sich aus einer Turmburg des 10. Jh., deren Spuren im Hof zwischen Kavalierhaus und Marstall 1952 ergraben wurden. Die Burg wurde mehrfach ausgebaut und erweitert. Um 1694/95 kam es unter Fürst Georg August Samuel von Nassau-Idstein zu einer notwendigen Modernisierung, die wohl im Zusammenhang mit seiner Erhebung in den Reichsfürstenstand zu sehen ist, doch nachdem er mit dem Bau des Lustschlosses Biebrich (Nr. 3) begonnen hatte, wurde das Wiesbadener Schloss nicht weiter ausgebaut. Nach der Fertigstellung des Biebricher Palastes wurde das Stadtschloss noch bis 1728 als Witwensitz genutzt. Seit 1744 diente es der Aufnahme der Regierungsbehörden, nachdem Fürst Karl im selben Jahr die Residenz von Usingen nach Biebrich verlegt hatte.

1835 beschloss Herzog Wilhelm den Bau eines repräsentativen Palais in seiner Hauptstadt und beauftragte Georg Moller mit der Planung. Die Bauleitung lag in den Händen des einheimischen Richard Goerz. 1837 wurde mit den Arbeiten begonnen. Schon Ende des Jahres standen die stadtseitigen Flügel im Rohbau, doch die Fertigstellung des Innenausbaus erlebte Wilhelm, der 1839 verstarb, nicht mehr. Sein Sohn Adolph ließ den Palast bis 1841 vollenden. Noch während man die Wohntrakte aufführte, entschied man sich 1838 rückwärtig einen Marstallkomplex zu errichten, dessen Obergeschoss Festsäle aufnahm. Mit dem benachbarten Kavalierhaus entstand so ein großer Komplex um vier Höfe.

Nach der Annexion Nassaus durch Preußen 1866 wurde das Stadtschloss als Wohnung der preußischen Könige bzw. deutschen Kaiser bei ihren Aufenthalten in Wiesbaden genutzt. Den Zweiten Weltkrieg überstand es trotz einiger Beschädigungen im Großen und Ganzen heil. Seit der Wiederherstellung ab 1950 dient das Stadtschloss als hessischer Landtag, eine adäquate Nutzung in guter historischer Tradition. Sie führte allerdings dazu, dass man 1961 Mollers berühmte Reithalle niederriss und an ihre Stelle einen völlig belang- und stillosen Neubau für den Plenarsaal setzte, dessen Architektur der Würde

10. Jh.	*Turmburg*
um 1200	*Neubau*
16. Jh.	*Ausbau*
1837–41	*Stadtschloss*
1839–43	*Marstall*
1945	*Kriegsbeschädigungen*
1961	*Abbruch Reithalle*

Hessischer Landtag
Schlossplatz 1–3
Führungen nach Anmeldung sowie jeden Sa. um 15 Uhr
Tel.: 0611/350294
www.hessischer-landtag.de, www.wiesbaden.de

Fassade zum Markt

oben: Gelber Salon

unten: Roter Salon

des Parlaments in keiner Weise entsprach. Dieser erfuhr jüngst einen kompletten Neubau.

Das Stadtschloss besetzt ein Eckgrundstück am Markt. Moller nutzte die Lage und die beengten Verhältnisse aber geschickt aus. Als Gelenk der beiden Hauptfassaden fungiert ein runder **Mittelrisalit**. Hier liegt der heutige Hauptzugang, der allerdings im 19. Jh. nur zu besonderen Anlässen genutzt wurde, denn die einstigen Haupteingänge des Palastes liegen an den Enden der beiden Flügel.

Die Architektur der **Fassaden** ist zwar zurückhaltend, aber äußerst nobel und erinnert an italienische Stadtpalazzi der Renaissance. Über einem niedrigen Sockel erhebt sich ein dreigeschossiger Bau, dessen Kanten durch aufgeputzte kräftige Quader akzentuiert werden. Den Abschluss der Fassade bildet über dem umlaufenden mächtigen Kranzgesims eine Attika, hinter der das Dach verborgen ist. Die seitlichen Hauptportale sind in den Schlusssteinen durch die Wappen Nassaus bzw. Württembergs ausgezeichnet. Sie bilden den Auftakt zu einer raffinierten Wegeführung innerhalb des Gebäudes, denn sie dienten als Ein- und Ausfahrten für die Equipagen zum **Haupteingang** im Inneren des Komplexes. Durch bogenförmige Galerien geht es zu einer Mittelrotunde, von der aus man ein Vestibül und die **Haupttreppe** betritt. Beide bilden die diagonale Hauptachse des Hauptgebäudes, die zum **„Fahnensaal"**, dem zweiten Vestibül in der platzseitigen Rotunde, führt. Moller hat hier in einfallsreicher Weise ganz unterschiedliche Raumwirkungen erzeugt und es verstanden, auf engstem Raum einen Eindruck von Großzügigkeit zu erwecken, den es gar nicht gibt. So wird der Besucher nach dem Passieren des ersten Treppenaufgangs zwischen Rotunde und Hauptbau durch die plötzliche Aufweitung des Stiegenhauses überrascht.

Die herrschaftlichen **Wohnzimmer** befanden sich im Ostflügel. Die Diensträume und das Appartement des Herzogs lagen im Erdgeschoss und bestanden aus Vorzimmer, Salon, Schreibzimmer, Schlafzimmer, Bad und Rauchzimmer. Das Appartement der Herzogin in der Beletage umfasste Empfangszimmer, Blauen Salon, Badezimmer, Ankleidezimmer, Garderobe und Schlafzimmer, welches aber nicht zur lauten

Straße, sondern zum Hof hin ausgerichtet war. Im Südflügel erstreckt sich zum Markt eine Folge von **Gesellschaftszimmern**, die ihren Höhepunkt im Tanz- und Speisesaal findet, der die ganze Tiefe des Baus einnimmt. Zwei als Wintergärten gestaltete **Galerien** führen zum großen Tanzsaal über der Einfahrtsrotunde. Hier war ein Teil der wertvollen Pflanzensammlung Herzog Adolphs aufgestellt. Der große runde **Tanz- und Speisesaal** mit einem verglasten Oberlicht im Zentrum seiner Kuppel bildet den Auftakt zu den Festräumen im Marstalltrakt, die einen großen, reich ausgemalten **Konzertsaal** und, daran anstoßend, weitere Gesellschaftszimmer umfassen.

Die Ausstattung der Räume ist äußerst kostbar. Im Treppenhaus und im Tanzsaal stehen Marmorplastiken des berühmten Münchner Bildhauers Ludwig Schwanthaler. Die Decken der Zimmer und auch die Wände der Festräume zieren reiche, von pompejanischen Vorbildern inspirierte Malereien. Nicht weniger prachtvoll fielen die reich eingelegten Parkettöden aus, für die verschiedenste Hölzer, Messing und sogar Perlmutt Verwendung fanden.

Heute wirkt der Palast wie ein vornehmes Bürgerhaus unter weiteren, denn er steht nicht frei und springt auch nicht über die Straßenflucht vor, sondern seine Fassaden bilden eine Linie mit der übrigen Bebauung. Aber zu seiner Entstehungszeit hob er sich sehr deutlich von den angrenzenden Gebäuden ab, die damals nämlich allesamt noch weit niedriger waren. Man wird daher nicht so weit gehen dürfen, in der Lage des Wiesbadener Stadtschlosses eine ernsthaft beabsichtigte Demonstration von Bürgernähe des konstitutionellen Monarchen zu sehen. Vielmehr steht der Bau ganz in der Tradition großer landesherrlicher Stadtresidenzen wie München, die mitten in der Stadt lagen und sich um mehrere Höfe gruppierten. Bedingt war dies durch die historische Kontinuität des Ortes, auf die man auch im 19. Jh. noch sehr großen Wert legte. Mochte sich der Bau im Äußeren auch verhältnismäßig schlicht geben, so überraschte er im Inneren umso mehr durch die prachtvoll ausgestatteten Raumfolgen, die dem Status des Landesherrn angemessen waren.

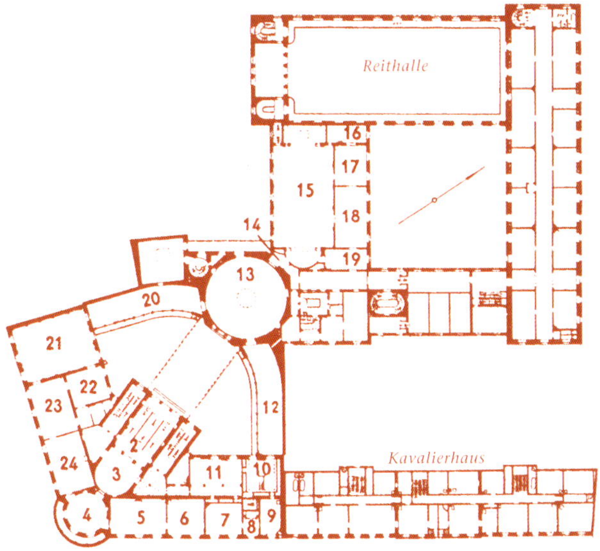

Grundriss 1938, 1. OG, aus Zimmermann 1938

1 Vestibül
2 Treppenhaus
3 Vorflur
4 Rundes Balkonzimmer
5 Empfangszimmer
6 Blauer Salon
7 Roter Salon
8 Badezimmer
9 Ankleidezimmer
10 Garderobe
11 Schlafzimmer der Herzogin
12 Wintergarten
13 Rundsaal
14 Verbindungsgang
15 Konzertsaal
16 Violettes Kabinett
17 Rotes Gesellschaftszimmer
18 Blaues Gesellschaftszimmer
19 Vorzimmer
20 Wintergarten
21 Speisesaal
22 Büfettzimmer
23 Gelber Damastsalon
24 Teesalon

Schlafzimmer der Herzogin, Ausschnitt aus den Plafondmalereien

2. Wiesbaden
Erbprinzenpalais

1813–17 Errichtung
1821 Museum und Bibliothek
1980 Umbau

Industrie- und Handelskammer
Wilhelmstraße 24–26
www.ihk-wiesbaden.de

Das Erbprinzenpalais ist das Hauptwerk des Baumeisters Johann Christian Zais, einem der wichtigen Vertreter des Klassizismus in Nassau. Es entstand für Erbprinz Wilhelm aus der Linie Nassau-Weilburg, da der regierende Herzog Friedrich August aus der Linie Nassau-Usingen ohne männlichen Erben war. In einem Hausvertrag hatte man geregelt, dass die Herzogswürde an den Fürsten Friedrich Wilhelm von Nassau-Weilburg übergehen sollte, was bedeutete, dass dessen Sohn Prinz Wilhelm noch einige Zeit Anwärter blieb. Noch bevor allerdings das Palais völlig fertig gestellt war, verstarb 1816 nicht nur Friedrich August, sondern nur wenig später auch dessen Nachfolger, Friedrich Wilhelm von Nassau-Weilburg. Wilhelm wurde noch im selben Jahr Herzog und bezog das Residenzschloss Biebrich (Nr. 3). So blieb der Innenausbau des Palais unvollendet. Es wurde 1821 als Museum und Bibliothek eingerichtet. 1980 wurde das Gebäude entkernt und vollständig erneuert.

Das Erbprinzenpalais bildet einen mächtigen, kaum gegliederten Kubus am Rande der Altstadt. Seine ehemals imposante Wirkung vor den einst kleinen Häusern Alt-Wiesbadens kommt heute durch die hohen kaiserzeitlichen Bauten an der Wilhelmstraße kaum mehr zur Geltung, das Palais erscheint als ein Prachtbau unter vielen. Es wird durch einen dreiachsigen Mittelrisalit betont, den eine kolossale ionische Tempelfassade auszeichnet. Ein kräftiges Gesims und eine hohe Attika schließen den Bau nach oben ab.

oben: Mittelrisalit

unten: Fassade zur Wilhelmstraße

3. Wiesbaden, Biebrich
Schloss

Unter den hessischen Barockschlössern zählt Biebrich zu den eindrucksvollsten Anlagen. Seine Schauseite wendet sich ähnlich dem kurfürstlichen Schloss Mainz dem Rhein zu.
Fürst Georg August Samuel von Nassau-Idstein ließ um 1700 auf leicht erhöhtem Gelände am Rheinufer einen Garten anlegen, an dessen Südwestecke nach Entwurf Johann Weids 1701 ein Pavillon errichtet wurde. Nur ein Jahr später wurde das Gartenhaus, vermutlich unter Beratung Julius Ludwig Rothweils und des Kasseler Baumeisters Simon Du Ry, erweitert. 1703–06 wurde es auf der Ostecke des Gartens um einen gleichartigen Pavillon ergänzt, wohl noch nach einem Konzept Rothweils. Beide Pavillons erhielten auf den zugewandten Innenseiten einen kurzen Flügel, denn schon damals war ihre Verbindung geplant, die allerdings erst 1707–18 nach einem Entwurf Maximilian von Welschs umgesetzt wurde. Es entstanden zwei Galerien mit einer Rotunde als drittem Pavillon im Zentrum. 1719–20 wurden die Galerien nochmals um ein Geschoss erhöht, was die Proportionen des Baus stark veränderte.
Nach dem unerwartete Tod des Idsteiner Fürsten fielen Biebrich und Wiesbaden an Nassau-Usingen. Fürst Karl entschied sich zum Ausbau des Lustschlosses zur Residenz und ließ 1734–37 zuerst auf der Nordseite des Ostpavillons einen Flügel für den Marstall ansetzen. Das Gegenstück auf der Westseite wurde erst 1740–44 nach Plänen Friedrich Joachim Stengels errichtet und sollte die neue fürstliche Wohnung aufnehmen. 1744 zog der Fürst schließlich von Usingen nach Biebrich. Das Schloss fungierte bis 1842 als Residenz, als Herzog Adolph diese nach Wiesbaden verlegte, blieb allerdings bis 1866 Sommersitz. Nach der Annexion durch Preußen verblieb das Schloss in herzoglichem Privatbesitz, wurde aber nicht mehr bewohnt. Im Krieg blieb es zwar von Zerstörungen weitgehend verschont, aber der Ostflügel wurde durch Bomben getroffen und nach dem Krieg beseitigt. Erst 1980–82 erfolgte seine Rekonstruktion. Der Gebäudekomplex wird heute überwiegend vom Landesamt für Denkmalpflege Hessen genutzt.

Rotunde, Parkansicht

1700–06	*Errichtung von zwei Gartenpavillons*
1707–18	*Verbindung der Pavillons*
1734–37	*Ostflügel mit Marstall*
1740–44	*Westflügel*
1744	*Residenz*
1804–23	*Landschaftspark*
1945	*Ostflügel brennt aus*
1980–82	*Rekonstruktion des Ostflügels*

Der Palast erhebt sich mit seiner über 100 m langen Schaufront an einer Geländekante entlang dem Rheinufer, so dass er zur Rheinseite drei, zum Park zwei Geschosse aufweist. Eine Balustrade trennt den Vorhof von der Rheinuferstraße. Die durch die Farbgebung in Rot und Weiß erzielte einheitliche Erscheinung lässt vergessen, dass es sich um einen in mehreren Etappen errichteten Bau handelt. Die Ecken markieren die beiden alten **Pavillons** mit ihren Mansard-

Landesamt für Denkmalpflege Hessen
Rheingaustraße 140
Park frei zugänglich, Schlossführungen auf Anfrage
Tel.: 0611/306655
www.kvv-wiesbaden.de, www.sehenswertes-biebrich.de

Westflügel

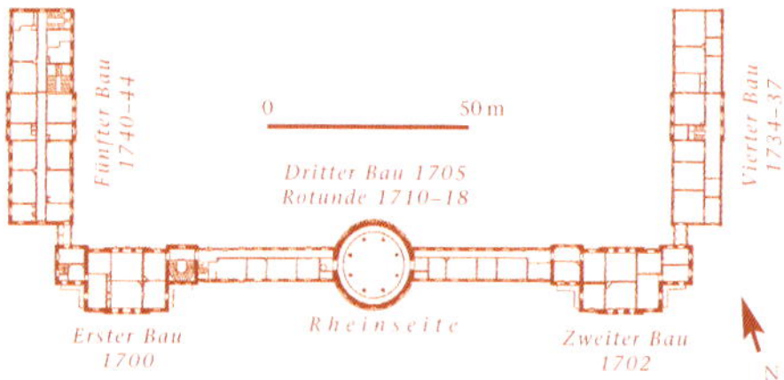

Grundriss Obergeschoss

Kuppelsaal, Ausschnitt aus dem Deckenbild mit Darstellung des Herkules als Sinnbild fürstlicher Tugend

dächern. Die Gebäudekanten betonen genutete Quader, die Mitte schwach vortretende Risalite. Die beiden anschließenden langen **Galerien** werden in den beiden Obergeschossen durch dorische bzw. ionische Doppelpilaster gegliedert. Die **Rotunde** setzt mit ihrer Fassadengestaltung den Hauptakzent in der Rheinfront. Sie ist im Gegensatz zu den Galerien durch eine kolossale Ordnung ionischer Pilaster als höherwertig ausgezeichnet. Diese setzen sich in den Götterfiguren und Vasen, die der Attika aufgesetzt sind, fort. Als Anregung dienten Entwürfe des Wiener Barockbaumeisters Fischer von Erlach. Die große, geschwungene Freitreppe entstand allerdings erst 1826/27, als der Haupteingang hierher verlegt wurde. Im Erdgeschoss der Rotunde befand sich ursprünglich die *Sala terrena*, die später zur **Kapelle** umgewidmet wurde. Über ihr liegt ein **Saal**, dessen Kuppel von acht Säulen getragen wird. Anfänglich stand er mit der darunterliegenden Sala terrena durch eine mittige Öffnung in Verbindung, nach der Einrichtung der Kapelle wurde diese aber geschlossen. Das Deckengemälde Colombas verherrlicht den Bauherrn als den antiken Helden Aeneas, der in den Olymp aufgenommen wird. Allerdings fehlt heute ein wichtiger Bestandteil: Von der Decke hing der Adler des Zeus und machte die Illusion des Gemäldes, das den sich öffnenden Himmel zeigt, komplett.

Der langgestreckte **Westflügel**, der seine Entsprechung auf der Ostseite in dem zurückhaltender gestalteten Marstall hat, war ursprünglich als landesherrliche Wohnung gedacht und richtet seine Hauptfront gegen den Garten. Er ordnet sich gestalterisch der Rheinfront unter und verzichtet auf jede Form der Säulenordnung. Sein Mittelrisalit ist durch ein Mezzanin über die Traufe des Mansarddachs hochgeführt und schließt mit einer großen, von den nassauischen Löwen gehaltenen Wappenkartusche des Fürstentums Nassau-Usingen ab. Den mittigen Saal der Beletage, die vom rückwärtigen Hofraum als Erdgeschoss betreten wird, kennzeichnen drei große Fenstertüren mit Rokokodekor und ein Balkon auf reich dekorierten Konsolen. Der Westflügel steht, vor allem in seiner Raumeinteilung, deutlich unter dem Einfluss französischer Architekturtheorien des 18. Jh. und orientiert sich an den Bedürfnissen der *commodité*, der für eine herrschaftliche Wohnung nötigen Bequemlichkeit. Die Appartements von Fürst und Fürstin befanden sich links und rechts des Vestibüls und Mittelsaales in der Beletage. Beide umfassten Vorzimmer, Audienzzimmer, Kabinett, Schlafzimmer und Garderobe, also das damals übliche Raumprogramm. In den oberen Etagen befanden sich Wohnungen für die fürstlichen Kinder und Angehörige des Hofes.

Der große **Landschaftspark** geht auf den um 1700 angelegten Garten zurück. Die sog. **Dicke Allee** verband ihn mit der Mosburg (Nr. 4). Die Anlage erfuhr nach 1795 eine erste, zurückhaltende Umgestaltung im landschaftlichen Stil, wobei die barockzeitlichen Grundlinien beibehalten wurden, so die zentrale Dicke Allee, die bis heute besteht. Weit einschneidender war die Umgestaltungsphase ab 1817, als der schon zu Lebzeiten berühmte Friedrich Ludwig von Sckell, Schöpfer des Englischen Gartens in München, mit der Gestaltung des Gartens im Landschaftsstil betraut wurde. Der Park wurde nun bis zur **Mosburg** (Nr. 4) erweitert.

Rheinfront

4. Wiesbaden, Biebrich

Mosburg

Die in kaiserlichem Besitz befindliche *Biburc* wird erstmals 882 erwähnt. Zwischen 1462 und 1485 wurde die Anlage neu befestigt. Aus dieser Zeit blieben die Zwingermauern mit Schalentürmen erhalten, die Schaufel- und Schlüsselscharten für den Einsatz von Feuerwaffen zeigen.
1568 galt die Mosburg als verfallen. 1804 erwarb Fürst Friedrich August von Nassau-Usingen die Ruine. Sie stand bereits seit dem 18. Jh. durch die Pflanzung der *Dicken Allee* mit dem Garten des Biebricher Schlosses (Nr. 3) in axialer Beziehung. Der Fürst ließ 1805/06 auf den Resten der alten Wohnbauten durch Georg Carl Florian Goetz ein Lusthaus in gotischem Ruinenstil und den **Torturm** errichten. Bis 1816 wurde das Gebäude prachtvoll mit vergoldeten Holztäfelungen und neugotischem Mobiliar ausgestattet. Angeregt zum Ausbau wurde Friedrich August vermutlich durch die kurz zuvor vollendete kaiserliche Franzensburg in Laxenburg bei Wien, die er bei Aufenthalten am Hof Kaiser Franz II. gesehen haben mag.
Für die Mosburg verwandte man Spolien mittelalterlicher Gebäude. So setzte man u. a. Grabplatten von fünf Grafen von Katzenelnbogen und Philipps von Nassau-Weilburg ein, die man aus Kloster Eberbach herbeigeschafft hatte. Damit wollte man auf Alter und Tradition und die daraus abgeleitete Legitimität der nassauischen Herrschaft über das Land verweisen. Dabei entbehrt die Berufung auf die Grafen von Katzenelnbogen nicht einer gewissen Süffisanz, denn die hatten ihr Territorium schon 1479 an die Landgrafen von Hessen vererbt. Allerdings beanspruchte Nassau einen Teil dieses Erbes. Mit der Mediatisierung und der Schaffung des Rheinbundes war Nassau nun auch an ehemals hessische Gebiete am Rhein gelangt, die wiederum aus der Erbmasse der Grafen von Katzenelnbogen stammten.
Die Burg diente Friedrich Karl vornehmlich als privater Rückzugsort in unmittelbarer Nähe zum Residenzschloss. Das neugotische Garten- und Lusthaus war aber auch Schauplatz von Hoffesten, so u. a. bei der Vermählung Prinzessin Maries mit dem Fürsten Hermann von Wied. Richard Wagner, der 1861 in Biebrich wohnte, wollte die Burg am liebsten als Refugium erwerben, aber der damalige Besitzer Herzog Adolph lehnte ab.
Nach Kriegszerstörungen 1945 begann der Verfall. 1968 wurde die Anlage durch das Land Hessen übernommen. Seither wird sie denkmalpflegerisch durch die Verwaltung der Staatlichen Schlösser und Gärten betreut. Nach einem Teileinsturz der Ringmauer 1994 kam es 2001 zu einer grundlegenden Instandsetzung.

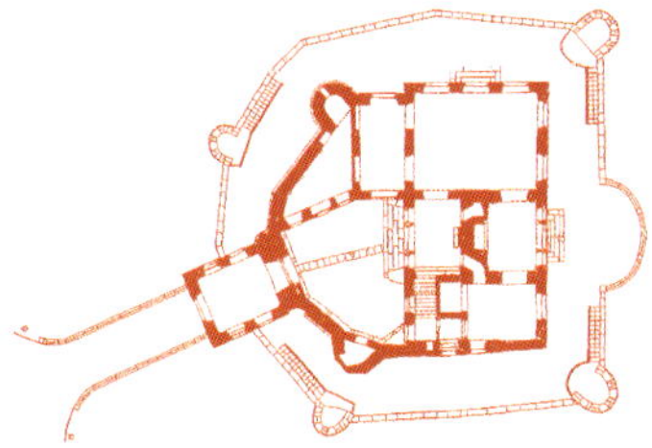

Grundriss

882	*Ersterwähnung*
15. Jh.	*Ausbau*
1805/06	*Umbau*
1945	*Bombentreffer*
1994	*Teileinsturz*
2001	*Instandsetzung*

Nur Außenbesichtigung, Park frei zugänglich
www.sehenswertes-biebrich.de

Torturm mit den Grabmälern der Grafen von Katzenelnbogen vor 1936

Gesamtansicht

5. Wiesbaden
Jagdschloss Platte

1822–24 Errichtung
1945 Zerstörung
2003 Wiederherstellung

An der B 417
Nutzung für Veranstaltungen, Vermietung unter Tel.: 0611/1729-291
www.wiesbaden.de

Nachdem Wiesbaden zur Hauptstadt des Herzogtums Nassau aufgestiegen war, fehlte ein standesgemäßes Jagdschloss. Herzog Wilhelm ließ daher in dem riesigen Waldgebiet nördlich der Stadt auf dem Platte genannten Tauuskamm 1822–24 durch Hofbaumeister Johann Schrumpf ein solches errichten. Herzog Wilhelm hielt sich besonders im Hochsommer in Begleitung seiner Familie für längere Zeit auf der Platte auf. Das Schloss fungierte dabei als privater Rückzugs- und Erholungsort. Auch Herzog Adolph nutzte es oft und gab hier große Gesellschaften und Jagdfeste. 1913 wurde die Platte an die Stadt verkauft. Ein Luftangriff zerstörte das Jagdschloss 1945. Bis in die jüngste Zeit blieb die Platte als Ruine bestehen. 2003 hat man die Platte renoviert und dem Schlossbau eine neue Dachkonstruktion in Glas verpasst, offensichtlich eine gewollte Lösung, um den Ruinencharakter beizubehalten, so jüngste deutsche Geschichte in Erinnerung zu rufen und um alt und neu besonders wirkungsvoll voneinander abzusetzen. Die weit überstehende futuristische Glas-Stahl-Konstruktion erschlägt allerdings die Optik der feinen klassizistischen Architektur.

Der Bau erhebt sich über einer weiten Wiesenfläche am Hang und bildet einen dreigeschossigen Kubus. Jede Seite wird in der Mitte durch einen dreiachsigen Risalit betont, den einst je ein flacher Tempelgiebel mit Thermenfenster abschloss. Das Erdgeschoss ist durch genutete Bänder als tragender Bauteil gekennzeichnet, auf dem sich der vornehme Oberbau aus Beletage und Mezzanin erhebt. Diesen übergreifen an den Ecken und den vier Risaliten dorische Pilaster, ganz im Sinne der Lehre von den Säulenordnungen. Mittels dieser wurde der Charakter eines Gebäudes verdeutlicht. Die Dorica galt als angemessen für ein ländliches Gebäude. Die Architektur des Schlosses steht in der Tradition oberitalienischer Villen und erinnert an Zentralbauten wie die Villa Rotonda von Andrea Palladio bei Vicenza. Ähnlich wie bei dieser gab es nämlich auch im Jagdschloss Platte einen zentralen Kuppelsaal. Palladio genoss in der Zeit des Klassizismus hohe Wertschätzung. Für den Bau eines Land- oder Jagdschlosses galten seine Villen als vorbildhaft und schicklich.

oben: Zustand vor der Kriegszerstörung, aus Luthmer 1914

Mitte: Ansicht von Süden

unten: Ansicht von Südwesten

6. Wiesbaden, Frauenstein

Burg

Burg Frauenstein wurde 1182 durch einen Zweig der Herren von Schierstein, die sich nach ihrer neuen Burg nannten, gegründet. Das Baudatum ließ sich aus einem erhaltenen Eichenholz-Ringanker im Turm ermitteln, den man dendrochronologisch untersucht hat. Die 1231 erstmals erwähnten Herren von Frauenstein waren Erbmarschälle der Erzbischöfe von Mainz. Ihre Burg bildete einen mainzischen Stützpunkt gegen die Grafen von Nassau, und schon 1300 hatte Mainz einen Anteil an der Burg käuflich erworben. So ist es kein Zufall, dass Frauenstein 1302 im Zollkrieg König Albrechts gegen das Erzbistum zerstört wurde. 1319 gelangte die Burg in den Alleinbesitz des Erzstiftes. Sie war noch bis ins 18. Jh. bewohnt und ihr Verfall begann erst nach 1803, als Frauenstein nassauisch wurde. 1996 wurde die Anlage an den Burgverein Frauenstein e. V. verkauft, der sich seither um die Instandhaltung kümmert. Der Abschluss der dringend notwendigen Instandsetzungsmaßnahmen konnte 2002 mit der Einweihung des Bergfrieds gefeiert werden, dem man nach historischem Vorbild wieder einen hölzernen Aufbau und sein Dach aufgesetzt hat.

Die Burgruine erhebt sich in ortsbeherrschender Lage auf einem nach Nordwesten gerichteten Felssporn. Erhalten blieben nur einige Teile der Ringmauer, die einst den Burgfelsen umschloss, und der fünfeckige **Bergfried**, der aus dem schroffen Fels unmittelbar emporzuwachsen scheint. Die Oberkante seines Mauerwerks liegt bei etwa 12 m, darüber erhebt sich die rekonstruierte hölzerne Turmstube. Der Innenraum misst gerade mal rund drei Quadratmeter. Die drei Geschosse, deren oberstes durch ein Tonnengewölbe abgeschlossen wird, werden durch eine Wendeltreppe in der Stärke der 2 m dicken Mauern erschlossen. Die Decken konnten anhand der alten Balkenlöcher rekonstruiert werden. Es gab zwei Wohngeschosse, die sich durch Kamine beheizen ließen. Auf der Südwestseite ragte ein Aborterker über den Felshang.

1182	*Gründung*
1302	*Zerstörung*
1310/19	*mainzisch*
1803	*nassauisch*
1997–2002	*Restaurierung*

Ortsmitte
Terminabsprachen:
Burgverein Frauenstein e. V.
1. Vorsitzender
Adolf Lupp (2009)
Tel.: 0611/421772
www.burgverein-frauenstein.de

oben und unten links: Ansichten des Burgturms

unten rechts: Schnitt

7. Wiesbaden, Sonnenberg

Burg Sonnenberg

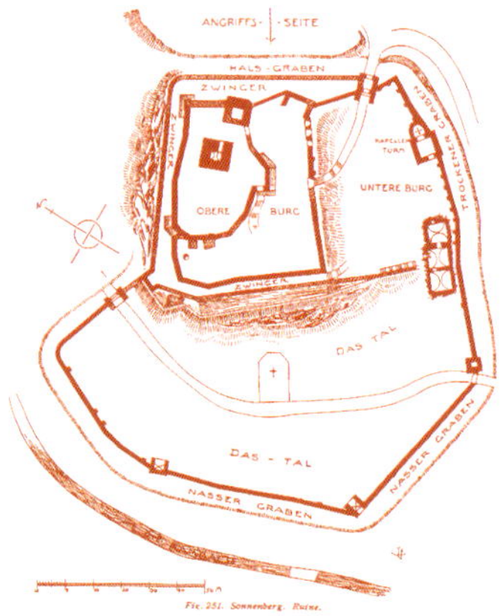

Grundriss, aus Luthmer 1914

rechts: Kapellenturm

Um 1200 Gründung
14. Jh. Ausbau
1554–66 Residenz
1672 Schleifung

Museum im Bergfried
Am Schlossberg 20
April–Sept. jeden zweiten u. vierten Samstag in den Monaten April bis September, 14–16 Uhr
Tel.: 0611/540181
www.wiesbaden.de

Burg Sonnenberg wurde um 1200 durch die Grafen von Nassau als eine „Raubgründung“ auf mainzischem Territorium errichtet. Der folgende Streit wurde dadurch beigelegt, dass Nassau den Baugrund nachträglich kaufte und die Burg von Mainz 1221 zu Lehen erhielt. 1360–90 diente sie als Residenz einer eigenständigen Linie Nassau-Sonnenberg und wurde wohl in dieser Zeit ausgebaut. Nochmals war die Burg 1554–66 kurzfristig Residenz, diesmal für Graf Philipp d. J. von Nassau-Idstein, verlor aber an Bedeutung, als Graf Ludwig um 1596 das Schloss in Wiesbaden (Nr. 1) ausbauen und erweitern ließ. 1672 wurde die Burg in Brand gesteckt, um ein Festsetzen der Franzosen zu verhindern. Im frühen 19. Jh. wurde die Ruine zum beliebten Ausflugsziel.

Die Burg erhebt sich auf einem Felssporn über dem Rambachtal. Sie gliedert sich in vier Abschnitte: die Kernburg am höchsten Punkt, die Oberburg, die Unterburg und das 1351 zur Stadt erhobene sog. *Tal*, die befestigte Siedlung am Rambach. Ältester Teil ist der 24 m hohe **Bergfried**, der vermutlich um 1200 entstand und dessen Untergeschoss und fünftes Obergeschoss tonnengewölbt sind. Der ursprüngliche Zugang liegt in 7,40 m Höhe. Seinen Abschluss mit Zinnen und Zeltdach erhielt der Turm erst 1964. Um den Bergfried verläuft die unregelmäßige Ringmauer der **Kernburg**, die auf der Südseite ausbuchtet und in ihrer Flanke das Tor aufnimmt. Sie wurde auf der gefährdeten Ostseite, die einst durch einen Halsgraben vom Berg getrennt war, im 14. Jh. durch den Bau des massiven **Bruderturmes** verstärkt. Die etwa fünf Meter niedriger gelegene **Oberburg** entstand vermutlich unter König Adolf von Nassau im späten 13. Jh. In ihrer Südseite befindet sich das Tor, neben dem sich die Ruine eines **Wohnbaus** aus dem 16. Jh. erhebt. Ein 34 m tiefer **Brunnen** versorgte die Burg mit frischem Grundwasser.

Wohl erst nach 1351 entstand die **Unterburg**, deren Ringmauern einheitlich mit der Befestigung des Tals errichtet wurden. Sie setzten sich vielleicht als schmaler **Zwinger** um Ober- und Kernburg fort. Auf der Ostseite erhielt die Burg nun einen zweiten Zugang, der als **Torturm** erhalten blieb. Er verfügte über ein etwas niedrigeres Vortor, wie die seitlichen Mauerwangen verraten, und wurde durch ein Fallgatter gesichert. Auf der Südseite erhebt sich der **Kapellenturm**. In seinem Erdgeschoss wurde um 1384 eine Kapelle eingerichtet.

Von der **Talbefestigung** blieb die Ringmauer fast vollständig erhalten, ebenso zwei eckige Schalentürme, das Rambacher Tor und das Wiesbadener Tor mit flankierendem Schalenturm. Sie alle entstanden im 14. Jh. und zeigen mit ihren Rundbogenfriesen ein typisches Element des mittelrheinischen Burgenbaus.

Blick zur Hauptburg

Bergfried

II. DIE KURFÜRSTLICHE RESIDENZSTADT UND FESTUNG MAINZ

Mainz entstand aus dem unter Drusus um 13 v. Chr. am Rhein angelegten *Castrum Mogontiacum*. Die Stadt war im Mittelalter eines der großen geistlichen und politischen Zentren des Reiches. Der Mainzer Erzbischof übte das Amt des Reichserzkanzlers aus; er war es, der bei der Krönung der römisch-deutschen Könige dem Herrscher die Krone aufsetzte. Die Mainzer Erzbischöfe zählten seit dem 13. Jh. zu den drei geistlichen Kurfürsten und gehörten damit zum Kreis der Königswähler.

Bischofssitz war Mainz schon seit der Spätantike. 746/47 übernahm Bonifatius als Erzbischof für Germanien das Bistum, unter seinem Nachfolger Lullus wurde die Erzbischofswürde 781/82 fest mit dem Mainzer Bischofsstuhl verknüpft. Der Mainzer Erzbischof stand der größten Kirchenprovinz der damaligen katholischen Christenheit vor, einer sich vom Hunsrück bis zur Saale in Thüringen erstreckenden Diözese. Unter Erzbischof Willigis (975–1011) wurde der Grundstein für den späteren Kurstaat geschaffen. Ihm gelang der Erwerb zahlreicher Güter und Hoheitsrechte u. a. im Taunus und Spessart. Fortan versuchte Mainz seine Machtposition in der Mittelrhein- und Maingegend erfolgreich weiter auszubauen.

Der **Palast** der Erzbischöfe stand beim Dom. Von ihm blieb nur die 1137 geweihte romanische zweigeschossige **Godehardskapelle** mit ihrer umlaufenden Zwerggalerie. Allerdings konnten sich die Erzbischöfe ihrer Residenzstadt nicht immer unangefochten erfreuen. Im 13. Jh. gelang es Mainz, sich von ihrer Herrschaft zu emanzipieren. Die Kurfürsten bevorzugten daher u. a. Höchst (Nr. 20), Steinheim (Nr. 29) und vor allem Aschaffenburg (Nr. 35). 1462 war es allerdings mit den Freiheiten vorbei. In der Mainzer Stiftsfehde hatte die Stadt auf Diether von Isenburg gesetzt und ihn als Gegenbischof zum päpstlichen Kandidaten Adolf II. von Nassau unterstützt. Adolf eroberte Mainz im Straßenkampf. Damit begann eine neue Epoche für Mainz, das nun vom Hof und seinen Bedürfnissen geprägt wurde. Heute ist vom einstigen Charakter als Residenzstadt allerdings nicht mehr viel zu spüren. Immerhin zeugen noch zahlreiche Adelspalais fränkischer und rheinischer Familien, die oftmals die Erzbischöfe von Mainz stellten, von der alten Bedeutung der Stadt als eines der Zentren des alten Reiches.

Eine der berühmtesten kurfürstlichen Schöpfungen lebt heute nur noch in Stichen fort: das Lustschloss **Favorita**, dessen Anlage sich in Terrassen mit locker angeordneten Pavillons und Wasserspielen bis ans Rheinufer genau gegenüber der Mainmündung erstreckte. Die Favorita war eine Schöpfung Lothar Franz von Schönborns. Er ließ sie 1708–12 u. a.

Das Lustschloss Favorita, Kupferstich von Salomon Kleiner

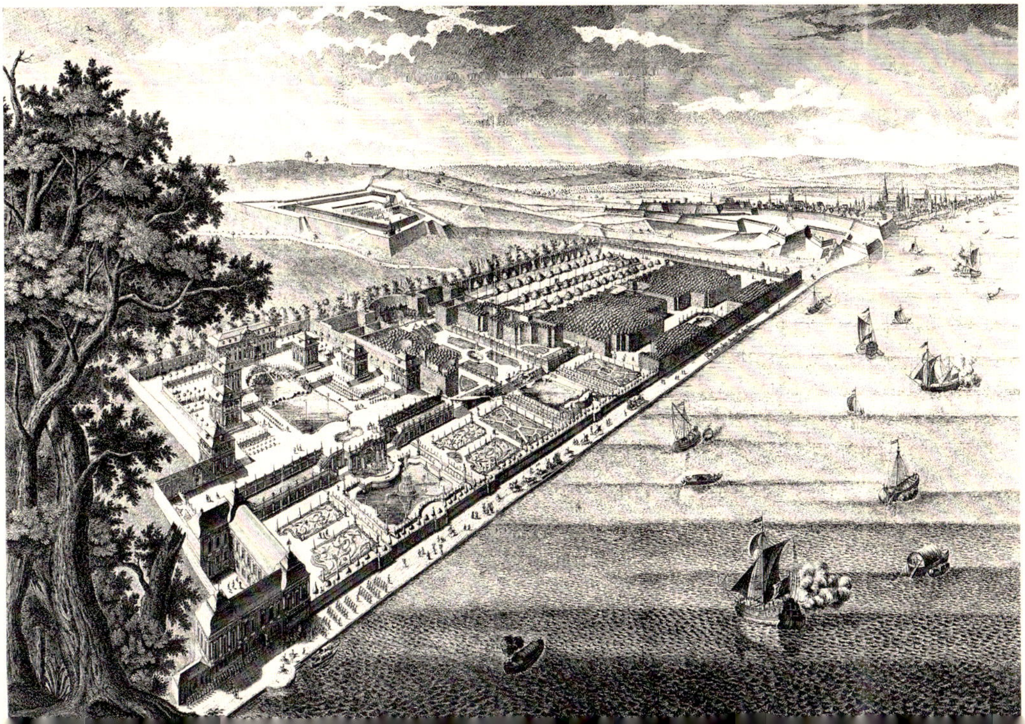

Kasematten zur Infanterieverteidigung des Forts Weisenau

Plan der Reichsfestung im 18. Jh., aus Kahlenberg 1963

durch Maximilian von Welsch anlegen. Heute zeugt nichts mehr von der Pracht, die 1792/93 französische Revolutionstruppen vernichteten.
Für die Franzosen wie viele andere vor ihnen spielte Mainz als Rheinübergang an der Mainmündung eine zentrale militärische Rolle. Seit dem Dreißigjährigen Krieg hatte sich die Stadt zu einer waffenstarrenden **Festung** entwickelt. Unter Kurfürst Johann Philipp von Schönborn wurde sie 1655–78 systematisch ausgebaut, so dass Mainz schließlich von einer Enceinte mit 14 Bastionen umgeben war. Hiervon blieben Reste der Bastionen Martin und Alexander (Augustusstraße) erhalten. Das Herzstück der Festung bildete die **Zitadelle** (Nr. 9).
In der Folge war Mainz ein heiß umkämpfter Ort, immer wieder belagert und bestürmt. Schon 1688 gelang den Franzosen die Einnahme der Stadt, die mit großer Mühe von der kaiserlichen Armee zurückerobert werden musste. 1710–43 wurden die Festungswerke durch Maximilian von Welsch um

Geschützturm der Gasfabrik

Außenforts erweitert, die durch befestigte Kommunikationen mit der Hauptumwallung verbunden wurden. Hiervon sind noch Teile des **Forts Josef** (Am Linsenberg) erhalten.
Mainz wurde zu einer der größten Festungen Mitteleuropas und war offiziell Reichsfestung. Trotzdem gelang es den Franzosen, diese 1792 im Handstreich zu nehmen. Sie sicherten das gegenüberliegende Rheinufer in **Kastel** (Nr. 10) mit Schanzen und einer Umwallung. Napoleon ließ die Werke auf dem rechten Rheinufer bis 1813 weiter ausbauen.
Mit der Gründung des Deutschen Bundes 1814 wurde Mainz zur Bundesfestung bestimmt, die der Rheinverteidigung dienen sollte. Sie wurde ab 1825 modernisiert und verstärkt. Im Vorfeld legte man neue Forts an. Mainz wurde zu einer großen Lagerfestung, die als Ausgangspunkt für militärische Operationen im Kriegsfall und Rückzugs- und Sammelpunkt für eine geschlagene Feldarmee dienen sollte. Damit erfüllte sie jene Anforderungen, die man in der ersten Hälfte des 19. Jh. an eine Festung stellte.
Ein letzter Ausbau erfolgte 1873–77 gegen Norden, wo die **Neustadt** auf dem Gartenfeld in die Enceinte einbezogen wurde. Diese war nicht mehr bastioniert, sondern hatte gemäß der im frühen 19. Jh. entwickelten sog. neudeutschen Befestigung nur leicht gebrochene Kurtinen. Die Flankierung erfolgte durch bombensichere Kaponnieren im Graben. Im Prinzip waren aber diese Fortifikationen zu ihrer Entstehungszeit schon längst überholt. Die Entwicklung der Kriegstechnik machte bald eine Erweiterung des Fortgürtels und die Verstärkung der Außenwerke nötig, um das feindliche Feuer auf möglichst große Distanz zu halten. Bis ins frühe 20. Jh. wurden sie erweitert. Der alte Bastionsring wurde 1904 aufgegeben, die Stadt konnte wachsen. Bei Ausbruch des Ersten Weltkrieges umgab ein weitgespannter Gürtel mit modernen Panzerwerken, die sog. **Selztalstellung**, in kilometerweitem Abstand vor der Stadt ganz Mainz. Von all diesen Befestigungen ist verhältnismäßig wenig geblieben, denn der Versailler Vertrag von 1918 setzte auch die Schleifung der Festung Mainz durch. Weitere Bauzeugen der Festungszeit fielen in den 60er Jahren. Immerhin blieben im Bereich des Zentrums und seiner unmittelbaren Umgebung eindrucksvolle Reste erhalten. So sind Teile des **Forts Hauptstein**, das noch auf das 18. Jh. zurückgeht, und Reste der Kasematten von **Fort Weisenau** erhalten, das 1826–34 nach Plänen des österreichischen Ingenieuroberst Franz von Scholl errichtet wurde. Sein klassizistisches Tor steht heute oberhalb im **Volkspark**. An der Bahnlinie erhebt sich die 1853–56 errichtete **Gasanstalt**, die mit einem Geschützturm und krenelierten Mauern gesichert war. Am Rhein steht **Fort Malakoff**, eine Kaponniere von 1847, die bei der Neuanlage des Rheinufers 1873 an die jetzige Stelle versetzt wurde, als man für den Bau der Eisenbahn das Ufer verbreitern musste. In Folge dieser Maßnahmen kam es zur Neuanlage der gesamten **Rheinkehlbefestigung**. Die **Rheintore** ermöglichten den Zugang zu den Anlegestellen. Erhalten blieb hiervon auch die 1887 errichtete **Kaponniere** am Feldbergplatz. Von der Gartenfeldbefestigung steht noch das 2007 rekonstruierte **Gonsenheimer Tor**.
Wer sich die Festungswerke erschließen will, kann dies mit Hilfe der „Festungsroute" tun, einem Rundwanderweg, zu dem es ein Faltblatt mit Plan gibt.

Fort Malakoff am Rheinufer

Die Bundesfestung Mainz in ihrer größten Ausdehnung um 1865

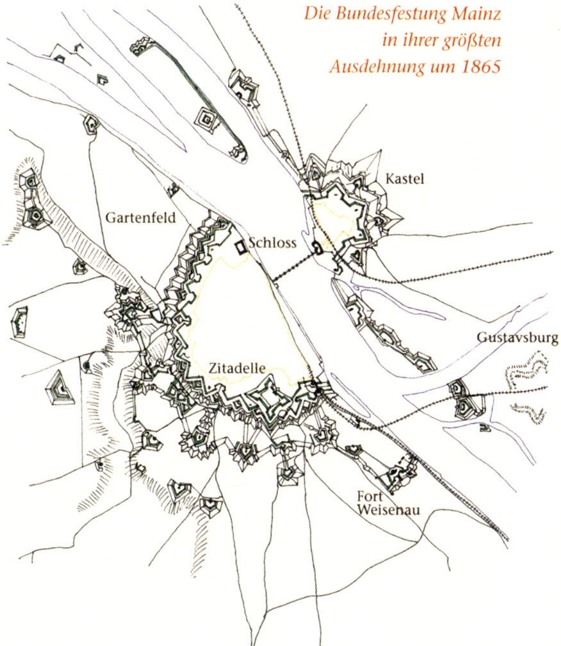

8. Mainz
Residenzschloss Martinsburg

1478–81 Martinsburg
1627/28 Erweiterung
1687 Beginn des Nordflügels
1751–76 Vollendung
1800/09 Abbruch der Martinsburg
1903–25 Restaurierung
1942 Kriegszerstörung
1948–49 Wiederaufbau

oben: Martinsburg (rechts) mit dem Kurfürstlichen Schloss (Mitte) und der Kanzlei (links), Zustand 18. Jh.

unten links: Schloss, Nordflügel

unten rechts: Ansicht des südöstlichen Kopfbaus des Schlosses um 1900, aus Bezold 1905

Mainz hatte den Erzbischöfen lange Widerstand geleistet. Als sie ihre Residenz in die Stadt zurückverlegten, rechneten die Landesherren mit einer Erhebung der unterworfenen Bürger. Daher ließ Diether von Isenburg die Hofhaltung vom Dom an die Nordostecke der Stadtbefestigung verlegen, wo 1478–81 die neue Residenz die **Martinsburg** errichtet wurde. Dieser mittelalterliche Kernbau, eine in etwa quadratische Anlage mit einer von zwei Türmen gefassten Schaufront zum Rhein, wurde im Lauf des 16. Jh. mehr-

fach erweitert. Von diesen Bauten wie auch von der 1807 abgebrochenen Martinsburg ist heute so gut wie nichts mehr vorhanden.

Die alte Burg konnte zu Beginn des 17. Jh. den gestiegenen Repräsentationsansprüchen des Kurfürsten nicht mehr genügen. Georg Friedrich von Greiffenclau ließ daher mit der Erweiterung der Residenz am Rheinufer beginnen. Der prachtvolle Renaissancepalast, der unmittelbar neben und hinter der Burg entstand, wurde unter Kasimir von Wambold fortgeführt. Der Baumeister ist unbekannt, doch das Vorbild des nur wenige Jahre älteren Aschaffenburger Schlosses ist unverkennbar. Als 1631 die Schweden Mainz einnahmen, stand der neue rheinseitige Flügel noch ohne Dach. Erst unter Hartrad von der Leyen kam es in den 1670er Jahren zum Weiterbau. Nach Plänen des Kapuzinerpaters Matthias aus Saarburg wurde der Bau nach Norden verlängert. Unter Kurfürst Anselm Franz von Ingelheim wurde 1687 der Nordflügel begonnen. Der Pfälzische Erbfolgekrieg verzögerte den Baufortgang erneut. Erst Friedrich Karl von Ostein machte sich 1751/52 an eine Fortsetzung des Baus durch Anselm Franz Reichsfreiherr von Ritter zu Groensteyn. Ein dritter Flügel blieb unausgeführt. An seiner Stelle entstand 1807 die **Zollhalle**.

Schloss, Grundriss des 2. Obergeschosses

Das Schloss bildet eine zweiflügelige Anlage. Seine Fassaden werden über drei Geschosse hinweg durch Pilaster gegliedert, die in der kanonischen Folge übereinandergesetzt sind: unten die tragende dorische Ordnung, darüber die ionische und zum Schluss die korinthische. Viel Fassadenschmuck am **Rheinflügel** geht allerdings auf die Restaurierung der Jahre 1903–25 zurück. Dabei wurden die vorhandenen Porträtbüsten in den Giebeln frei ergänzt und die Kurhüte wie auch das Mainzer Rad in den Ornamenten hinzugefügt.

unten links: Fassadendetail der Hoffront

unten rechts: Schloss, Südflügel

Neues Zeughaus (oben, 1738–1940) und Altes Zeughaus (unten, 1604–1605) gehören ebenfalls zum Komplex der Kurfürstlichen Residenz

Besonders eindrucksvoll bietet sich der Südabschluss mit seinen zwei übereck gesetzten Erkern dar.
Das Gliederungsschema des Rheinflügels wurde im 18. Jh. beim Bau des **Nordflügels** auf diesen übertragen, dort aber durch eine moderne Bandlwerkornamentik barock interpretiert. Außerdem wurden die Ecken des Flügels betont, indem sie mit Doppelpilastern geschmückt wurden.

Die Räume im **Inneren** waren prachtvoll ausgestattet. Zu den Höhepunkten zählten der Weiße Saal von 1757 und der unter Kurfürst Friedrich Carl Joseph von Erthal 1775/76 eingebaute Akademiesaal. Diese Räume sind seit dem Zweiten Weltkrieg verloren. Das von Balthasar Neumann eingebaute Treppenhaus wurde schon 1807 beseitigt. Einen kleinen Eindruck von der Großzügigkeit der Innenräume vermittelt noch die Tordurchfahrt im rheinseitigen Flügel. In den Fensterlaibungen der Obergeschosse sind noch Reste frühbarocken Stucks aus der zweiten Hälfte des 17. Jh. zu entdecken.
In der Umgebung des Schlosses finden sich noch weitere landesherrliche Bauten, die zur Residenz gehörten. Nördlich des Schlosses liegt der ehem. **Kurfürstliche Marstall** (Große Bleiche 49–51). Der riesige, 1750–60 bzw. 1766–71 errichtete Komplex beherbergt heute das Landesmuseum. Über dem Giebel des Mittelrisalits verweist ein vergoldetes Pferd auf die ursprüngliche Funktion des Gebäudes, das später als Kaserne diente und nach der Giebelbekrönung Golden-Ross-Kaserne genannt wurde.
Als große Barockanlage präsentiert sich das **Deutschhaus**, die einstige Deutsch-

Deutschordenspalast, Fassadendetail der Rheinfront

Neues Zeughaus, Giebel mit Darstellung des Mars und kurfürstlichem Wappen

ordenskommende, die sich direkt neben dem Neuen Zeughaus am Rhein erhebt. Kurfürst Franz Ludwig von Pfalz-Neuburg, der zugleich Ordensmeister war, ließ den Bau 1730–37 durch Ritter zu Groensteyn und den Ordensbaumeister Franz Joseph Roth errichten. Den Ehrenhof flankieren zwei Pavillons mit Mansarddächern. Ein solches deckt auch das Corps de Logis, dessen Schaufront die Rheinfassade mit Blendarkaden und monumentaler korinthischer Pilasterordnung bildet. Später diente der Bau Napoleon als Palast und sollte für diesen großzügig ausgebaut werden, dann war er im Besitz der Großherzöge von Hessen und bei Rhein, zu deren Territorium Mainz seit 1815 gehörte, und diente als deren Quartier bei Aufenthalten in der Stadt.

Römisch-Germanisches Zentralmuseum
Ernst-Ludwig-Platz 2
Di.–So. 10–18 Uhr
Tel. 06131/91240
www.rgzm.de

Goldene-Ross-Kaserne, heute Landesmuseum

9. Mainz
Zitadelle

1050	*Gründung Jakobskloster*
1620–29	*Schweickardsburg*
1655–60	*Neubau*
1696	*Kommandantenbau*
1861–63	*Zitadellkaserne*
1914	*Doppelkompaniekaserne*

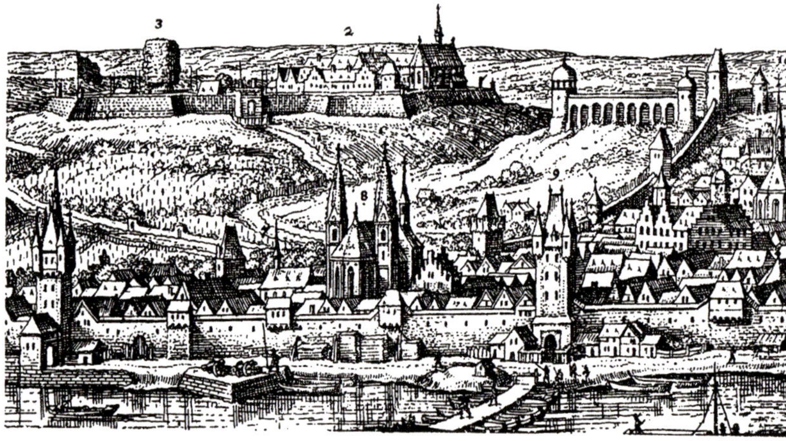

oben: Die Schweickardsburg, Kupferstich von Matthäus Merian 1633, aus Kahlenberg 1963

unten: Ansicht des Kommandantenbaus mit Tor

Die Zitadelle beherrscht eine strategisch wichtige Stelle, den Jakobsberg im Südwesten der Altstadt. Seit dem 11. Jh. hatte sich hier das Jakobskloster befunden, das teilweise in die mittelalterliche Stadtbefestigung einbezogen war. Ab 1620 wurde es mit Erdwällen und Bastionen befestigt. So entstand die nach dem damaligen Erzbischof Johann Schweickard von Cronberg benannte *Schweickardsburg*. Sie sollte die für die Verteidigung der Stadt empfindlichste Stelle sichern. Ihre nordwestliche Halbbastion zeichnet sich noch heute als Geländeerhöhung im Hof ab. Nach dem Dreißigjährigen Krieg plante Kurfürst Johann Philipp von Schönborn den Ausbau seiner Residenzstadt zur modernen Festung, um einen militärisch starken Stützpunkt

Frei zugänglich
Kasemattenführungen:
Initiative Zitadelle Mainz e. V.
Tel.: 06131/33311-30
www.zitadelle-mainz.de

links: Bastion Alarm

unten: Tordurchfahrt, Schießscharte

für die Landesverteidigung zu erhalten. Ab dem Frühjahr 1655 wurde unter der Leitung von Friedrich Spalla mit dem Neubau auf dem Jakobsberg begonnen. Die Wälle und Bastionen erhielten nun steinerne Außenmauern und wurden mit einem gemauerten Graben umgeben. Die Zitadelle entstand als regelmäßig viereckige Anlage mit vier großen, teilweise kasemattierten Bastionen. Ein **Portal** mit kräftiger Rustikaarchitektur, entworfen von Antonio Petrini, lässt von der Stadt her ein. Die Durchfahrt ist geknickt, um ein direktes Durchstürmen zu verhindern. Den Ankommenden empfangen als erstes auf den Torweg gerichtete Scharten, und im Gewölbe sitzen sog. Mordlöcher. Über dem Tor erhebt sich der 1696 errichtete **Kommandantenbau**. Der Apostel Jakobus auf der Balustrade ist deutlicher Verweis auf das Kloster, das bis 1794 bestand. Innerhalb des Wallgevierts stehen die lang gestreckte **Zitadellkaserne**, die 1861–63 von der österreichischen Garnison der Bundesfestung als bombensichere Unterkunft errichtet wurde, und die **Doppelkompaniekaserne** von 1914. Auf der **Bastion Drusus** erhebt sich der **Drususstein**, ein römisches Denkmal, das an den 9. v. Chr. verstorbenen Sohn Kaiser Augustus' erinnert, der auf dem Rückmarsch aus Germanien in Mainz starb.

Die Brustwehren der Bastionen und Kurtinen wurden in der Mitte des 19. Jh. umgebaut. Man errichtete bombensichere **Hohltraversen** auf den Wallgängen, um Querschläger abzufangen und den Mannschaften Unterstände zu verschaffen. In barockem Erscheinungsbild hingegen präsentiert sich die **Bastion „Alarm"**, wo jüngst ein altes Postentürmchen rekonstruiert wurde. Solche Türmchen zierten alle Ecken der Bastionen und dienten als Ausguck. Langfristig sollen Bastionen und Wälle von Bewuchs befreit werden, um einen Eindruck vom ursprünglichen Zustand zu geben.

Die Zitadelle sollte nicht nur das Kernstück der Stadtverteidigung bilden, sondern richtete sich auch gegen die Bürger, ließ sich doch von hier aus Mainz militärisch beherrschen. Diese Doppelfunktion ist typisch. Zitadellen waren letzter und stärkster Rückzugsort einer Festung und zugleich ein Mittel zur Kontrolle der Untertanen.

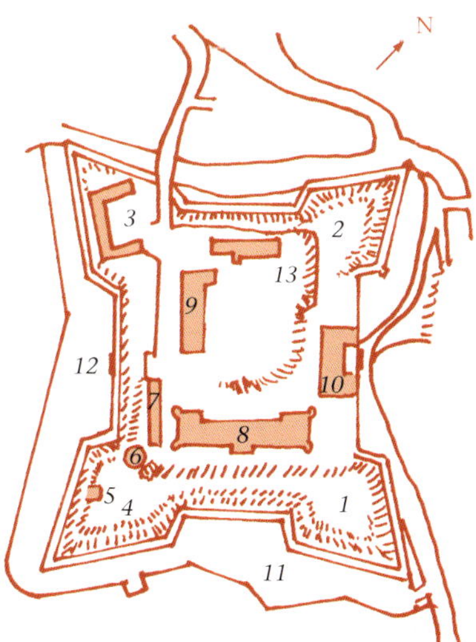

Grundrissskizze
1 Bastion Germanicus
2 Bastion Alarm
3 Bastion Tacitus
4 Bastion Drusus
5 Hohltraverse
6 Drususstein
7 Stadtmuseum
8 Zitadellkaserne
9 Doppelkompaniekaserne
10 Kommandantenbau
11 Graben mit Resten eines Ravelins
12 Ausfalltor
13 Bastionsrest der Schweickardsburg

10. Mainz-Kastel

Brückenkopfreduit

11 v. Chr. *Römisches Kastell*
1830–32 *Brückenkopfreduit*
1844 *Ausbau der Rheinschanzen*
1885 *Rheinbrücke*

Museum Castellum Kastel
Rheinufer
So. 10.30–12.30 Uhr
März bis November
Tel. 06134/3763
www.museum-castellum.de
www.festung-mainz.de

oben rechts: Brückenkopfreduit, Portal

Mitte: Theodor-Heuss-Brücke, kasemattierter Pfeiler

unten: Brückenkopfreduit, Gesamtansicht

Kastel ist seit der Antike eng mit Mainz verbunden. Nachdem die Römer hier eine Brücke über den Rhein geschlagen hatten, entstand um 11 v. Chr. ein Brückenkopf, das *Castellum Mattiacorum*. Mainz sollte als Basis für Feldzüge nach Germanien dienen. Diese Funktion als Ausgangspunkt für militärische Operationen sollte der Doppelfestung Mainz-Kastel vom 17.–19. Jh. erneut zukommen.

Der in der Spätantike zerstörte Rheinübergang wurde erst im Dreißigjährigen Krieg als Schiffsbrücke durch die Schweden wiederhergestellt und durch

eine bastionierte Schanze gesichert. Weiter südlich entstand an der Mainmündung 1632 die Festung *Gustavsburg*, die man nach dem Krieg aber wieder aufgab. Zur Festung wurde Kastel erst im 1. Koalitionskrieg (1792–97) durch die Franzosen ausgebaut. Diese Befestigungen wurden ab 1805 auf Befehl Napoleons verstärkt. Für ihn bildete der Platz einen wichtigen Stützpunkt am Rhein, der als Ausgangsbasis für rechtsrheinische Militäroperationen dienen sollte. Tatsächlich konnten sich Mainz und Kastel im Befreiungskrieg 1813/14 bis zur Abdankung Napoleons gegen die alliierten Streitkräfte halten.

oben links: Brückenkopfreduit, Kehlkaponniere

oben rechts: Brückenkopfreduit, krenelierte Kehlmauer

Das **Reduit** wurde 1830–32 errichtet. Es ist der einzige große Zeuge klassizistischen Festungsbaus in Hessen und besteht aus einem zweigeschossigen Dreiflügelbau mit gerundeten Schultern. Rückwärtig schließt eine krenelierte Mauer das Werk ab. Hier lag das Zollhaus, an dem alle Reisenden den Brückenzoll zu entrichten hatten. Die Kehle des Werks wird überdies durch eine mächtige, zweigeschossige halbrunde **Kaponniere** gedeckt. Kaponniere und Reduit sind bombensicher gewölbt und waren zur Verteidigung mit Gewehren und Kanonen eingerichtet. Sie dienten zugleich als Kasernen. Einen Akzent in der Außenfassade mit ihren langen Reihen von Schießscharten setzt das **Portal**, über dem vor Trophäen der hessische Löwe ruht. Bemerkenswert sind die rahmenden Säulen, die von dicht gereihten Lanzen gebildet werden. Direkt am Ufer liegt das ehem. **Blockhaus** zur Kehl- und Eingangsverteidigung am Reduit. Weitere Befestigungswerke lassen sich auf der **Maaraue** finden. In das Gebäude der Wasserschutzpolizei sind Reste eines Blockhauses einbezogen. Es entstand wie die beiden kreuzförmigen Blockhäuser der Mittleren und Oberen Rheinschanze um 1844.

Die Schiffsbrücke über den Rhein blieb bis 1885 in Betrieb, als man sie durch eine feste Rheinbrücke ersetzte, die heutige **Theodor-Heuss-Brücke**, die nach Plänen des Architekten Friedrich von Thiersch entstand. Zur Verteidigung wurden ihre Landpfeiler mit Kasematten versehen und in den Strompfeilern Minenkammern für eine eventuelle Sprengung eingebaut.

Brückenkopfreduit, Hof

III. DIE ALTE REICHS- UND KRÖNUNGSSTADT FRANKFURT

Frankfurt am Main war einst einer der zentralen Orte des Reiches, um nicht zu sagen eine *der* Hauptstädte.
Oberhalb einer Mainfurt, an Stelle römischer Ruinen, entstand im 6. Jh. ein fränkischer Königshof, der 793/94 erstmals als *Franconofurd* erwähnt wird. Verkehrsgünstig an einer Furt gelegen, entwickelte er sich zu einem der Zentralorte des ostfränkischen Reiches. Frankfurt diente Karolingern, Ottonen und Staufern als Pfalz. Mit der Goldenen Bulle Karls IV. wurde Frankfurt 1356 offizieller Wahlort der römisch-deutschen Könige und war von 1562 bis zum Ende des Reiches 1806 auch deren Krönungsort.
Frankfurt gelang im Lauf des 13. und 14. Jh. der Aufstieg zur Reichsstadt. Die Stadtrepublik musste sich immer wieder gegen Angriffe umliegender Herren zur Wehr setzen. Sie vertraute dabei nicht nur auf ihren festen Mauerring, sondern auch auf eine seit dem Spätmittelalter angelegte Landwehr mit Warttürmen an den wichtigsten Einfallstraßen in ihr Gebiet. Darüber hinaus lagen innerhalb des Territoriums der Stadt mehrere befestigte Höfe, die in der Regel Stadtadeligen gehörten. Die Mehrzahl dieser Anlagen, die sich im Laufe des 18. und 19. Jh. zu noblen Landsitzen wandelten, ist heute verschwunden.
Um ihr Gebiet zu sichern, betrieb die Reichsstadt eine aktive Burgenpolitik. Sie verbündete sich nicht nur mit anderen Städten und Landesherren, um gegen „Raubritter“, die den Handel bedrohten, zu Felde zu ziehen und deren Burgen zu brechen, sondern errichtete ihrerseits Burgen, die sie mit Adeligen besetzte, die für sie als Amtmänner fungierten. Teilweise waren dies Angehörige des Frankfurter Patriziats bzw. umgekehrt wurden Adelige von außerhalb in das Patriziat der Stadt aufgenommen. Zahlreiche Adelige in der Umgebung mussten Frankfurt ihre Burgen öffnen, d. h. im Kriegsfall der Stadt zur Verfügung stellen. Außerdem sicherte sich die Stadt zeitweise den Mitbesitz an weiter entfernt gelegenen Burgen, so auf Königstein (1378–89) oder auf Hattstein (1432–68). Im Übrigen war es der Reichsstadt schon 1322 gelungen, vom Kaiser ein Privileg zu erwirken, das jedermann den Bau von Befestigungen in einem Umkreis von fünf Meilen um die Stadt untersagte, worüber Frankfurt peinlich genau wachte. Das lässt sich geradezu beispielhaft an Schloss **Rödelheim** zeigen, der bedeutendsten Burg im heutigen Stadtgebiet, deren letzte Reste allerdings nach dem Zweiten Weltkrieg beseitigt wurden. Rödelheim war Reichsburg und wurde von mehreren Ganerben bewohnt. Die Stadt Frankfurt

Ansicht der Burg Rödelheim nach der Zeichnung des Frankfurter Malers Sebald Fyoll, links die Grundmauern des von Frank von Cronberg illegal errichteten Burghauses, aus Nassauer 1917

erlangte 1409 das Öffnungsrecht und kaufte sich 1441 schließlich in die Ganerbenschaft ein, so dass sie unmittelbarer Anteilseigner war. Fünf Jahre später allerdings kam es zum Streit mit Frank von Cronberg, als dieser innerhalb der Umwehrung eine neue Hauptburg erstellen ließ – ohne Absprache mit der Reichsstadt. Die legte Beschwerde beim Kaiser ein, einmal wegen des oben erwähnten Bauverbots, zum anderen mit dem geschickten Hinweis, das Schloss könne ja im Falle einer strittigen Königswahl eventuell als Festung einem Gegenkönig dienen. Frank von Cronberg beschloss die Sache trotz Vorladung vor den Kaiser auszusitzen und hatte Erfolg. 1448 einigte man sich. Der Cronberger verkaufte den zehnten Teil des Neubaus an Frankfurt und räumte der Stadt auch noch verschiedene andere Gebäude in der Burg ein. Damit hatte Frankfurt Zugriff auf eine der stärksten Eigenbefestigungen im Umkreis der Stadt, deren Bauzustand uns ein Grundriss und eine Vogelschauansicht des Frankfurter Malers Sebald Fyoll aus dem Jahr 1446 überliefert, gefertigt im Auftrag des Rates als Beweismaterial gegen Frank von Cronberg.
Besaßen die Angehörigen der Ratsaristokratie außerhalb Landgüter und Weiherhäuser, so verfügten sie natürlich in der Stadt ebenfalls über große Höfe, die teilweise, zumindest was ihren Bauschmuck mit Zinnen und Türmchen anbelangte, Burgcharakter besaßen, sichtbarer Ausweis ihres Standes und Selbstverständnisses. Daneben existierten seit der Barockzeit prachtvolle **Adelspalais**, von denen das der Fürsten Thurn und Taxis das herausragendste war. Es wurde 1732–41 nach Plänen des Pariser Architekten Robert de Cotte in den Formen Pariser Adelshôtels errichtet und gehörte zu den bedeutendsten Bauten des Barock in Hessen. Es diente dem Reichspostmeister, dem Fürsten von Thurn und Taxis, als Wohnung und Amtssitz, und in napoleonischer Zeit als Residenz des Fürstprimas und Großherzogs von Frankfurt, Karl von Dalberg. Die totale Zerstörung der Frankfurter Altstadt durch Luftangriffe im Zweiten Weltkrieg ließ von all dieser Pracht nichts übrig. Das Palais Thurn und Taxis, für die deutsche Geschichte als Sitz der Deutschen Bundesversammlung 1816–66 äußerst wichtig, überlebte nur als trauriger Torso. Es wurde jüngst rekonstruiert.

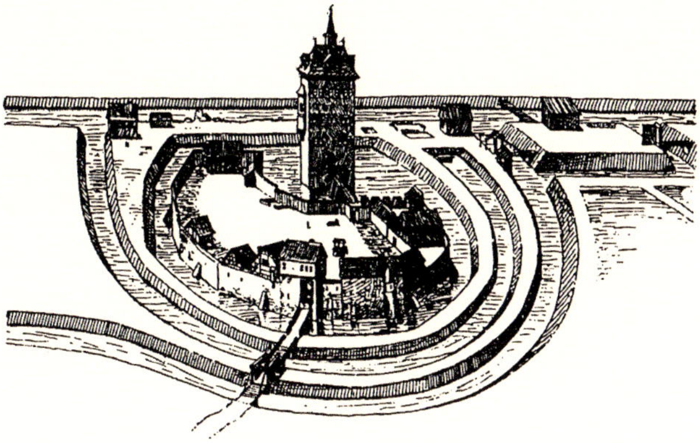

Um Frankfurt lagen befestigte Hofgüter wie der heute verschwundene Goldstein, Rekonstruktion im Zustand um 1400, aus Schomann 1977

Aufriss der Gartenfassade des Palais Thurn und Taxis, aus Wolff/Jung 1898

11. Frankfurt am Main

Kaiserpfalz

7. Jh. Königshof
794 Synode Karls des Großen
Bis 822 Bau der Pfalz
Bis 852 Umbau der Kapelle
11./12 Jh. Verfall?
1958–64 und 1972/73 Ausgrabung

oben: Frankfurt, Archäologischer Park auf dem Römerberg

Markt, Bendergasse
Archäologischer Park
frei zugänglich

Frankfurt war eine der wichtigsten karolingischen Pfalzen. Hervorgegangen ist sie aus einem merowingischen Königshof des 6./7. Jh., der 794 erstmals erwähnt wird. Bis 822 wurde er durch Ludwig den Frommen zur Pfalz ausgebaut. Unter ihm stieg Frankfurt zu einem der bevorzugten Orte im Reich auf. Er weilte zwischen 815 und 840 zwölfmal hier, sein Nachfolger Ludwig der Deutsche zwischen 840 und 876 sogar dreißigmal. Ludwig der Deutsche richtete das Pfalzstift ein, aus dem sich später der sog. „Dom" St. Bartholomäus, Wahl- und Krönungsort der römisch-deutschen Könige und Kaiser, entwickeln sollte.

Auch die Ottonen suchten Frankfurt häufig auf, die Salier hingegen eher selten. Eventuell kam es in jener Zeit zum Verfall der Pfalz. Unklar ist, was in staufischer Zeit von den Bauten noch brauchbar war, aber sehr wahrscheinlich konnte der karolingische Bau noch bis ins 13. Jh. genutzt werden. Der Saalhof im Südwesten des Pfalzbezirks, der direkt am Mainufer steht, wurde wohl erst im 13. Jh. zum königlichen Aufenthaltsort umgewidmet (s. Nr. 12).

Die Pfalz, die um 822 erstmals als *palatio novo* (neuer Palast) erwähnt wird, umfasste ein Areal von rund 320 x 200 m und lag direkt am Mainufer. Eine 2,7 m starke Wehrmauer umgab den Bezirk. Im Zentrum der Anlage erhob sich eine 117 m lange Abfolge von Bauten, die 1958–64 und 1972/73 ergraben wurden. Dazu gehörte eine zweigeschossige *aula regia*, eine **Königshalle**, mit einem Anbau nach Westen und einer Kapelle im Osten. Die Halle maß 26,5 x 12 m. Westlich schloss an sie ein Wohnbau über quadratischem Grundriss an. Von diesem zentralen Komplex führte eine Galerie, die erst um 840 errichtet wurde, zur **Kapelle** im Osten. Sie war schon unter Karl dem Großen um 790 als einfache Saalkirche an Stelle einer etwas älteren Vorgängerin aus dem 7. Jh. entstanden. Unter Ludwig dem Frommen ersetzte man Karls Kapelle durch einen dreischiffigen Neubau mit Querhaus. Dieser wurde 852 durch den Mainzer Erzbischof Hrabanus Maurus als Salvatorkirche geweiht. Irgendwann zwischen 1000 und 1200 wurde der Westseite eine repräsentative Doppelturmfassade vorgesetzt, wozu man die Verbindungsgalerie zu den Hauptgebäuden abbrach. Mehrfach baute man die Kirche noch um, bis 1315 an ihrer Stelle mit dem Neubau der Stiftskirche St. Bartholomäus, dem „**Dom**", begonnen wurde. In ihm befindet sich die **Wahlkapelle**, in der, wie es die Goldene Bulle Kaiser Karls IV. von 1356 bestätigte und festlegte, der römisch-deutsche König durch die sieben Kurfürsten gewählt wurde. Seit 1562 löste die Frankfurter Stiftskirche den altehrwürdigen Aachener Dom auch als Krönungsort ab, wobei es schon seit dem 12. Jh. vereinzelt zu Krönungen in Frankfurt gekommen war.

Die ergrabenen Reste der Pfalz wie auch **römischer Badegebäude** wurden 1972/73 in einem archäologischen Park zwischen Römer und Dom zugänglich gemacht.

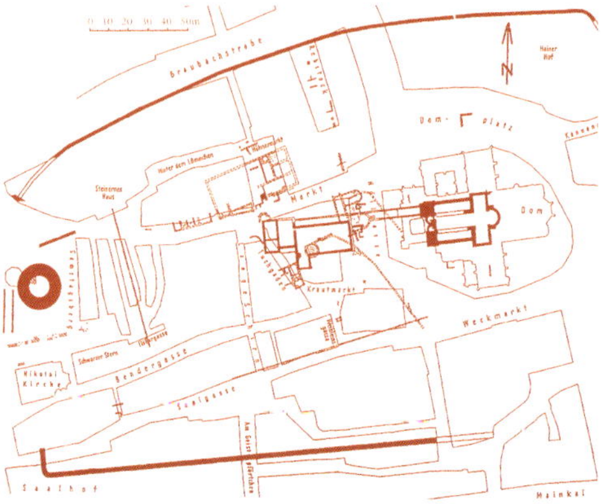

Frankfurt, Grundriss der karolingischen Pfalz

12. Frankfurt

Die staufische Stadtburg Saalhof

Um 1200	*Errichtung*
Um 1210/20	*Erhöhung des Turms*
1277	*Ersterwähnung*
1455/56	*Rententurm*
1715–17	*Bernusbau*
1842/43	*Burnitzbau*

Die karolingische Pfalz (Nr. 11) verfiel eventuell im Lauf des 11. und 12. Jh. Bisher galt der Saalhof, der an der Südostecke des karolingischen Pfalzareals direkt am Main liegt, als staufischer Nachfolger, allerdings erscheint er hierfür etwas klein. Neuere Forschungen machen wahrscheinlich, dass die Staufer den karolingischen Bau renovieren ließen und noch bis ins 13. Jh. nutzten. Dafür würde auch der, wohl nie vollendete, gewaltige **Rundturm** von 21,75 m Durchmesser in der Nordwestecke des Areals, direkt hinter der Pfalzmauer des 9. Jh., sprechen. Seine über 6 m starken Fundamentmauern wurden 1942 und 1953 auf dem Römer ergraben. Er entstand wohl erst um oder nach 1200 und zeigt Verwandtschaft zu einem ähnlichen Turm in Gelnhausen (s. Nr. 76).

Der Saalhof diente wohl nicht als Pfalz, sondern vermutlich als Residenz des Burggrafen und Stadtschultheißen. Dabei könnte als Bauherr und Nutzer der Reichsministeriale Kuno I. von Münzenberg in Frage kommen, der mit der Verwaltung und dem Ausbau der Königslandschaft Wetterau betraut war. Ein unter der Saalhofkapelle aufgefundener Pfahlrost konnte dendrochronologisch auf 1200 datiert werden. In dieser Zeit scheint man also die Fundamente gelegt zu haben. Fest steht, dass der genaue Umfang und Bauzustand der stauferzeitlichen Pfalz nicht bekannt sind. Möglicherweise war z. B. der Vorläufer der im Spätmittelalter aus- und umgebauten **Nikolaikirche** auf dem Römer die staufische Pfalzkapelle.

Die Staufer weilten häufig in Frankfurt. Friedrich I. Barbarossa wurde hier 1152 zum König gewählt. Er hielt sich insgesamt elfmal in der Stadt auf, sein Sohn Heinrich VI. achtmal, sein Enkel Friedrich II. siebenmal, darunter zur Wahl seines Sohnes Heinrich (VII.) zum römisch-deutschen König 1220. Dieser wiederum hat Frankfurt bis 1234 immerhin zwölfmal aufgesucht.

Der Saalhof wird 1277 erstmals urkundlich erwähnt und 1317 ausdrücklich als *des riches sal* bezeichnet. Möglicherweise erfuhr er nach Aufgabe der alten Pfalz tatsächlich eine Umnutzung zum Quartier für den König. Fest steht, dass das Areal ein Reichslehen war. 1349 vergab ihn der in Geldnot steckende Kaiser Karl IV. als Pfand an Günther von Schwarzburg. Später ging das Areal wieder in den Besitz Frankfurter Patrizier über. Der **Rententurm** mit seinen vier Ecktürmchen, der sich an der Südwestecke erhebt, gehörte zur Stadtbefestigung, in die der Saalhof einbezogen war, und sicherte das zum Main führende Fahrtor. Er wurde

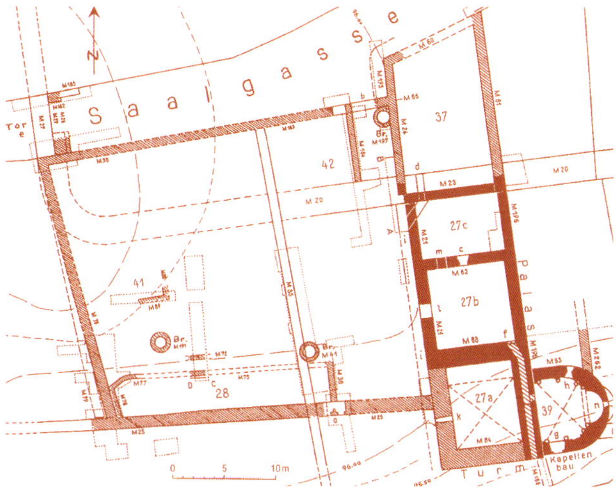

oben: Frankfurt, Saalhof, Grundriss von O. Stamm

unten: Frankfurt, Saalhof, Kapelle am Historischen Museum

Ansicht des Innenhofs vor 1842, aus Jung/Hülsen 1902

1455/56 errichtet. Um ihn legt sich der barocke **Bernusbau**, der 1715–17 für die niederländische Kaufmannsfamilie Bernus erstellt wurde. 1842/43 entstand neben ihm der sog. **Burnitzbau**, benannt nach dem Baumeister Friedrich Burnitz, der ihn wohl in Erinnerung an die historische Bedeutung und das Alter des Saalhofes als burgartigen Bau im Rundbogenstil entwarf. Allerdings wurden hierzu Teile des Saalhofturmes abgebrochen. Erst nach dem Krieg hat man ihn in seiner alten Form wiederhergestellt.

Historisches Museum
Saalgasse 19, Mainkai
Di.–So. 10–18 Uhr,
Mi. 10–21 Uhr
Tel.: 069/212-35599
www.historisches-museum.frankfurt.de

Der Saalhof liegt in der Ecke des karolingischen Pfalzbezirks direkt am Mainufer. Erhalten haben sich nur der 10,15 x 14,70 m große Wohnbau und der Turm. Der **Wohnbau** wurde später gegen Norden verlängert. Er hat spitzbogige Biforien und war beheizbar. Ein Saalbau oder Palas stand vielleicht im rechten Winkel dazu auf der Nordseite des Hofes. Der viereckige **Turm** im Süden ist 18,50 m hoch und hat ca. 1,80 m dicke Mauern. Sein Sockel besteht aus Buckelquadern. Auf der Ostseite ist die halbrunde **Kapelle** angebaut. Sie besitzt im ersten Obergeschoss nochmals eine kleine Apsis, die als Erker aus der Mauer hervorspringt. Das Gewölbe der Kapelle wird von kleinen Säulen getragen. Das Obergeschoss der Kapelle mit den beiden Doppelfenstern entstand erst um 1210/20, ebenso der Oberbau des Turmes.

Lange ging man davon aus, dass die Turmkapelle die staufische Pfalzkapelle gewesen sei. Aber hierfür ist sie zu klein. Eher ist an eine Privatkapelle o. ä. zu denken. Die Ausführung des Mauerwerks deutet darauf hin, dass die Kapelle sehr rasch aufgeführt wurde, und eine Baufuge zwischen Turm und Kapelle zeigt, dass diese – wahrscheinlich kurz nach dessen Fertigstellung – an diesen angesetzt wurde. Dieser Befund könnte mit einem 1208 in Frankfurt abgehaltenen Hoftag in Zusammenhang stehen, auf dem die Reichskleinodien an Otto IV. übergeben wurden. Eventuell sollten sie in der Kapelle temporär verwahrt werden. Dann entspräche die Saalhofkapelle in ihrer Konzeption der Kapelle im Hauptturm der Reichsburg Trifels in der Pfalz, die nachweislich der Aufbewahrung der Reichskleinodien diente.

unten links: Rekonstruktion der Ostfassade nach O. Stamm, aus Arens 1977

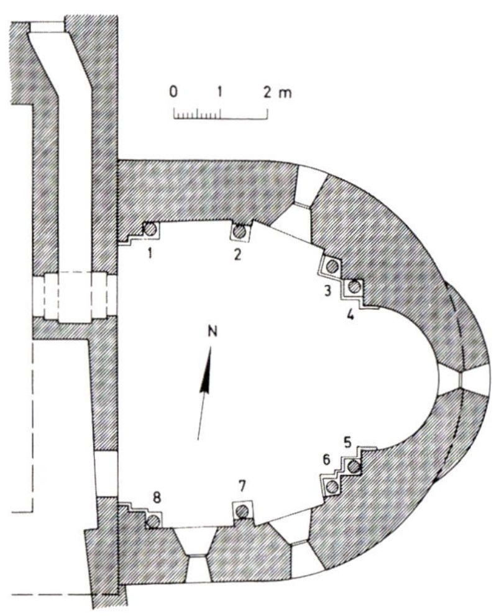

unten rechts: Grundriss der Kapelle nach G. Binding, aus Arens 1977

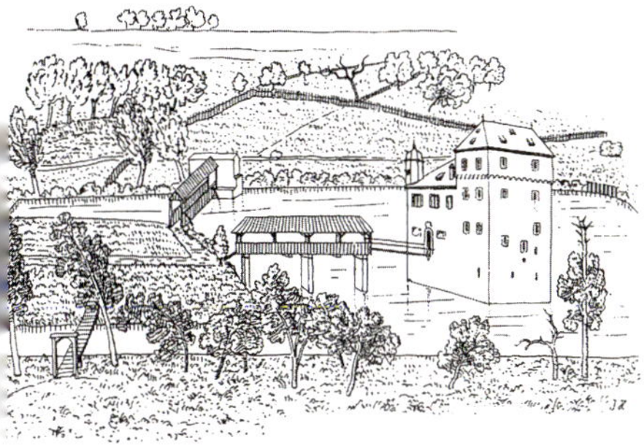

13. Frankfurt, Westend

Holzhausensche Öde

Rund um Frankfurt lagen diverse befestigte Höfe, die Angehörigen des Stadtadels gehörten. Eine der wenigen Anlagen dieser Art, die noch erhalten sind, ist die Holzhausensche Öde. Sie wird bis heute von ihrem alten Wassergraben umgeben. Der Begriff Öde meinte dabei ein einsames, abseits gelegenes Gut.

Um 1398 befand sich die Öde im Besitz des Frankfurter Geschlechtes der Schurge von Lichtenstein und war bereits durch einen Graben befestigt. Um 1500 gelangte sie an die Familie von Holzhausen. Das 1503 als *steinen stock* bezeichnete Haus wurde 1540 durch Justinian I. von Holzhausen ausgebaut und zum Landsitz eingerichtet. Der Bauherr versammelte hier einen Kreis von Humanisten um sich, mit denen er das Landleben genoss. Damit war es 1552 vorerst vorbei, denn bei der Belagerung Frankfurts durch den Markgrafen Albrecht Alcibiades von Brandenburg und den Kurfürsten Moritz von Sachsen wurde das Wasserschloss niedergebrannt. Achilles von Holzhausen ließ es 1571 wiederaufbauen.

Als Johann Hieronymus von Holzhausen 1722 zum Jüngeren Bürgermeister von Frankfurt gewählt wurde, ließ er durch Louis Remy de la Fosse, den Darmstädter Hofbaumeister, einen Umbauentwurf für den Landsitz fertigen, so dass das alte Wasserschloss dem neuen Stand seines Besitzers gemäß modernisiert werden konnte. Die Pläne wurden 1726–29 ausgeführt, wobei de la Fosse den alten wohnturmartigen Bau mit einer neuen Fenstereinteilung versah und dem Ganzen ein Mansarddach aufsetzte. Die Beletage wurde durch höhere Fenster hervorgehoben. Das renaissancezeitliche Zugangsportal mit der alten Bauinschrift von 1571 blieb pietätvoll erhalten.

Das umgestaltete Schlösschen diente erst seit 1771 als ständiger Wohnsitz derer von Holzhausen. Das umliegende Gelände wurde 1793 als Landschaftsgarten gestaltet. 1910 verkaufte man das Anwesen an die Stadt Frankfurt, die es für kulturelle Veranstaltungen nutzt.

1398	*Erste Erwähnung*
1552	*Zerstörung*
1571	*Wiederaufbau*
1726–29	*Barockisierung*
Seit 1910	*im Besitz der Stadt Frankfurt*

Frankfurter Bürgerstiftung im Holzhausenschlösschen
Justinianstraße 5
Tel.: 069/557791
www.holzhausenschloesschen.de

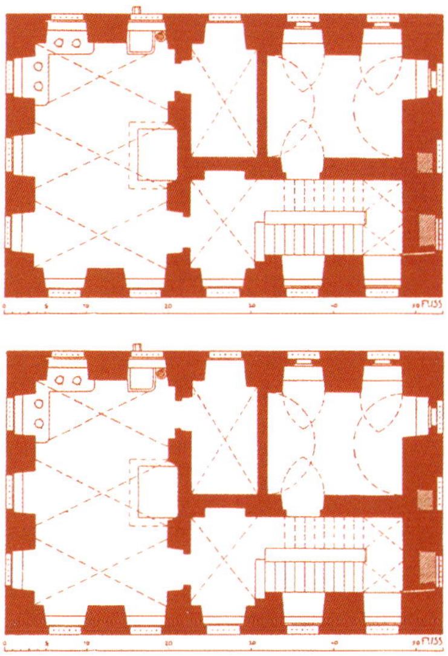

oben links: Zustand vor der Barockisierung, aus Jung/Hülsen 1914

Grundrisse von EG und 1. OG nach den Entwürfen de la Fosses, aus Jung/Hülsen 1914

unten: Ansicht

14. Frankfurt

Die Warten

Ab 1393 Anlage der Landwehr
1552 Zerstörungen

Schmidplatz, Mainzer Landstraße, Landwehrweg, Vilbeler Landstraße, Friedberger Landstraße
Nur Außenbesichtigung

rechts: Galgen-Warte, aus Wolff/Jung 1897

unten links: Friedberger Warte, aus Wolff/Jung 1897

unten rechts: Galluswarte mit Durchgang im 16. Jh., aus Wolff/Jung 1897

Die Reichsstadt Frankfurt wurde nicht nur durch ihre Mauern geschützt, sondern suchte auch ihr Territorium gegen Überfälle zu sichern. Daher wurde ihre Grenzmark ab 1393 entgegen der Proteste ihrer Nachbarn durch eine Landwehr befestigt. Diese bestand aus einem doppelten Graben, der teilweise geflutet war, und einer Dornenhecke auf der Innenseite. Die Anlage umgab Frankfurt in einem Abstand von ca. 2,5 km. Insgesamt erlaubten 13 Brücken und Schlagbäume den Durchlass. An den wichtigsten Einlässen standen Türme, die als Beobachtungs- und Signalstationen dienten, wobei man sich durch Feuer-, Rauch- oder Fahnenzeichen mit der Stadt verständigte. Sie waren durch Zwingeranlagen und durch große befestigte Hofanlagen zu kleinen Festungen ausgebaut. Anfänglich bestanden sie aus Holz. Erst ab 1413 wurden sie in Stein ausgebaut. Die frühen Steinwarten konzipierte wahrscheinlich der Frankfurter Baumeister Madern Gerthener.

Den ältesten Steinturm stellt die **Gallus- oder Galgenwarte** an der Landstraße nach Mainz dar. 1414 folgte die **Sachsenhäuser Warte** auf dem Neuenberg (Mühlberg) zur Sicherung der

Landstraße von Darmstadt, die aber schon zwei Jahre später durch den Trierer Erzbischof Werner von Falkenstein zerstört wurde, weil er glaubte, der Turm stünde widerrechtlich auf der Gemarkung des ihm zustehenden Dreieicher Wildbanns. Erst 1470 erfolgte der Wiederaufbau. Die Straße bei Bockenheim sicherte die 1434/35 errichtete **Bockenheimer Warte**. An der Friedberger Landstraße nach Norden entstand 1478 die **Friedberger Warte**.
Die älteste Warte stellt jedoch die schon um 1340 erwähnte **Berger Warte** dar, die an der einstigen Grenze zur Grafschaft Hanau steht. Hier fand traditionell der Geleitwechsel für jene Reisenden und Handelstransporte statt, die auf dem Höhenrücken nördlich des Mains nach Frankfurt zogen. Noch anlässlich der Krönung Kaiser Leopolds II. 1790 kampierte hier Landgraf Wilhelm IX. von Hessen-Kassel mit seinen Truppen zum Schutz der Krönungsfeierlichkeiten. Der Turm war ursprünglich von einem kreisförmigen Wallgraben umgeben.
Als 1546 im Schmalkaldischen Krieg 10 000 Landsknechte und etwa 4000 Reiter auf Frankfurt vorstießen, hielt die Feldbefestigung mit ihren stark ausgebauten Stützpunkten stand, denn sie wurde von einer entsprechend großen Anzahl Söldner verteidigt. Sechs Jahre später, bei der Belagerung durch die Truppen des sächsischen Kurfürsten Moritz und des Markgrafen Albrecht Alcibiades von Brandenburg, fiel die äußere Umwehrung Frankfurts allerdings rasch und die Warten wurden teilweise zerstört, danach aber wieder hergestellt. Noch bis zum 17. Jh. wurde die Landwehr unterhalten. Nach dem Dreißigjährigen Krieg verlor sie zunehmend ihre militärische Bedeutung. Die Warten dienten nur noch als Zollstationen.

oben: Bockenheimer Warte

unten links: Bockenheimer Warte, Schlüsselscharten

15. Frankfurt, Bonames
Landhaus Metzler und Wasserburg

Landhaus Metzler, Grundriss des EG, aus Schomann 1977

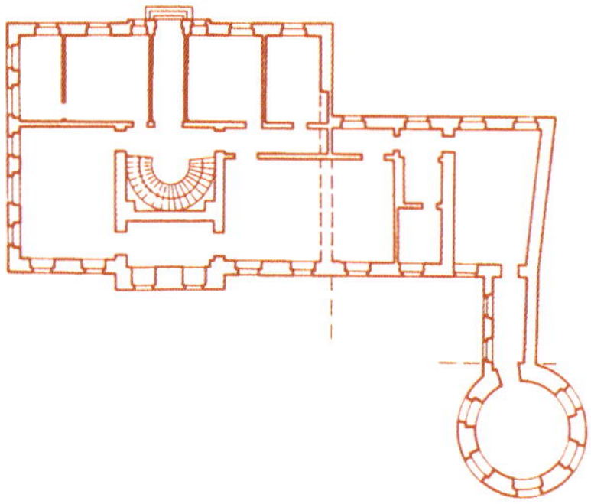

Palais:
Um 1770 Barockes Gutshaus
1827 Aufstockung und Umbau

Burg:
12. Jh. Erbauung
1367 durch Frankfurt erworben
1413 Verstärkung
1546 zerstört
1834 Abbruch

Alt-Bonames 6 und Im Burghof 17/17a
Nur Außenbesichtigung

Über dem Ufer der Nidda erhebt sich das **Landhaus Metzler**. Es ging aus einem barocken Landsitz hervor, der in den Besitz der Frankfurter Bankiersfamilie Metzler gelangte. Sie ließ ihn 1827 im klassizistischen Stil komplett umbauen und um ein Stockwerk erhöhen. Ein spätmittelalterlicher Turm der Bonameser Ortsbefestigung wurde dabei einbezogen. Er diente als Belvedere mit Aussicht auf die Nidda. Zinnen und große Spitzbogenfenster verliehen ihm eine romantisch-mittelalterliche Note und gaben der Villa zugleich den Anstrich eines alten Schlosses. Als Anregung könnte der zu Beginn des 19. Jh. errichtete Turm des Steinschen Schlosses in Nassau gedient haben. Der Architekt des Umbaus ist unbekannt, aber die Einzelformen, so die Okuli direkt unter dem Dach, sprechen für Georg Moller.

Das Landhaus baut sich malerisch über der Niddaniederung auf. Das Erdgeschoss des Herrenhauses ist, bedingt durch die Hanglage, zur Beletage aufgewertet. Zur Nidda, die ursprünglich ihren Lauf direkt unterhalb des Gartens hatte und erst 1961 reguliert wurde, ist dem Gebäude ein Standerker mit Altan vorgelegt. Ein flaches Walmdach mit Aussichtsplattform schließt den Bau ab. Ein geknickter, etwas niedrigerer Flügel verbindet den Hauptbau mit dem Rundturm.

Südlich des alten Ortskerns sind im Hof einer Wohnanlage (Im Burghof 17/17a) die Grundmauern der Bonameser **Wasserburg** im Pflaster markiert. Sie gehörte ursprünglich den 1194 erstmals erwähnten Herren von Bonames, die ihren Sitz 1345 der Reichsstadt Frankfurt öffneten. 1367 erwarb Frankfurt die Burg und besetzte sie mit Burgmannen zum Schutz des Niddaübergangs. 1413 ließ die Stadt die Burg verstärken und das Dorf mit einer Ringmauer umgeben. Im Schmalkaldischen Krieg wurde sie 1546 zerstört, danach aber teilweise wieder hergestellt. 1834 wurden die Reste auf Abbruch versteigert. Grabungen im Jahr 1993 ergaben eine kreisförmige Anlage mit starker Ringmauer und zwei Rundtürmen ähnlich der Burg in Oberursel-Bommersheim (Nr. 40). Die Anlage wurde von Gräben und Wällen umfangen; und auf der Seite zum Ort lag eine Vorburg.

unten: Landhaus Metzler, Gesamtansicht

unten rechts: ergrabener Grundriss der Burg, aus Hampel 1996

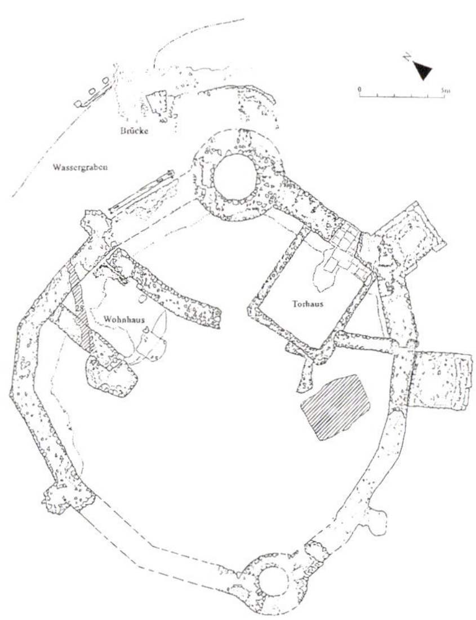

16. Frankfurt, Heddernheim
Schloss

Das **Heddernheimer Schloss** steht im alten Ortszentrum und wurde 1740 für P. W. von Riedt nach dessen eigenen Plänen erbaut. Der zweigeschossige Barockbau unter hohem Walmdach ist sehr schlicht und weist, außer den Fensterrahmungen mit Ohrungen und Schlusssteinen, keinen großen Bauschmuck auf. In der mittleren Achse sitzt zwischen Erdgeschoss und Beletage das Wappen, ein weiteres über dem seitlichen Zugang vom anschließenden Hof aus. Das Schloss umgibt mit drei Flügeln einen kleinen Innenhof.

Südwestlich des Ortskerns verweist am Rande der Siedlung Römerstadt der Straßenname „An der Ringmauer" auf die einstige Burg **Philippseck**, die Philipp Wolf von Praunheim 1584 demonstrativ errichtet und *Philippseck* getauft hatte. Ihm war es gelungen, das Heddernheimer Lehen in seinen Besitz zu bekommen, obwohl der Ort 1581 an Kurmainz gefallen war. Das Schloss, das teilweise über den Grundmauern einer römischen Villa entstanden war, wurde 1631 von den Schweden zerstört. Reste existierten noch bis ins 18. Jh. Unterhalb der Burg lag am Ufer der Nidda eine zugehörige Mühle. Bei Grabungen an der Villa im Vorfeld der Anlage der Siedlung Römerstadt wurden auch die Mauern der Burg 1927 aufgefunden.

1584 Philippsburg
1631 Zerstörung
1740 Bau des Schlosses

Alt-Heddernheim 30
Nur Außenbesichtigung

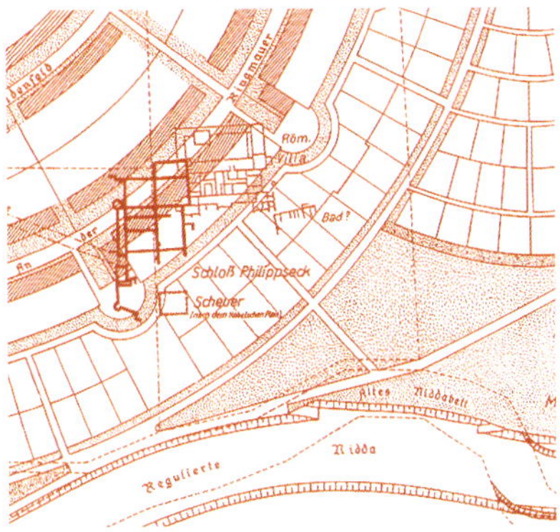

oben: Allianzwappen des Bauherrn

Mitte: Lageplan des Schlosses Philippseck und der römischen Villa, aus Gründel 1937

unten: Ansicht

17. Frankfurt, Nieder-Erlenbach
Schloss Glauburg und Charlottenburg

Glauburg:
1275 Erste Erwähnung einer Burg
1403 Erste Erwähnung der Glauburg
1698–1701 Neubau

Charlottenburg:
1746 Bau des Herrenhauses
1840 Ausbau
1893 Umbau des Herrenhauses

oben: Glauburg, Portal

unten rechts: Glauburg, Ansicht

unten links: Charlottenburg

Die **Glauburg** wird erstmals 1403 in einem Kaufvertrag erwähnt. Der Frankfurter Rat erwarb ein Landstück, um die Burg mit einem Graben umgeben zu können. Als reichsstädtische Amtleute wohnten bis 1541 Edelknechte in der Burg, also adelige Dienstmannen der Stadt. Eine Burg in Nieder-Erlenbach wird allerdings schon 1275/85 erwähnt. Wo diese stand, ist unbekannt. Die Frankfurter Burg scheint jedenfalls eine völlige Neugründung ohne historischen Vorgänger zu sein.

1698 wurde die baufällige Anlage durch den Frankfurter Patrizier Johann Hieronymus von Glauburg erworben. Nach ihm wird das Schloss bis heute als Glauburg bezeichnet. Das Geschlecht wiederum nannte sich nach der 1256 zerstörten Glauburg in der Wetterau (Nr. 72), von wo es stammte. Die Familie stellte insgesamt 52 Mal den Frankfurter Bürgermeister.

Johann Hieronymus von Glauburg ließ 1701, vermutlich unter Einbeziehung von Teilen des Vorgängerbaus, den Neubau des Herrenhauses errichten. Der einfache zweigeschossige Bau ist mit Schiefer verkleidet und hat auf der Hauptzugangsseite ein Zwerchhaus mit geschweiftem Giebel. Von der Befestigung blieb das Gartentor mit einer daneben befindlichen Schlüsselscharte, die noch aus dem frühen 15. Jh. stammen dürfte und mit ihrer sauber gemauerten Schießkammer den Scharten der Burg in Bad Vilbel (Nr. 54) ähnelt. Um 1780 wurden im vorderen Burghof eine Scheune und Stallungen errichtet.

Der zweite herrschaftliche Ansitz am Ort ist die **Charlottenburg** (Lersnersches Schloss), die sich in unmittelbarer Nähe der Pfarrkirche befindet. Sie war im Besitz der Frankfurter Familie von Lersner. Diese waren ursprünglich bürgerlicher Herkunft, gehörten seit 1566 zum Frankfurter Patriziat und waren 1681 in den Adelsstand erhoben worden. In Nieder-Erlenbach besaßen sie das 1746 errichtete Herrenhaus. Es ist ein breiter, zweigeschossiger Bau mit hohem Mansarddach. Karl Ludwig von Lersner, der seit 1805 in Nieder-Erlenbach wohnte, ließ das Herrenhaus um weitläufige Wirtschaftsgebäude erweitern. Den schmucken Neorenaissancegiebel erhielt es 1893.

Untere Burggasse 1, Zur Charlottenburg 3
Nur Außenbesichtigung, die Glauburg ist Teil einer Schule, die Charlottenburg privat
www.frankfurt.de

18. Frankfurt, Bergen
Schelmenburg

12. Jh. Gründung
14. Jh. Erneuerung
1700 Ausbau
20. Jh. Abbruch Vorburg

Musikschule
Berger Marktstraße 13
nur Außenbesichtigung
www.frankfurt.de

Die Schelme von Bergen werden erstmals 1194 erwähnt. Sie waren Reichsritter und Burgmänner zu Friedberg, deren Familienzweige erst 1786 bzw. 1844 erloschen. Ihre Burg zu Bergen dürfte schon Endes des 12. Jh. bestanden haben. Nach einem Streit mit Ulrich III. von Hanau sahen sich die Schelme dazu gezwungen, die Burg diesem zu überlassen und sie von ihm 1354 als Lehen wieder entgegenzunehmen. Damals fand wohl eine Erneuerung statt. Im Winter 1381/82 wurde die *Gruckau* genannte Burg von den Frankfurtern erobert, da sich die Schelme von Bergen als Raubritter betätigt hatten. Den Frankfurtern war es gelungen, über die vereisten Gräben vorzudringen und so die Feste zu stürmen. Danach erhielt Frankfurt das Öffnungsrecht. Im 15. Jh. war die Burg im Besitz mehrerer Ganerben. Das Hauptgebäude wurde im Jahr 1700 durch Friedrich Adolph Schelm von Bergen stark erneuert. Nach mehrfachem Besitzerwechsel ab 1830 gelangte die Burg 1942 an die Gemeinde. Heute dient das Schloss u. a. als Musikschule.

Die Burg liegt am Rand der Ortsmitte, befand sich allerdings einst vor der Ortsbefestigung. Das Burghaus auf einem ehemaligen Turmhügel wird bis heute noch von einem Wassergraben umgeben, der allerdings rundum zugewachsen ist, so dass die Sicht auf das Schloss erschwert wird. Der breit gelagerte zweigeschossige Bau über quadratischem Grundriss und unter einem mächtigen Krüppelwalmdach dürfte im Kern noch aus dem 14. Jh. stammen. Einziger Schmuck des schlichten Gebäudes ist das barocke Eingangsportal mit fratzengeziertem Schlussstein, den Wappen Friedrich Adolph Schelms von Bergen und seiner Gemahlin und einer Bauinschrift im aufgesprengten Dreiecksgiebel über der Tür.

Nicht mehr erhalten ist die umfangreiche Vorburg mit Wirtschaftsbauten und Gärten, die sich südlich des Wohnbaus erstreckte und ebenfalls von Wassergräben umgeben war. Sie verschwand erst in den 60er und 70er Jahren des 20. Jh.

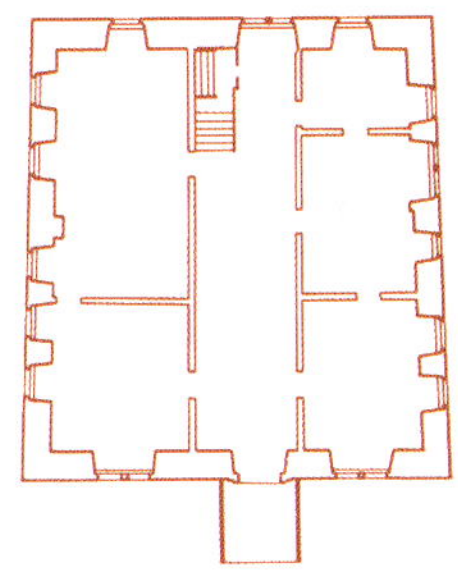

oben: Erdgeschossgrundriss, aus Schomann 1977

unten rechts: Portal

unten links: Ansicht

19. Frankfurt, Höchst
Kurmainzisches Schloss

12. Jh.	*Gründung*
13. Jh.	*Neubau*
1396	*Zerstörung*
1463–75	*Ausbau*
1586–1608	*Umbau*
1635	*Zerstörung*
1665	*Wiederherstellung*
1994–97	*Instandsetzung*

oben: Turm

rechts: Ansicht des Torbaus

Höchst war im Besitz des Erzbistums Mainz. Das kleine, aber für Mainz wichtige Dorf wurde 1355 durch Kaiser Karl IV. zur Stadt erhoben und befestigt. Der Erzbischof richtete in der Burg eine Zollstätte ein, sehr zum Ärger der Frankfurter Kaufleute. 1396 griffen die Frankfurter die junge Stadt an und eroberten sie im Handstreich. Burg und Stadt wurden niedergebrannt – ein vergeblicher Versuch, dem unliebsamen Konkurrenten den Garaus zu machen, denn Mainz baute seinen Stützpunkt Höchst trotz eines Verbotes König Ruprechts 1408 bald wieder auf und befestigte ihn stärker denn je. In die Stadtbefestigung eingebunden war die alte Zollburg, die die Südwestecke der Stadt besetzt.

Die Burg war schon im 12. Jh. von Mainz gegründet worden. Die wohl hölzerne Anlage wurde im 13. Jh. neu gebaut. Aus dieser Zeit stammen noch Teile der Ringmauern und der Unterbau des Schlossturmes. Nach der Zerstörung durch die Frankfurter wurde die Burg als kastellförmige Anlage mit einem doppelten Mauerring und runden bzw. halbrunden Ecktürmen wiederhergestellt und mit einem breiten Graben umgeben. 1413/14 führte man u. a. die 4 m starke Schildmauer auf der Nordseite zwischen zwei Rundtürmen neu auf, deren einer erst 1584–87 auf 50 m zum Hauptturm erhöht wurde. 1463–75 ließ Erzbischof Diether von Isenburg die Burg durch Nikolaus Eseler d. Ä. zum Residenzschloss ausbauen, denn nach dem Ende der Mainzer Stiftsfehde hatte der unterlegene Diether von Isenburg u. a. Höchst als Residenz zugesprochen bekommen. Zugleich diente das Schloss weiterhin der Eintreibung des Mainzolles, übrigens noch bis in nassauische Zeit 1866.

Ihre letzte große Umgestaltung zu einer prachtvollen Nebenresidenz der Mainzer Kurfürsten erfuhr die Anlage bis 1608 unter Wolfgang von Dalberg und Johann Schweickard von Cronberg. Gleichzeitig entstand das sog. Neue Schloss nördlich der alten Burg.

Das kurfürstliche Schloss, den Frankfurtern immer noch eine verhasste Zollstätte, wurde 1635 auf Betreiben der Reichsstadt durch die Schweden niedergebrannt. So blieb von dem prachtvol-

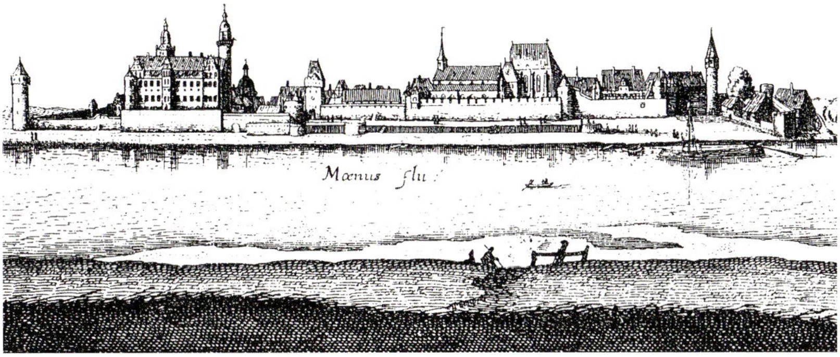

Museum für Höchster Geschichte
Höchster Schlossplatz 16
Mo.–So. 10–16 Uhr
Tel.: 069/305-7366
www.frankfurt.de

len Bau nicht viel, zumal man um 1770 die Ruinen nach und nach abtrug. Das Höchster Schloss bildete wohl neben den Schlössern Offenbach (Nr. 23), Wolfenburg in Kelsterbach und Johannisburg in Aschaffenburg (Nr. 35) einen der bedeutendsten Renaissancebauten am Unterlauf des Mains. Einst krönten reiche Schweifwerkgiebel seine vier Flügel. Grabungen und Untersuchungen haben ergeben, dass das Renaissanceschloss weiß angestrichen war und alle Portal- und Fenstergewände dunkelrot hervorgehoben waren. In dieser Form hat man die erhaltenen Gebäude des Schlosses bei der letzten Renovierung 1994–97 wieder gefasst. Im Inneren gab es prächtige, bunt gefasste Stuckdecken und reich verzierte Gusseisen- und Kachelöfen.

Von all dem blieben nur Teile, so der in Grau, Weiß und Gold gehaltene **Torbau** des frühen 17. Jh. mit seiner Säulen- und Pilastergliederung und dem Standbild des hl. Martin, Patron des Erzstifts, über der Durchfahrt. Einen Höhepunkt der Renaissanceumgestaltung bildet das kunstvolle Belvedere mit steinerner Kuppel und Laterne, das den schlanken Zylinder des **Hauptturms** bekrönt und 1587 geschaffen wurde. Es darf zu den Kleinoden der Renaissancearchitektur im Rhein-Main-Gebiet gezählt werden und blieb im deutschen Profanbau der Zeit ohne Parallele. Ein ähnlicher Aufsatz findet sich zwar auch auf dem Turm der Ronneburg, fiel dort aber nicht so elegant aus (Nr. 75). Der Aufbau entstand wohl unmittelbar unter dem Einfluss zeitgenössischer italienischer Architektur und zeigt das Formenrepertoire der römischen Hochrenaissance. Denkbar ist, dass dieser Aufsatz vom Mainzer Hofbaumeister Georg Robin entworfen wurde, der in diesen Formen bewandert war.

1665 kam es zu ersten Wiederherstellungsmaßnahmen. Man ließ aus den Gräben das Wasser ab. Die Kurfürsten nutzten nun, wenn sie in Höchst weilten, das Neue Schloss als Quartier. Das Schloss selbst diente als Lager für Naturalabgaben, später als Weinhandlung, Wohnsitz der Familie des Mitbegründers der HOECHST AG, Adolf von Brüning, französisches Offizierskasino und schließlich als Sitz des amerikanischen Soldatensenders AFN Europa. Heute beherbergt es das Firmenmuseum der HOECHST AG und das Museum für Höchster Geschichte. Seit 2002 kümmert sich die Deutsche Stiftung Denkmalschutz um den Erhalt der Anlage, die hier auch ihre Denkmalpflegeakademie eingerichtet hat.

oben: Ansicht nach Merian vor der Zerstörung

unten: Turm

20. Frankfurt, Höchst

Bolongaropalast

1768 *Gründung der Neustadt*
1772–83 *Bau des Bolongaropalastes*
1879 *Erweiterung des Kurfürstlichen Pavillons*
1908 *Rathaus*

Seit der Mitte des 18. Jh. versuchten die Mainzer Kurfürsten der Wirtschaft ihres Staates neue Impulse zu geben. Dem diente vor allem die Ansiedlung von Manufakturen, früher Fabriken. In Höchst wurde daher 1746 eine Porzellanmanufaktur gegründet, die bald in gutem Ruf stand und den Adel wie auch das gehobene Bürgertum belieferte. 1768 erwog Erzbischof Emmerich Joseph von Breidbach-Bürresheim die Gründung einer Neustadt östlich der Höchster Altstadt und ließ hierzu durch den Baumeister Jakob Joseph Schneider einen Idealplan entwerfen. In der *Emmerichsstadt* sollten vor allem Kaufleute und Fabrikanten ansässig gemacht werden, um Höchst zu einer großen Handelsstadt zu entwickeln. Das Projekt blieb aber stecken, die rasterförmige barocke Stadtanlage wurde nie verwirklicht. Zu groß war die wirtschaftliche Konkurrenz Frankfurts.

Eines der Kernstücke der Stadterweiterung sollte der Bolongaropalast am Mainufer bilden. Die Bolongaros waren Großkaufleute und stammten aus Stresa am Lago Maggiore. Nachdem ihnen die Reichsstadt Frankfurt die Aufnahme ins Bürgerrecht und die Anlage einer Tabakmanufaktur verweigert hatte, folgten sie dem Ruf des Mainzer Kurfürsten und gründe-

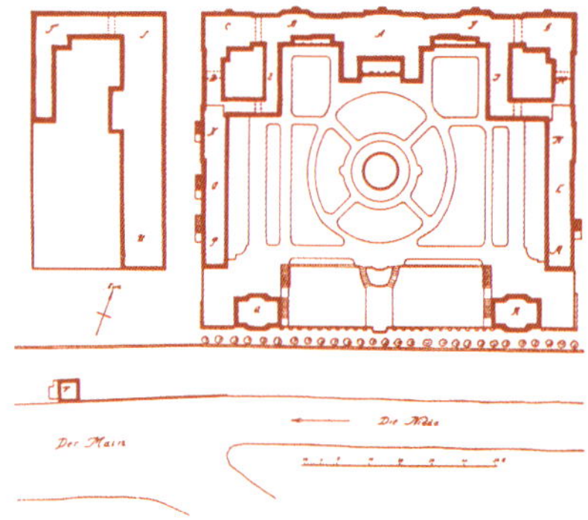

ten ihre Firma in Höchst. Sie errichteten 1772–83 eine gewaltige spätbarocke Palastanlage, die sich zu einem Terrassengarten am Mainufer öffnet. Der Architekt des Bauwerks ist nicht mit letzter Sicherheit zu benennen, aber seit spätestens 1777 hatte der Koblenzer Baumeister Nikolaus Lauxen die Bauleitung inne.

Die Mitte des Komplexes nimmt das dreigeschossige Palais der Bolongaros ein, wobei sich die Wohnräume der Familie die ganze Straßenfront entlang in der Beletage erstreckten, während sich im Erdgeschoss die Kontore befanden. Die zweigeschossigen Manufaktur- und Lagergebäude, deren Ecken und Mitte Pavillons betonen, stoßen rückwärtig an und umschließen im Westen und Osten den Garten. In ihnen waren Wohnungen für die Arbeiter untergebracht.

Der Palast mit seiner 117 m langen Straßenfront legte nach seiner Fertigstellung deutliches Zeugnis vom Selbstbewusst-

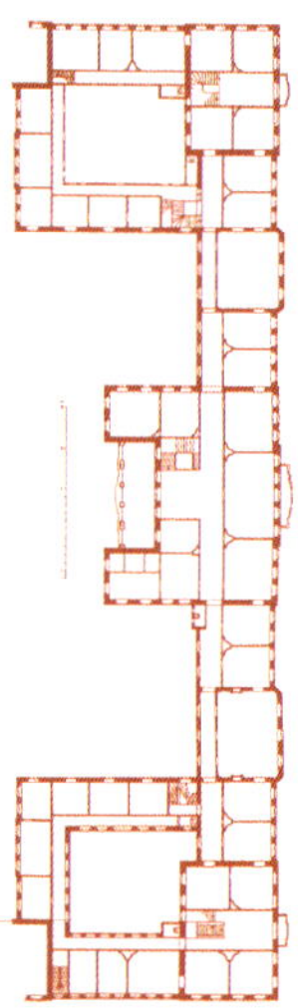

oben: Gesamtplan im Zustand des 19. Jh., aus Luthmer 1905

Mitte: Grundriss der Beletage des Corps de Logis, aus Luthmer 1905

unten: Corps de Logis, Gartenfassade

sein dieser frühen Unternehmerfamilie ab und dürfte vielleicht auch vom Wunsch nach einem gesellschaftlichen Aufstieg, dem Streben nach einem Adelstitel für die Verdienste um den Kurstaat motiviert worden sein. Nur die besten Künstler wurden zur Ausstattung herangezogen, so der kurfürstliche Hofmaler Appiani, der das Deckengemälde in der **Palastkapelle** schuf. Ein großzügiges **Treppenhaus** mit Deckenbildern erschließt die einzelnen Geschosse mit den herrschaftlichen Appartements.

Zum Main legte man über zwei Terrassen hinweg einen **Barockgarten** an, ein besonderes Kleinod der Gartenkunst im Rhein-Main-Gebiet. Er wurde mit Brunnen, Grottennische und Statuenschmuck ausgeziert. Im Mittelpunkt der oberen Terrasse entstand ein großes Brunnenbassin, das seit 1909 eine Tritonfigur ziert. Auf der Balustrade, welche die obere von der unteren Terrasse trennt, stehen bis heute kleine, in Stein gehauene **türkische Musikanten**, Zeugnis der Türkenmode der Rokokoepoche. Zwei geschwungene Treppenläufe führen von hier zur Drachengrotte.

Der neue Palast sollte aber auch dem Kurfürsten ein moderneres Logis bieten als das alte Schloss (Nr. 19). Zum Main liegen daher als Abschluss des Terrassengartens zwei **Pavillons**, deren westlicher dem Kurfürsten bei seinen Höchster Aufenthalten als Wohnung vorbehalten bleiben sollte. Erzbischof Emmerich erlebte die Fertigstellung allerdings nie, denn er starb bereits 1774. Der Pavillon wurde 1879 zu einer kleinen neobarocken Villa mit Türmchen erweitert. An seinen prachtvoll ausgestatteten Festsaal mit stuckmarmorverkleideten Wänden schließen zu beiden Seiten Kabinette an. Die Decke ziert ein Gemälde mit der Darstellung der vier Jahreszeiten. Vor der Ostwand steht in einer Nische die lebensgroße Stuckstatue Emmerich Josephs.

Angesichts der Tatsache, dass die kurfürstlichen Schlösser in Aschaffenburg und Mainz im Zweiten Weltkrieg zerstört wurden, kommt den Räumen im Bolongaropalast, die teilweise schon im Stil Louis-seize, teilweise noch in Rokokoformen gestaltet sind, große Bedeutung zu. Den Bolongaros und ihrem Unternehmen war allerdings kein langer Erfolg beschieden. Ihr Gönner starb schon 1774, Joseph Maria Markus Bolongaro 1779 und 1780 sein Bruder Jakob Philipp. Fünf Jahre später wurde die Höchster Tabakfabrik aufgelöst. Immerhin bot der Palast, der im Besitz der Familie blieb, auch nach dieser Zeit noch ein standesgemäßes Logis. 1813 übernachteten hier kurz nacheinander Napoleon Bonaparte und Marschall Blücher. Seit 1880 kam es zu einer Zerstückelung des Anwesens, bis ab 1906 die Stadt Höchst den Palast nach und nach aufkaufte, um ihn als Rathaus zu nutzen. Der Bolongaropalast ist noch heute Sitz der Stadtteilverwaltung der 1928 nach Frankfurt eingemeindeten Stadt und beherbergt in einigen historischen Räumen der herrschaftlichen Wohnung das Höchster Porzellanmuseum.

oben: Vorplatz in der Beletage, Supraporte

Mitte: Treppenhaus, Ausschnitt aus dem Deckenbild

unten: Corps de Logis, Gartenansicht

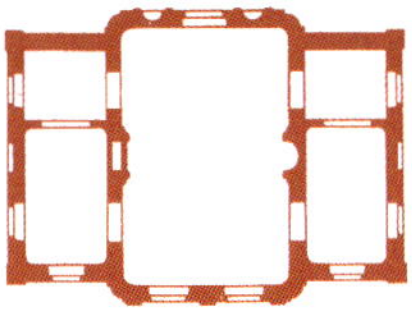

Grundriss des Kurfürstlichen Pavillons, aus Luthmer 1905

Bolongarostraße 109
Beletage und Kurfürstlicher Pavillon (Standesamt) während der Dienstzeiten der Stadtverwaltung zugänglich
www.frankfurt.de

IV. DER MAIN VON RÜSSELSHEIM BIS ASCHAFFENBURG
Zollburgen und Lustschlösser

Ähnlich dem Rhein bildete der Main im Mittelalter und der frühen Neuzeit eine wichtige Wasserstraße und damit einen bedeutenden Verkehrsweg. Auf dem Main reisten u. a. die geistlichen Kurfürsten von Mainz, Trier und Köln zu den Kaiserwahlen und Krönungen nach Frankfurt. An den Ufern des Flusses errichteten seit dem Mittelalter zahlreiche Herren ihre Burgen, die u. a. der Eintreibung von Zöllen dienen sollten. Die Beispiele Höchst (Nr. 19), Rüsselsheim (Nr. 21) oder Offenbach (Nr. 23) zeigen dabei, dass die Anlage neuer Burgen meist nur gegen den Widerstand anderer Territorialherren durchzusetzen war, die oftmals gegen deren Bau protestierten oder gar die neuen Schlösser angriffen und zu zerstören suchten. Besonders Kurmainz war am Fluss präsent, so in Höchst, Steinheim und Aschaffenburg. Daneben errichteten die Grafen von Hanau, Katzenelnbogen und Isenburg am Main Burgen und Schlösser. Diese Schlossbauten waren meist mit ihren Hauptschauseiten zum Fluss hin ausgerichtet, so dass sie für die auf dem Main Reisenden gut sichtbar waren. Schon das staufische Palatium von Seligenstadt (Nr. 30) war auf den Fluss bezogen, und auch die spätmittelalterlichen Wohnbauten der kurmainzischen Burg in Steinheim (Nr. 29) erhoben sich mit zahlreichen Türmen und Erkern direkt über dem Mainufer. Noch der Stückwerk gebliebene klassizistische Umbau des Schlosses schlug denselben Weg zu Beginn des 19. Jh. ein. Besonders prachtvoll stellten sich die Schlösser der Renaissance dar, allen voran die Johannisburg in Aschaffenburg (Nr. 35), die auf einer hohen Terrasse das Maintal beherrscht. Und das Isenburger Schloss in Offenbach präsentierte sich im 16. Jh. gleich mit zwei von Rundtürmen flankierten Bauten als stolze Silhouette zum Strom. Eine der prachtvollsten und bedeutendsten Anlagen der Spätrenaissance ist heute allerdings bis auf spärliche Reste verschwunden: die Wolfgangsburg o. a. Wolfenburg in Kelsterbach, die Graf Wolfgang von Isenburg-Ronneburg 1566–81 errichten ließ und die im Dreißigjährigen Krieg zerstört wurde. Mit diesem Bau trat Graf Wolfgang in bauliche Konkurrenz zum Kurmainzischen Schloss in Höchst, nur um wenige Jahre später durch den Neubau des Aschaffenburger Schlosses durch Mainz noch übertrumpft zu werden. Alle diese Bauten machten den Main zu einer vornehmen Wasserstraße, an der die Landesherren einander die Schau zu stehlen und ihre Macht und ihre Herrschaftsansprüche baulich zum Ausdruck zu bringen suchten. Die Wirkung der Bauten wurde dabei noch durch die Spiegelung ihrer eindrucksvollen Architektur im Wasser gesteigert, besonders wenn man sie vom jeweils gegenüberliegenden Ufer betrachtete. Das Prinzip setzte sich auch noch im 18. Jh. beim Bau des hanauischen Lustschlosses Philippsruhe (Nr. 27) oder der landgräflichen Friedrichsanlage in Rumpenheim (Nr. 25) fort, ebenso bei privaten Palais, so dem Bolongaropalast in Höchst (Nr. 20) oder verschiedenen Adelspalais in Rüsselsheim (Nr. 22).

Die Wolfenburg in Kelsterbach nach Merian

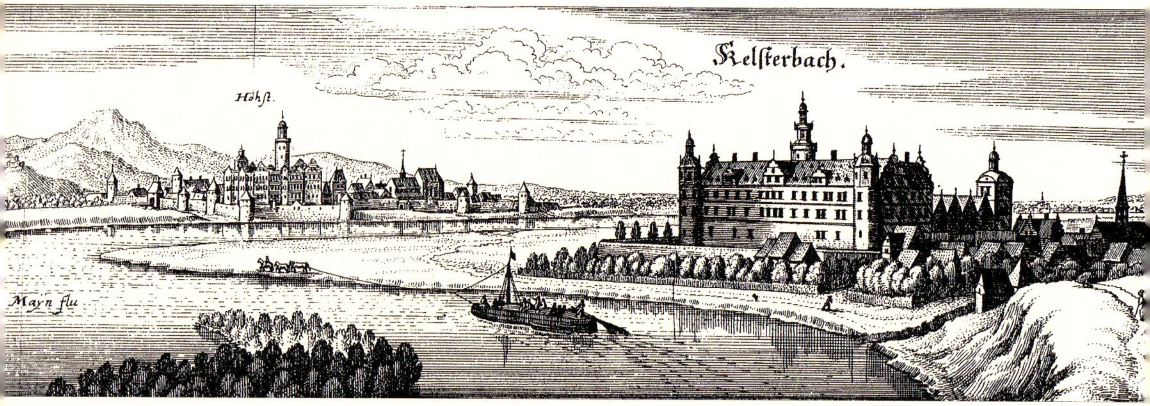

21. Rüsselsheim

Festung

Kurz vor 1398/99 begann Graf Dieter von Katzenelnbogen nahe dem Mainufer mit dem Bau einer Burg, bei der es sich anfänglich um nicht mehr als ein Steinhaus gehandelt hat. Damit hatte er am Main aber einen Stützpunkt errichtet, und dies sehr zum Ärger von Mainz und Frankfurt, die u. a. befürchteten, der Graf werde nun das Geleitrecht um Rüsselsheim in Anspruch nehmen und so den Handel verteuern. Daher erhoben die Städte gegen den Bau heftigen Protest. Den Grafen von Katzenelnbogen ging es allerdings vor allem darum, mit Rüsselsheim eine Verbindung zu ihren zerstreuten Besitzungen zu gewinnen. Daher versuchten sie bis 1425 mit Erfolg, den Ort in ihren Besitz zu bringen. Graf Johann gelang es dann auch noch, 1437 die kaiserliche Erlaubnis zum Weiterbau zu erwirken. Tatsächlich gebaut wurde erst 1453/54, und dies in bescheidenem Rahmen. Das feste Haus wurde durch einen halbrunden Turm und Palisaden verstärkt. Archäologische Grabungen 1991–93 haben seine Grundmauern zu Tage gefördert.

1479 fiel Rüsselsheim im Erbgang an die Landgrafschaft Hessen, die damit ihren ersten Stützpunkt am Main erhielt. Noch unter Heinrich III. wurde die Burg ab 1479 mit einer rechteckigen Ringmauer umgeben. Die Proteste des Erzbischofs von Mainz hiergegen blieben vergeblich. Ab 1493 wurde die Burg zu einer mächtigen Artilleriefestung ausgebaut, vermutlich unter Leitung des landgräflichen Hofbaumeisters Hans Jakob von Ettlingen, einem ausgemachten Befestigungsspezialisten. Um die Ringmauer wurde ein Wall gelegt. Man baute fünf niedrige Geschütztürme, die den Graben und die verbindenden Kurtinen deckten. In ihnen fanden Hakenbüchsen und leichte Geschütze Aufstellung. 1507–14 wurden die Arbeiten fortgeführt. Landgraf Philipp der Großmütige ließ 1534 die Kurtinen durch einen Gang und eine neue Außenmauer verbreitern. So war unweit der mainzischen Zollstätte Höchst eine starke hessische Festung entstanden. 1547 musste die damals hochmoderne Anlage aber nach der Gefangennahme des Landgrafen Philipp in der Schlacht bei Mühlberg an den Kaiser übergeben werden. Auf seinen Befehl hin sollte Rüsselsheim geschleift werden, was aber nur zum Teil umgesetzt wurde. So konnte die Wiederherstellung 1560–63 relativ schnell erfolgen. Letzte Verstärkungen erfuhren die Werke im 17. Jh. Im Pfälzischen Erbfolgekrieg gelang den Franzosen 1688 die Einnahme der Festung. Als Reichstruppen im Anmarsch waren, zogen sie ab und sprengten die Eckrondelle. Danach verlor die Festung militärisch jede Bedeutung. 1954 erwarb die Stadt Rüsselsheim die Anlage. 1999 begann eine

Um 1399	*Gründung*
1479–86	*Ringmauer*
1493–1514	*Ausbau*
Mitte 17. Jh.	*Verstärkung*
1689	*Teilsprengung*
1999–2006	*Instandsetzung*

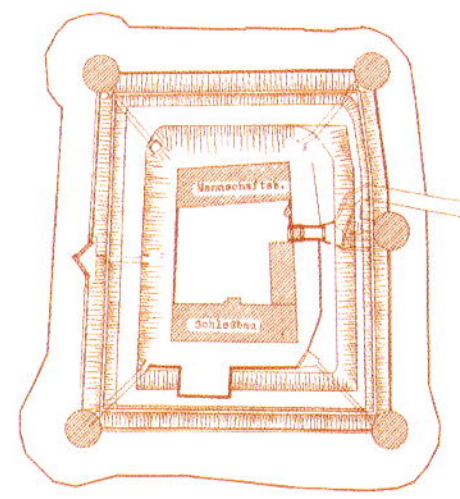

Grundrissrekonstruktion nach Gutbier 1973

Stadtgeschichtliches Museum
Hauptmann-Scheuermann-Weg 4
Di.–Fr. 9–12.30 und 14–17 Uhr,
Sa. und So. 10–17 Uhr
Tel. 06142/83-2950
www.stadt-ruesselsheim.de

links: Äußeres Tor

rechts: Inneres Tor mit Vorwerk

Ansicht nach Merian

umfangreiche Instandsetzung der Wallmauern, die dabei von schädlichem Bewuchs befreit wurden.

Die Festung liegt nahe dem Main. Ein **Wall** mit gemauerten Eskarpen und ein breiter, gemauerter **Graben** umziehen die rechteckige Anlage. Alles Mauerwerk war in diesen abgesenkt, nur die Turmdächer überragten seine Oberkante, so dass die besonders verwundbaren Partien direktem Feuer entzogen waren. Von weitem trat vor allem der hohe Erdwall in Erscheinung, auf dem hinter Erdbrüstungen die Kanonen standen. An seinen vier Ecken erhoben sich kasemattierte **Geschütztürme**, deren Mauern teilweise noch erhalten sind. 2004–06 wurde die östliche Turmruine restauriert und zugänglich gemacht. Die Türme waren über Gänge unter dem Wall mit dem inneren Graben und teilweise auch durch Kasematten untereinander verbunden. Ein fünfter Turm deckte das Tor im Südwesten der Anlage. Es führt als Tunnel unter dem breiten Wall hindurch zum **Torzwinger**, der wohl noch aus dem späten 15. Jh. stammt. Spätgotisch ist auch der **Torturm** der Kernburg. Auf den vier Ecken der noch bis zu 4 m hohen Ringmauer saßen kleine Türmchen, deren Konsolen erhalten sind. Ein umlaufender Rundbogenfries trug den Wehrgang. Auf der Innenseite lehnen sich auf allen Seiten **Gebäude** an die Mauer. Im Südosten befand sich das Zeughaus. Die Ostseite nahm der Marstall ein, der Nordwestflügel diente als Speicherbau.

Die Festung Rüsselsheim ist eine der letzten erhaltenen Anlagen dieser Art.

Mitte : Torturm und Kernburg, Schießscharten

unten: Zeughaus

22. Rüsselsheim

Palais und Park Verna

Am Mainufer erheben sich mehrere spätbarocke herrschaftliche Häuser, zu denen auch das 1770 als Amtshaus errichtete **Palais Verna** gehört. Es war im 19. Jh. im Besitz der Freiherren von Verna, die es um 1850 vergrößern und im spätklassizistischen Stil umbauen ließen. Schmuckstück des Komplexes ist allerdings der 5 ha große Landschaftsgarten auf der Nordseite des Palais, ein Kleinod spätromantischer Gartenkunst. Er wurde zwischen 1852 und 1865 angelegt. Seit 1912 ist der Garten in städtischem Besitz und dient als öffentliche Grünanlage.

Von einem zentralen runden Platz aus nehmen verschlungene Wege ihren Ausgang. Verschiedene Parkarchitekturen beleben die Gartenanlage. Offenbar sehr bewusst finden sich dabei Anklänge an französische Landschaftsgärten des späten 18. Jh. Da ist einmal die **Mühle**, die bis in Details der Mühle in Marie Antoinettes Dörfchen in Versailles, dem Hameau, gleicht, und deren Rad durch eine Dampfmaschine zum Laufen gebracht wurde. Die pseudogotische **Burgruine** mit ihren beiden Türmen und der verbindenden Brücke ist sichtlich inspiriert von einer sehr ähnlichen, wildromantischen Anlage im Park von Betz in Frankreich, die 1808 im Bild publiziert und dadurch bekannt wurde.

Eher barocken Gartenvorstellung entspricht die **Grotte** am Fuß dieser Ruine mit einer sog. Perspektive, einer gemalten Aussicht in eine imaginäre Landschaft, die genau am Ende einer Allee steht und diese optisch in die freie Landschaft zu verlängern scheint. Zu beiden Seiten einfallendes Licht beleuchtet die Szenerie auf natürliche Weise. Das Vorbild hierzu findet sich im Garten des kurpfälzischen Lustschlosses Schwetzingen.

Um 1770	*Bau als Amtshaus*
1850	*Vergrößerung*
1852–65	*Anlage des Parks*
1912	*Erwerb durch die Stadt*

Frankfurter Straße
Park frei zugänglich
www.stadt-ruesselsheim.de

unten links: Burgruine

unten rechts: Palais Verna

23. Offenbach

Isenburger Schloss

1267	*Steinernes Haus*
1414	*Neubau*
1556–59	*Ausbau*
1570–78	*Hoffront*
1943/44	*zerstört*
1951–53	*Wiederaufbau*

Inmitten architektonischer Tristesse erhebt sich eines der Hauptwerke der Renaissancebaukunst in Hessen, ein Bau, dessen reiche Architektur schon mit dem Heidelberger Schloss verglichen wurde. Das Isenburger Schloss in Offenbach ging aus einer Burg hervor, die erstmals 1267 als Steinhaus im Besitz eines Heinrich von Ovenbach erwähnt wird. Im 14. Jh. war Offenbach im Besitz der Herren von Falkenstein, als deren Lehnsleute die Herren von Wasen um 1414 wohl mit dem Neubau der Burg begannen, sehr zum Ärger der Reichsstadt Frankfurt, die sich hierdurch bedroht fühlte. Schon vier Jahre später gelangte Offenbach mit dem Aussterben der Falkensteiner an die Grafen von Solms und die Grafen von

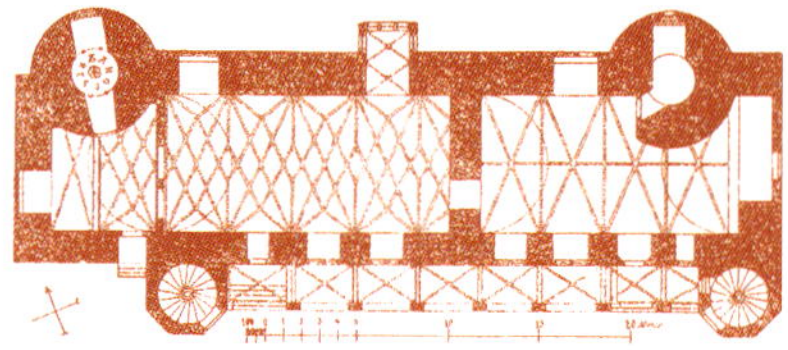

oben: Grundriss des EG

unten: Rechter Treppenturm

Isenburg-Büdingen. Letzteren gelang es, sich 1486 in den Alleinbesitz Offenbachs zu bringen. Unter Graf Reinhard von Isenburg-Büdingen wurde Offenbach 1556 Residenz, nachdem es zu einer Aufteilung der Grafschaft gekommen war. Er ließ die bestehende Wasserburg bis 1559 modernisieren und ausbauen. Erneut wurde Frankfurt misstrauisch und schickte gar einen Beobachter, der über die Bauvorgänge genau berichtete und mahnte, in Offenbach entstehe eine Festung. Die Arbeiten konzentrierten sich aber nicht nur auf die Errichtung neuer Befestigungen und die Anlage eines gemauerten Grabens, sondern vor allem auf die Ausgestaltung der Wohnbauten. Allerdings vernichtete ein Großbrand die Anlage 1564. Sofort begann die Wiederherstellung. Damals erhielt der Hauptbau den mainseitigen Standerker. Unter Ludwig III. von Isenburg-Birstein kam es 1570–78 unter Einbeziehung der älteren Teile zu einer bedeutenden Umgestaltung des Hauptbaus, die vor allem dessen Hoffront betraf. Das Schloss erhielt nun nach Plänen des Baumeisters Ludwig Kempf seine prachtvollen dreigeschossigen Laubengänge und Arkaden, in seiner italianisierenden Bauart der innovativste Renaissancebau der Region. Vermutlich war eine großzügige Vierflügelanlage geplant, zumindest aber hatte man schon in den Obergeschossen der beiden flankierenden Treppentürme Türen eingebaut, die in anstoßende Gebäude führen sollten. 1582/83 war wohl auch der Innenausbau vollendet. 1587 ließ Graf Ludwig mit dem Bau eines mächtigen Rundturmes beginnen, wobei es sich vermutlich um den Neubau eines älteren Bergfriedes in Butterfassform handelte, der durch historische Ansichten überliefert ist.

Während des Dreißigjährigen Krieges versuchte Graf Wolfgang Heinrich von

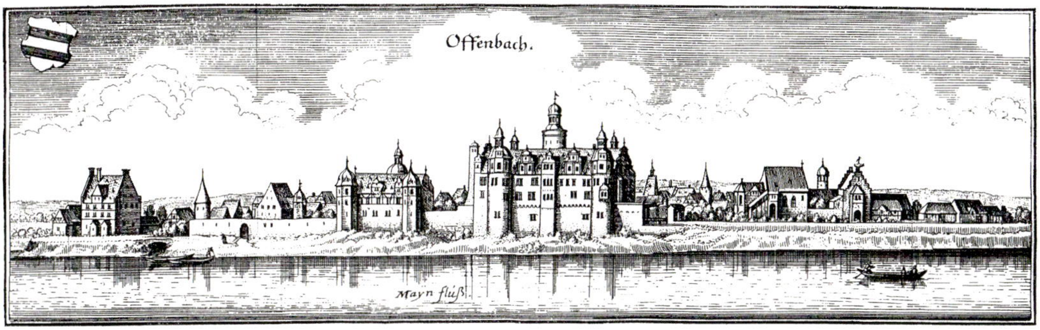

Isenburg-Birstein 1628 das Schloss neu zu befestigen. Er ließ bastionierte Wälle auf der Stadtseite wie auch zum Main hin aufwerfen und mit einem Graben umgeben, sehr zum Misstrauen der Nachbarn. Schließlich schlug der Mainzer Kurfürst zu und überfiel die im Bau befindliche Festung. Nach der kampflosen Übergabe wurden die Werke geschleift. Im 18. Jh. verlor Schloss Offenbach an Bedeutung. Wolfgang Ernst II. nutzte seit 1759 lieber eine Stadtwohnung, wenn er in Offenbach weilte, und überließ das Schloss diversen Mietern. So unterhielt 1799 Alois Senefelder, der Erfinder des Steindrucks, hier seine Werkstatt.

1816 wurde das Fürstentum Isenburg mediatisiert, Offenbach fiel an das Großherzogtum Hessen. Das Schloss wurde 1900 vom Großherzogtum erworben, im Jahr darauf die Südfassade restauriert.

Hochschule für Gestaltung Schlossstraße 66 nur Außenbesichtigung

oben: Ansicht nach Merian

unten: Hoffassade

oben links: Planetengott Mars im Landsknechtsgewand

oben rechts: Pilaster der Galerie im ersten Geschoss

1943/44 beschädigten Bomben das Gebäude schwer. Seit der letzten Restaurierung 1997–99 beherbergt es einen Teil der Hochschule für Gestaltung.

Vom Schloss steht heute nur noch der mainseitige Hauptbau, dessen Nordfront mit einem Rundbogenfries deutlich zeigt, dass in ihm spätmittelalterliche Substanz steckt. Die beiden **Rundtürme**, die den Bau einst überragten, schließen seit dem 18. Jh. mit Balustraden ab, ebenso der mittige **Standerker**, der nach 1564 entstanden ist und reiche Maßwerkbrüstungen zeigt. Die Türme stammen wie der ganze Bau wohl noch im Kern aus dem 15. Jh. und dürften Bestandteil der ab 1414 neu errichteten Burg gewesen sein. Der Erker am Westturm stammt aus dem 16. Jh. und zeigt das isenburgische Wappen.

Prunkstück des Gebäudes ist die **Hoffassade** mit dem dreigeschossigen Galeriebau, den reicher Bilderschmuck überzieht. Ionische Pilaster, deren Postamente Löwenhäupter zieren, gliedern die Arkaden des kreuzrippengewölbten Ganges im Erdgeschoss. In ihm fand in den 20er Jahren des letzten Jahrhunderts das Grabmal für die Dichterin Sophie de La Roche und ihre Familie Aufstellung. Sophie de La Roche war eine der bedeutenden Schriftstellerrinnen des späten 18. Jh. und lebte zeitweise mit ihrem Mann in Offenbach.

Standerker an der Mainseite, Maßwerkbrüstungen

Die Brüstungen der beiden oberen Galerien schmücken Wappenreliefs, die eine sog. *Ahnenprobe* des Grafen Ludwig III. von Isenburg vorführen. Mit ihr zeigte der Bauherr seine weitreichenden verwandtschaftlichen Beziehungen und spielte auf Alter, Vornehmheit und die Legitimität seiner Familie und ihrer angestammten Herrschaft an. Die Pfeiler der mittleren Galerie sind als männliche und weibliche Hermen ausgebildet. Ihre Postamente zeigen römische Planetengötter, die der obersten Galerie die drei geistlichen und vier weltlichen Kardinaltugenden sowie die Geduld. Für diesen plastischen Schmuck dienten Stiche zeitgenössischer Künstler als Vorlage.

Über den beiden oberen Galerien erhebt sich, leicht zurückgesetzt, ein weiteres, erst 1646 aufgesetztes Stockwerk, das ein gewaltiges Mansarddach krönt. Es wurde nach der Kriegszerstörung 1944 im Zustand des 18. Jh. rekonstruiert.

Gerahmt wird die aufwändige Fassade von den beiden schlanken, achteckigen **Treppentürmen**, die der Erschließung der Galerien dienen. Am östlichen Treppenturm fällt heute noch der Ansatz der alten Ringmauer auf. Auf sie öffneten sich zwei Türen, die Hinweis darauf geben, dass hier einst ein Gebäude anstieß. Auch am westlichen Turm führt heute eine Tür ins Leere.

24. Offenbach
Büsing-Palais und Badepavillon Metzler

Wie im kurmainzischen Höchst siedelten sich auch in Offenbach in der zweiten Hälfte des 18. Jh. frühe Unternehmer an, die hier Manufakturen gründeten, wobei die isenburgische Landesherrschaft dies nachhaltig förderte, um ihr Gebiet wirtschaftlich zu entwickeln. Die Fabrikanten bauten sich herrschaftliche Häuser, die ihren gesellschaftlichen Aufstieg demonstrierten. Die gut gehenden Geschäfte der *Fürstlich Ysenburgischen Schnupftabakfabrik*, die von Johann Nikolaus Bernard gegründet worden war, ermöglichten ihm 1775–78 den Bau eines ausgesprochen repräsentativen **Palais**. Es gruppiert sich mit drei Flügeln um einen langgestreckten Ehrenhof. Der spätbarocke Bau ist sichtlich von den Hôtels des französischen Adels inspiriert, wie sie damals in Paris und anderen großen Städten Frankreichs zu finden waren. Ganz offensichtlich wollte der Bauherr auf seine Verdienste um das Fürstentum Isenburg aufmerksam machen.

1899–07 erfolgte unter dem Freiherrn Baron von Büsing-Orville eine Umgestaltung des Corps de Logis mit seinem zum Hof polygonal vorspringenden Mittelrisalit nach Plänen Wilhelm Konrad Karl Manchots im Neobarockstil. Der hofseitige Mittelrisalit wurde um ein Attikageschoss erhöht und erhielt seine Kuppel. Die ursprüngliche Architektur war weitaus schlichter, wie es für das Haus reicher Bürger angemessen war. Die ehemaligen Fachwerkremisen wandelten sich in steinerne Flügel, die das Corps de Logis mit den beiden Eckpavillons links und rechts des prachtvollen Schmiedeisentors verbinden. Zum Palais gehörte ein Garten, der um 1790 landschaftlich überformt wurde. Auf einem künstlichen Hügel steht noch ein **Rundtempel** in den Formen des Louis-seize.

Nach Zerstörung im Krieg wurden die Seitenflügel 1952–53 provisorisch wieder-

1775–78 Büsing-Palais
1798 Badetempel
1901–07 Umbau Palais
1943 Zerstörung
1952–53 Wiederaufbau Seitenflügel
1981–84 Wiederaufbau Corps de Logis
Bis 2007 Wiederherstellung Badepavillon

Kongresszentrum (Corps de Logis) Herrnstraße 80–84 Der Badepavillon (Herrnstr. 100) wird für kulturelle Veranstaltungen genutzt www.offenbach.de

oben: Palais, Mittelpavillon

unten: Palais, Gartenfront

oben: Monopteros im Palaisgarten

Mitte: Badepavillon Metzler, Grotte

unten: Badepavillon Metzler

aufgebaut, die Wiederherstellung des Corps de Logis erfolgte erst 1981–84. Es dient heute als Tagungs- und Veranstaltungsort. In den Seitenflügeln befinden sich Klingspor-Museum und Stadtbibliothek.

Nach dem Bau ihres neuen Palais benötigte die Familie Bernard ihr altes Haus nicht mehr. 1792 erfolgte dessen Verkauf samt dem zugehörigen Garten am Mainufer an den Frankfurter Bankier und Geheimen Rat Friedrich Metzler. Er verbrachte in Offenbach seit 1796 regelmäßig die Sommermonate, seit 1803 hatte er hier seinen Altersruhesitz. Metzler ließ direkt am Mainufer durch den damals in Frankfurt tätigen Architekten Nicolas Alexandre de Salins de Montfort einen klassizistischen **Badepavillon** schaffen, der heute *Lili-Tempel* genannt wird (in Anspielung auf Goethes Verlobte Lili, die Frankfurter Bankierstochter Anna Elisabeth Schoenemann, mit der er sich 1775 im Garten ihres Onkels Johann Nikolaus Bernard traf). Tatsächlich hat das Gebäude nichts mit Goethes Verlobter zu tun, allerdings besuchte der Dichter bei einem erneuten Aufenthalt in Offenbach 1814 das Badehaus und zeigte sich davon sehr beeindruckt. Der Bau eines Badesalons war schon an sich sehr anspruchsvoll, kannte man solches bisher doch nur aus fürstlichen Gärten wie z. B. Schwetzingen. Und wie die adeligen Gärten waren auch die Offenbacher Bürgergärten Treffpunkte der vornehmen Gesellschaft. Die Wahl Salins de Montforts, des führenden Frankfurter Architekten, zeigt deutlich, welch großen Wert Metzler auf die Qualität des kleinen Bauwerks legte, das nicht nur als privater Rückzugsort zu verstehen ist, sondern auch als eine Form der Selbstdarstellung des immens reichen Bauherrn. Ein frei stehendes Badehaus in einem bürgerlichen Garten war 1798 eine kleine Sensation.

Die klassizistische Gartenarchitektur stand einst direkt am Main. Salins de Montfort nutzte die Uferlage des Grundstücks geschickt aus: Scheinbar direkt aus dem Main erhob sich eine Grottenarchitektur aus Felsblöcken, in der sich die Baderäume befanden. Darüber steht die luftige, weiß gefasste Säulenarchitektur einer halbrunden Loggia, die einst den Ausblick auf den Fluss und das gegenüberliegende Ufer erlaubte. Sie springt aus einem großen, schlichten Kubus vor, der einen quadratischen Salon birgt. In seiner Verlängerung schließen sich eine Rotunde, die sich als Kolonnade zum Garten öffnet, und ein rundes Kabinett an. Dahinter lag ein grottenartiger Gang, der vom Salon am Ufer wie auch von der Wendeltreppe, die in die Baderäume im Untergeschoss führte, zugänglich war. Von der erlesenen Ausstattung im Stil des frühen Klassizismus ist nach der Zerstörung im Zweiten Weltkrieg nichts geblieben. 2005–07 wurde die Ruine, die lange Zeit verkommen war, von einem privaten Investor in Stand gesetzt. Es entstand eine Kombination aus Wohnhaus und Veranstaltungsort. Der an den Pavillon anschließende Neubau erinnert mit seiner großzügigen Glasfront gegen den Main an das 1805 neben dem Badepavillon errichtete Gewächshaus. Es gelang so eine ansprechende Verbindung von alt und neu, die die Erinnerung an die Geschichte des Anwesens wachhält, und die Rettung eines klassizistischen Kleinods vor dem totalen Ruin.

Zum Main hin existiert noch die historistische Garteneinfassung von 1893 mit Schmiedeeisengitter und zwei Eckpavillons. In der Herrnstraße 90 steht das barocke **Gärtnerhaus** von 1780, während das Palais Metzler selbst im Zweiten Weltkrieg unterging.

25. Offenbach, Rumpenheim
Schloss Friedrichsanlage

Das *Friedrichsanlage* genannte **Schloss** in Rumpenheim entstand in mehreren Bauabschnitten zwischen 1780 und 1790 für die Landgrafen von Hessen-Kassel. Schon zuvor hatte sich hier ein Landsitz, das *lustige Lager* genannt, befunden, der um 1680 durch den Gräflich Hanau-Münzenbergischen Kammerpräsidenten Johann Georg Seiffert errichtet worden war. Seit 1781 war es im Besitz des Landgrafen Friedrich. Dessen erste Gemahlin Marie ließ dem älteren Gebäude zwei kleine Anbauten zufügen. 1787/88 wurden die beiden **Nebenflügel** errichtet, die in Pavillons enden. So entstand eine dreiflügelige Anlage, die sich um einen Ehrenhof gruppiert und deren zweigeschossiges **Corps der Logis** gegen den Main orientiert ist. Letzteres erhielt 1788 den schlanken **Uhrturm** mit offener Laterne. Der ausgebaute Landsitz bekam den Namen *Friedrichsanlage*. 1804/05 wurden die beiden Eckpavillons erhöht und das mainseitige Mansarddach zu einem dritten Geschoss umgebaut.

Der schlichte, weiß gestrichene Komplex diente im 19. Jh. als Sommersitz der Landgrafen, auf dem sich der europäische Hochadel traf. 1866 gelangte das Schloss in großherzoglich-hessischen Besitz. Bis 1902 bewohnte es die großherzogliche Familie regelmäßig, die in jenem Jahr nach Kronberg (Nr. 41) übersiedelte. 1943 wurde die Friedrichsanlage zum Opfer eines Luftangriffs und brannte aus. Über Jahrzehnte stand sie als Ruine da, bis 1985 der Wiederaufbau

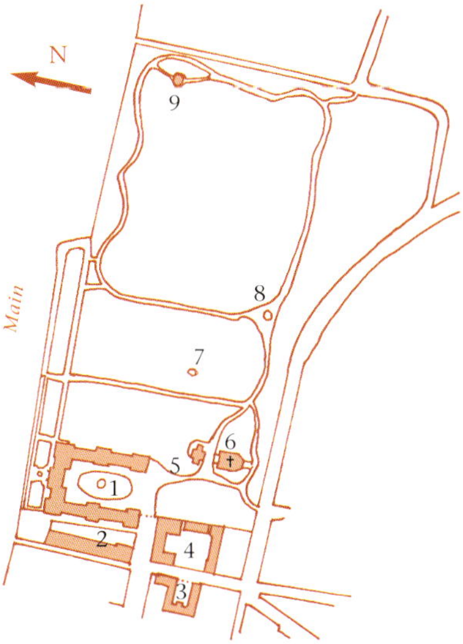

Plan, aus Schäfer 1885
1 Schloss
2 Marstall
3 Zweiter Marstall
4 Verwaltungsbau
5 Mausoleum
6 Kirche
7 Reste der Voliere
8 Monopteros
9 Türkischer Pavillon

begann. Nur mit Mühe hatte eine Bürgerinitiative den 1973 geplanten Abbruch verhindern können. Inzwischen erstrahlt auch das Corps de Logis mit seiner charakteristischen weißen Farbgebung, die seit dem 18. Jh. für das Schloss überliefert ist, wieder im alten Glanz.

Um 1680	*Errichtung eines Landsitzes*
1780–90	*Errichtung des Schlosses*
1804	*Erhöhung der Pavillons*
1943	*Zerstörung durch Luftangriff*
1965	*Erwerb durch die Stadt Offenbach*
Ab 1985	*Wiederaufbau*

unten: Uhrturm

ganz unten: Ehrenhof

Rumpenheimer Schlossgasse 1–7 und 9–19
Nur Außenbesichtigung, im Schloss befinden sich Wohnungen
Tel.: 069/8065-2988

Corps de Logis

Östlich erstreckt sich der seit dem späten 17. Jh. nach und nach vergrößerte **Park**, in den auch die 1756–61 errichtete **Schloss- und Pfarrkirche** einbezogen wurde. 1857 konnte er auf das doppelte vergrößert werden. Im Park stehen noch einige Staffagebauten, so ein **Monopteros**, der unter Landgräfin Marie entstand und in der Kuppel das hessische und englische Wappen zeigt, der **Türkische Kiosk**, eine Holzkonstruktion aus dem 19. Jh. und das landgräfliche **Mausoleum** von 1800/02.

Westlich des Schlosses finden sich die Wirtschafts- und Verwaltungsgebäude. Parallel zum Westflügel steht der **Marstall**, der nach 1845 in spätklassizistischen Formen entstand. Ihm gegenüber liegt ein dreiflügeliger Verwaltungsbau aus dem frühen 19. Jh. Ein hufeisenförmiger **Zweiter Marstall** entstand 1850–54 in der Marstallstraße.

unten rechts: Monopteros

unten links: Mainfront

26. Hanau
Stadtschloss

Hanau war 1436–1736 die Residenz der Grafen von Hanau. Nach dem Aussterben der Familie fiel es als Erbschaft an die Landgrafen von Hessen-Kassel, behielt aber eine eigene Regierung, mit der in der Regel der Erbprinz betraut wurde. So war Hanau u. a. Residenz des Erbprinzen Wilhelm (IX./I.), seit 1786 regierender Landgraf und seit 1803 Kurfürst. Der Zweite Weltkrieg hat die alte Stadt ausradiert, und nur noch schwer lässt sich erahnen, dass der Ort eine glanzvolle Residenz war.

Das Schloss wurde im 12. Jh. gegründet und 1234 erstmals erwähnt. Im Zentrum der Wasserburg stand ein sechseckiger Bergfried. Mit ihrem polygonalen Mauerring ähnelte sie den vergleichbaren Bauten in Büdingen und Gelnhausen (Nr. 73 u. 76). Allerdings verlegten die Herren von Hanau erst nach Erlangung der Grafenwürde 1429 ihre Residenz hierher. Es ist anzunehmen, dass das Schloss in dieser Zeit ausgebaut wurde. Seit dem frühen 16. Jh. wurden Schloss und Altstadt von mächtigen Erdbefestigungen zur Verteidigung mit Kanonen umgeben.

Die Bauten der Vorburg wandelten sich im 18. Jh. zum eigentlichen fürstlichen Wohngebäude. Sie wurden zuletzt durch Kurfürst Wilhelm II. im Empirestil ausgebaut. Die Kernburg ließ er hingegen 1829 abreißen. Das Schloss des Kurfürsten ging 1945 unter, seine Reste wurden nach dem Krieg beseitigt. Erhalten blieben nur die Gebäude um den ehem. äußersten Schlosshof, den heutigen **Schlossplatz**. Auf seiner Ostseite steht der zur Stadthalle umfunktionierte und in einen Neubau von 2002 einbezogene **Marstall**, dessen

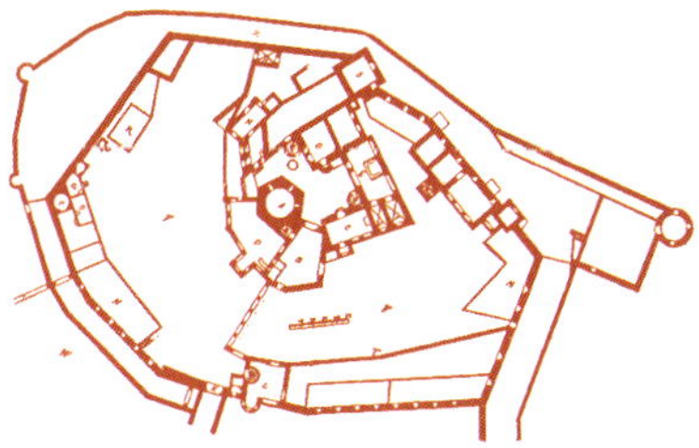

schönes Portal hinter einer Glasfassade zu bewundern ist. Der Bau wurde 1712–13 unter Graf Philipp Reinhard nach Plänen von Julius Ludwig Rothweil errichtet und umfasste auch eine Reithalle.

Dem Marstall gegenüber steht die **Kanzlei** mit einem schönen Frühbarockportal, das das Wappen Graf Philipp Reinhards von Hanau-Lichtenberg und seiner Gemahlin Magdalena von Pfalz-Zweibrücken zeigt. Das zweigeschossige Gebäude wurde 1685–91 erbaut und 1710 mit dem dahinter stehenden **Wasserturm** verbunden. Dieser wird erstmals 1338 erwähnt und stellte einen Eckpunkt der Altstadtbefestigung dar. Er stand im Wassergraben der Vorburg (daher der Name) und war über eine Mauer mit dieser verbunden. Hinter der Kanzlei liegt außerdem der ebenfalls einst zum Schloss gehörige **Frohnhof**.

An Stelle des verschwundenen Schlosses erstreckt sich heute der **Schlossgarten**, der seinen Ursprung in der Renaissance hat. Einst lag er innerhalb der Wälle. 1824 wurde das Gelände der geschleiften Befestigungen in den Park einbezogen.

12. Jh. Gründung
16. Jh. Ausbau
1685–91 Alte Kanzlei
1712–13 Marstall
1829/30 Abbruch der Kernburg
1945 Zerstörung

Schlossplatz
www.hanau.de

oben: Grundriss der mittelalterlichen Anlage, aus Bott 1960

unten links: Kanzlei, Portal

unten rechts: Das Schloss auf einer Ansicht von Merian im 17. Jh., aus Bott 1960

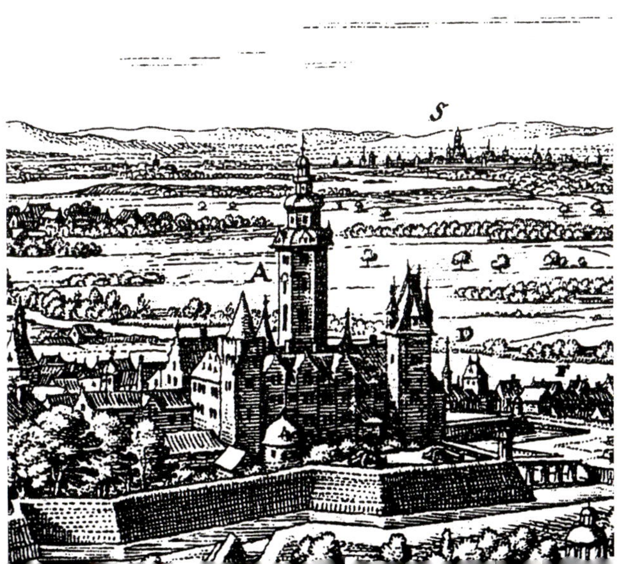

27. Hanau, Kesselstadt

Schloss Philippsruhe

1696–1701 Garten
1701–07 Schloss
1720 Orangerie
1820–29 Modernisierung
1875–80 Umbau
Seit 1964 Museum
1984 Schlossbrand
2000/01 Wiederherstellung des Parks

Historisches Museum Hanau
Philippsruher Allee 45
Di.–So. 11–18 Uhr
Tel.: 06181/295564
www.museen-hanau.de

Im 18. Jh. entstanden rund um die Residenzstadt Hanau verschiedene Lustschlösser. Die größte Anlage stellt Schloss Philippsruhe im Südwesten der Stadt dar. Ab 1696 hatte Graf Philipp Reinhard an den Ufern des Mains auf hohen Terrassenmauern einen großen Lustgarten anlegen lassen. Schon 1701 erfolgte die Grundsteinlegung zu dem nun projektierten großen Lustschloss. Geplant wurde es von Julius Ludwig Rothweil, der sich bei seinem Entwurf an Clagny bei Versailles, dem Lustschloss der Marquis de Montespan, Mätresse Ludwigs XIV., orientierte, wohl auf Wunsch des Bauherrn, der es bei einem zweijährigen Aufenthalt in Frankreich gesehen haben dürfte. Neuartig waren die Mansarddächer, die in Deutschland erst um 1700 aufkamen. In Philippsruhe wurde eigens ein französischer Zimmermeister zur Aufrichtung der Dachstühle herbeigerufen.
Bereits im Jahr darauf wurde Rothweil in der Bauleitung und Planung durch den Pariser Ingenieur Jacques Antoine Vith Girard abgelöst. Unter ihm entstanden als Gegenstücke zu den beiden Querflügeln 1706–07 Remisen und Marstallflügel. Der Innenausbau des Schlosses, das 1712 erstmals bewohnt werden konnte, zog sich noch bis 1726 hin. Schon zehn Jahre später starben die Grafen von Hanau aus und ihre Grafschaft fiel im Erbgang an die Landgrafschaft Hessen-Kassel. In der Folge wurde Philippsruhe durch die landgräflichen Erbprinzen genutzt. 1815 und vor allem 1820–29 wurde das Schloss für Kurfürst Wilhelm II. durch den Kasseler Hofbaumeister Johann Conrad Bromeis renoviert und im Empirestil neu ausgestattet.
1873 gelangte Philippsruhe durch einen Hausvertrag an den Vetter des letzten regierenden Kurfürsten, Friedrich Wilhelm von Hessen-Rumpenheim. Dieser ließ das Schloss 1875–80 durch den dänischen Architekten Friedrich Ferdinand Meldahl umbauen und komplett erneuern. Dabei erhielt der Bau sein historistisches Gesicht mit dem hohen Mittelturm. Das Corps de Logis wurde um das doppelte verbreitert und dadurch der Ehrenhof etwas verkleinert. Auf der Garten- und Hofseite wurden die Eingänge durch Altanvorbauten akzentuiert. Auch Marstall- und Remisenflügel erfuhren Neubauten.
Der Großteil der Räume wurde völlig neu im Neobarock- und Neorokokostil ausgestattet. Im Obergeschoss des mainseitigen Flügels entstand sogar ein Palmengarten. Die Detailplanung für das Innere lag in den Händen des Frankfurter Architekten Richard Diel-

Ansicht Ehrenhoffassade

mann. Für die Ausstattung wurden damals namhafte Kunsthandwerker gewonnen, so für die Vertäfelungen Jean Körner und für die Stuckaturen Johannes Dielmann. Das schmiedeeiserne Haupttor lieferten Pariser Werkstätten. Auch ausgebaute Originalausstattungen anderer Schlösser, u. a. Parkettböden aus der Residenz Fulda, fanden Verwendung.

1950 erwarb die Stadt Hanau Philippsruhe von der Hessischen Hausstiftung und richtete hier 1964 das Historische Museum ein. 1984 kam es zu einer Brandkatastrophe, wobei die größten Schäden durch Löschwasser entstanden. Das gerade zuvor renovierte und neu gestaltete Museum musste erneut eingerichtet werden, nun in vergrößerter Form. Trotzdem blieben einige historische Räume in der Beletage mit ihrer Originalausstattung erhalten. Sie stellen das bedeutendste historistische Raumensemble der Region dar.

Schloss Philippsruhe ist mit seiner Schaufront auf die Residenzstadt ausgerichtet, mit der es durch eine lange Allee verbunden wird. Es bildet eine ausgedehnte Anlage. Kern ist der dreiflügelige, zweigeschossige Hauptbau mit dem im 19. Jh. verbreiterten Corps de Logis. Seitlich stoßen eingeschossige Querflügel an, die in zweigeschossigen Eckpavillons enden. Diesen Flügeln entsprechen Remisen- und Marstallflügel auf der gegenüberliegenden Seite des

Grundriss der Beletage nach 1880
1 Treppe und Vorplatz
2 Speisesaal
3 Musikzimmer
4 Bibliothek
5 Arbeitszimmer des Landgrafen
6 Festsaal
7 Salon der Landgräfin
8 Wintergarten
9 Spiegelkabinett

oben links: Corps de Logis, Gartenfassade

links: Terrasse und Brunnen vor dem Corps de Logis

oben: Terrassengarten

rechts: Brunnen

unten: Orangerie

Ehrenhofes, in dessen Mitte sich ein 1879 nach Entwurf von Richard Dielmann geschaffener Brunnen erhebt. Das **Corps de Logis** wird durch einen giebelbekrönten dreiachsigen Mittelrisalit, der den Hauptzugang birgt, und den hohen gründerzeitlichen Turm akzentuiert. Insgesamt ist die Architektur des Schlosses sehr schlicht. Die Gebäudekanten werden durch rustizierte Wandvorlagen betont, die Geschosse durch einen einfachen Sims geteilt.
Im Inneren leitet das Vestibül zum prachtvollen, erst 1956 mit Wandgemälden geschmückten Haupttreppenhaus über, das zu den gründerzeitlichen Repräsentationsräumen in der Beletage hinaufführt. Von der klassizistischen Ausstattungsphase unter Bromeis blieb der Weiße Saal im **Südflügel**, heute Schlossrestaurant.
Eine Terrassenanlage mit Brunnen und Freitreppe leitet in den **Park** über. Sie entstand 1878. Der Park erstreckt sich entlang dem Mainufer auf einer hohen Terrasse, deren Futtermauern zum Fluss drei große Grotten aufweisen. Er wurde 1714–22 nochmals nach Westen um den Baumgarten (heute Freispielfläche) und nach Norden (Orangerie) erweitert. 1875–80 kam es im Zuge des Schlossumbaus auch zu einer völligen Neugestaltung durch den Schweden Jens Person Lindahl, ausgeführt durch den seinerzeit als Gartenkünstler berühmten Frankfurter Gartenbaudirektor Heinrich Sießmayer. Der Park bil-

det seither ein bedeutendes Zeugnis der Gartenkultur zur Kaiserzeit. An seinem Nordrand liegt das 1722 erbaute **Orangeriegebäude**. Seitlich stießen Glashäuser an. Die Orangerie, die zu Beginn des 19. Jh. als eine der kostbarsten in Deutschland galt, wanderte unter Kurfürst Wilhelm II. an das Homburger Kasino. Dort hatte er als leidenschaftlicher Spieler so viel Geld verloren, dass er zur Begleichung seiner Schulden den Gebrüdern Blanc die Orangenbäumchen als Pfand überlassen musste.
An der Südwestecke der mainseitigen Terrassenmauer steht das 1827–29 nach Plänen von Bromeis als klassizistischer Pavillon errichtete **Belvedere**. Das Flachdach war einst als Aussichtsplattform vom Saal im Innern aus zu begehen.

28. Hanau, Kesselstadt
Wilhelmsbad, Burg

Die Burg in Hanau-Wilhelmsbad ist eine der frühesten künstlichen Burgruinen auf dem europäischen Kontinent. Sie wurde 1779–81 durch Franz Ludwig Cancrin für Erbprinz Wilhelm von Hessen-Kassel errichtet. Er regierte seit 1764 die Hanauer Lande. Wilhelm, der spätere Landgraf (IX.) und erste Kurfürst, war ein geschichtsbegeisterter Mann, der das deutsche Mittelalter wie viele seiner Zeitgenossen zu einer heldenhaften Epoche verklärte, die für die eigene Zeit das Vorbild geben sollte. Die Beschäftigung mit der eigenen Geschichte diente dabei auch der dynastischen Legitimation des landgräflichen Hauses.

Angeregt zum Bau der Burg wurde Wilhelm durch vergleichbare englische Anlagen, die er durch seine Mutter, eine englische Prinzessin, kennen gelernt haben dürfte. Sie dienten allerdings nicht als unmittelbares Vorbild, sondern wohl ein 1763 gestochenes Kupferblatt mit der Darstellung des Hauptturms der Zähringerburg bei Freiburg. Die Errichtung romantischer Ruinen, insbesondere in Form von Burgen und Türmen, war in England seit der ersten Hälfte des 18. Jh. Mode geworden. Mit diesen Gartenarchitekturen verband man die Erinnerung an das Mittelalter und die Herkunft des Adels aus dem Ritterstand mit seinem umfassenden Wertekanon. Es war ein ambivalentes Gefühl, das beim Anblick dieser Bauten ausgelöst werden sollte: einmal Erinnerung an eine verklärte Zeit der Ritterlichkeit, auf der anderen Seite das Erschauern des aufgeklärten Zeitgenossen gegenüber einer durch Fehden und Faustrecht barbarisch anmutenden fernen Epoche, die man zivilisatorisch überwunden sah. Die Wilhelmsbader Burg diente rein praktisch allerdings als luxuriöse private Retirade abseits von höfischem Zwang und Etikette und war wohl auch Ort so manch amourösen Abenteuers des Erbprinzen. Bevor sie fertig gestellt war, wohnte er in einem der Badepavillons, dem **Fürstenbau**, in dem sich noch ein Raum mit originalen Tapeten erhalten hat, die Ruinenlandschaften darstellen. Dieser Bau diente auch als Absteigequartier für fürstliche Gäste.

Die Burg erhebt sich im Park des Wilhelmsbades, das der Erbprinz seit 1772 systematisch ausbauen ließ. Schon 1709 war die Heilquelle des *Guten Brunnens* entdeckt und auf Befehl des Grafen Philipp Reinhard III. von Hanau in Stein gefasst worden. Unter Wilhelm entstanden in den Jahren 1777–81 die **Badegebäude** sowie ein Komödienhaus. Alle Bauten plante Cancrin. Das ganze liegt eingebettet in einen frühen **Landschaftspark** mit Einsiedlergrotte, Schneckenberg und einer Pyramide, die 1784 als Denkmal für den jung verstorbenen älteren Sohn des Erbprinzen errichtet wurde. Eine Schießbahn und ein Spielplatz sorgten für die Kurzweil der vornehmen Badegäste. Erhalten hat sich hiervon in einmaliger Weise das historische **Karussell** aus dem Jahr 1779. Wilhelmsbad wurde bald zu einem beliebten Anziehungs- und Treffpunkt für die Großen der damaligen Welt. Schon 1782 weilte Kaiser Joseph II. inkognito in dem fürstlichen Modebad. 1818 trafen sich hier in Vorbereitung des Aachener Kongresses die Vertreter der Heiligen Allianz – König Friedrich Wilhelm III. von Preußen, Kaiser Franz I. von Österreich und Zar Alexander I. von Russland – zu Vorbesprechungen. Doch schon damals begann der Niedergang des Bades, das als Heilanstalt in den 1830er Jahren geschlossen wurde.

1709	*Entdeckung des „Guten Brunnens“*
1777–81	*Kurgebäude*
1779–81	*Burg*
1983–98	*Instandsetzung der Burg*

Parkpromenade 7
Info-Zentrum im Fürstenbau: April–Okt. Sa. 13–17, So. 11–17 Uhr
Burg (Führungen): April–Okt. Sa. 14–16, So. 11–16 Uhr stündlich (außer 13 Uhr), sonst auf Anfrage
Tel.: 06181/9066295
www.schloesser-hessen.de

Ansicht der Burg

links: Ansicht der Kurgebäude

rechts: Küchenbau

1893 ließ Landgraf Friedrich Karl von Hessen-Rumpenheim alle Möbel, ja selbst die Marmorkamine und Wandbespannungen aus der Burg nach Schloss Rumpenheim (Nr. 25) schaffen. Die Burg begann zu verfallen. 1983–98 wurde sie durch die Verwaltung der Staatlichen Schlösser und Gärten in Stand gesetzt und liebevoll restauriert. In mühevoller Arbeit wurde die ursprüngliche Ausstattung rekonstruiert. Die **Burg** entstand als künstliche Ruine zwischen alten Eichen, um die Illusion, sie stünde schon lange an dieser Stelle, zu verstärken. Selbst das Schilderhäuschen der Wache war in einer hohlen Eiche untergebracht. Die Burg stellt einen großen Turm dar, der vom Viereck ins Rund übergeht. Ihn rahmen vier unterschiedlich hohe Ecktürme, deren höchster die Wendeltreppe zur Erschließung der drei Geschosse und der Plattform birgt. Im Erdgeschoss befindet sich das prachtvoll ausgestattete **Appartement** des Erbprinzen, im zweiten Obergeschoss der **Festsaal**. Seine Ausstattung verrät deutlich, welches Programm hinter dem Bau dieser fürstlichen Retirade stand: die Verherrlichung der Geschichte des landgräflichen Hauses. Der Turm diente als familiengeschichtliches Monument. Äußerlich täuschte er eine alte Burg vor, im Saal verwies eine Ahnengalerie auf die lange Tradition der Landgrafen. Auf acht Wandfeldern finden sich die Brustbilder der hessischen Landgrafen und der nächsten Verwandtschaft des Erbprinzen in ovalen Medaillons von Anton Wilhelm Tischbein, seinem Hofmaler. Die Reihe beginnt mit Philipp dem Großmütigen, der die Reformation im Land eingeführt und Hessen zu einer bedeutenden Macht im Reich gemacht hatte. Die Landgrafen von Hessen-Darmstadt und andere Linien fehlen, ein deutlicher Hinweis auf den Anspruch des Vorrangs der Kasseler gegenüber den anderen Linien. Im Saal zeigt sich auch die axiale Einbeziehung der Burg in die Residenzlandschaft Hanaus. Die vier Fenster zwischen den Seitentüren erlaubten den Ausblick in alle vier Himmelsrichtungen, die südliche durch die vom Erbprinzen angelegte schnurgerade Burgallee zum Sommerschloss Philippsruhe (Nr. 27).

Neben der Burg erhebt sich auf der benachbarten Halbinsel ein kleiner Turm, der ebenfalls als künstliche Ruine gestaltet wurde und heute tatsächlich eine ist. Er nahm **Küche**, Keller und Wirtschaftsräume auf, die in der Burg keinen Platz hatten.

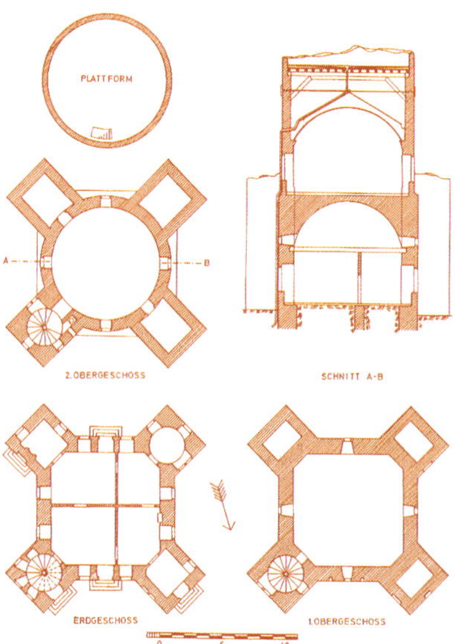

Grundrisse und Schnitt der Burg, aus Bott 1966

29. Hanau, Steinheim

Burg

Die Burg Steinheim wurde wahrscheinlich Mitte des 12. Jh. durch die Herren von Hainhausen gegründet und wird 1223 erstmals erwähnt. Sie war im Besitz der Grafen von Eppstein. 1425 verkaufte Gottfried VIII. von Eppstein die Burg an den Mainzer Erzbischof Konrad III. von Daun. Dieser ließ sie ausbauen und den gegen Osten ausspringenden Flügel (heute Ruine) errichten. 1431 wurde der Rundturm durch den Frankfurter Werkmeister Leonhard Murer über den Mauern des alten Bergfriedes errichtet. In der Folge diente Steinheim als einer der bevorzugten Aufenthaltsorte der Erzbischöfe. Dieter I. Schenk zu Erbach fügte um 1450 den spätgotischen Nordflügel an und ließ den Ostflügel auf die heutige Hoftiefe erweitern. Aus dieser Zeit stammt der sog. *Rittersaal* im Erdgeschoss. 1790 ließ Friedrich Carl von Erthal die stadtseitigen Teile der Burg und das Fachwerkobergeschoss des Hauptbaus niederlegen. Er plante einen Neubau, der aber nie zur Ausführung gelangte, denn 1802 fiel Steinheim an die Landgrafschaft Hessen-Darmstadt. 1808–13 bewohnte Prinz Georg von Hessen-Darmstadt das Schloss. Er ließ mit der Neugestaltung der Mainfront in klassizistischem Stil beginnen, aber ihre Erweiterung gegen Süden gelangte nicht mehr zur Ausführung. Im Inneren wurden einige Räume im Empirestil ausgestattet. 1825 gab der großherzogliche Hof das Schloss auf. Seit 1978 ist es im Besitz der Stadt Hanau.

Das Schloss liegt auf einer Basaltkuppe am Südufer des Mains in einer Ecke der

Mitte 12. Jh.	*Gründung*
1425–31	*Erneuerung*
1790	*Teilabbruch*
1808–13	*Umbau*
1989/90	*Grabungen*

links: Schnitt durch den Bergfried und Grundrisse, aus Schäfer 1885

unten: Portal am Treppenturm

ganz unten: Kernburg

Ansicht nach Merian

Museum für regionale Vor- und Frühgeschichte
Schlossstraße 9
Do.–So. 10–12, 14–17 Uhr
Tel.: 06181/659701
www.museen-hanau.de

Stadtbefestigung. Es untergliederte sich in Vor- und **Hauptburg**, deren stadtseitige Befestigung heute verschwunden ist, aber 1989/90 teilweise ergraben wurde. Ein **Zwinger** umgab die Ringmauer der rechteckigen Kernburg und wurde durch Ecktürme verstärkt, von denen noch die beiden auf der Nordseite stehen. In der Nordwestecke des Hofes erhebt sich direkt hinter der Ringmauer der gotische **Bergfried**. Sein Unterbau datiert noch ins 14. Jh. Die drei Geschosse sind allesamt gewölbt. Der Eingang liegt im ersten Obergeschoss, von dem aus eine Wendeltreppe in der Wandstärke nach oben führt. Der **Wohnbau** zeigt schöne große Kreuzstockfenster. Die Baugruppe muss zur Mainseite einen prachtvollen Anblick dargeboten haben. Über mächtigen Steinmauern erhoben sich Fachwerkaufbauten mit zahlreichen Türmchen und Erkern. Heute präsentiert sich die Mainfront als klassizistische Fassade. Der südlich angesetzte **Treppenturm** mit Renaissanceportal wurde 1572 unter Erzbischof Daniel Brendel von Homburg aufgeführt. Unter ihm wurden auch die Wirtschaftsbauten in der Vorburg erneuert, von denen noch in der Hofmitte die **Amtsregistratur** blieb. Vor ihrer Ostseite steht der **Ziehbrunnen** von 1564. Nördlich davon erhebt sich der spätgotische, 1562 erneuerte **Marstall**.

Mitte: Wohnbau

unten: Marstall

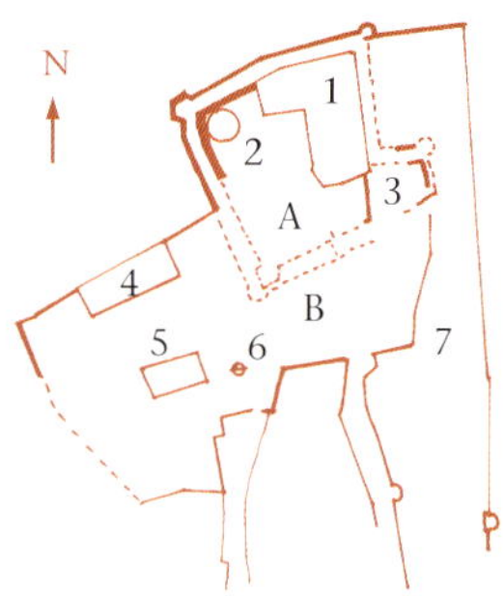

Grundriss
A Hauptburg
B Wirtschaftshof
1 Wohnbau
2 Bergfried
3 Standort der Kapelle
4 Marstall
5 Amtsregistratur
6 Brunnen
7 Burggarten

30. Seligenstadt

Palatium

Seligenstadt war seit 1063 im Besitz des Erzstiftes Mainz. In der zweiten Hälfte des 12. Jh. ließ sich Friedrich I. Barbarossa mit dem Ort belehnen. Er sollte einer von zahlreichen staufischen Stützpunkten zur Sicherung und zum Ausbau der Königslandschaft Wetterau werden. Daher erhob ihn Friedrich I. 1175 zur Stadt und ließ, wie neuere Forschungen ergeben haben, spätestens in den 1180er Jahren ein repräsentatives Steinhaus am Mainufer errichten, das ihm bei Aufenthalten als Quartier dienen konnte. Friedrich I. hat 1188 in Seligenstadt einen Hoftag abgehalten, und es ist anzunehmen, dass spätestens jetzt die neue Pfalz fertig war. Im Vergleich zu anderen Pfalzen war Seligenstadt nicht sehr groß, dafür aber sehr geschickt gelegen, denn südlich der Stadt erstreckte sich der große Reichsforst Dreieich (vgl. VII.), der zur Jagd einlud.
Im 13. Jh. ließ Barbarossas Enkel Friedrich II. das großväterliche Schloss modernisieren. Die ursprünglich wohl hölzernen Treppen zum Obergeschoss wurden nun in Stein ausgeführt und die Portale erhielten ihre heutige Gestalt.
1309 fiel Seligenstadt wieder an Mainz zurück. Das Palatium brannte 1460 nieder und wurde danach in die neue Stadtmauer einbezogen.
Das Palatium stellt einen Bau von 46 x 13 (10) m Kantenlänge dar und erstreckt sich in nordwestlicher Richtung entlang dem Mainufer. Zwar grenzte auf der Südwestseite eine Mauer mit Tor den Bereich vor dem Gebäude von der Stadt ab, aber es gab keine Verteidigungseinrichtungen. Ein solch unbefestigter Schlossbau ist für das 12. und 13. Jh. bisher einzigartig im alten Reich. Eventuell wollte der Kaiser

den Mainzer Erzbischof und dessen Abtei nicht unnötig provozieren und verzichtete daher auf einen regelrechten Burgbau.
Die Hauptschauseite des Palatiums bildete die repräsentative Mainfront. Heute erheben sich die aus Sandsteinquadern errichteten Mauern nur noch bis in Höhe des ersten Obergeschosses, das zweite Obergeschoss, das aber nur zu vermuten ist, fehlt. Prägend sind die romanischen Zwillingsfenster, die unter gekuppelten Blendarkaden zu drei Gruppen zusammengefasst sind, und die beiden Portale im ersten Obergeschoss, die sich auf die Altane öffnen und in ihrer heutigen Gestalt auf den Umbau unter Friedrich II. zurückgehen. Das Erdgeschoss wurde nur durch kleine Rundbogenfenster erhellt.
Die Innenaufteilung ist ungewiss. Das Erdgeschoss bildete eine große, zweischiffige Halle mit flacher Holzdecke, im Obergeschoss lassen sich auf Grund der Fensteranordnung drei Räume, darunter ein Saal, vermuten. Weitere Wohnräume existierten wohl im zweiten Obergeschoss.

Um 1180 Errichtung
1188 Hoftag Friedrichs I.
Um 1235 Umbau
1460 Brandzerstörung
1883 u. 1938 Freilegung und Ergänzung

Mainuferweg/Große Fischergasse
Nur Außenbesichtigung

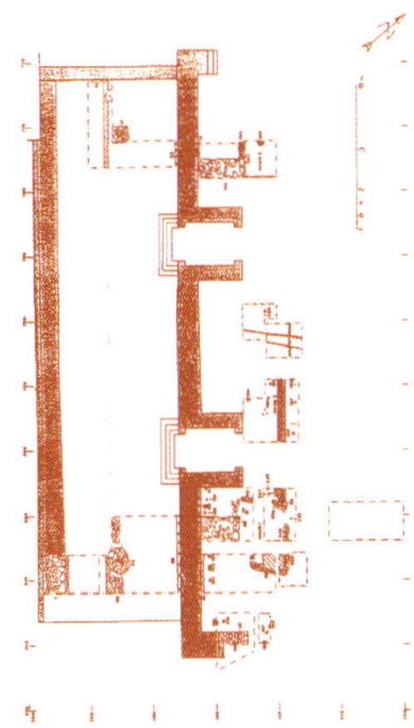

oben: Rekonstruktion der Mainfront nach Binding

Mitte: Grundriss nach den Grabungen 1996

unten: Ansicht

31. Seligenstadt

Prälatur der Benediktinerabtei

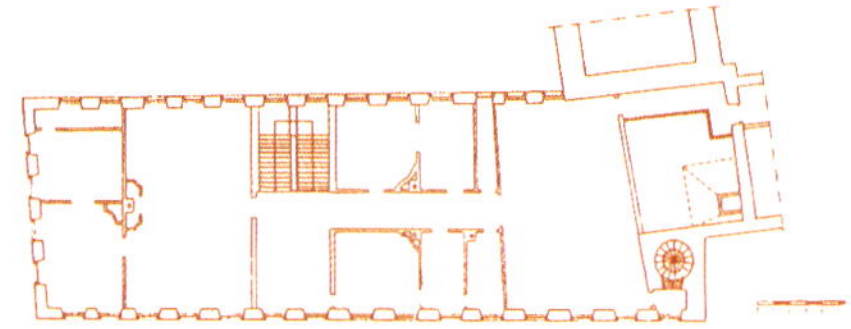

1699 Errichtung
1730 Einbau der Bibliothek
1741 Neuausstattung
1812–1939 Forstamt
1999–2007 Instandsetzung

Klosterhof 1
Feb., Nov., Dez.
Di.–So. 10–16 Uhr
März–Okt. Di.–So.
10–18 Uhr
Park tgl. bis Einbruch der Dunkelheit frei zugänglich
Tel.: 06182/22640
www.schloesser-hessen.de

oben: Grundriss 1. OG mit Kaiserappartement im linken Teil

unten: Ansicht

Die ehem. Benediktinerabtei Seligenstadt am Main wurde von Einhard, dem Berater Karls des Großen, 828 gegründet. Sie gelangte rasch zu großer Blüte und politischem Ansehen. Im 11. Jh. fanden in ihren Mauern Synoden und Hoftage statt. Seligenstadt war ein Reichskloster, bis Heinrich IV. die Abtei 1063 an den Mainzer Erzbischof übergab. Im Dreißigjährigen Krieg wurde sie arg gebeutelt. Ein allmählicher Aufschwung setzte erst wieder in den 1680er Jahren unter Abt Franziskus I. ein, der ein umfangreiches Bauprogramm einleitete. Das Kloster erhielt damals sein frühbarockes Gesicht.

Die Prälatur entstand an Stelle eines mittelalterlichen Vorgängers unter Abt Franziskus II. und sollte nicht nur dem Abt eine standesgemäße Wohnung bieten, sondern vor allem auch ein repräsentatives Absteigequartier für hohe Gäste, wobei man insbesondere an den Kaiser dachte. Tatsächlich kamen nur 1711 Karl VI. und 1792 Franz II. hier unter. Häufiger hingegen waren die Landesherren, die Mainzer Erzbischöfe, zu Besuch. Die Mainzer Erzbischöfe nutzten die Prälatur als Jagdschloss. Damit machten sie demonstrativ vom Jagdrecht Gebrauch, über das es u. a. seit dem Dreißigjährigen Krieg mit der Abtei zu Auseinandersetzungen gekommen war (vgl. Nr. 32).

1803 wurde die Abtei säkularisiert und fiel an die Landgrafschaft Hessen-Darmstadt. 1812 zog die großherzogliche Forstbehörde ein.

1999–2007 kam es zu einer durchgreifenden Instandsetzung und Restaurierung der Prälatur. Im 19. Jh. eingezogene Zwischenwände im Erdgeschoss wurden herausgenommen und die barocke Raumfolge der Abtswohnung wiederhergestellt. Auch das deutlich reicher gestaltete Kaiserappartement mit Stuckdecken und Alkoven restaurierte man dabei. Seither präsentieren sich die Räume in rekonstruiertem Zustand und vermitteln einen lebendigen Eindruck, wie es hier im 18. Jh. annähernd ausgesehen haben mag.

32. Seligenstadt, Klein-Welzheim

Wasserburg

11. Jh. evtl. Gründung
1705–08 Neubau

Privatbesitz, nur Außenbesichtigung www.regionalpark-rheinmain.de

In enger Verbindung mit Burgen und Schlössern stehen immer Herrschaftsrechte. Und so konnte der Neubau einer Burg dazu dienen, den Anspruch des Bauherrn auf bestimmte Rechte im wahrsten Sinne des Wortes zu untermauern. So verhält es sich auch mit der Wasserburg der Äbte von Seligenstadt. Ihre Ursprünge mögen bis ins 11. Jh. zurückreichen. Über ihre mittelalterliche Geschichte und Gestalt ist nur wenig bekannt. Die Burg befand sich im Besitz der Abtei Seligenstadt, und zu ihr gehörten auch eine Reihe von Besitzungen. Im Dreißigjährigen Krieg wurde die Anlage zerstört. Der Krieg hatte auch dem Kloster selbst großen Schaden zugefügt. So war es den Mainzer Erzbischöfen, unter deren Oberhoheit die Abtei seit 1063 stand, gelungen, ihre Ansprüche auf die umfangreichen Jagd- und Fischereirechte des Klosters im Gebiet von Klein-Welzheim geltend zu machen, denn als Landesherren standen ihnen diese Hoheitsrechte zu. Es kam zu jahrelangen Streitereien, wobei das Kloster auf eine Schenkungsurkunde aus dem Jahr 815 verweisen konnte, die ihm die besagten Rechte eingeräumt hatte. Abt Franziskus II. Blöcher, der seit 1695 die Geschicke der Abtei lenkte, versuchte die Besitzverhältnisse seines Klosters aus der Vorkriegszeit wiederherzustellen und unterstrich diese Absichten gegenüber seinem Landesherrn auch baulich. Er ließ die im Krieg verwüstete Wasserburg, ehemals Mittelpunkt der Klostergüter in Klein-Welzheim, 1705–08 völlig neu bauen. Vordergründig diente die Anlage, die am Rande eines ausgedehnten Lust- und Nutzgartens lag, als Lustschlösschen und Sommerfrische. Aber mit dem Bau eines befestigten Anwesens pochte der Abt eindeutig auf die alten verbrieften Rechte des Klosters in Klein-Welzheim gegenüber dem Kurfürsten. Mit zum Bau gehörte die Anlage umfangreicher Fischteiche, denn Blöcher bestand gegenüber Mainz auch auf dem Fischereirecht. Langfristig hatte die Politik der Abtei einen gewissen Erfolg: 1777 kam es zu einem Vertrag, in dem das Gebiet um die Wasserburg von der Jagd der Landesherrschaft ausgenommen wurde.

Die Burg erhebt sich inmitten eines Teiches am Schleifbach, der den Graben wie auch die Fischteiche im Nordwesten und Südwesten mit Wasser versorgt. Das zweigeschossige pavillonartige Gebäude wird von einem Mansarddach bekrönt und an den Kanten von rustizierten Wandvorlagen gefasst. Auf den Ecken des Pavillons saßen ursprünglich kleine Türmchen. Eine niedrige Mauer umgibt den Bau, deren vier Ecken kleine Rundtürme markieren. Diese „Befestigung" hatte eindeutig nur symbolischen Charakter. Am eindrucksvollsten stellt sich die bis heute funktionstüchtige **Zugbrücke** dar.

unten links: Ansicht

unten rechts: Zugbrücke

33. Kahl, Emmerichshofen
Schloss

1766 Bau

Privatbesitz, nur Außenbesichtigung

1748 kam das Kahler Reisig nach langen Streitereien endgültig an das Kurfürstentum Mainz. Auf Veranlassung des Kurfürsten Emmerich Joseph von Breidbach-Bürresheim wurden auf dem Gebiet 1766 drei Höfe errichtet und nach ihm die Emmerichshöfe benannt. Mit ihnen wurden die Freiherren von Bentzel-Sternau, von Deel und von Linden belehnt.
Das Schloss der Freiherren von Bentzel kam 1817 an die Freiherren Waitz von Eschen.

Schloss Emmerichshofen liegt am Ufer eines Sees, auf den die Gartenfront des Herrenhauses orientiert ist. Die spätbarocke Anlage gruppiert sich um drei Höfe, deren mittiger den Ehrenhof bildet. Auf seiner Südseite erhebt sich das zweigeschossige Herrenhaus mit hohem Mansarddach und siebenachsigem Mittelrisalit, der wiederum durch einen dreiachsigen Dachaufbau mit Giebel betont wird. Das Ganze bekrönt ein achteckiges Uhrtürmchen. In der seitlichen Verlängerung des Herrenhauses schlossen sich einst zwei niedrige Galeriebauten an, die sich als Arkadengänge zum Gartenparterre öffneten, das sich auf einer Terrasse über dem Seeufer erstreckte. Die West- und Ostseite des trapezförmigen Ehrenhofes nehmen eingeschossige Remisen ein, an die sich zu beiden Seiten je ein weiterer Hof anschließt, der von zweiflügeligen Stallungs- und Wirtschaftsbauten eingenommen wird. Den Hauptzugang flankieren zwei niedrige, an die Umfassungsmauer gelehnte Pavillons.
Emmerichshofen stellt in seiner geschlossen erhaltenen Anlage ein schönes Beispiel für ein ländliches Schloss des Adels im 18. Jh. dar. Die verhältnismäßig aufwändige Anlage sollte wohl auch als Jagdschloss für den Kurfürsten dienen.

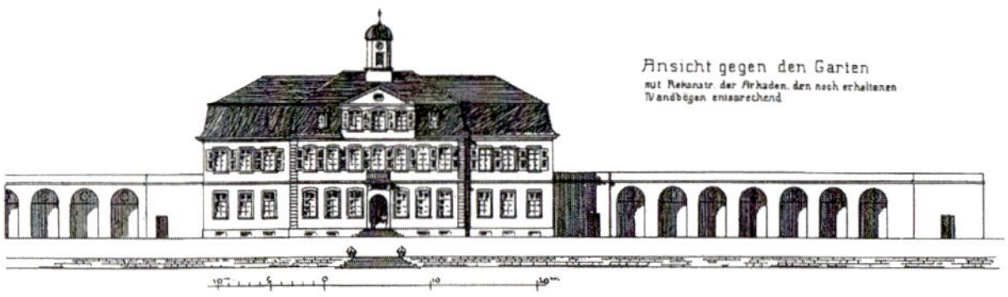

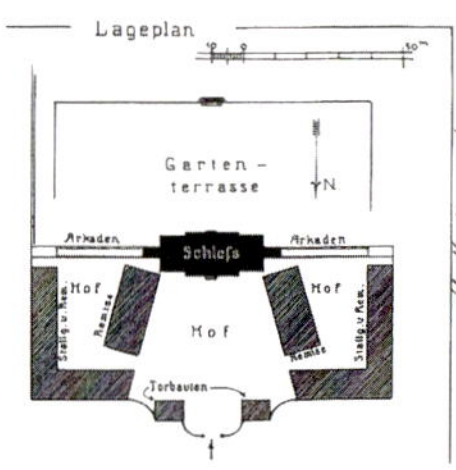

Ansicht, Grundriss und Vogelschau, aus Gröber/Karlinger 1916

unten: Corps de Logis, Hofansicht

34. Alzenau
Burg

Burg Alzenau diente als kurmainzischer Amtssitz, nachdem die Herrschaft über den Ort im Lauf des 14. Jh. an das Erzstift gekommen war. Die Anlage stellt eine verhältnismäßig späte Burggründung dar. 1399 wird sie erstmals urkundlich erwähnt, 1404 war sie wohl mit dem Bau der Wirtschaftsgebäude fertiggestellt. Die Stadt Frankfurt sah sich durch die neue Alzenauer Burg offenbar bedroht und beschwerte sich deshalb 1417 bei Kaiser Sigismund, allerdings ohne Erfolg. Unter Erzbischof Daniel Brendel von Homburg wurde die immer wieder verpfändete und verfallene Burg in der zweiten Hälfte des 16. Jh. in Stand gesetzt und der **Neue Bau** errichtet. 1803 kam Alzenau an Hessen-Darmstadt, 1816 fiel es an das Königreich Bayern.

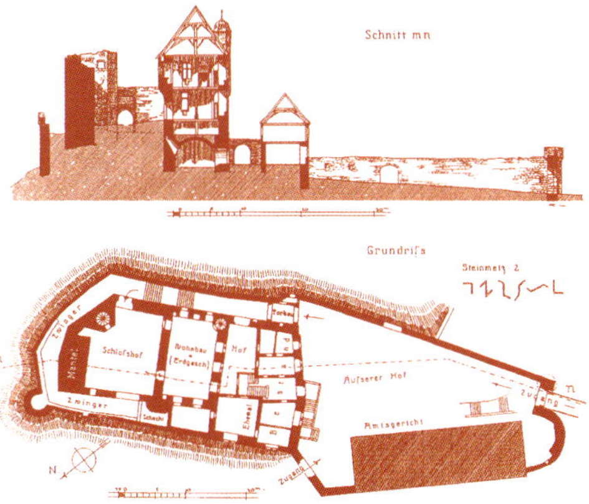

Die Burg erhebt sich auf einem Bergsporn nordöstlich des Marktes. Sie bildet eine langgestreckte Anlage um drei Höfe. Gegen Westen erstreckt sich die **Vorburg**. Ihr alter Zugang liegt an der Südwestspitze. Hier befindet sich ein rundbogiges Tor, das durch einen Erkeraufsatz auf einem Rundbogenfries gesichert wird. Es liegt im Schutz eines flankierenden Schalenturms. Die Toreinfahrt an der Nordostecke der Vorburg mit Rundbogenportal ist hingegen jüngeren Datums. Gegen die nördliche Ringmauer lehnt sich das im 19. Jh. errichtete neugotische **Amtsgericht**, während die Ostseite das im 18. Jh. unter Einbeziehung des alten Hauptburgzwingers errichtete **Amtshaus** einnimmt.

1399	*erstmals erwähnt*
16./17. Jh.	*Umbauten*
1974/75	*Restaurierung*

oben: Grundriss und Schnitt, aus Gröber/Karlinger 1916

unten: Ansicht von Süden

oben links: Ansicht von Norden

oben rechts: Torturm

unten: Kapellenerker

Ein **Torhaus** mit Fußgängerpforte an der Südwestecke der polygonalen **Hauptburg** lässt in deren südlichen Zwinger ein. Gleich links führt ein Durchgang aus dem 16. Jh., über dem das Wappen Daniel Brendels von Homburg zu sehen ist, in den Hof zwischen dem alten Wohnbau und dem Amtshaus. Weiter bergan leitet ein Tor auf der Südostseite der Kernburg in den oberen Burghof.

Die Hauptburg wird im Westen, Norden und Osten von einem Zwinger umgeben. Gegen Nordosten schützt eine kurze, 5 m starke und ca. 15 m hohe Schildmauer, deren Wehrgang in 12 m Höhe über einen Treppenturm erreichbar war, die Burg zur Hauptangriffsseite. Die Brustwehren sitzen auf einem umlaufenden Rundbogenfries, der auch die Wohnbauten und Türme umzieht und so der ganzen Anlage ein einheitliches Erscheinungsbild verleiht. In der Mitte der Hauptburg erhebt sich der rechteckige, dreigeschossige **Wohnbau** mit ehemals vier Ecktürmchen. Eines davon nimmt eine Wendeltreppe auf, welche die beiden oberen Geschosse miteinander verbindet. Im ersten und zweiten Obergeschoss befindet sich je ein großer Saal, der die ganze Fläche des Gebäudes einnimmt. Letzterer war wohl der eigentliche Repräsentationsraum der Burg und verfügt nicht nur über einen offenen Kamin, sondern auch einen zierlichen, rippengewölbten **Kapellenerker** auf der Ostseite. Mit seinen Spitzbogenfensterchen gleicht er dem etwas älteren am Palas der Ronneburg (Nr. 75). Die Fensternischen sind mit Sitzbänken ausgestattet und zeigen bei der Restaurierung der Burg 1974/75 freigelegte Reste von Wandmalereien.

Vorburg frei zugänglich, Führungen auf Anfrage
Tel.: 06023/502-112
www.alzenau.de

35. Aschaffenburg
Schloss Johannisburg

Schloss Johannisburg gilt als eines der bedeutendsten Renaissanceschlösser Deutschlands. Der monumentale Bau stellt das vollkommene Ideal eines renaissancezeitlichen, vierflügeligen Fürstensitzes dar.

Aschaffenburg spielte seit dem 13. Jh. für die Erzbischöfe von Mainz eine zentrale Rolle. Es war bis 1803 einer ihrer bevorzugten Aufenthaltsorte. Eine Burg ist hier schon für das Jahr 1122 bezeugt. Diese ist wohl im Bereich des Stiftes St. Peter und Alexander zu suchen. An Stelle des heutigen Schlosses, günstig auf einem Sporn über dem Main gelegen, entstand wohl erst unter Siegfried II. von Eppstein zu Beginn des 13. Jh. eine Burg, die bald als einer der erzbischöflichen Hauptsitze diente. Unter Heinrich III. von Virneburg wurde 1337 der bis heute erhaltene **Bergfried** errichtet. Dieser erhielt wohl um 1450 seine vier Ecktürmchen. 1509–15 arbeitete der Maler Matthias Grünewald als Werkmeister und Wasserkunstmacher am Schloss. Es war, das ergaben Grabungen, etwas kleiner als die heutige Anlage. Ausgedehnte Zwinger umzogen die Burg. Die im 15. Jh. erneuerte Befestigung verhinderte allerdings nicht, dass die Truppen des Markgrafen Albrecht Alcibiades im Markgrafenkrieg 1552 das Schloss erstürmten und in Brand steckten. 1567–73 erfolgten Wiederherstellungsmaßnahmen. Schließlich kam es unter Johann Schweikard von Cronberg 1605–1618 zum Abbruch und kompletten Neubau, in den der alte Bergfried einbezogen wur-

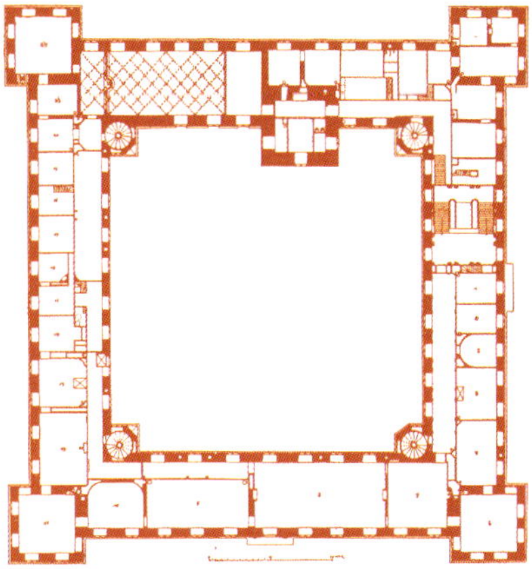

Anf. 13. Jh.	*Gründung*
1552	*Zerstörung*
1605–18	*Neubau*
1774–84	*Umbau*
1843–50	*Pompejanum*
1944/45	*Zerstörung*
1954–64	*Wiederaufbau*

Schlossplatz 4
April–Sept. Di.–So. 9–18 Uhr,
Okt.–März 10–16 Uhr
Pompejanum:
April–Mitte Okt.
Di.–So. 9–18 Uhr
Tel.: 06021/38657-0
www.schloesser.bayern.de

oben: Grundriss der Beletage vor 1944/45, aus Mader 1918

unten: Ansicht der Mainfront

oben: Ansicht vor der Zerstörung 1552 nach Veit Hirschvogel, aus Mader 1918

Mitte: Ansicht mit Frühstückspavillon

unten: Südwestlicher Eckturm

de. Die Pläne entwarf Georg Ridinger. Die Ausstattungsarbeiten zogen sich noch bis 1618 hin. Es entstand eine kastellförmige Anlage, die alle Bauten der näheren und weiteren Region in den Schatten stellte. Sie zeugte vom Ruhm und Rang des Mainzer Erzbischofs als dem vornehmsten aller Kurfürsten, und es ist kein Wunder, dass der Architekt Ridinger den Neubau 1616 eigens in einem aufwändigen Kupferstichwerk publizierte und so zur Vermehrung des kurfürstlichen Ansehens beitrug.

Die Kastellform des Baues war allerdings nicht neu, sondern stellte vielmehr eine Idealform des Renaissanceschlosses dar, wie sie auch in Architekturtraktaten des 16. Jh. verbreitet wurde. In Süddeutschland existierten bereits zahlreiche Anlagen dieser Art. Der Würzburger Fürstbischof Julius Echter hatte z. B. 1604 ein ähnliches Schloss eingeweiht, nämlich den Um- und Ausbau seiner Residenz Marienberg. Ganz offensichtlich wollte Johann Schweickard als Erzbischof den ihm rangmäßig untergeordneten Würzburger Bischof übertrumpfen, was ihm auch gelang.

Unter Kurfürst Friedrich Carl von Erthal kam es 1774–84 zu weitreichenden Umbauten nach Plänen Emanuel Joseph d'Herigoyens, die vor allem das Innere betrafen.

Mit dem Ende des Kurstaates 1803 wurde für den letzten Kurfürsten Carl Theodor von Dalberg ein neues Amt geschaffen, das des Kurfürst-Erzkanzlers. Seit 1806 war er Fürstprimas des Deutschen Bundes und 1810–14 Großherzog von Frankfurt. Mit dem Wiener Kongress wurde das Großherzogtum aufgelöst, Aschaffenburg kam an Bayern. Die Johannisburg diente nun als Sommersitz des Kronprinzen Ludwig (I). Er hat sich gerne im „bayerischen Nizza" aufgehalten. 1843–50 ließ er im Schlosspark nach Plänen Friedrich von Gärtners das **Pompejanum** errichten, der erste Versuch einer musealen Rekonstruktion einer römischen Villa nach dem Vorbild des Hauses des Castor und Pollux in Pompeji.

1944/45 zerstörten Luftangriffe das Schloss fast vollständig. Der Wiederaufbau setzte 1954 ein, und 1964 konnte das Schlossmuseum wiedereröffnet werden.

Das Schloss baut sich äußerst eindrucksvoll über dem Main auf. Eine mächtige **Terrassenmauer** präsentiert es auf hohem Sockel. Es bildet eine nahezu quadratische Anlage, deren vier Flügel sich mit drei Geschossen über einem geböschten Souterrain erheben. Diese Böschung und ein umlaufender Kordongesims erinnern an Festungsarchitektur. Auch war das Schloss auf der Stadtseite nur über eine Zugbrücke erreichbar. Ein zweites **Tor auf der Ostseite** wurde sogar aus einer Kasematte durch eine kunstvoll gestaltete Maulscharte verteidigt. Hinter dem Schloss errichtete man eine etwas erhöhte Terrasse, die als Geschützplattform an der Hauptangriffsseite fungieren sollte. Hier war aber wohl weniger Verteidigungsabsicht als vielmehr

landesherrliche Selbstdarstellung im Spiel. Die **Fassaden** aller vier Schlossflügel sind auf den Außen- wie Innenseiten gleich behandelt. Umlaufende Gebälke trennen die einzelnen Geschosse voneinander und verleihen dem Bau einen gravitätischen Charakter. Im Kontrast hierzu stehen die vier **Ecktürme**, die mit einem achteckigen Aufbau, welschen Hauben und Laternen abschließen. Alle vier tragen einen über dem sechsten Geschoss auf Konsolen auskragenden Umgang.
Den Ecktürmen entsprechen in den Zwickeln des **Hofes** vier Treppentürme. Einst zierten ihn auch Laubengänge, von denen sich einer über die ganze Länge des mainseitigen Flügels erstreckte, der andere nur die Ecke zwischen Bergfried und nordöstlichem Treppenturm einnahm. Blickfang ist neben dem Bergfried das Portal der **Kapelle**, das 1618 von Hans Juncker geschaffen wurde. Sie stellt den einzigen Raum des Schlosses dar, der noch etwas von der Pracht der Ausstattung unter Johann Schweickard erahnen lässt. Nordwestlich des Schlosses erstrecken sich die **Gärten**, die über den 1782 errichteten **Kapuzinergang** erreichbar sind. Sie entstanden ab dem späten 18. Jh. Der frühklassizistische **Frühstückstempel** oberhalb des Mains wurde 1782 für Friedrich Carl von Erthal nach Entwurf Joseph Emanuel d'Herigoyens errichtet. Am nordwestlichen Ende der Anlagen erhebt sich auf einem 1848 angelegten Weinberg über dem Main das **Pompejanum**, das nicht nur römisches Leben in der Antike veranschaulichen, sondern auch als Staffage in der mediterran anmutenden Landschaft des bayerischen Nizza dienen sollte. Es stellt daher auch keine direkte Kopie eines römischen Stadthauses dar, vielmehr ist es eine Schöpfung aus dem romantischen Geist der Zeit und der Italiensehnsucht Ludwigs I. Ein Belvedere, das sog. „Königszimmer" ermöglichte den Ausblick auf das Maintal. Von hier genießt man bis heute einen malerischen Blick auf den Main und das Schloss.

oben: Giebel

oben links: Pompejanum

unten: Maulscharte

unten links: Südwestliche Wendeltreppe, aus Mader 1918

36. Aschaffenburg

Schönborner Hof

1676–81 Errichtung
1945 Zerstörungen
1976–81 Sanierung

Stadtarchiv, Naturwissenschaftliches Museum
Wermbachstr. 15
Do.–Di. 9–12 u. 13–16 Uhr
Tel. 06021/45610523
www.aschaffenburg.de, www.museen-aschaffenburg.de

Die Familie von Schönborn, die aus dem Mittelrheingebiet stammte, bekleidete im 17. Jh. wichtige Ämter am kurmainzischen Hof, und schließlich brachten es gleich mehrere ihrer Mitglieder zu höchsten Ehren, u. a. auf den Erzbischofsstuhl. Melchior Friedrich Graf von Schönborn diente dem Kurstaat u. a. als Gesandter und vertrat diesen zu diversen diplomatischen Anlässen. Seit 1672 übte er das Amt des Vizedoms, des erzbischöflichen Stellvertreters in Aschaffenburg aus. Da der bisherige Wohnsitz der Vizedome offenbar zu wenig repräsentativ war, ließ Melchior Friedrich nach Ankauf mehrerer Gebäude ab 1676 einen großzügigen frühbarocken Palast errichten, der seinem Stand, seiner Familie und seinem Amt würdig war. Die Pläne zu dem 1681 vollendeten Palais lieferte der Kapuzinermönch Matthias von Saarburg, der damals mit dem Fortbau der Mainzer Residenz betraut war (Nr. 8). Im Zweiten Weltkrieg wurde das Palais teilweise zerstört, der betroffene Nordflügel später fast vollständig abgetragen und neu aufgebaut. Schon 1957/58 brach man den baufälligen Mittelflügel ab und führte ihn ebenfalls völlig neu auf, dasselbe Schicksal erlitt bei der letzten Instandsetzung der Südflügel. Damit stellt der Palast, mit Ausnahme der beiden Türme an der Wermbachstraße und der Hofgalerie einen fast vollständigen Neubau des 20. Jh. dar, der teilweise auch die einstige Fenstergliederung veränderte. Trotzdem vermittelt der Bau immer noch den Eindruck eines barocken Stadtpalais.

Der Schönborner Hof bildet eine Dreiflügelanlage, deren Straßenseite durch eine eingeschossige Galerie zwischen zwei Türmen mit welschen Hauben und Laternen abgeschlossen wird. Sie schwingt in der Mitte leicht ein und öffnet sich hier mit einem großen und repräsentativen Rustikaportal. Der abschließende bogenförmige Giebel zeigt das Wappen Melchior Friedrichs und seiner Gemahlin Maria Sophia Freiin von Boineburg.

Die Architektur der Außen- und Hoffassaden ist sehr schlicht und entspricht so den zeittypischen Tendenzen. Akzente setzen nur die Portale am Mittelflügel mit Segmentbogengiebeln und ionischen Viertelsäulen. Im Erdgeschoss des Südturms befindet sich die Kapelle, der letzte original erhaltene Raum mit barockem Deckenstuck.

Die Konzeption als zweigeschossige Dreiflügelanlage, die zur Straße durch eine Galerie abgeschlossen wird, ist für den deutschen Palastbau dieser Zeit eher ungewöhnlich. Offenbar gaben hier französische Stadtpalais, wie sie im 17. Jh. in Paris entstanden, die Anregung. Damit würde der Schönborner Hof eine der frühesten Rezeptionen französischer Palastbaukunst im alten Reich darstellen.

oben: Portal zum Mittelbau

unten: Ansicht

unten links: Galerie und Eckturm

37. Aschaffenburg

Park Schönbusch mit Kurfürstlichem Pavillon

Westlich von Aschaffenburg liegt in einer Mainschleife der Schönbusch. Die Kurfürsten von Mainz besaßen hier 1731 einen Tiergarten, der damals ein barockes Jägerhäuschen erhielt. Kurfürst Friedrich Carl Joseph von Erthal ließ ab 1776 damit beginnen, dieses sog. „Nilkheimer Wäldchen" in einen Landschaftspark umzugestalten, der bald den programmatischen Namen „Schönbusch" erhielt. Es entstand so, etwa zeitgleich mit den Anlagen von Wilhelmsbad (Nr. 28), einer der frühesten Landschaftsgärten im Rhein-Main-Gebiet, der bis heute weitgehend im ursprünglichen Zustand erhalten geblieben ist. Angeregt hierzu wurde der Kurfürst von seinem 1775 ernannten ersten Staatsminister Wilhelm Friedrich von Sickingen, der weit gereist war und englische Landschaftsgärten kannte. Als Kavalierarchitekt plante er nun nicht nur die Anlagen des Schönbuschs, sondern auch die Gärten um das Schloss Johannisburg (Nr. 35). Nicht allein seine Kenntnisse englischer Gärten, sondern auch zeitgenössische Ansichten solcher Anlagen, so des damals schon berühmten Wörlitzer Parks, beeinflussten die Gestaltung im Schönbusch. Als technischer Leiter der umfangreichen Arbeiten wurde Emanuel Joseph d'Herigoyen herangezogen, der gleichzeitig mit dem Umbau der Johannisburg betraut war. Er entwarf sämtliche Parkarchitekturen.

1783 erscheint dann erstmals der berühmte Gartenarchitekt Friedrich Ludwig (von) Sckell, der damals noch in Schwetzingen beschäftigt war, auf der Bildfläche. Anfänglich war er wohl nur beratend tätig, ab spätestens 1785 aber auch planend, nachdem der allmächtige Staatsminister und Ideengeber auf Grund eines Skandals entlassen worden war. So geht z. B. die Anlage des weiten **Wiesentales** auf Sckell zurück. Die neu geschaffenen Gartenanlagen waren übrigens der Bevölkerung zugänglich. Das war ganz im Sinne der Aufklärungszeit, die den Bürger über den Genuss des Schönen bilden wollte. Damit es zu keinen Ausschweifungen und Exzessen im kurfürstlichen Park kam, wurde für die Besucher allerdings eine Gartenordnung erlassen und eine eigene Parkwache aufgestellt. Innerhalb des weitläufigen Areals entstanden bis 1793 zahlreiche **Staffagebauten**. Sie sollten verschiedene Stimmungen hervorrufen und als pittoreske Blickfänge dienen. Immer wieder eröffnen sich neue Perspektiven, die wie

1776–93 Landschaftsgarten
1778–88 Kurfürstlicher Pavillon
1981–91 Instandsetzung

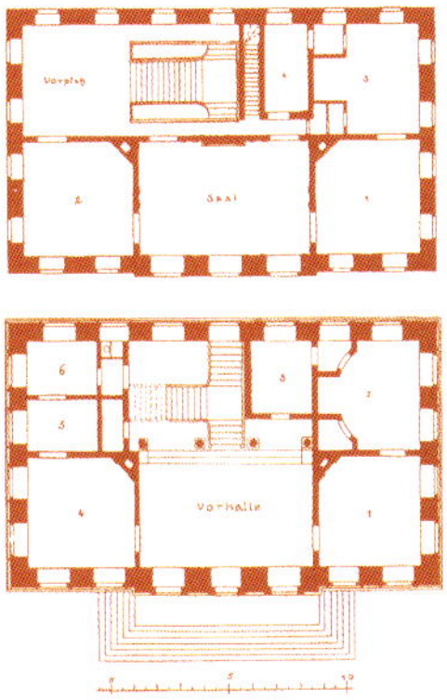

oben: Kurfürstlicher Pavillon, Grundrisse des EG und 1. OG, aus Mader 1918

unten: Ansicht des Kurfürstlichen Pavillons

Speisesaal

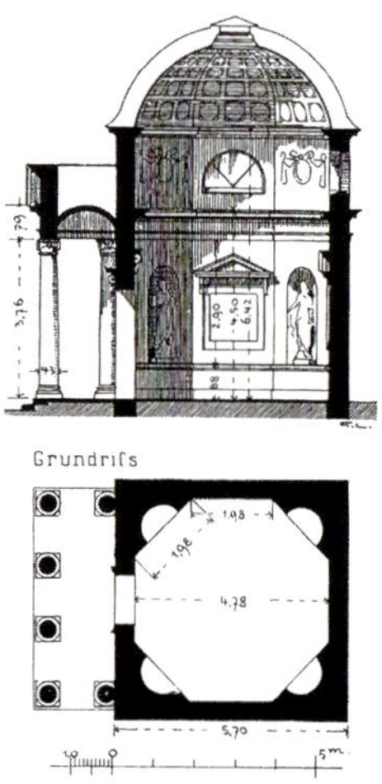

oben: Freundschaftstempel, Grundriss und Schnitt, aus Mader 1918

Kleine Schönbuschallee 1
Park frei zugänglich
Schloss: April–Sept. Di.–So. 9–18 Uhr
Besucherzentrum: April–Sept. Sa., So. u. Feiertag 11–18 Uhr
Tel.: 06021/38657-0
www.schloesser.bayern.de

rechts: Speisesaal, Grundriss und Schnitt aus Mader 1918

Landschaftsgemälde arrangiert sind und ganz unter malerischen Aspekten komponiert wurden. Typisch für die Gärten der Aufklärungszeit sind der 1786–89 errichtete **Freundschaftstempel** und das 1785–87 erbaute **Philosophenhaus** mit Büsten griechischer Philosophen, die zu Betrachtungen über Freundschaft, wahre Liebe und die Philosophie einluden. Ein **Speisesaal** (1787–89) ermöglichte dem Hof inmitten des Parks Tafel zu halten, ein **Dörfchen** zeugt von der Sehnsucht nach dem Rousseau'schen Naturideal und der Einfachheit des Landlebens, ein Idyll, das sich die Hofgesellschaft ausmalte, aber mit der harten Realität bäuerlichen Alltages im 18. Jh. wenig zu tun hatte. Vorbildhaft wirkte hier das berühmte Dörfchen Königin Marie Antoinettes im Park von Versailles.

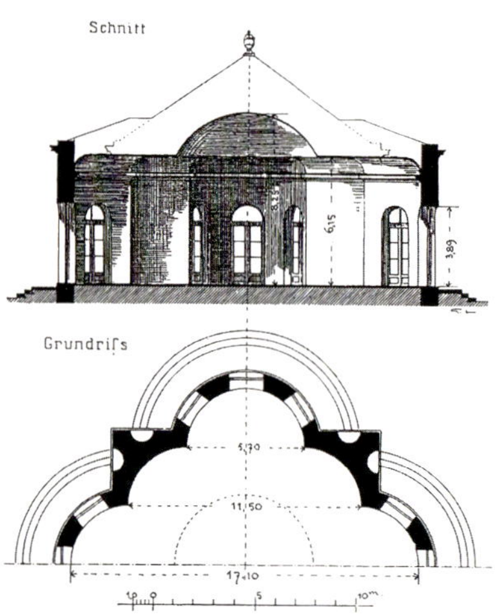

Herigoyen plante auch den **Kurfürstlichen Pavillon**, der den Mittelpunkt des Parks bildet und dem Erzbischof als Lustschloss diente. Der zurückhaltende, aber noble Bau in Louis-seize-Formen lag ursprünglich zwischen zwei Seen, von denen heute nur noch der Untere See in seiner ursprünglichen Ausdehnung erhalten ist.

Der Pavillon stand 1779 im Rohbau, allerdings zog sich seine Ausstattung noch bis 1787/88 hin. Er umfasst zwei Vollgeschosse und ein Mezzanin. Die beiden Schaufronten werden durch nur leicht vortretende dreiachsige Risalite betont. Eine Attikabalustrade mit Vasenaufsätzen schließt das Lustschloss ab, über dessen Hauptfassade ein Medaillon mit den Initialen des Bauherrn und dem Kurhut sitzt. Der Pavillon öffnet sich mit großen Flügeltüren auf der Vorder- und Rückseite zum Garten. Sein Inneres zeigt bis heute die ursprüngliche Ausstattung und Einrichtung der Louis-seize-Zeit und zeugt so von der höfischen Wohnkultur am Ende des 18. Jh. Herigoyen entwarf teilweise auch die Möbel, so dass ein vollkommenes Gesamtkunstwerk entstand. Über ein Vestibül, an das links und rechts Zimmer und Kabinette anschließen, gelangt man ins Treppenhaus, das zur Wohnung des Kurfürsten in der Beletage führt. Sie umfasste ein Vorzimmer, den Saal, einen Salon und das Schlafzimmer. Ein besonderer Effekt ist beim Eintritt in den *Saal* bemerkbar, in dessen Wände in noch barocker Tradition mehrere Spiegel eingelassen sind. Im Spiegel über dem Kamin ist wie auf einem Landschaftsgemälde Schloss Johannisburg zu erkennen, das über eine Sichtachse mit dem Schönbusch verbunden ist. So wurde das Residenzschloss des Kurfürsten als Zeichen seiner Herrschaft in seinem Lustschloss sichtbar.

1814 gelangte der Schönbusch an das Königreich Bayern. Er wurde vom Kronprinzen Ludwig bei Aufenthalten in Aschaffenburg genutzt und diente bis 1918 als Königlicher Hofgarten. Heute wird die Anlage von der Bayerischen Verwaltung der staatlichen Schlösser, Gärten und Seen betreut.

V. AM UND IM TAUNUS

Miniaturresidenzen und Burgruinen

Südöstlich von Frankfurt erstrecken sich die Höhenzüge des Taunus, der einen Teil des mittelrheinischen Schiefergebirges bildet. Für die Rhein-Main-Region stellt er heute ein beliebtes Ausflugsziel und Naherholungsgebiet dar. Seinen Namen erhielt er allerdings erst im 19. Jh., als man den bei Tacitus erwähnten *mons Taunus* irrtümlich für die antike Bezeichnung des Mittelgebirges hielt und auf dieses übertrug. Ursprünglich war damit wohl das römische Kastell Friedberg (Nr. 59) gemeint. Bisher hatte das Bergland einfach „die Höhe“ geheißen, weshalb noch heute Städte wie Bad Homburg den Zusatz „vor der Höhe“ tragen.

Der Taunushauptkamm wirkte einst wie ein großer Riegel gegen die Oberrhein- und Mainebene, der die wichtigen Verkehrswege in die Wetterau umleitete. Allerdings führten einzelne Routen schon in frühgeschichtlicher Zeit durch das Bergland, und nicht umsonst errichteten die Römer am Saalburgpass ein Kastell, um diesen wichtigen Übergang von der Mainebene in den Hintertaunus, der direkt am Limes lag, zu kontrollieren.

Ins Licht der Geschichte tritt der Taunus seit dem 8. Jh. In zahlreichen Rodungsinseln wurde er bis zum 14. Jh. besiedelt und urbar gemacht. Burgen finden sich vor allem an seinen Rändern, gegen den Rhein, aber auch gegen die Mainebene und die Wetterau hin. Hier ließen sich die Wege in und durch den Taunus gut kontrollieren. Der südliche und westliche Taunusrand geriet daher schon im Hochmittelalter in den Mittelpunkt königlichen Interesses. Nach dem Aussterben der mächtigen Grafen von Nürings um 1170 wurde der Taunusrand von Friedrich I. Barbarossa in den Ausbau des Reichslandes Wetterau einbezogen. Dem diente die Anlage von Reichsburgen, so Kronberg und Königstein. Die Staufer versuchten dabei besonders, den Einflussbereich des Erzstiftes Mainz zurückzudrängen.

Im Spätmittelalter war der südliche Taunus ähnlich wie die Wetterau durch kleinräumige politische Gebilde geprägt. Der Hintertaunus befand sich zwar weitgehend in der Hand der Grafen von Nassau, allerdings herrschten sie bald über ein völlig zersplittertes Gebiet, denn mit jeder Erbteilung entstanden auch neue nassauische Grafschaften, oft winzige Ländchen mit einer eigenen Residenz wie z. B. Idstein (Nr. 48). Erst ab dem 18. Jh. kam es wieder zu einer zunehmenden politischen Vereinheitlichung, nachdem

Königstein, Kernburg

Nassau-Idstein im Erbgang an Nassau-Usingen gelangt war. 1744 verlegte allerdings Fürst Karl von Nassau-Usingen seine Residenz aus dem zentral im Taunus gelegenen Städtchen nach Biebrich bei Wiesbaden (Nr. 3). Das Schloss in Usingen selbst ging 1873 durch Brand zugrunde. Der an seiner Stelle errichtete Schulbau griff aber mit der Dreiflügelform den Vorgänger auf, und auch Reste der von Maximilian von Welsch im 18. Jh. konzipierten Gartenanlagen lassen sich noch ablesen.

Am südlichen und östlichen Rand des Taunus saßen gleich mehrere mächtige Dynastenfamilien, so die Grafen von Eppstein, die Herren von Falkenstein, Kronberg und von Reifenberg. Die Herren von Falkenstein kontrollierten seit 1255 den Taunushauptübergang bei Königstein, wo die Straße von Frankfurt nach Köln das Gebirge quert, und bis ins 15. Jh. war mit dem Reichslehen Königstein wohl auch das Geleitrecht über diesen Pass verbunden. Diese Straße war umso bedeutender, als in Zusammenhang mit den Königswahlen in Frankfurt seit dem 13. Jh. zahlreiche Fürsten und Gesandte vom Wahlort Frankfurt über diesen Weg zur Krönung nach Aachen zogen.

Seit dem späten 11. Jh. entwickelten sich im Westen des Taunus die Grafen von Katzenelnbogen, u. a. als Lehensleute des Erzstiftes Mainz, zu einer wichtigen politischen Kraft im Mittelrheingebiet, die mit Hohenstein (Nr. 49) im 12. Jh. eine ihrer großen und wichtigen Burgen in der Region errichteten. Mit ihrem Aussterben 1479 fiel dieses Gebiet im Erbgang an die Landgrafschaft Hessen.

Das Erzstift Mainz war im Taunus prominent vertreten und sicherte sich noch im 16. und 17. Jh. mit einer offensiven Burgen- und Territorialpolitik wichtige Teile des südlichen Berglandes, insbesondere um Königstein und Reifenberg.

Als hessen-darmstädtische Sekundogenitur entstand 1622 die winzige Landgrafschaft Hessen-Homburg am Südostrand des Taunus, die gerade einmal die Stadt Homburg und einige wenige zugehörige Dörfer umfasste. Landgraf Ludwig V. hatte sie für seinen jüngeren Bruder Friedrich I. eingerichtet. Allerdings blieb Hessen-Homburg von Hessen-Darmstadt abhängig, was in der Folge immer wieder zu Streitigkeiten um Hoheitsrechte führte. So maßte sich Landgraf Friedrich II. die Kirchen- und Militärhoheit in Hessen-Homburg an und versuchte seine winzige Landgrafschaft von Darmstadt ganz unabhängig zu machen. Doch erst in einem Hausvertrag mit der darmstädtischen Verwandtschaft in den 1770er Jahren gelang es den Landgrafen von Hessen-Homburg souverän zu werden. Schon 1806 wurden sie bei der napoleonischen Umgestaltung Deutschlands durch das neu gebildete Großherzogtum Hessen und bei Rhein wieder mediatisiert, weil sich Landgraf Friedrich V. nicht auf Napoleons Seite geschlagen hatte. Erst 1815 konnte Hessen-Homburg mit preußischer Unterstützung auf dem Wiener Kongress endgültig seine Souveränität als einer der kleinsten Staaten des Deutschen Bundes erlangen. Hierbei behilflich war die Ehe der Prinzessin Marianne mit dem Bruder des preußischen Königs und die Beteiligung aller homburgischen Prinzen an den Befreiungskriegen gegen Napoleon 1813/14.

Die Landgrafen von Hessen-Homburg, die über keine große wirtschaftliche Basis verfügten, waren wie viele kleine Herren oder nachgeborene Prinzen aus großen Häusern gezwungen, in die Militärdienste auswärtiger Großmächte zu treten. Friedrich II. z. B. stand erst in schwedischen, später in kurbrandenburgischen Diensten. Und die Söhne des Landgrafen Friedrich V. dienten allesamt als hohe Offiziere in den Armeen Österreichs oder Preußens. Dabei konnte die Dynastie militärischen Ruhm erwerben, der bis ins 19. Jh. als wesentliches symbolisches Kapital einer Herrscherfamilie bzw. eines Adeligen galt.

Nach dem Aussterben der Linie Hessen-Homburg fiel der Kleinstaat 1866 im Erbgang an das Großherzogtum.

Das übrige Taunusgebiet gehörte seit den großen territorialen Umgestaltungen 1806–16 zum neu entstandenen Herzogtum Nassau. Dieses wurde 1866 im Deutsch-Deutschen Krieg von Preußen annektiert und bildete bis 1945 die preußische Provinz Hessen-Nassau. Zu ihr gehörte auch das einstige Hessen-Homburg, das noch 1866 durch das Großherzogtum Hessen an Preußen abgetreten werden musste. In der Folge erlebte die Region einen gewissen Aufschwung, denn in den berühmten Kurbädern des Taunus, besonders in Bad Homburg, aber auch in Wiesbaden, gab sich die feine Gesellschaft Europas ihr Stelldichein, schon um den deutschen Kaisern nahe zu sein, die sich häufig und gerne in Homburg aufhielten. Hohe und höchste Herrschaften und zahlreiche gekrönte Häupter weilten in der dortigen Friedrichsburg anlässlich von Kaisermanövern und Fürstentreffen zu Gast bei den Kaisern Wilhelm I. und Wilhelm II. Selbst der siamesische König Chulalongkorn kurte in Bad Homburg und wurde dabei auch von Wilhelm II. empfangen. Der imperiale Glanz erlosch mit Ausbruch des Ersten Weltkrieges 1914. Wilhelm II. hat sich noch im Sommer 1918 ein letztes Mal im Homburger Schloss Friedrichsburg aufgehalten. Wenig später stürzte die Monarchie und es entstand die erste deutsche Republik.

38. Bad Homburg v. d. Höhe

Residenzschloss Friedrichsburg

Die Friedrichsburg in Bad Homburg stellt den ambitioniertesten und umfassendsten Residenzbau in Hessen nach dem Dreißigjährigen Krieg dar. Landgraf Friedrich II. von Hessen-Homburg ließ durch den Baumeister und Ingenieur Paul Andrich den Bau unter Einbeziehung von Teilen des Vorgängers 1678–86 errichten. Die Ursprünge des Schlosses reichen bis ins 12. Jh. zurück. Die erste Burg bestand, wie Grabungen 1962 ergaben, aus einem Holzturm von 7 x 7 m im Quadrat. Diese Turmburg war seit 1180/90 im Besitz der Grafen von Eppstein. Nach einem Brand im 13. Jh. wurde der Turm etwas vergrößert wiederaufgebaut. Erst im dritten Viertel des 14. Jh. entstand an seiner Stelle eine steinerne Burg, deren Mittelpunkt der Weiße Turm bildete. 1504 gelangte sie an die Landgrafschaft Hessen. Ludwig V. von Hessen-Darmstadt richtete hier 1622 eine Sekundogenitur für seinen Bruder Friedrich I. ein. Der Landgraf von Hessen-Homburg verfügte über nur sehr eingeschränkte Hoheitsrechte. Hiervon suchte sich Friedrich II. zu emanzipieren. Äußerer Ausdruck dieser Bestrebungen wurde der großzügige Neubau seines Schlosses, das demonstrativ den Namen Friedrichsburg erhielt. Der Bau blieb aber unvollendet.

Eine umfassende Erneuerung fand nach der Eheschließung Landgraf Friedrichs VI. Joseph mit der englischen Königstochter Elizabeth 1818 statt. Sie finanzierte die Modernisierung, die ab 1826 mit der Einrichtung eines neuen Appartements für sie und ihren Gemahl nach Plänen Georg Mollers im West- und im Uhrturmflügel begann.

1866 starben die Landgrafen von Hessen-Homburg aus, die Landgrafschaft fiel an Hessen-Darmstadt, das sie nur wenige Monate später an Preußen abtreten musste. Nun avancierte die Friedrichsburg zum Sommersitz der königlichen bzw. kaiserlichen Familie. Besonders Wilhelm II. liebte die Kurstadt und ihr Schloss und verbrachte seit 1898 fast jeden Sommer hier, zuletzt 1918.

Das Schloss erhebt sich am höchsten Punkt der Stadt und gruppiert sich mit sechs Flügeln um zwei Höfe. Die Ecken des Unterschlosses markieren zweigeschossige Pavillons mit Zeltdächern. In der Mitte der Stadtfassade erhebt sich der Uhrturm, zugleich Glockenturm der **Schloss- und Stadtpfarrkirche**. Sie birgt die **Gruft** der Landgrafen. Martialisch gibt sich das Portal des Uhrturms, dessen Durchfahrt von Pilastern dorischer Ordnung gerahmt wird. Sie sind mit kräftigem Beschlagwerk verziert. Drohend blecken Monsterfratzen und Löwenhäupter ihre Zungen. Die noch manieristische Gestaltung erinnert an Festungsportale. Auf dem abschließenden Giebel steht Herkules, der Tugendheld, Sinnbild tatkräftiger und tugendsamer fürstlicher Herrschaft. Jeder, der die Friedrichsburg betrat, konnte sehen, dass er das Haus eines lebenden Helden betrat, denn Friedrich II. hatte sich besonders im Dienste Kurbrandenburgs in der Schlacht bei Fehrbellin 1675 militärischen Ruhm erworben, dem später Heinrich von Kleist in seinem berühmten Drama „Der Prinz von Homburg" ein Denkmal gesetzt hat.

Die Hofseite des **Hirschgangflügels** schmückt ein weiteres Prunkportal mit gedrehten Säulen. Über ihm sitzt, umgeben von Trophäen, im vollen Harnisch hoch zu Ross der Bauherr. Friedrich II. inszenierte sich hier als Feldherr. Die Bildhauerarbeit schuf der Aschaffenburger Zacharias Juncker d. J. Gleich gegenüber fällt der Blick auf den **Archivflügel**, über dessen Portal die Büste des Landgrafen steht, geschaffen von dem Berliner Bildhauer Andreas Schlüter.

Im Hof erhebt sich der **Weiße Turm**, der aus dem 3. Viertel des 14. Jh. stammt.

2. H. 12. Jh.	*Gründung*
14. Jh.	*Ausbau in Stein*
1678–86	*Neubau*
1826–36	*Umbau*
1866–1918	*Preußische Sommerresidenz*

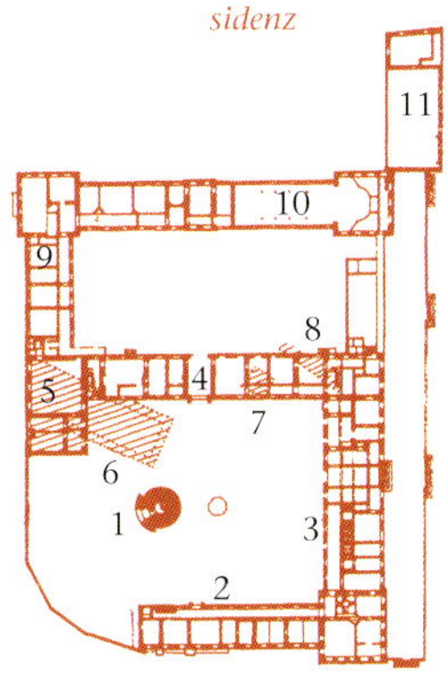

Grundriss um 1900
1 Weißer Turm
2 Archivbau
3 Königsflügel
4 Hirschgangflügel
5 Bibliotheksflügel
6 Sog. Baukeller (Keller eines ehem. Wohnbaus)
7 Hölzerner Wohnturm
8 Ehem. Burggraben
9 Englischer Flügel
10 Ehem. Schloss- u. Stadtpfarrkirche
11 Marstall

Die Hohenburg im 17. Jh. nach Merian

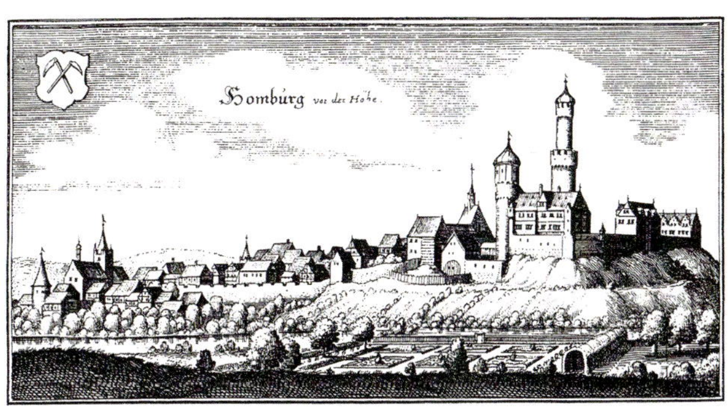

oben: Königsflügel, Gartenfassade

oben rechts: Ansicht vom Garten

unten links: Weißer Turm

unten Mitte: Äußeres Schlosstor

unten rechts: Inneres Schlosstor

Sein schlanker Durchmesser von rund 10 m ist charakterestisch für gotische Bergfriede. Um 1500 erhielt er den Wehrgang mit Schlüsselscharten und Maschikuli und den hohen Aufsatz, so dass die charakteristische Form eines Butterfasses entstand, eine für das Mittelrheingebiet im Spätmittelalter typische Turmform. Der Turm wurde bewusst in den Neubau des Schlosses einbezogen, um auf die alte Tradition des Herrschaftsortes zu verweisen.

Den Abschluss des westlich gelegenen Bibliotheksflügels bildet die **Romanische Halle**, die als Loggia unter Wilhelm II. 1900–01 angefügt wurde. Dabei fanden Originalkapitelle aus der rheinischen Abtei Brauweiler Verwendung.

Die Ostseite des Hofes begrenzt der dreigeschossige **Königsflügel**, der 1835–26 durch Moller erhöht wurde. Die klassizistische Umgestaltung verleiht der Fassade einen italienischen Charakter und lässt an toskanische Villen denken. Moller schuf auch das Vestibül, die repräsentative Treppe in die Beletage und den Speisesaal. Einmalig in Deutschland sind die Wohnräume des letzten deutschen Kaiserpaares.

Zum Schloss gehört ein ausgedehnter **Park**. Vor der Westseite des Königsflügels erstreckt sich ein formales Parterre, das auf der Nordseite durch die barocke **Orangerie** und das Gärtnerhaus abgeschlossen wird. Das Parterre präsentiert sich heute im Zustand der Kaiserzeit, wobei im Sommer die kunstvoll arrangierten Teppichbeete einen besonderen Blickfang darstellen. Höchst eindrucksvoll ist die um 1818 gepflanzte riesige **Libanon-Zeder**, die aus den Royal Botanic Gardens in Kew als Hochzeitsgeschenk des Herzogs von Cambridge an Elizabeth und ihren Mann geliefert wurde.

Unterhalb des Parterres erstreckt sich der Landschaftsgarten, der ab 1770 unter Landgraf Friedrich V. angelegt wurde.

Verwaltung der Staatlichen Schlösser und Gärten Hessen, Park frei zugänglich
Weißer Turm: 9–16 Uhr
Schloss: Di.–So. 10–16 Uhr, 24.–26., 31. Dez. und 1. Jan. geschlossen
Englischer Flügel: Sa. und So. 11–15 Uhr
Tel. 06172/9262-150 oder -159
www.schloesser-hessen.de

39. Bad Homburg v. d. H., Dornholzhausen

Gotisches Haus

1823–41 Errichtung
1980 Brand
1981–84 Wiederherstellung

Tannenwaldweg 102
Stadtarchiv, Stadt- und Hutmuseum
Di., Do., Fr. und Sa. 14–17 Uhr,
Mi. 14–19 Uhr,
So. 12–18 Uhr

Von der Friedrichsburg aus (Nr. 38) zieht sich eine schnurgerade Allee bis zum Großen Tannenwald und zum Taunusrand. An dieser Allee lagen seit der zweiten Hälfte des 18. Jh. die Gärten Landgraf Friedrichs V. und seiner Söhne, die sog. Prinzengärten. Durch späteren Verkauf und Zerstückelung sind diese einst berühmten Parkanlagen heute nur noch in spärlichen Resten überkommen. Am besten erhalten hat sich der **Kleine Tannenwald** (Mariannenweg), der 1772 angelegt wurde. Er war damals berühmt und wurde u. a. vom jungen Goethe besucht. Seinen Mittelpunkt bildet ein großer viereckiger Teich mit einer Insel im Zentrum, auf der sich ein offener Tempel erhebt, der jüngst rekonstruiert wurde. Das Ganze war wohl vom Garten der Villa Borghese in Rom inspiriert. Nach und nach soll der lange ziemlich verwahrloste Park in seinen alten Zustand zurückversetzt werden. Einige historische Wegeführungen sind schon wieder hergestellt.

Am Rande des Großen Tannenwaldes entstand ab 1823 unter Landgraf Friedrich VI. Joseph und seiner Gemahlin Elizabeth das **Gotische Haus** als Jagd- und Lusthaus. Dem Bau liegt wahrscheinlich ein Entwurf der künstlerisch sehr begabten und an Architektur interessierten Elizabeth zu Grunde. Es entstand ein von Zinnen gekrönter eingeschossiger Bau mit großen Spitzbogenfenstern und Türen, über dessen Zentrum sich turmartig ein rechteckiger, ebenfalls mit Zinnen versehener Aufbau mit vier achteckigen Türmchen erhebt. Auf der Ost- und Westseite öffneten sich Loggien zum Park bzw. gegen die Stadt. 1825 wurde Georg Moller als Berater und Planer hinzugezogen, der nun die Bauleitung übernahm. Vor allem hatte er sich um die schwierige Konstruktion der hinter den Zinnen verborgenen Flachdächer zu kümmern. Nach dem Tode des Landgrafen gerieten die Arbeiten ins Stocken, zumal das Geld nun in den Umbau des Residenzschlosses floss. Erst 1841 wurde das Gebäude verputzt, der weitere Innenausbau unterblieb. Der Bau wurde allerdings immer wieder bei ländlichen Festen der Landgrafen genutzt.

Das Gotische Haus ist sichtlich beeinflusst von neugotischen Architekturen in England, die Elizabeth aus eigener Anschauung kannte. Es diente aber nicht nur als romantische Kulisse für Gesellschaften und Jagdpartien, sondern in der üblichen Weise auch zur Veranschaulichung von Anciennität und Geschichte. Was sich außen mittelalterlich gab, präsentierte sich dementsprechend im Inneren mit alten Möbeln und den Gemälden früherer Herrscher und Adeliger aus dem Nachlass Friedrichs II. von Hessen-Homburg und hatte somit den Charakter eines Familienmuseums.

1913 wurde das Gebäude an einen Gastwirt verkauft. Bis 1967 diente es als Hotel und Gaststätte. Als um 1970 das Gotische Haus einem großen Neubau weichen sollte, konnte es gerade noch vor dem Abbruch gerettet werden. 1980 zerstörte ein Großbrand das Gotische Haus. 1981–84 wurde es wiederaufgebaut und restauriert.

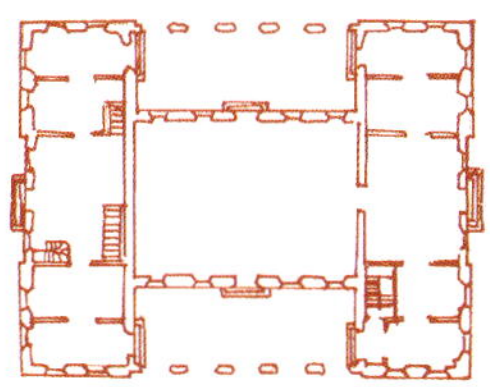

oben: Grundriss um 1888

unten: Ansicht

40. Oberursel, Bommersheim

Burgstall

Um 1138 Gründung
1. H. 13. Jh. Neubau
1382 Zerstörung
1992 Restaurierung der ergrabenen Reste

Im Himmrich
Frei zugänglich
Funde im Vortaunusmuseum Oberursel
Marktplatz 1
Mi. 10–17 Uhr,
Sa. 10–16 Uhr,
So. 14–17 Uhr
Tel.: 06171/581434
www.vortaunusmuseum.de

Viele Kleinadelige gerieten im Spätmittelalter in eine wirtschaftlich prekäre Lage. Daher betätigten sie sich als adelige Räuber und Erpresser, die Kaufleute überfielen und als Geiseln nahmen, bis entsprechendes Lösegeld gezahlt wurde. Damit schädigten sie die Interessen der reichen Handelsstädte und der großen Landesherren. Die Burg in Oberursel-Bommersheim war ein solches Raubnest. 1382 wurde sie von der Reichsstadt Frankfurt im Bündnis mit dem Rheinischen Städtebund erobert und zerstört.

Gegründet wurde die Burg um 1138 durch die Herren von Bommersheim. Ihre Turmburg wurde von einem doppelten Graben umgeben, zwischen dem ein mit Palisaden besetzter Wall verlief. Zu ihr gehörte auch eine Vorburg, deren Wall und Graben man 1993 bei Bauarbeiten für das Gemeindezentrum fand. Wahrscheinlich vernichtete in der 1. Hälfte des 13. Jh. ein Feuer die Holzburg, weshalb es zum Neubau in Stein kam. Rund um die alte Motte wurde an Stelle der Palisade eine größere ringförmige, 1,70 m starke Mauer errichtet. Sie ist zweischalig aufgebaut. Das Areal innerhalb der Mauer wurde aufgeschüttet und bebaut. Die ergrabene kreisförmige Ringmauer wurde 1992 restauriert, um zu verdeutlichen, wie groß die Burg war. Die aufgemauerten Bruchsteinfundamente liegen nördlich der Kirche.

Nach der Zerstörung 1382 wurde die Burg nicht wieder aufgebaut. Die Herren von Bommersheim allerdings existierten noch bis zu ihrem Aussterben im 17. Jh., u. a. als Amtleute in Diensten der Reichsstadt Frankfurt.

1988–91 wurde die Burg ergraben und ausführlich archäologisch untersucht. Die dabei gemachten Funde dokumentieren das Bild vom Leben auf einer Burg im 14. Jh. in einzigartiger Weise. Darunter waren neben alltäglichen Gebrauchsgegenständen Spielzeug, frühe Schlittschuhe und sogar Kanonenkugeln, die wohl zu einem Geschütz gehörten, das die Herren von Bommersheim noch 1381 von Frankfurt erworben hatten. Selbst Musikinstrumente, eine Schalmei und eine Maultrommel, kamen zu Tage. Die Funde sind heute im Vortaunus-Museum in Oberursel zu besichtigen und gewähren wie in einer Momentaufnahme tiefe Einblicke in die Verhältnisse und die Lebenswelt des Adels im Spätmittelalter.

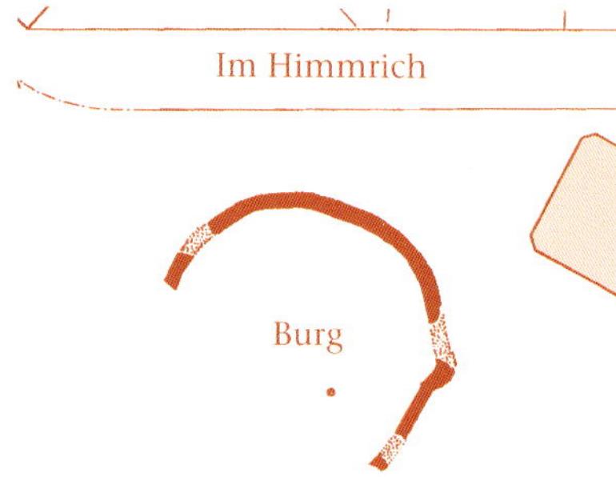

oben: ergrabener Grundriss
unten: Ansicht

41. Kronberg

Burg

Mitte 12. Jh.	*Gründung*
15. Jh.	*Mittelburg*
1500–11	*Ausbau*
Anf. 17. Jh.	*Umbau der Mittelburg*
1892/1906–12	*Restaurierung*
1943	*Teilzerstörung*
1994–2008	*Instandsetzung*

Burg Kronberg gehört zu den historisch und auch architektonisch interessantesten Anlagen am Taunusrand. Sie wurde ähnlich wie Königstein (Nr. 43) vermutlich im Auftrag König Konrads III. um die Mitte des 12. Jh. als staufischer Stützpunkt gegen Mainz gegründet und war mit Burgmannen besetzt, darunter auch die Herren von Eschborn, zu deren Stammsitz die Reichsburg schließlich werden sollte und nach der sie sich von Cronberg nannten. Die Herren von Cronberg spielten besonders im Spätmittelalter eine wichtige Rolle im Rhein-Main-Gebiet. Kaiser Karl IV. erhob das Geschlecht 1367 zu reichsunmittelbaren Landesherren, d. h. die Herrschaft Kronberg bildete ein eigenständiges Territorium. Die Cronberger teilten sich schon im 13. Jh. in zwei Linien, die nach ihren Wappen als „Flügelstamm" und „Kronenstamm" bezeichnet werden. Vom Flügelstamm spaltete sich Mitte des 14. Jh. noch der „Ohrenstamm" ab, der aber schon 1461 erlosch. Die Burg blieb aber immer in Gemeinbesitz aller Zweige.

oben: Grundriss, nach Bode 1980

unten links: Blick durch das Pfortenhaus

unten Mitte: Torturm zur Oberburg

unten rechts: Kapelle

Die Herren von Cronberg standen in guter Verbindung mit den Erzbischöfen von Mainz und bekleideten für diese mehrfach hohe Ämter. Einer von ihnen, Johann Schweickard, brachte es gar 1604 zum Erzbischof und Kurfürsten und ließ Schloss Johannisburg in Aschaffenburg (Nr. 35) errichten.

Mehrfach standen Cronberger auch in Frankfurter Diensten, aber Ende des 14. Jh. kam es mit der nahen Reichsstadt zu Spannungen, die sich 1389 militärisch entluden. In einer Schlacht wurden die Frankfurter Aufgebote, die Kronberg belagert hatten, von den Rittern von Cronberg und ihren Verbündeten vernichtend geschlagen.

1500–11 wurde die Burg ausgebaut und verstärkt, was allerdings ihre Beschießung und Einnahme durch den Landgrafen Philipp von Hessen 1522 nicht verhindern konnte, nachdem Hartmut XII. den Reichsritter Franz von Sickingen in seinem Kampf gegen die Landesfürsten unterstützt hatte. Kronberg blieb bis 1541 hessisch.

Nach dem Tod des letzten Cronbergers 1704 fiel Kronberg als erledigtes Reichslehen an Kurmainz, dessen Amtmann auf der Burg residierte. 1803 kam es an Nassau, 1866 an Preußen. Die Burg war im Verfall begriffen. Sie fand eine Retterin in Kaiserin Friedrich, die Kronberg zu ihrem Witwensitz gewählt hatte und sich hier Schloss Friedrichshof (Nr. 42) erbauen ließ. Sie hatte die Burg 1891 von ihrem Sohn, Kaiser Wilhelm II., geschenkt bekommen. Auf ihre Veranlassung wurde

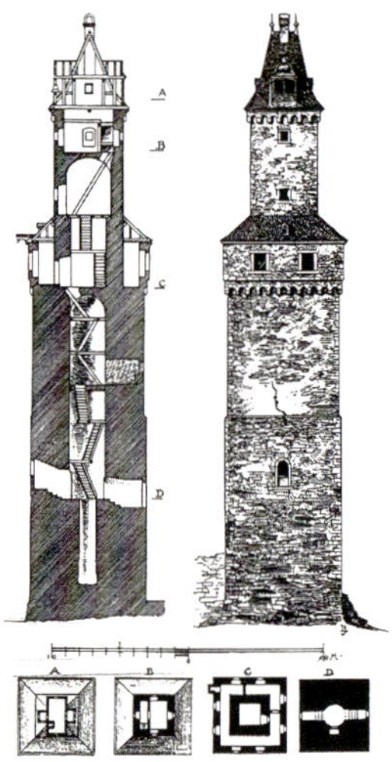

oben: Freiturm

Mitte: Freiturm, Schnitt und Grundrisse, nach Luthmer 1905

unten: Mittelburg, Giebel des Kronenstammhauses

Stiftung Burg Kronberg/Burgmuseum
Schlossstraße 10/12
Mi., Do., Sa. 13–17 Uhr, So., Feiertag 11–18 Uhr
Tel.: 06173/7788
www.burgkronberg.de

sie in der Folge durch den Bad Homburger Baurat Louis Jacobi instand gesetzt und so vor weiterem Verfall bewahrt. Nach ihrem Tod kam die Burg im Erbgang an das Haus Hessen. Landgraf Friedrich Karl ließ bis 1912 weitere Instandsetzungsarbeiten durchführen und die Burg erstmals dem Publikum öffnen. Seit 1992 ist sie im Besitz der Stadt. Sie brachte die Burg in eine Stiftung ein, die sich um die Erhaltung und Nutzung kümmert. Seit 2008 bietet das Burgmuseum in der Mittelburg einen umfassenden Überblick über die Geschichte der Anlage.

Burg Kronberg erhebt sich auf einem Bergsporn. Sie gliedert sich in drei Teile und bildet, wenn man so will, eine durch Ringmauern verbundene Burgengruppe. Die verschiedenen Familienzweige bauten sich unterhalb der romanischen Oberburg, die den höchsten Punkt des Berges besetzt, nach und nach ihre Ansitze. Dabei wollte keiner auf standesgemäße Repräsentation in Form eines festen Hauses verzichten und so entstanden mehrere kleine Burgen. Weitere Höfe einzelner Familienglieder befanden sich im oberen Bereich der Stadt.

Ein kurz vor 1478 errichtetes und 1692 erneuerte **Pfortenhaus** lässt in die **Vorburg** ein. Rechts von ihm finden sich die Keller der um 1330 errichteten **Unterburg**, einst Sitz des Kronenstammes, die 1692 abgebrochen wurde. Gleich links vom Tor steht die 1943 bei einem Luftangriff teilweise zerstörte **Burgkapelle**, die 1342–55 entstanden ist und deren erneuerter Chor heute die Grablege der Landgrafen von Hessen birgt. Eine Mauer, in deren Mitte sich der 1911 völlig neu errichtete, runde **Prinzenturm** erhebt, verbindet die Kapelle mit der Mittelburg,

unterhalb der auf einer Terrasse der mediterran anmutende **Burggarten** mit herrlicher Aussicht liegt.

Die **Mittelburg** entstand ab 1400 auf der Südwestseite der Burg als Ersatz für zwei ältere Wohnbauten. Ihre West- und Nordseite nimmt ein winkelförmiger spätmittelalterlicher **Wohnbau** ein, der vermutlich unter Adam Philipp von Cronberg im frühen 17. Jh. umgebaut wurde und dabei seine Schweifwerkgiebel erhielt. Er diente als Sitz der beiden Hauptlinien der Cronberger. Das Kronenstammhaus o. a. Alte Schloss wurde um 1444 durch Stephan von Irlebach für Frank von Cronberg errichtet. Das Flügelstammhaus o. a. Neue Schloss entstand um 1474 für Johann von Cronberg. Der Treppenturm an der Ecke wurde erst 1504/05 angebaut. Im Winkel zwischen den beiden Flügeln erhebt sich der viereckige **Fahnenturm** mit Resten von vier Ecktürmchen. Die zur Unterburg abschließende **Ringmauer** ist das Produkt der Wiederherstellung durch Louis Jacobi 1895.

Die polygonale **Oberburg** liegt auf dem Gipfel des Berges und besteht aus drei Türmen, die vielleicht erst im 14. Jh. durch eine steinerne Ringmauer miteinander verbunden wurden. Um 1170 errichtete man den **Torturm** mit der Kapelle im Obergeschoss, auf die eine halbrunde Apsis zur Hofseite hinweist. Ältester Bau ist der fünfeckige **Wohnturm**. Er entstand etwa Mitte des 12. Jh. und weist ähnlich wie die Königsteiner Hauptburg (Nr. 43) Fischgrätmauerwerk auf. Im letzten Viertel des 15. Jh. wurde in ihn eine Kasematte mit Maulscharten eingebaut. Als dritten Turm errichtete man auf der Südostecke spätestens zu Beginn des 13. Jh. den **Freiturm**, den Bergfried. Er wurde 1500/01 um den kurzen schlanken Aufsatz von 27 auf 42,5 m erhöht und mit einem umlaufenden Wehrgang mit Wehrerkern ausgestattet. Zwischen ihm und dem Fünfeckturm erhob sich einst der Palas, gegenüber von diesem ein weiterer Wohnbau.

Nordwestlich der Burg liegt der von der Unterburg durch eine Pforte zugängliche **Hirschgraben**, eine ausgedehnte spätmittelalterliche Zwingeranlage mit zwei runden Geschütztürmen.

42. Kronberg
Schloss Friedrichshof

1889–93 Errichtung

*Schlosshotel Friedrichshof
Hainstraße 25
Besichtigung nach Voranmeldung,
Park frei zugänglich
Tel.: 06173/701-01
www.schlosshotel-kronberg.de*

Nach dem Tode ihres Gemahls Friedrich III. 1888 zog sich Kaiserin Victoria, eine Tochter der englischen Königin Victoria, nach Bad Homburg zurück, plante aber schon bald den Bau eines eigenen *country home*. Noch 1888 erwarb sie, die sich nun im Gedenken an ihren Mann Kaiserin Friedrich nannte, ein Anwesen nahe Kronberg und beauftragte den Architekten Ernst Eberhard (von) Ihne mit dem Bau. Gleichzeitig mit dem Schloss entstanden ein Marstall und eine Villa für den Hofmarschall. 1894 bezog Victoria das fertige Schloss, und noch im selben Jahr erhielt sie offiziell Besuch durch ihren Sohn Wilhelm II. Im folgenden Jahr kam ihre Mutter, die Königin von England. Nach ihr machten Kaiserin Friedrich noch zahlreiche andere prominente Besucher ihre Aufwartung, so Edward VII. von England, Zar Nikolaus II. mit seiner hessen-darmstädtischen Gemahlin Alexandra und das italienische Königspaar.

Victoria pflegte Friedrichshof von April bis Oktober zu bewohnen. 1901 starb sie hier an Krebs.

Seit den 1960er Jahren befindet sich im Schloss ein Hotel.

Friedrichshof war nicht nur Sommersitz Kaiserin Friedrichs, sondern vor allem auch ein Denkmalbau für den verstorbenen, geliebten Gemahl. Die **Außenarchitektur** mit den hohen Dächern wurde nach malerischen Gesichtspunkten gestaltet. Staffelgiebel über den vorgezogenen Risaliten, asymmetrisch an den Ecken angeordnete kleine Türme, der bergfriedartige Turm und unterschiedlich hohe Dächer mit zahlreichen Giebeln beleben den Bau. Der Gartenfront ist eine großzügige Terrasse mit breiter Freitreppe vorgelegt.

Dezent verwies Ihne auf die unterschiedlichen Funktionen der einzelnen Flügel. So sind die Wirtschafts- und Küchentrakte teilweise in Fachwerk aufgeführt, um sie vom Hauptbau abzusetzen.

In der Außenarchitektur wie im Inneren mischen sich Elemente der deutschen Renaissance mit Motiven der Tudorgotik. So erinnert Friedrichshof an englische Landhäuser, besonders die geräumige **Hall** als Empfangs- und Wohnsaal, von der eine repräsentative Treppe in die Beletage führt. Die Wahl so verschiedener Stile geschah sehr bewusst, denn das Schloss sollte den Rahmen für die in dreißig Ehejahren zusammengetragenen Kunstschätze bieten, darunter italienische Möbel und flämische Gobelins. Die Räume sollten mit ihrer Ausstattung die europäische Kunstgeschichte widerspiegeln. So historisch sie sich darboten, so modern waren sie zugleich. Es gab Zentralheizung, einen Lastenaufzug, elektrisches Licht, und die zwölf Gästeappartements verfügten alle über ein Badezimmer mit fließend Kalt- und Warmwasser.

Den 63 ha großen **Park** legte der Potsdamer Hofgärtner Hermann Walter an. Es entstanden u. a. ein Steingarten mit Wasserfall und eine Gärtnerei mit einem „**Cottage**" als Gärtnerwohnung. Besonders romantisch ist der in Terrassen angelegte **Rosengarten**, der nach italienischem Vorbild gestaltet ist und innerhalb der Parkanlage einen geheimen Garten bildet.

oben: Rosengarten

Mitte: Vorfahrt am Hauptgebäude

Ansicht der Hoffront

43. Königstein

Festung

12. Jh. — *Reichsburg*
Vor 1322 — *Errichtung des Saalbaues*
1418 — *an Eppstein*
1535 — *an Stolberg*
1581–1796 — *kurmainzisch*
1796 — *Sprengung*

oben: Zweites Burgtor

oben rechts: Grundriss

unten: Ansicht

Der Königstein wurde wahrscheinlich unter Konrad III. Mitte des 12. Jh. als Reichsburg errichtet bzw. ausgebaut. Er sollte gemeinsam mit der etwa zeitgleich gegründeten Burg Kronberg (Nr. 41) die Nordwestgrenze der Wetterau gegen Mainz sichern. In diese Zeit datiert wohl noch die Ringmauer der Kernburg, die sehr charakteristisches Fischgrätmauerwerk zeigt. An Stelle der Burg existierte allerdings schon im 4./5. Jh. eine großräumige Befestigung, die 1956 ergraben wurde und bei der es sich vermutlich um eine alamannische Höhenburg handelte. Weitere Spuren von Befestigungen wurden 1963 an der Nordflanke des Berges gefunden und gehören zu einer hochmittelalterlichen Anlage des 10. oder 11. Jh., d. h. die Burg muss schon in dieser Zeit existiert haben, wurde aber wahrscheinlich im 12. Jh. auf den Bereich der heutigen Hauptburg verkleinert.

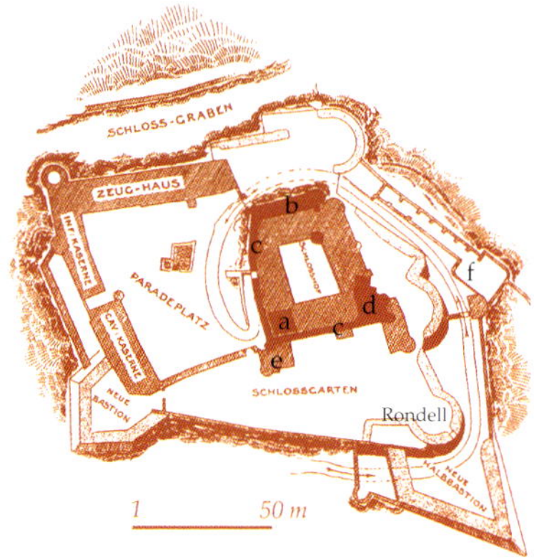

a Hauptturm
b Schildmauer
c Ringmauer
d östliches Vorwerk
e Torbau
f Zwinger am Torweg

Um 1239 war die Burg im Besitz der Herren von Münzenberg. Ulrich II. von Münzenberg sprach sie 1252 seinem Schwager Philipp I. von Falkenstein zu. Philipp III. ließ die Burg im 14. Jh. modernisieren und ausgesprochen repräsentativ ausbauen. Als 1374 die Herren von Reifenberg die Burg eroberten, versuchte Philipp VI. von Falkenstein durch einen Sprung aus der Burg zu fliehen, verletzte sich dabei aber schwer und geriet in Gefangenschaft, wo er seinen Verwundungen erlag.

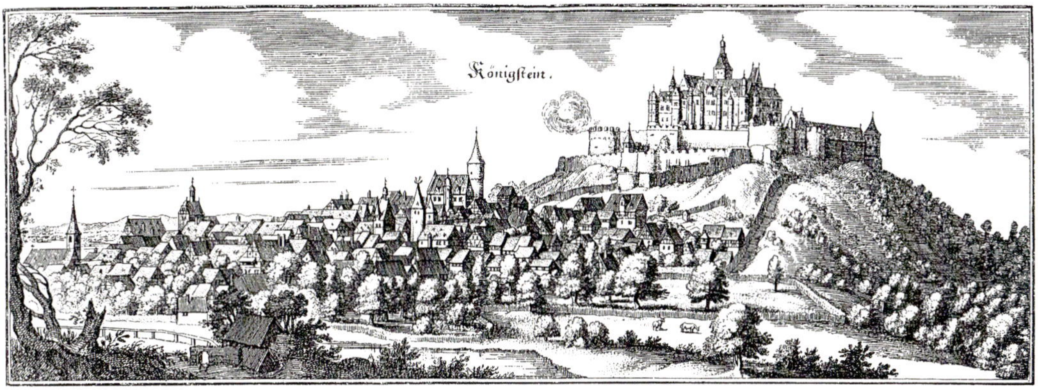

Ansicht nach Merian im 17. Jh.

unten: Rondellbefestigungen

Nov.–Jan. Fr 12–16 Uhr, Sa u. So 9–16 Uhr, Feb., März, Okt. tgl. 9.30–16.30 Uhr, April–Sept. tgl. 9–19 Uhr Tel.: 06174/202-251 Burg- und Stadtmuseum im Alten Rathaus Kugelherrnstraße 1 Mo.–Sa. 14–17.30 Uhr Tel.: 06174/21455 www.museum-koenigstein.de

1418 kam die Burg im Erbfall an die Eppsteiner, 1535 in den Besitz der Grafen von Stolberg. Diese nannten sich nun von Stolberg-Königstein und bauten die Burg mit Rondellen und Geschütztürmen zur Festung aus. Damit suchten sich die protestantischen Stolberg-Königsteiner gegen das Erzbistum Mainz zu sichern. Tatsächlich hat sich Mainz dann in den Besitz von Königstein setzen können. Als die Grafen von Stolberg-Königstein ausstarben, ließ der Erzbischof die Feste 1581 sofort militärisch okkupieren, um seine Rechtsansprüche gegenüber dritten durchzusetzen. Fortan war der Königstein eine kurmainzische Landesfestung. 1664 wurden die Werke weiter mit zwei Bastionen verstärkt. Einen Eindruck vom letzten Ausbauzustand vermittelt das große Modell im Burg- und Stadtmuseum.

In den Revolutionskriegen wurde die Festung 1796 von den Franzosen gesprengt. Der Wiederaufbau unterblieb. Erst Mitte des 19. Jh. endete der Verkauf von Baumaterial, nachdem sich ein Königsteiner Bürger für die Erhaltung der Ruine eingesetzt hatte. Seit 1922 gehört sie der Stadt.

Die Festung erhebt sich auf einem Felskegel oberhalb der Altstadt. Die mächtigen Festungswerke des 16. Jh. wirken wie ein Sockel für die einst reich gegliederten Bauten der Hauptburg. Ursprünglich führte der Weg zur Burg durch die Stadt, wo bis heute das **Alte Rathaus** als äußerstes Tor (15. Jh., Schlüsselscharten) den einstigen Zugang markiert. Ein Torzwinger mit mehreren Toren sicherte den Weg auf den Berg. Seit 1664 befindet sich der Zugang in der Flanke der **Spitzen Halbbastion** und wird von der Flanke der gegenüberliegenden **Neuen Bastion** gedeckt. Von hier aus umrundet der Weg die Kernburg und führt an zwei **Rondellen** aus Königsteiner Zeit zum **zweiten Burgtor**, das im Kern noch in falkensteinische Zeit gehört, aber im 16. Jh. verstärkt wurde. Durch einen Tunnel, von dem Kasematten abzweigen, gelangt man auf den **Paradeplatz**, um den sich einst Wirtschafts- und Kasernenbauten gruppierten. Von ihnen sind nur noch wenige Reste erhalten, insbesondere die Ruine des **Zeughauses** auf der Nordseite. Seine Nordwestecke markiert der runde **Pulverturm**, der sich auf steilem Fels über dem **Halsgraben** auf der Nordseite erhebt. Er gehört wahrscheinlich

oben: Kernburg, Wohnbau mit Küche

Mitte: Kernburg, Fischgrätmauerwerk

unten: Kernburg von Osten

noch zu einer Ausbauphase der Vorburg vor 1535.

Vom Paradeplatz aus führt der **Dunkle Gang**, wahrscheinlich der im 16. Jh. überwölbte südliche Graben der Kernburg, unter dem Wall hindurch zu Kasematten und mündet wieder auf den äußeren Wall.

Die **Hauptburg** stammt im Kern noch aus dem 12. Jh. und bildet ein von vier Flügeln umschlossenes Trapez. Die westliche Ringmauer zeigt in den unteren Bereichen noch in weiten Teilen das eigentümliche, schräg gestellte Mauerwerk (*opus spicatum*) der Erbauungszeit. Grabungen im Hof ergaben die Reste einer älteren Vorgängerbebauung, die ebenfalls noch ins 12. Jh. datiert wird und evtl. mit den Befestigungen des 10./11. Jh. in Zusammenhang steht. Ihr Gesicht erhielt die Kernburg aber vor allem unter den Falkensteinern im 14. Jh. und den Stolbergern im 16. Jh. Ihre Nordseite schützt die 4–6 m dicke **Schildmauer**, die wohl erst im 14. Jh. entstand. Auf der Südwestecke erhebt sich der quadratische **Bergfried**, der vermutlich noch ins 12. Jh. datiert. Bis in eine Höhe von gut 10 m ist er massiv gemauert. Sein Oberbau erhielt im 15. Jh. vier Ecktürmchen. Der Turm stand einst frei hinter der Ringmauer, der hochgelegene Einstieg wurde von einem Wehrerker verteidigt.

Auf der Westseite lag seit dem 15. Jh. die **Burgkapelle**. Im **Ostflügel** gegenüber befand sich die **Küche**. Er erhielt im 16. Jh. unter den Grafen von Königstein-Stolberg stadtseitig eine repräsentative Renaissancefassade mit großen Fenstern und einem runden Eckturm. Vor die Mauerflucht trat ein Standerker. Der Südflügel, der alte **Saalbau**, wurde unter Philipp III. im frühen 14. Jh. errichtet. Er springt vor die Ostseite der Kernburg vor und schließt hier mit Zwillingstourellen ab, denen vornehmlich eine repräsentative Funktion zukam. Sie verliehen mit mehreren anderen Tourellen der Kernburg ein vieltürmiges Erscheinungsbild, das auf Fernwirkung konzipiert war. Unklar ist die genaue Einbindung der beiden Eckbauten im Süden der Hauptburg, von denen der westliche noch als Ruine aufrecht steht, der östliche hingegen fast völlig verschwunden ist. Sie gehörten offensichtlich zu einer Zwinger- und Toranlage aus Eppsteinischer Zeit und entstanden wohl erst im mittleren Drittel des 15. Jh.

Auch wenn Ruine, so zeigt der Königstein doch bis heute sehr anschaulich, dass Burgenarchitektur nicht nur als Wehrbau, sondern mehr noch als Repräsentationsbau zu verstehen ist. Mit dem Königstein schufen sich die Falkensteiner eine ihrer mächtigsten und eindrucksvollsten Burgen.

44. Königstein

Nürings und (Neu-)Falkenstein

Zu den wichtigen Geschlechtern der Region zählten im 11. und 12. Jh. die Grafen von Nürings. Sie tauchen gesichert seit 1103 als Grafen der Wetterau und des Niddagaus in den Quellen auf. Ihre namengebende Burg erhob sich wahrscheinlich ca. 100 m über der heutigen Ortschaft Falkenstein, die noch bis um 1700 Norings hieß. Der Name der Burg bedeutet „neuer Ring“, was sich auf eine Befestigung bezieht. Nürings war die Stammburg der Grafen. Innerhalb ihres Mauerrings, von dem heute nichts mehr obertägig zu entdecken ist, stand eventuell schon im 11. Jh. ein mächtiger **Wohnturm**, wie er für die Salierzeit üblich war. Zumindest liegen südwestlich vor der Schildmauer der späteren Burg Falkenstein 4 m starke Fundamente eines Turms, die 12,5 x 12,5 m im Quadrat messen und aus der Salierzeit stammen könnten. Vermutlich war der Turm bis zu fünf Geschosse hoch, ähnlich dem Wohnturm von Dreieichenhain (Nr. 80).

links: Bergfried

Ein Halsgraben von ca. 8 m Breite und heute noch bis zu 4 m Tiefe umgibt das Turmfundament auf der West-, Süd- und Ostseite. Möglicherweise datiert der Turm aber auch erst in das 12. oder 13. Jh. Systematische Ausgrabungen fanden bis heute nicht statt, nur die oberste Füllschicht wurde untersucht, die aus Brandschutt des 14. Jh. bestand, älteres Material fand sich nicht.

Als die Grafen um 1170 ausstarben, fiel ihr Besitz an die staufertreuen Herren von Bolanden, deren eine Linie sich nach ihrem neuen Stammsitz Falkenstein am Donnersberg nannte, und an die Grafen von Sponheim. Neben dem alten Turm entstand auf Initiative der Herren von Falkenstein um 1330 Neu-Falkenstein, wobei es sehr ungewöhnlich und erstaunlich ist, dass der Turm nicht in den Neubau einbezogen wurde. Bisher hat man vermutet, dass die Burg Nürings systematisch abgetragen wurde, um möglichen Angreifern keinen Stützpunkt zu bieten. Es ist aber möglich, dass der Turm zumindest noch bis 1365 als vorgeschobenes Werk genutzt wurde, deckt seine nördliche Mauer doch die gesamte Westseite von Neu-Falkenstein.

Der Neubau geschah wohl als eine Art vorgeschobener Posten für das von den Falkensteinern zur repräsentativen Residenzburg ausgebaute Königstein (Nr. 43). Die Lage auf dem hohen Bergkamm gewährte einen hervorragenden Überblick. Schon 1365 wurde Neu-Falkenstein in der Fehde zwischen Philipp VI. von Falkenstein und Ulrich III. von Hanau erobert und zerstört. Nach 1383 wurde Neu-Falkenstein zu einer Ganerbenburg unter Sponheimer Lehenshoheit. Zwischen 1459 und 1501 fanden Ausbauten und Verstärkungen durch die Herren von Cronberg statt. Die beiden großen Geschützrondelle könnten in stolbergischer Zeit, ab 1535 errichtet worden sein und wären dann gleichzeitig mit dem Ausbau von Königstein zu sehen.

Im Dreißigjährigen Krieg wurde die Burg 1635 von den Kaiserlichen genommen

Ende 11. Jh.	*Burg Nürings*
Um 1330	*Errichtung von Neu-Falkenstein*
16. Jh.	*Verstärkung*
1784	*Abbrüche*
Ab 1842	*Restaurierung*
1960–96	*Grabungen*

Mai–Sept. Mo.–Do. 10.30– 16 Uhr, Fr.–So. 10–19 Uhr
www.netzwerk-taunus-burgen.de
www.koenigstein.de

unten: Bergfried, Schnitt und Grundrisse, aus Luthmer 1905

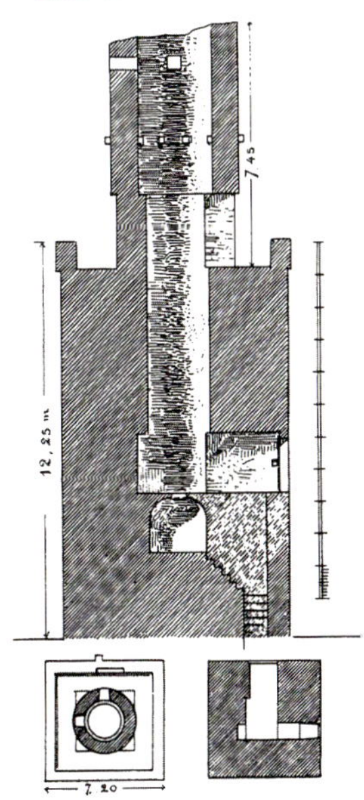

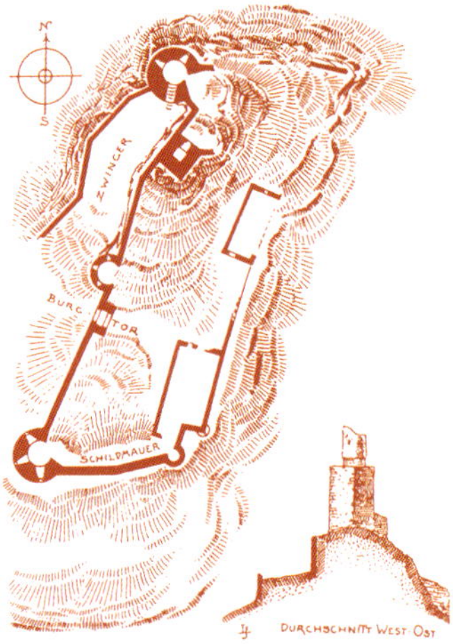

Grundriss

und bei deren Abzug zerstört. Nach kurzfristiger Wiederherstellung kam es 1688 endgültig zur Schleifung der Befestigungen. Die letzten bewohnbaren Gebäude legte man 1784 nieder. Erst 1842 wurde der Zerstörung durch eine Privatinitiative Einhalt geboten und das Burgtor wiederhergestellt.

Die spätmittelalterliche Burganlage zieht sich auf dem Berggrat nördlich des Turmfundaments über eine Länge von 80 m hin. Auf der besonders gefährdeten Südseite ist die Ringmauer schildmauerartig verstärkt, an ihrer Südostecke sitzt eine runde Tourelle. Nach Osten fällt das Gelände steil ab, im Westen etwas sanfter. Hier wurde die Befestigung frühestens um 1500 durch zwei **Geschütztürme** verstärkt. Das **Burgtor** wird von einem, vielleicht schon etwas früher errichteten, Schalenturm mit Schlüsselscharten flankiert, der aus der Mitte der westlichen Ringmauer hervortritt. Das Tor stammt in seiner heutigen Form erst aus dem 19. Jh. Unterhalb davon erstreckte sich offenbar eine geräumige Zwingeranlage, von der Teile der Ringmauer und die 1988 bzw. 1996 ergrabenen Grundmauern eines **Doppelturmtores** aus dem 15. Jh. erhalten blieben. Davor liegt der alte Halsgraben.

Am höchsten Punkt des Burgfelsens erhebt sich der eckige **Bergfried** mit seinem eigentümlichen runden Aufsatz, der wohl erst aus dem späten 15. Jh. stammt. Spärliche Mauerreste deuten auf ein anschließendes Gebäude hin. Die **Wohnbauten** gruppierten sich teilweise entlang des Felsabbruchs im Osten, also auf der sichersten Seite der Burg.

unten: Ansicht

rechts oben: Nordwestlicher Geschützturm

rechts unten: Grundmauern des äußeren Tores

45. Königstein
Luxemburger Schloss

Das sog. Luxemburger Schloss geht auf das kurmainzische Amtshaus zurück, das direkt unterhalb der Festung (Nr. 43) nach schweren Beschädigungen im Dreißigjährigen Krieg 1686–94 neu errichtet wurde. 1803 kam das Gebäude an Nassau und wurde wenig später Sitz des Landschreibers. 1820 wurde es mitsamt den Nebengebäuden an einen Privatmann verkauft. 1858 erwarb Herzog Adolph von Nassau das Anwesen, um es zu einem Sommersitz einzurichten. Dazu wurde 1860 nach Entwurf von Theodor Goetz ein Treppenhaus angefügt. Bis heute prägt allerdings der Umbau im Neorenaissancestil das Gebäude. Nach Entwürfen des Brüsseler Architekten Gédéon Nicolas Joseph Bordiau wurde das Herrenhaus 1873–77 um ein weiteres Geschoss erhöht. Es erhielt auf der Südseite die beiden flankierenden Ecktürme sowie den Mittelrisalit mit Säulenportikus im Erdgeschoss. Als Material für die Fassadengestaltung wurde weißer belgischer Sandstein verwendet. Bordiau, der wegen einiger spektakulärer Ausstellungsbauten internationale Anerkennung gefunden hatte und zum Modearchitekten aufgestiegen war, schuf so einen äußerst noblen Bau. Seinen Namen führt er, weil der 1866 von Preußen entmachtete Herzog Adolph 1890 die Erbfolge im Großherzogtum Luxemburg antrat und somit wieder zum regierenden Monarchen wurde.

Besonders reich gestaltet ist die Südfront, die als Hauptfassade des Schlosses fungierte. Ihre Mitte wird von dem Mittelrisalit mit Balkon betont. Die zweite Schauseite stellt die Westansicht mit dem hohen Neorenaissancegiebel dar. Er wird von zwei Kaminen flankiert, die die Initialen des großherzoglichen Paares Adolph und Adelheid und deren französische Devise zeigen. Den Giebel bekrönt der anhaltinische Bär mit dem Wappen Großherzogin Adelheid, einer geborenen Herzogin von Anhalt-Dessau.

16. Jh. Erbauung
1686–94 Neubau
1860 Stiegenhaus
1873–77 Umbau

Amtsgericht
Burgweg 9
Nur Außenbesichtigung

oben: Westgiebel, anhaltinischer Bär mit dem Wappen Großherzogin Adelheids

rechts unten: Westfassade

links unten: Ansicht von Südwesten

46. Eppstein

Burg

10. Jh. Gründung
1122 Ersterwähnung
14./15. Jh. Ausbau
1616–18 Umbauten
1804–23 Abbrüche

Auf der Burg April–Okt. Di.–So. 10–17 Uhr, Nov.–März Di.–So. 11–15 Uhr
Stadt- und Burgmuseum: April–Okt. Sa. 14–17 Uhr, So., Feiertag 11–17 Uhr, Mi. 16–18 Uhr
Nov.–März So., Feiertag 12–15 Uhr
Tel. 06198/3050
www.eppstein.de

Mitte: Grundriss, aus Luthmer 1905

unten: Ansicht von Norden

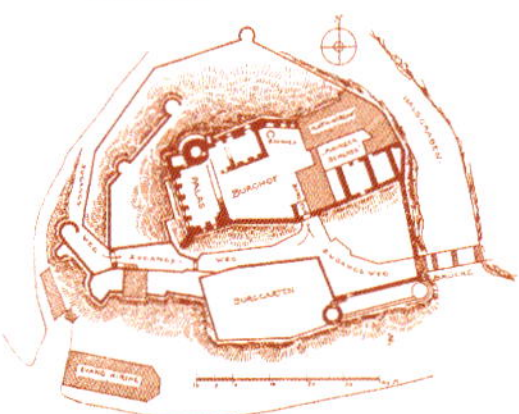

Burg Eppstein wurde wahrscheinlich von dem Grafen Eberhard († 939) aus dem Hause der fränkischen Konradiner im frühen 10. Jh. gegründet und lag im damaligen Königssundergau, das von Eberhard für den König verwaltet wurde. Allerdings wird die Burg erst 1122 erwähnt und war damals als Reichslehen im Besitz der Grafen von Eppstein, einer regional führenden Familie. Da Graf Udalrich kinderlos blieb, übergab er mit kaiserlicher Zustimmung eine Hälfte des Lehens 1124 Erzbischof Adalbert von Mainz. Die östliche Hälfte der Burg wurde 1137 vom Reich an Mainz übertragen.
Nach dem Tod Adalberts erhielt Graf Gerhard von Nürings die Burg. Er starb 1171, und im Erbgang gelangte Eppstein um 1180/90 an Gerhard III. von Hainhausen. Er nannte sich nun von Eppstein und wurde so zum Begründer eines Grafengeschlechts, das bis 1535 eine wichtige Rolle in der Regional- und sogar Reichspolitik spielen sollte, denn im 13. Jh. stellten die Eppsteiner gleich vier Mainzer Erzbischöfe. Der berühmteste von ihnen war zweifellos Siegfried III., der von 1231–49 die Geschicke des Erzbistums lenkte. Er stellte sich 1241 gegen die Staufer und setzte den Landgrafen von Thüringen, Heinrich Raspe, als Gegenkönig ein. Im Mainzer Dom ist bis heute sein Grabmal zu bewundern, das ihn zeigt, wie er den römisch-deutschen Königen die Krone aufs Haupt setzt.
1350 verwüstete ein Großbrand die Burg, die in der Folge als großer und repräsentativer Dynastensitz wiederaufgebaut und bis ins 15. Jh. mit ausgedehnten Zwingeranlagen umgeben wurde. Graf Gottfried IX. musste die Reichshälfte der Burg 1492 an den Landgrafen von Hessen verkaufen, da er hoch verschuldet war. Die den Eppsteinern verbliebene Hälfte erbten 1535 die Grafen von Stolberg und fiel 1581 an Kurmainz. So teilten sich nun das katholische Mainz und das protestantische Hessen in den Besitz. Landgraf Moritz von Hessen-Kassel ließ einige Umbauten vornehmen und zwischen 1616–19 die Befestigungen verbessern.
Während der Ostteil bis 1803 weiter gepflegt wurde, begann die hessische Hälfte seit dem 18. Jh. zu verfallen. Der Verfall wurde noch durch Abbrüche bis 1823 beschleunigt. Obwohl es Proteste gegen den Abbruch gegeben hatte, setzte die nassauische Regierung diesen durch, mit der Begründung, die Burg würde dann romantischer aussehen und mehr Fremde anziehen. Tatsächlich suchten Maler, Literaten und Komponisten den Ort auf, um sich inspirieren zu lassen, so Felix Mendelssohn Bartholdy, Victor Hugo und Alexandre Dumas d. Ä., der dem Schloss einen eigenen Roman („Albine oder die Erscheinung auf dem Schlosse Eppstein") widmete.
Die Burg erhebt sich auf einem Bergsporn über dem engen Tal des Schwarzbaches. Ihre ältesten erhaltenen Bauteile gehören ins 12. Jh. Im Osten sichert sie ein 12–15 m tiefer, aus dem Fels gehauener **Halsgraben**. Natürlichen Schutz boten im Westen, Süden und Osten der Burg und Stadt, ähnlich wie in Idstein (Nr. 48), große, aufgestaute Teiche, die heute verschwunden sind. Ausgedehnte **Zwingeranlagen** mit Schalentürmen umgeben die Burg. Sie entstanden im 14. und 15. Jh. und zeigen an mehreren

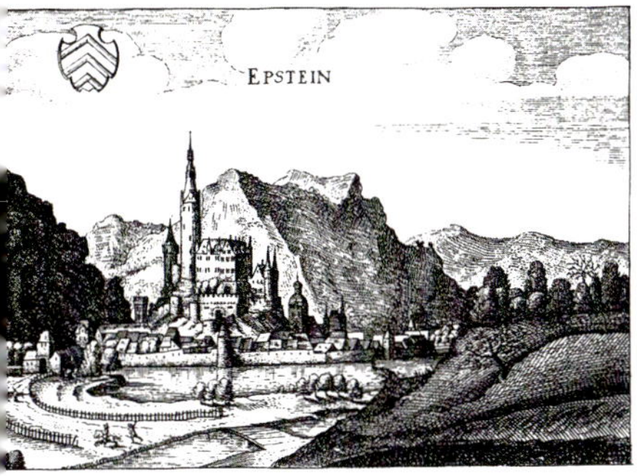

oben: Ansicht nach Merian im 17. Jh., aus Luthmer 1905

Mitte: Zwingermauern und „Bettelbub"

Stellen Schlüsselscharten. Der **Große Gartenzwinger** im Süden der Vorburg wurde erst unter Landgraf Moritz um 1616 als Geschützplattform errichtet. Seine Stützpfeiler stellen mit Stein ummantelte Holzkonstruktionen dar!

Ursprünglich existierte nur ein Zugang im Osten. Hier führt eine **Brücke** über den Halsgraben. Der Brückenkopf war durch ein Vortor gesichert. Erst im Spätmittelalter legte man auch zur Stadtseite einen Aufgang an, der durch drei Tore verteidigt wurde und heute den Hauptzugang bildet. Er führt am **Pförtnerhaus** von 1780, das auf einem spätmittelalterlichen Geschützturm steht, vorbei zur Vorburg. Auf ihrer Südseite lag zwischen zwei Rundtürmen der 1751 abgebrannte **Lange Stall**. Von den beiden flankierenden Rundtürmen steht nur noch der westliche, der sog. *Bettelbub*, einst Gefängnis, während der östliche Kelterturm seit dem Brand nur noch als Stumpf vorhanden ist.

Die **Kernburg** wurde nach dem Feuer von 1350 ausgebaut. Sie umfasst ein längliches Rechteck und wurde von einer hohen Mantelmauer umgeben, an die sich die einzelnen Wohnbauten lehnten und die 1714 bzw. 1809 auf die jetzige Höhe abgebrochen wurde. Der runde **Bergfried** in der Nordwestecke stammt aus dem 14. Jh. Er hat 7 m Durchmesser und ist noch 24,50 m hoch (ursprünglich ca. 33 m). Die heutige Plattform entstand erst 1872. Auf seiner Südseite stößt der viergeschossige **Palas** an, der wohl noch aus romanischer Zeit stammt und um 1500 ausgebaut wurde. Im Zwickel zwischen ihm und dem Turm erhebt sich der einstige **Aborttürm**.

Auf der Ostseite des Bergfrieds stehen die Reste des zwischen 1492 und 1509 errichteten **Küchenbaus**, der im 17. Jh. unter Landgraf Moritz umgebaut wurde und zwischen Küche und Bergfried ein damals hochmodernes zweiläufiges Treppenhaus erhielt. Dieser Bereich bildete seit 1492 den hessischen Anteil der Burg. Östlich davon liegt der ehemals mainzische Teil. Große Teile der einstigen Gebäude, so der **Juchhe-Bau** auf der Südseite, sind seit dem 19. Jh. Ruine. Erhalten blieb der Flügel mit der einstigen Rüstkammer, die in mainzischer Zeit 1600 zur katholischen **Kirche** umgebaut und 1814 erweitert wurde. Im Kern handelt es sich dabei um einen älteren Wohnbau aus der Zeit um 1250. Hier befindet sich heute das Heimatmuseum, das über die Geschichte von Burg und Stadt informiert. Gegenüber liegen die Grundmauern eines weiteren Wohnbaus, der um 1410 entstand.

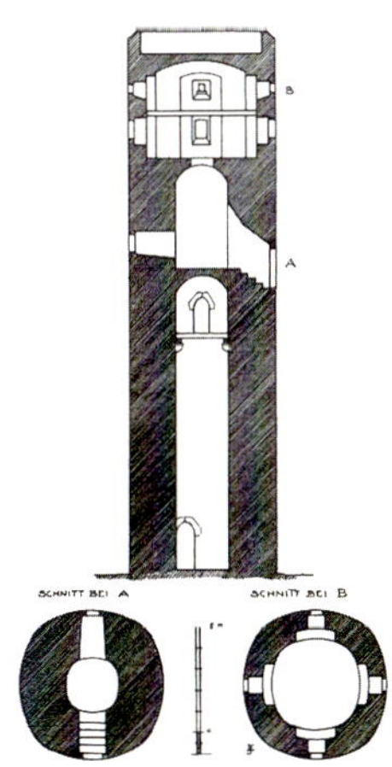

unten links: Bergfried und Aborttürm

unten rechts: Schnitt durch den Bergfried, aus Luthmer 1905

47. Hofheim

Ehem. Wasserburg

Um 1352–1356	*Erbauung*
1667	*Abbruch Wohnbau*
18./19. Jh.	*Verfall*
1990/91	*Ausgrabungen*

Kirschgartenstraße
Nur Außenbesichtigung

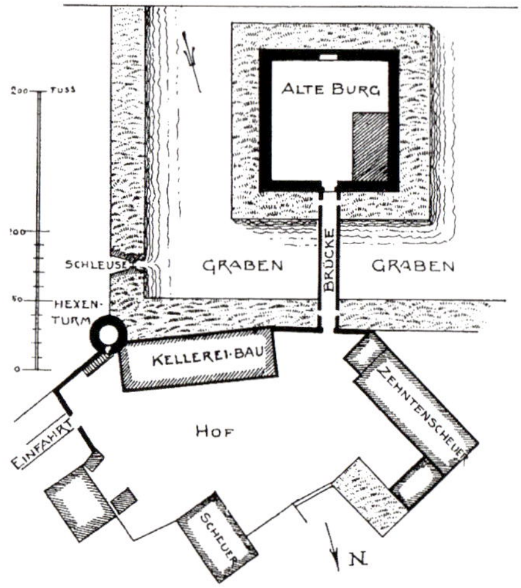

Nachdem Philipp VI. von Falkenstein 1352 von Kaiser Karl IV. Stadtrechte für Hofheim erhalten hatte und in Verbindung damit auch die Erlaubnis zum Bau einer Burg, ließ er sofort mit der Errichtung einer solchen beginnen. Dendrochronologische Untersuchungen von Rüsthölzern in der **Ringmauer** ergaben, dass diese 1354/55 erbaut wurde. 1356 wird das offenbar gerade fertig gestellte *Slois zu Hoiffheim* erstmals erwähnt. Es lag direkt vor der Stadt, mit der es über eine Brücke verbunden war, die noch in Resten erkennbar ist. Die Mauern umschließen ein 23 x 23 m großes Areal. Von den einstigen Wohnbauten ist nichts erhalten. Konsolsteine eines Aborterkers auf der Westseite verraten, dass sich hier der Hauptbau gegen die Mauer lehnte. Grabungen ergaben weiterhin, dass sich auf der Südseite ein Torturm erhob, der über eine Wippbrücke verfügte. Die Konsolsteine als Widerlager für ihre Drehachse sind noch erkennbar.

1364 wurde Hofheim im Reichskrieg gegen Philipp VI. von Falkenstein durch die vier Wetterauer Reichsstädte erobert. Vermutlich wurde Philipp dazu gezwungen, Hofheim spätestens 1369 an den Erzbischof von Mainz abzutreten, welcher hier einen Amtmann einsetzte. In der Folge überließ Kurmainz die Burg verschiedenen Adelsfamilien, seit 1433 war sie Sitz des kurmainzischen Kellers. In der Burg entstand, wie Ausgrabungen ergaben, noch im 16. Jh. ein neuer Wohnbau. Er wurde 1667 abgebrochen. Der kurmainzische Keller verlegte seinen Sitz in das langgestreckte barocke Kellereigebäude, das sog. **Alte Schloss**, das sich gegenüber der Burg im ehemaligen Vorburgbereich an die Stadtmauer lehnt. Es entstand 1717–22. An seiner Südostecke erhebt sich der Hexenturm, ein Mauerturm der Stadtbefestigung, der nachweislich als Gefängnis diente.

oben: Grundriss, aus Luthmer 1905

Mitte oben: Konsolen eines Aborterkers

Mitte unten: Kellerei, Eckturm mit Aborterker

unten rechts: Ansicht

48. Idstein
Schloss

1102	*Erste Erwähnung*
1501	*Aufstockung Hexenturm*
1590	*Südflügel*
1614–34	*Ausbau der Hauptburg*
1646–63	*Lustgarten*
1713–21	*Barockisierung*
1721–1883	*Landesarchiv*
1988–92	*Instandsetzung*

Schlossgasse
Schule, Führungen zu festgelegten Terminen
Tel.: 06126/78215
www.idstein.de

Schloss Idstein gehört zu den großen und bedeutenden Bauten der Spätrenaissance in Hessen. Es wird 1102 erstmals erwähnt und kam 1120 in den Besitz des Erzbischofs von Mainz, der Burg und Ort an die Grafen von Nassau zu Lehen vergab. Nach der ersten Nassauer Erbteilung 1255 wurde Idstein Residenz der älteren Linie Nassau-Idstein. Graf Adolf von Nassau, 1291–98 römisch-deutscher König, hatte hier seinen Hauptsitz. Bei einer zweiten Erbteilung 1355 gelangte Idstein an Adolfs jüngeren Sohn Gerlach, der die Burg ausbauen und verstärken ließ. 1565–88 wurden nach Plänen des Baumeisters Ludwig Kempf die Wirtschaftsbauten in der Vorburg errichtet. In der Hauptburg entstand 1590 der Kern des Südflügels. Die tiefgreifendste Umgestaltung erfuhr die einst turmreiche Baugruppe ab 1614, an deren Ende ein verhältnismäßig einheitlicher und schlichter, aber monumentaler Neubau stand. Graf Ludwig II. von Nassau-Weilburg-Saarbrücken ließ durch Jost Heer weite Teile der alten Anlage mit Ausnahme des Südflügels und eines älteren Baus auf der Ostseite nach und nach abbrechen und an ihrer Stelle drei neue Flügel errichten. Komplett neu gebaut wurde der Saalbau im Norden. 1634 mussten die Arbeiten wegen des Dreißigjährigen Krieges eingestellt werden. Erst nach dem Krieg konnte weitergebaut werden. Große Berühmtheit erlangte der Lustgarten in der Vorburg, den Graf Johann 1646–63 nach Entwürfen des Ingenieurs Georg Böckler und unter Beratung des seinerzeit berühmten Ulmer Baumeisters Joseph Furttenbach erweitern und ausgestalten ließ. Zum Garten, der schon im 16. Jh. angelegt worden war, gehörte ein achteckiger Pavillon mit kunstvoller Grotte.
Als Graf Georg August Samuel von Nassau-Idstein 1695 die Rangerhöhung zum Reichsfürsten erfuhr, ließ er das Schloss neu ausstatten. Als Stuckatoren verpflichtete er 1695 Geronimo Paerna und 1713 Carlo Maria Pozzi. Unter den Malern findet sich Luca Antonio Colomba. Er und Pozzi haben auch in Biebrich (Nr. 3) gearbeitet. Im Südflügel entstand 1717–19 eine neue Schlosskapelle, die vermutlich durch

unten links: Ansicht

unten rechts: Gesamtplan, aus Luthmer 1905

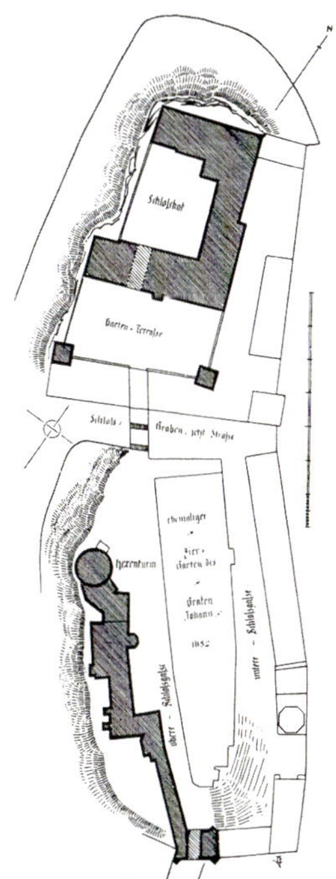

oben links: Garten und Vorburg

oben rechts: Torbau

unten: Ansicht nach Merian im 17. Jh., aus Luthmer 1905

Maximilian von Welsch geplant wurde.

Mit dem Erlöschen der Linie Nassau-Idstein 1721 gelangte das Schloss an Nassau-Usingen und diente bis 1883 als Archiv. Der Garten verfiel. Heute ist hier eine Schule untergebracht.

Das Schloss liegt auf einem Felssporn über dem Wörsbach. Einst umgab es ein See an drei Seiten, der aus dem Bach aufgestaut wurde und bis zu seiner Trockenlegung 1803 Schutz bot. Der spätgotische **Torbau** der **Vorburg** entstand 1497 unter Graf Philipp I. und beherbergte die gräfliche Kanzlei. Die Westseite nehmen Wirtschafts-, Stall- und Verwaltungsbauten aus dem 16. Jh. ein. Den Abschluss der Baugruppe bildet auf

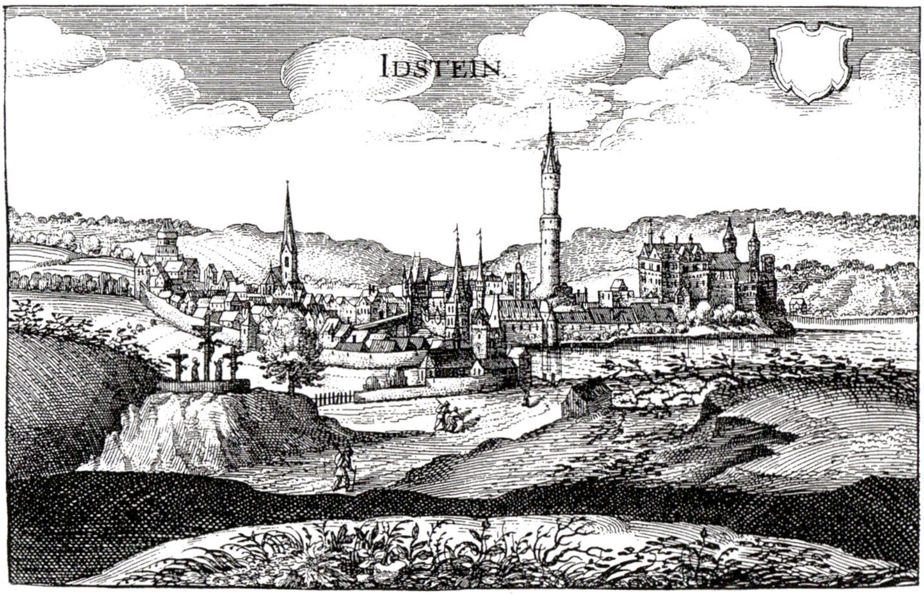

einer Schieferklippe der sog. **Hexenturm**, der Bergfried. Seine Lage innerhalb der Vorburg ist allerdings ungewöhnlich und erklärt sich wahrscheinlich daraus, dass hier der höchste Punkt der Burg zu finden ist. Der Turm entstand schon um 1170 und gehört damit zu den besonders frühen Beispielen runder Bergfriede in der Region. Er wurde um 1240 erhöht und erhielt 1501 den schlankeren Aufsatz.

Die Ostseite der Vorburg nimmt der in Teilen rekonstruierte **Lustgarten** ein. Die Neuanlage von 1989 lässt seine einstige Pracht erahnen, auch wenn die Grotten heute fehlen.

Das **Kernschloss** wurde erst 1683–85 neu befestigt. Zwei bastionierte **Türme** sichern die Zugangsseite, in der Ringmauer wechseln Kreis- und Schlitzscharten zur Verteidigung mit Wallbüchsen und Musketen.

Die Hauptburg war bis zum Ausbau im 17. Jh. eine turmreiche Anlage. Erst die Errichtung des **Nordflügels** 1617 veränderte ihre Silhouette. Die nüchterne Fassade wird nur durch das Renaissanceportal mit den Wappen Graf Johanns und seiner Gemahlin von 1635 belebt und den rechts davon aus der Fassade vortretenden **Standerker**, der wohl etwas älter ist und im 17. Jh. neue Kreuzstockfenster erhielt. Allerdings zierten den Schlossbau ursprünglich diverse Renaissancegiebel und ein Turm, die später abgetragen wurden.

Der innere Hof wird auf drei Seiten von Gebäuden umschlossen, in deren Ecken sich Treppentürme erheben. Nach der ursprünglichen Planung sollte die Westseite eine zweigeschossige Galerie abschließen, die aber – vermutlich bedingt durch den Dreißigjährigen Krieg – nie vollständig ausgeführt und später wieder abgetragen wurde. Im Ostflügel steckt noch Bausubstanz der Zeit vor 1550. Einige Räume, darunter die **Kaiserzimmer**, zeigen reiche Stuckdecken mit Bandlwerk und Deckengemälde aus der Umbauphase im 18. Jh.

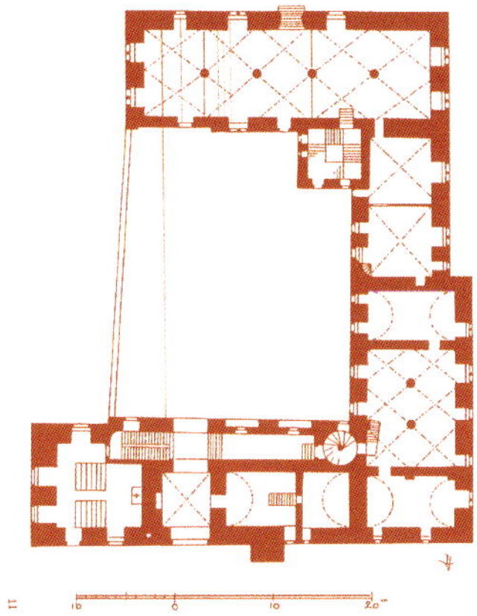

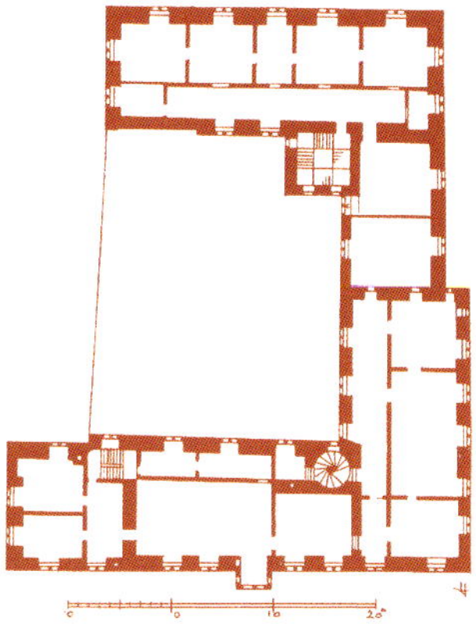

oben: Grundriss Kernschloss, aus Luthmer 1905

unten links: Kernschloss, Ringmauer

unten rechts: Bergfried (sog. Hexenturm)

49. Hohenstein

Burgruine Hohenstein

Vor 1190 Gründung
14. Jh. Ausbau
1600 Renovierung
1647 Beschießung
1864 Einsturz des Palas

Oberhalb des Ortes
Frei zugänglich, Burghotel
www.schloesser-hessen.de, www.burghohenstein-hessen.de

oben: Grundriss im 17. Jh, aus Luthmer 1914

unten links: Ansicht

unten rechts: Torturm und äußere Schildmauer

Burg Hohenstein zählt zu den eindrucksvollsten Ruinen des Taunus. Sie wurde wohl noch vor 1190 durch die Grafen von Katzenelnbogen errichtet. Seit der 2. Hälfte des 13. Jh. war Hohenstein Hauptsitz der jüngeren Linie der Grafen, die Hohenstein um die Mitte des 14. Jh. umfangreich ausbauen ließ. Mit dem Erlöschen der Katzenelnbogen fiel Hohenstein 1479 an Hessen. Um 1600 ließ Landgraf Moritz die Burg modernisieren, wohl um sie als Jagdschloss zu nutzen. Den damaligen Zustand überliefern Zeichnungen und Pläne Wilhelm Dilichs. Die Wehrgänge waren von Zinnen gekrönt, die Türme überwiegend von spitzen Helmen. Reiche Fachwerkaufbauten prägten die Wohngebäude. Nach Beschießung und Eroberung 1647 erfolgte noch einmal die Wiederherstellung als Invalidengarnison. Die Burg diente überdies noch bis 1729 als Amtssitz. Dann setzte der allmähliche Verfall ein.

Die Burg liegt auf einem gegen Norden vorspringenden Felssporn über dem Aartal. Sie gliedert sich in die Hauptburg auf dem Felssporn und die **Vorburg**, die sie im Süden und Osten bogenförmig umgibt. Die Angriffsseite im Südosten schützt der Halsgraben, der sich im Südwesten als Taleinschnitt fortsetzt. Eine gewaltige **Schildmauer** zwischen zwei quadratischen Schalentürmen deckt die Burg hier gegen das ansteigende Gelände. Sie zeigt in drei Reihen übereinander Schlitzscharten, die über hölzerne Wehrgänge zugänglich waren. Auf der Mauer verlief ein weiterer Wehrgang, so dass sie über vier Feuerebenen verfügte. Der südwestliche Turm bildet den Hauptzugang. Ein runder Treppenturm auf der Westseite erschloss den einst achtgeschossigen Turm und den Wehrgang. Die ganze Anlage datiert in die Mitte oder zweite Hälfte des 14. Jh. und legt Zeugnis ab vom hohen wehrtechnischen Niveau katzenelnbogischer Burgen zu dieser Zeit. Innerhalb der Vorburgmauern gruppierten sich diverse Wirtschaftsbauten.

Nicht weniger eindrucksvoll als die Schildmauer der Vorburg präsentiert sich die Südfront der **Kernburg**. Sie wird von einer weiteren, zwischen zwei Türme gesetzten **Schildmauer** eingenommen, in die der anstehende Fels einbezogen ist. Diese innere Schildmauer datiert im Kern wohl noch ins Hochmittelalter, wurde aber im 14. Jh. erneuert und umgestaltet. Aus dieser Zeit stammen die für Katzenelnbogenburgen so charakteristischen Rundbogenfriese und das kleine Ecktürmchen am unregelmäßig sechseckigen **Bergfried**, der wie sein Gegenüber am Westende mit einer Kante gegen die Hauptangriffsseite gerichtet ist, Ausdruck von Stärke und Bedrohlichkeit.

Eine komplizierte Anlage von Zwingermauern führte zum Tor der Kernburg, das in der Mitte der Schildmauer liegt. Hinter der Mauer erhoben sich die Wohnbauten der dreieckigen Kernburg, die in ihrem Grundriss typisch ist für katzenelnbogische Burgen. Von den Wohnbauten steht nicht mehr viel. Der Hauptbau auf der Ostseite stürzte 1864 ins Tal.

50. Schmitten, Hattstein

Burg Hattstein

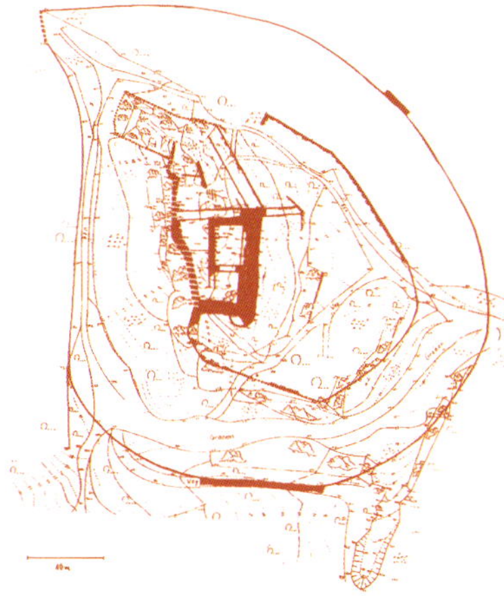

1156 Ersterwähnung
1379 Erste Zerstörung
1432 Zweite Zerstörung
1467 Dritte Zerstörung
Nach 1667 Aufgabe und Zerfall
1969–71 Grabungen

Zwischen Schmitten und Oberreifenberg
Frei zugänglich

Burg Hattstein wurde wohl im 12. Jh. durch Mainz zum Schutz der Eisenerzvorkommen im Umland gegründet. Die dort als Dienstleute des Erzbischofs sitzenden Herren von Hattstein entfremdeten den Besitz im Laufe der Zeit der Kirche. Im Spätmittelalter galt die Burg als berüchtigtes Raubnest, von dem aus die Hattsteiner den Handel auf den Straßen, die durch den Taunus führten, empfindlich schädigten. Mehrmals zogen die Frankfurter und Verbündete vor die Burg, eroberten diese und zerstörten sie, so 1379. Bei diesen „Zerstörungen" handelte es sich um keine vollständige Schleifung, sondern um das Einreißen einzelner Mauern oder Gebäude, um die Burg unbrauchbar zu machen bzw. die Besitzer symbolisch zu strafen.

Eine erneute Belagerung 1393 durch Frankfurt im Bündnis mit der Stadt Mainz und dem Erzbischof scheiterte trotz des massiven Einsatzes von Feuerwaffen. Und auch 1429 wurde ein Frankfurter Angriff abgewehrt. 1432 allerdings kam es zur Einnahme und Zerstörung. Hattstein fiel an eine Ganerbengemeinschaft, darunter die Stadt Frankfurt, welche die Burg wieder in Stand setzte. 1467 eroberte in einer Fehde gegen Mainz Walter von Reifenberg die Burg im Handstreich und ließ sie schleifen. Nach der Wiederherstellung erhielten die Herren von Hattstein einen Anteil zurück. Frankfurt behielt sich das Öffnungsrecht vor. Danach verlor Hattstein an Bedeutung, blieb aber bis ins 17. Jh. bewohnt.

Der Burgstall liegt auf einem zum Weiltal vorspringenden Felsen nur 1 km von Burg Reifenberg entfernt. Er lässt sich so wohl von Schmitten wie Oberreifenberg leicht erwandern. Sehr eindrucksvoll ist der tiefe, aus dem Felsen gehauene **Halsgraben** auf der Süd- und Südostseite. Er setzt sich gegen Nordwesten hangabwärts fort und weist hier auf seiner Außenseite noch einen Wall auf, der eine ca. 90 cm starke Mauer trug. Die kleine **Hauptburg** bildete eine dreieckige Anlage und bestand aus einem Turm und einem Wohnbau, dessen 1967 stark restaurierte Überreste noch auf der Ostseite über den Graben und die vorgelagerte ehemalige Vorburg emporragen. Südlich oberhalb steigt das Gelände weiter bis zu einer ca. 100 m entfernten **Felsterrasse** an, welche die Burg deutlich überhöht. Vermutlich war es hier, wo die Frankfurter 1393 ihre schwere Artillerie in Stellung brachten, denn nur dieser Platz bot hierzu eine geeignete Fläche. Um zu vermeiden, dass der Felsen wieder für einen Angriff genutzt werden konnte, wurde er wohl um 1400 als vorgeschobenes Werk in die Verteidigung Hattsteins einbezogen und vielleicht mit einem Burgmannensitz, dem 1432 erwähnten *Henne-von-Hartenfels-Haus*, besetzt. Zumindest zeigt er deutliche Bearbeitungsspuren.

oben: Grundriss nach Mielke 1982

unten: Ansicht der Kernburg

ganz unten: Halsgraben

51. Oberreifenberg

Burg Reifenberg und Bassenheimer Schloss

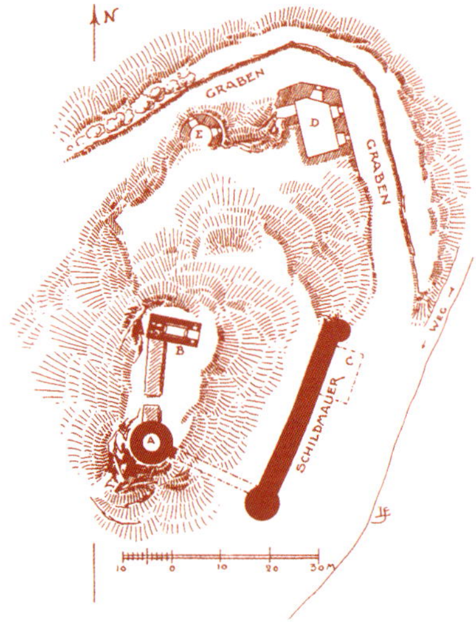

12. Jh.	*Gründung der Burg*
15./16. Jh.	*Ausbau*
1655	*Besetzung durch Kurmainz*
1689	*Schleifung*
1770	*Bassenheimer Schloss*

Tgl. ab 8 Uhr frei zugänglich
Verwaltung der Staatlichen Schlösser und Gärten Hessen
Tel. 06172/9262-101
www.schloesser-hessen.de

oben rechts: Grundriss, aus Luthmer 1905

unten: Gesamtansicht

Burg Reifenberg war einst eine der großen und starken Festungen des Taunus. Sie wurde im 12. Jh. durch die Herren von Reifenberg gegründet und blieb bis ins 17. Jh. in deren Besitz. Im 14. Jh. wurde der Reifenberg zur Ganerbenburg, wobei die Reifenberger immer einen Anteil an ihr behielten, bis sie im 16. Jh. wieder im Alleinbesitz der Anlage waren. Das Rittergeschlecht wurde 1613 in den Reichsfreiherrenstand erhoben.

Die Reifenberger führten eine sehr offensive Politik, die sie u. a. in Gegnerschaft zur Reichsstadt Frankfurt brachte. 1374 gelang ihnen in einer Fehde mit Philipp VI. von Falkenstein die Einnahme von Königstein (Nr. 43) und die Gefangensetzung Philipps, der schwer verletzt auf Reifenberg starb. 1443 schlossen die Reifenberger mit dem Erzbischof von Mainz einen Vertrag, nach dem sie Kurmainz ihre Burg im Bedarfsfall öffnen mussten. Das sollte sich Jahrhunderte später bitter rächen.

Die Familie unterteilte sich in zwei Hauptzweige, die Weller und die Wetterauer Linie, die sich im 16. Jh., teilweise unter Einsatz von Waffengewalt, um den Besitz stritten. Die familiären Streitigkeiten fanden erst 1658 ihr Ende. Die Burg befand sich nun theoretisch im Besitz des Domherrn Ludwig von Reifenberg, der einen Ausbau zur bastionierten Barockfestung plante. Daraus wurde aber nichts, denn schon 1655 hatte der Erzbischof von Mainz auf Grund des Öffnungsvertrages die Burg militärisch besetzen lassen. Der Streit eskalierte und 1668 wurde Ludwig von Reifenberg durch den Mainzer gefangengesetzt und unter dem Vorwand verschiedener angeblicher Verbrechen zur Festungshaft auf Königstein verurteilt. Damit hatte sich das Erzstift in den Besitz einer weiteren wichtigen Festung im Taunus gebracht, die in den 1670er Jahren nochmals repariert wurde. Die Burg gelangte 1718 an die Grafen von Waldbott-Bassenheim, die Ort und Burg bis zur Mediatisierung durch Nassau 1806 besaßen. Die Burg selbst behielt bis 1689 ihre mainzische Garnison. In diesem Jahr wurde sie auf Befehl des Kurfürsten geschleift, der fürchtete, die Franzosen könnten auf sie vorrücken und dabei die Gegend verwüsten.

Erhalten haben sich auf einem Bergsporn mit steilem Abfall nach Süden und Westen nur wenige Bauten der Anlage, die über mehrere Höfe und Zwinger verfügte. Auf dem höchsten Punkt erhebt sich der runde, ca. 25 m hohe **Bergfried**, der wohl noch in die erste Hälfte des 13. Jh. gehört. Ihm gegenüber steht ein eigentümlich schmaler, 19 m hoher **Wohnturm**, der zur Hofseite einst durch eine

oben links: Mantelmauer

oben rechts: Wohnturm

Fachwerkwand geschlossen war. Er hat sechs Geschosse, die über eine in der Mauerstärke liegende Wendeltreppe erschlossen werden. Licht erhielt er nur durch Fenster in der Nordmauer und vermutlich in der verschwundenen hofseitigen Fachwerkwand. Im untersten Geschoss befand sich wohl eine Küche oder Backstube. Der Turm dürfte im 14. Jh. errichtet worden sein und einer der Ganerbenfamilien gehört haben. Vermutlich stießen links und rechts weitere Gebäude an, die verschiedenen Ganerben zur Wohnung dienten. Ein zweiter, ähnlicher Bau, von dem aber oberirdisch keine Spuren mehr vorhanden sind, existierte etwas weiter östlich an der Hangkante.

Auf der Südseite der Kernburg erstreckte sich der renaissancezeitliche Wohnbau direkt hinter der unterhalb gelegenen, 4 m dicken sog. **Schildmauer** mit ihren beiden großen Ecktourellen. Ursprünglich umgab sie die Burg als Mantelmauer auf der Südost- und Ostseite. Sie gehört wohl noch ins späte 14. Jh., wobei sie mit ihrer ausgesprochenen Stärke und Ausdehnung eventuell bereits eine Reaktion auf den Einsatz mauerbrechender Kanonen darstellt, wie sie 1393 bei der Belagerung von Hattstein (Nr. 50) zum Einsatz gelangten. Weiter nördlich blieben Reste der spätmittelalterlichen Befestigungen erhalten, so die in den Felsen gehauene **Pulverkammer** mit Geschützscharten und westlich davon ein runder Geschützturm. Diese Bauten stammen wahrscheinlich aus dem frühen 16. Jh. Nachdem die Burg durch Mainz aufgegeben und demoliert worden war, bauten sich die Grafen von Waldbott-Bassenheim 1770 unterhalb der Burg im Ort ein neues **Schloss** in Hanglage. Es ist ein bescheidener spätbarocker Bau mit Mansarddach, der von einer Mauer mit zwei runden Ecktürmchen umschlossen wird.

Bergfried

52. Usingen, Kransberg

Schloss

Um 1200 Gründung der Burg
1654 Wirtschaftsbauten
1875 Umgestaltung
1939–41 Ausbau

Nur Außenbesichtigung, Innenbesichtigung nach Voranmeldung
Business Center Schloss Kransberg – BGSK GmbH
Tel.: 06081/6820
www.schloss-kransberg.de

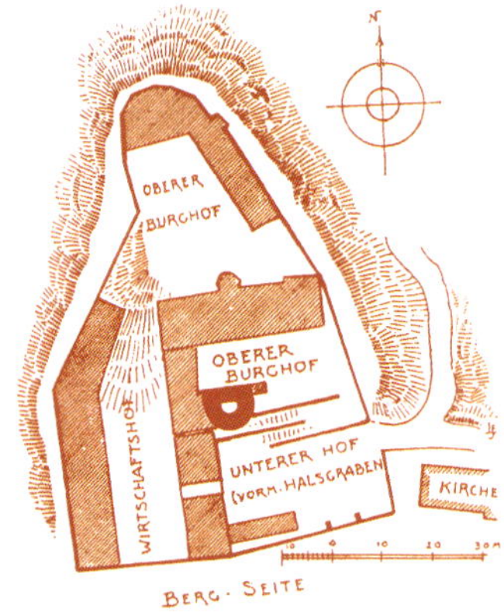

oben: Grundriss vor 1939, aus Luthmer 1905

unten: Ansicht

Schloss Kransberg ging wahrscheinlich aus einer Burgverlagerung hervor. Der ältere Vorläufer des Schlosses ist in der sog. Holzburg auf einem Sporn über dem Holzbach nördlich von Kransberg zu suchen, die wohl im 10. Jh. gegründet wurde. Von dieser frühen Anlage zeugen noch Halsgraben und Wälle. Um 1200 wurde die Burg durch die Eberwin Cranich von Kransberg an der jetzigen Stelle über dem Wiesbachtal als Reichslehen errichtet. Bereits 1310 verkauften sie Herrschaft und Burg an die Herren von Falkenstein. 1418 kam die Burg an Eppstein, 1535 an die Grafen von Stolberg-Königstein und schließlich 1581 in kurmainzischen Besitz. Von Mainz erwarben sie die Grafen von Waldbott-Bassenheim 1654. Sie ließen die Anlage um einen Wirtschaftsflügel auf der Südseite erweitern. 1806 gelangte Kransberg an Nassau, 1866 an Preußen. Der Staat verkaufte das Schloss 1874 an die Familie von Biegeleben, die den Bau neugotisch verändern und um einen kurzen Flügel erweitern ließ. 1939 wurde die damalige Besitzerin Emma von Scheidlein zum Verkauf an das Deutsche Reich gezwungen, denn Kransberg sollte Bestandteil des Führerhauptquartiers „Adlerhorst" werden. 1939–41 kam es daher zur Erweiterung. Ähnlich wie die Wolfsschanze in Ostpreußen sollte „Adlerhorst" als Stützpunkt für militärische Operationen dienen, in diesem Fall an der Westfront. Inmitten des Waldes gelegen, bot es eine vorzügliche Tarnung gegen Luftangriffe.

Mit den Ausbauplanungen beauftragte man Albert Speer und Fritz Todt. Es wurden vor allem Stollen und Bunkeranlagen unter dem Schloss in den Felsen getrieben. Eine der Anlagen setzte man in den alten Halsgraben. Die Bunker verfügten über 2 m dicke Betonwände, ihr 100 m langer Ausgang war mit Schleusen gegen Giftgasangriffe ausgerüstet. Einer der Zugänge zu den unterirdischen Anlagen befindet sich außerhalb der Schlossmauern bei der Kapelle, die als Gruft der Familie von Biegeleben dient, ein anderer im Schloss. Das Schloss selbst sollte dem Reichsaußenminister von Ribbentrop als Quartier dienen, wurde dann aber bis 1944 als Erholungsheim für Wehrmachtsoffiziere genutzt. Ende des Jahres 1944 wurde unweit ein Barackenlager für Häftlinge aus dem KZ Buchenwald errichtet, die zum weiteren Ausbau der Anlagen als Zwangsarbeiter eingesetzt wurden. Man ließ sie Fluchttunnel in den Berg treiben.
Während der Ardennenoffensive diente Kransberg vorzugsweise Reichsmarschall Hermann Göring und dem Reichsführer SS Heinrich Himmler als Hauptquartier. Auch Adolf Hitler weilte vom 11. Dezember 1944 bis 15. Januar 1945 im „Adlerhorst", allerdings weder auf Kransberg noch auf dem zum Führerhauptquartier gehörigen nahen Schloss Ziegenberg,

sondern in Bunkeranlagen in Wiesenfeld. 1945 wurde Kransberg von amerikanischen Truppen besetzt. In der Folge diente es als Internierungslager für hochrangige NS-Funktionäre und Kriegsverbrecher, darunter auch kurzfristig Albert Speer. 1947–94 wurde Kransberg von verschiedenen westdeutschen Militär- und Geheimdienststellen genutzt. Heute dient es ganz zivilen Zwecken als Business Center.

Die Burg erhebt sich auf einem steil nach Norden abfallenden Felskamm. Besonders eindrucksvoll ist der auf hufeisenförmigem Grundriss errichtete **Bergfried**, der mit seiner Rundung gegen die Hauptangriffsseite gerichtet ist. Im Dritten Reich war er als Flakstellung ausgebaut. Vor dem Turm verläuft der einstige Halsgraben. Er bildet heute den Unteren Hof, nachdem man schon 1654 auf seiner Westseite einen zweigeschossigen **Wirtschaftsbau** in den Graben gestellt hat. Das Gebäude ziert auf der Hofseite ein malerischer Laubengang mit reichem Fachwerk. Der spätgotische **Wohnbau** mit sechseckigem Treppenturm steht im Schutz des Bergfrieds und der einst vorhandenen Schildmauer im Oberen Burghof. Er wurde 1883 neugotisch überformt.

Westlich unterhalb der Hauptburg liegt der **Wirtschaftshof**, dessen Gebäude 1939–41 komplett nach Plänen Speers neu gebaut wurden. Sie passen sich optisch dem Burgbau mit steilen Giebeldächern an. Die sehr schlichte Architektur entspricht dem Heimatstil. In der Mitte des Westflügels befindet sich ein Repräsentationsraum, der sog. *Rittersaal*.

Östlich unterhalb der Burg liegt am Hang, romantisch zwischen Bäumen versteckt, die kleine neugotische **Kapelle** (1893–95), welche die Grablege der Familie von Biegeleben birgt.

Das 1366 erstmals erwähnte **Schloss Ziegenberg** hatten seit 1557 die Freiherren von Diede zum Fürstenstein inne. Bekannt wurde es, weil Wilhelm Christoph von Diede die unmittelbare Umgebung des Schlosses in einen Landschaftspark verwandeln ließ und hierüber mit Goethe korrespondierte. Die Diskussionen um die Parkgestaltung schlugen sich literarisch in dessen „Wahlverwandtschaften" nieder. An der Zufahrt erinnert noch das Denkmal *Dem dreyfach gefesselten Glyke* von 1782, das nach einer Idee Goethes von Adam Friedrich Oeser entworfen wurde, an seine Beteiligung an der Parkanlage. Seit 1939 gehörte Ziegenberg zum Führerhauptquartier „Adlerhorst". Es wurden umfangreiche Bunker angelegt, die sich an die Flanken des Berges schmiegten. Das Schloss selbst wurde durch Speer umgebaut und umfasste eine Wohnung für Hitler, die dieser aber nie nutzte. Ein Angriff amerikanischer Jagdbomber zerstörte es im März 1945. 1992/93 erfolgte ein vollständiger Umbau zu Eigentumswohnungen, wobei der äußere Zustand der Barockzeit rekonstruiert wurde. Die Anlage ist privat.

oben links: Wirtschaftsbau, Galerie

oben rechts: Wohnbau

Mitte: Vorhof mit Bauten aus dem Dritten Reich

unten: Kapelle

VI. DIE WETTERAU – EINE ADELSLANDSCHAFT

Grafenburgen und Herrensitze zwischen Main, Taunus und Vogelsberg

Zwischen Main, Taunus und Vogelsberg erstreckt sich die Wetterau. Schon die Römer bezogen den fruchtbaren Landstrich in den Limes ein. Im Hochmittelalter gelangte die Wetterau als *Terra Imperii*, als Reichsland, zu großer Bedeutung. Bereits Konrad III. zeigte sich an der Gegend interessiert, aber es war vor allem Friedrich I. Barbarossa, der durch eine gezielte Politik die Wetterau zu einer Machtbasis seines Hauses und des Reiches auszubauen gedachte. Der Kaiser stützte sich beim Aufbau und der Verwaltung der Wetterau vor allem auf die Reichsministerialen von Münzenberg und die Herren von Büdingen. Es entstand im Auftrag des Herrschers ein ganzes Netz von Burgen, die durch Kuno I. von Münzenberg als engem Vertrauten des Kaisers errichtet wurden. In Friedberg (Nr. 59) und Gelnhausen (Nr. 76), wohl auch in Kronberg (Nr. 41) und Königstein (Nr. 43) am Taunusrand trat das Königtum hingegen selbst als Bauherr auf. Die zahlreichen Burgen sollten die Wetterau sichern und als Verwaltungsmittelpunkte dienen.

Allerdings führte die bevorzugte Stellung der Reichsministerialen von Münzenberg dazu, dass diese immer mächtiger wurden und schließlich eine selbständige Politik begannen, um sich eine dauerhafte Herrschaft aufzubauen. Als Kaiser Friedrich II. 1220 das Amt des Landvogtes in der Wetterau einführte, vergab er dieses daher nicht an einen Münzenberger, sondern an Gerlach von Büdingen. Hauptaufgabe des Landvogtes war es, den Landfrieden zu wahren und notfalls mit militärischer Gewalt gegen Friedensbrecher vorzugehen. Eine wichtige finanzielle Stütze fand er anfänglich in den wetterauischen Reichsstädten, in Frankfurt, Friedberg, Gelnhausen und Wetzlar. Im Lauf der Zeit hatten Vertreter diverser führender Familien das Amt des Landvogts inne, so die Herren von Hanau. Allerdings verlor der Landvogt zunehmend an Macht und Einfluss, auf der anderen Seite versuchten die Amtsträger ihre Funktion vor allem zum Auf- und Ausbau ihrer eigenen Herrschaft zu nutzen. So zettelte Ulrich III. von Hanau eine Fehde gegen Philipp VI. von Falkenstein an und deklarierte sie als Reichskrieg, nur um dessen Macht zu brechen. Seit 1419 wurde kein Landvogt mehr eingesetzt. Die Wahrung des Landfriedens übernahmen wenig später politische Bündnisse der wetterauischen Herrschaften.

Mitte des 13. Jh. wurde die Wetterau zu einem der Hauptschauplätze des Endkampfes um die staufische Macht im Reich. In diesem Zusammenhang kam es vermutlich zur Erstürmung und Zerstörung zahlreicher Burgen. Damit scheiterte die Möglichkeit, die Wetterau als starke Machtbasis für das Reich zu erhalten. Trotzdem sollte die Wetterau in der Folge dem Reich sehr eng verbunden bleiben. Die Herausbildung einer einzelnen Macht in der Region und damit die Schaffung eines geschlossenen Territorialstaates gelang nämlich nie. Mit dem Tod Ulrichs II. von Münzenberg 1255 zerfiel die münzenbergische Herrschaft unter sechs Erben, deren wichtigste die Herren von Falkenstein waren. Allerdings blieb ihnen, trotz aller Bemühungen, der Aufbau einer großen, zusammenhängenden Herrschaft in der Wetterau verwehrt, denn schon 1271 kam es zu einer Teilung des falkensteinischen Besitzes in die Linien Butzbach und Münzenberg bzw. Lich. Ähnlich ging es mit anderen Adelsfamilien, so den Grafen von Solms, den Herren von Hanau (seit 1429 Grafen) und den Herren von Isenburg. Stattdessen kam es zu einer immer weiteren politischen Zerteilung der Wetterau und es entstand eine Vielzahl kleiner und kleinster Ländchen, darunter so eigenartige politische Gebilde wie die Reichsburg Friedberg, die von einer adeligen Ganerbenschaft beherrscht wurde. Drei weitere Ganerbenschaften waren Staden, die Burg Gelnhausen und Assenheim. Daneben existierten zahlreiche winzige reichsritterschaftliche Gebiete. Die Wetterau entwickelte sich zu einer Adelslandschaft, deren Dörfer und Städtchen bis heute von zahlreichen Burgen und Schlössern geprägt sind. Kaum ein Dorf, in dem sich nicht mindestens ein Herrenhaus befindet.

Die territorial zersplitterte Wetterau sah sich seit dem 15. Jh. zunehmend durch die Landgrafschaft Hessen bedroht. Die Landgrafen hatten 1450 die Grafen von Ziegenhain beerbt und dabei Nidda an sich gebracht. 1479 erbten sie auch noch die Grafschaft Katzenelnbogen und damit einen Teil von Butzbach. Damit hatten sie zum ersten Mal im Herzen der Wetterau Fuß fassen können. Die Wetterauer Grafen hatten schon 1422 unter Führung der Katzenelnbogener ein Bündnis zur Wahrung des Landfriedens und zur Durchsetzung ihrer politischen Interessen gegründet, den sog. Wetterauer Grafenverein. Dieser gewann nun als Bündnis gegen die politischen Be-

Münzenberg, Tor zur Kernburg

strebungen der Landgrafen an Bedeutung und spielte bis zum Dreißigjährigen Krieg eine wichtige Rolle, zumal es ihm 1495 gelungen war, Sitz und Stimme auf dem Reichstag zu erhalten. Seinen Niedergang erlebte der Wetterauer Grafenverein allerdings im Dreißigjährigen Krieg, denn seine Mitglieder hatten unter Führung des Grafen Johann VI. von Nassau-Dillenburg fatalerweise zu Beginn des Krieges den geächteten pfälzischen Kurfürsten unterstützt. Das führte dazu, dass die Wetterau sehr bald von den Kriegsereignissen betroffen war, einige der Grafen vom Kaiser geächtet und von ihren Ländern gejagt wurden, so die Grafen von Hanau. Zwar wurden mit dem Kriegsende die Vertriebenen in ihre alten Rechte und Herrschaften wieder eingesetzt, aber der Wetterauer Grafenverein, der noch bis 1806 bestand, erlangte nie wieder seine vormalige Bedeutung für die Reichspolitik.

Die Landgrafen von Hessen-Kassel konnten schließlich doch noch in der Wetterau weiter Fuß fassen, wenn auch erst 1736 mit dem Aussterben der Grafen von Hanau, deren Territorium sie erbten. Damit reichte ihre Herrschaft bis an den Main.

1806 fiel die gesamte Wetterau an das neu gebildete Großherzogtum Hessen und bei Rhein, die einstige Landgrafschaft Hessen-Darmstadt, darunter auch die hanauischen Gebiete der hessen-kasselischen Verwandtschaft. Aus den zahllosen Landesherren wurden privilegierte Untertanen, aus ihren Residenzschlössern und Rittersitzen die noblen Wohnungen bessergestellter Staatsbürger. Am schwersten traf es die Fürsten von Isenburg, die die napoleonische Flurbereinigung unbeschadet überstanden hatten und ein Mitglied des Rheinbundes geworden waren. Sie wurden noch 1816 durch das Großherzogtum Hessen mediatisiert.

53. Niederdorfelden

Wasserburg Dorfelden und Junkernhof

Vor 1166 Gründung
1234 Erste Erwähnung
Im 18. Jh. Verfall
1991 Sicherung

Ruine frei zugänglich
Der Junkernhof ist Privatbesitz

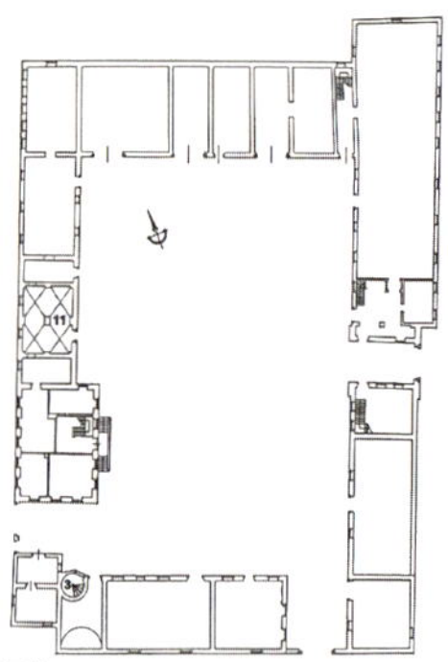

oben rechts: Grundriss

Mitte: Junkernhof, Grundriss

unten links: Eckturm

unten rechts: Junkernhof, Herrenhaus

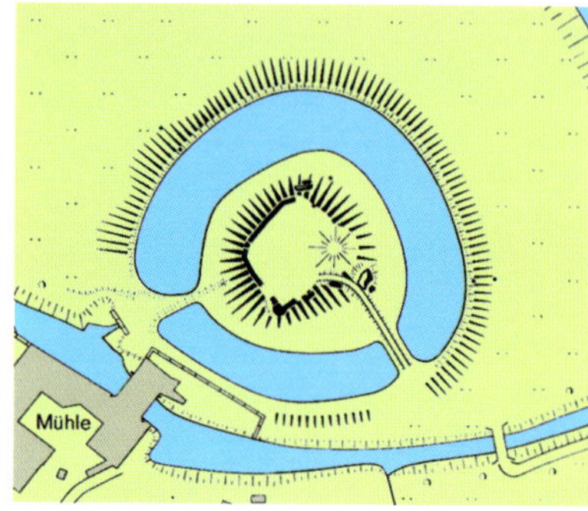

Die **Wasserburg** Dorfelden, von der nur noch wenige Trümmer stehen, liegt unmittelbar am Nordrand der Gemeinde auf einem von der Nidder umflossenen künstlichen Hügel, die den 20 m breiten, noch vollständig erhaltenen Wassergraben speist. Es handelt sich um die alte Stammburg der Herren und späteren Grafen von Hanau, eines der führenden Geschlechter in der Region vom 13.–18. Jh. Die Burg wurde wohl im 12. Jh. von den Herren von Dorfelden-Hagenowe gegründet, die erstmals 1166 mit Reinhard I. und Konrad auftreten. Erstmals erwähnt wird das *castrum in Dorenfeldt* 1234, als es zu einer Erbteilung zwischen Reinhard III. von Dorfelden und seinem Bruder Heinrich kam. Sehr bald schon muss Dorfelden für die Herren von Hanau, die nun ihren Hauptsitz in Windecken (Nr. 78) nahmen, eine immer geringere Rolle gespielt haben. Vom 13.–15. Jh. war Dorfelden nur noch Spekulationsobjekt der Hanauer und wurde mehrfach verkauft, verpfändet und verliehen. Seit dem 17. Jh. dürfte ein allmählicher Verfall eingesetzt haben. Die verschiedenen Käufer und Pfandnehmer waren weniger an dem Bauwerk interessiert, als vielmehr an den zugehörigen Gütern und Rechten. Für den Bauunterhalt wurde wenig getan. 1717 kam die Burg samt dem zugehörigen Junkernhof in den Besitz der Familie von Edelsheim. Mitte des 18. Jh. wurden die Wohnbauten noch unterhalten, die Ringmauer zerfiel aber mehr und mehr. In der Folge diente die ganze Anlage als Steinbruch. Erste Sicherungsmaßnahmen wurden 1991 vorgenommen.

Die Ruine ist über einen Fußweg vom Rathaus aus leicht zu erreichen. Es stehen noch Reste der inneren **Ringmauer**, ein halbrunder Turm und Teile eines zusammengestürzten weiteren Rundturmes. Nach Ausweis eines Grundrissplanes aus dem 18. Jh. lagen innerhalb der Mauern fünf Gebäude.

Der erhaltene **Turm** dürfte nicht, wie bisher angenommen, in die Stauferzeit datieren, sondern eher ins Spätmittelalter, ins 14. oder gar erst 15. Jh. Dafür sprechen die langen Buckelquader mit sehr breitem Randschlag. Im Westen lag das Tor, wie sich noch am Kanal für den Riegelbalken, der in der Ringmauer erhalten blieb, ablesen lässt.

Wichtiger als die Burg wurde schließlich deren früherer Wirtschaftshof, der **Junkernhof**, der sich vielleicht aus der einstigen Vorburg entwickelt hat und südöstlich der Ruine liegt. Die Anlage besteht aus Herrenhaus und verschiedenen barocken Wirtschaftsbauten, die sich um einen rechteckigen Hof gruppieren. 1717–69 war der Junkernhof im Besitz der Freiherrn von Edelsheim. Sie ließen 1717–22 das barocke **Herrenhaus** mit Fachwerkobergeschoss und hohem Mansarddach umbauen. Dessen Erdgeschoss mit der Tordurchfahrt ist älter und gehört noch ins späte 16. Jh., ebenso der runde Treppenturm. Eine Wappentafel weist Johann von Dorfelden und seine Frau Clara als Bauherren aus.

54. Bad Vilbel

Wasserburg

12. Jh. Gründung
1399 Zerstörung
1409–14 Neubau
1796 Zerstörung

Brunnenmuseum
Klaus-Havenstein-Weg 2
Sa., So., Feiertag
14–17 Uhr (derzeit wg. Restaurierung geschlossen)
Tel.: 06101/559310
www.kultur-bad-vilbel.de

Vermutlich existierte schon 1128 eine Burg in Vilbel, denn damals wird erstmals ein Walter von Vilbel erwähnt. Die Herren von Vilbel standen unter der Lehnshoheit der Herren von Hagen-Arnsburg bzw. Münzenberg, seit 1255 unter der der Herren von Falkenstein und Hanau. Als Bechtram von Vilbel 1399 den Ausbau seiner Burg plante und illegalerweise an der Vilbeler Niddabrücke Zoll erhob, ein Recht, das Frankfurt zustand, kam es zur Fehde, in deren Verlauf die Burg zerstört wurde. 1409 kaufte Werner von Falkenstein, Erzbischof von Trier, eine Hälfte des Ortes und baute die Wasserburg bis 1414 wieder auf. Nach seinem Tod 1418 erwarben verschiedene Adelsfamilien Anteile an der Burg, 1430 auch die Reichsstadt Frankfurt. 1590 gelangte sie in die Hände von Kurmainz, das hier seinen Amtssitz unterbrachte. 1796 wurde die Burg von den Franzosen niedergebrannt. Seit 1955 gehört die Ruine der Stadt, die den Burgraum im Sommer als Freilichtbühne nutzt.

Ein Wall trennt die Wasserburg von der Nidda. Ursprünglich wurde sie vermutlich von zwei Gräben umgeben. Die Anlage bildet ein unregelmäßiges Sechseck, aus dessen Südwestecke ein **Rundturm** hervortritt. Sie geht in ihrem heutigen Bestand mit den Mauern aus großen Sandsteinquadern überwiegend auf den Wiederaufbau im frühen 15. Jh. zurück. Zahlreiche längliche **Schlüsselscharten**, die in sauber gemauerten Schießkammern sitzen, zeigen, dass die neue Befestigung schon ganz zur Verteidigung mit Feuerwaffen eingerichtet war. Das gotische **Burgtor** liegt neben dem eckigen Hauptturm. In seinem Schlussstein erscheint das Wappen Werners von Falkenstein. Ursprünglich befand sich das Tor im **Turm**, wie der zugesetzte Bogen verrät. Er stellt demnach den ältesten erhaltenen Teil der Burg dar und wurde aus dem zerstörten Vorgänger übernommen, das Tor aber beim Neubau zugesetzt. Die östlich anstoßende Ringmauer, die auf einem Gesims leicht vorkragt, hat hier wohl noch die ursprüngliche Höhe. Auf der Südseite des Hofes erheben sich die Reste des 1539 erneuerten und wohl auch erweiterten **Hauptbaus**. Die **Wirtschaftsbauten** auf der Ostseite des Turms datieren in das 18. Jh.

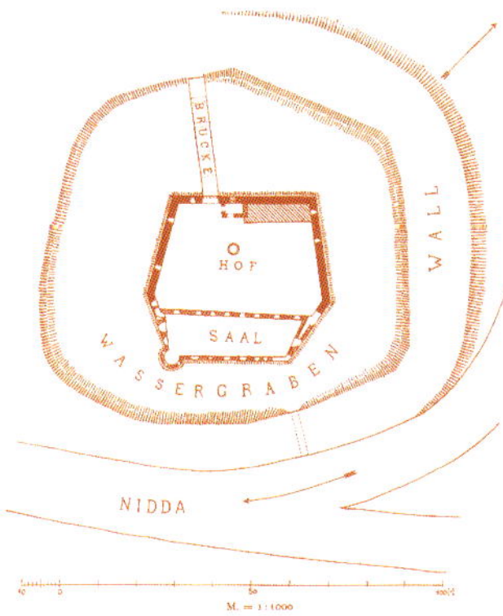

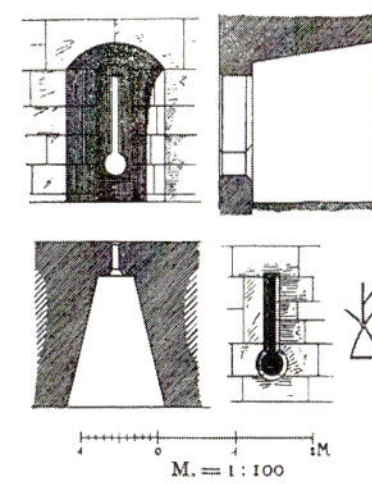

oben: Grundriss, aus Adamy 1895

oben rechts: Schlüsselscharte und Schießkammer, aus Adamy 1895

Mitte links: Eckturm und Wohnbau

Mitte rechts: Tor und Turm

unten: Ansicht

55. Rosbach v. d. Höhe, Nieder-Rosbach

Wasserburg

13./14. Jh. Gründung
1356 Ersterwähnung
1710 Neubau
1980 Renovierung

Gemeindeverwaltung
Haingraben 17

oben: Fachwerkfassade

unten: Ansicht mit Wassergraben

Die kleine Burg in Nieder-Rosbach wurde wahrscheinlich im 13. oder 14. Jh. zur Kontrolle einer alten Handelsstraße durch die Herren von Carben erbaut. Sie übergaben ihren Ansitz 1356 Ulrich II. von Hanau, um die Burg von ihm wieder zu Lehen zu empfangen. 1367 kam die Burg als Lehen von den Herren von Hanau an die von Kolnhusen und schließlich an die Löw von Steinfurth, die sich 1412 verpflichten mussten, ihre Burg immer für die Herren von Hanau offen zu halten. 1513–1816 war sie im Besitz der Herren von Greiffenclau zu Vollraths, die 1710 das heute noch bestehende Burghaus unter Verwendung älterer Mauern errichten ließen. Nach mehrfachem Besitzerwechsel erwarb 1913 die Gemeinde Nieder-Rosbach das Anwesen.

Die Wasserburg liegt am Nordrand des Ortes nahe der Kirche. Sie stellt nicht viel mehr als ein *festes Haus* dar, wie die Burg in einer Urkunde 1367 bezeichnet wird. Vermutlich hat sich der Bau aus einer Motte entwickelt. Das bestehende zweigeschossige Haus zeigt im Obergeschoss schlichtes barockes Fachwerk, dessen Konstruktion der Giebelwände recht bemerkenswert ist. Fächerförmig greifen jeweils zwei Streben von einem Fußpunkt ausgehend in den Rähm.
Der Burggraben, einst gespeist vom Rosbach, wurde auf der Nord- und Ostseite wiederhergestellt. Zur Burg gehörte auch ein Ökonomiehof, von dem noch Reste der Umfassungsmauern stehen.

56. Rosbach v. d. Höhe, Ober-Rosbach

Wohnturm

Wann genau und von wem der Wohnturm in Ober-Rosbach, der wohl Bestandteil einer größeren Burg, zumindest aber eines Herrenhofes war, errichtet wurde, ist unbekannt. Vermutlich gehört er erst ins 15. Jh., worauf eine Schlüsselscharte im Erdgeschoss hinweist.
Ober-Rosbach war im 13. Jh. zwischen den Grafen von Diez und Diez-Weilnau aufgeteilt. 1326 gelangte die Weilnauer Hälfte an die Grafen von Nassau. Es ist möglich, dass diese zur Sicherung der Weinstraße, die durch den Ort führte, eine kleine Burg errichten ließen. An ihrer Stelle entstand später ein nassauischer Hof. Der Ort gelangte 1666 durch Tausch an die Landgrafschaft Hessen-Kassel.
1738 erwarb der Obrist von Wiesel das Hofgut mit dem Turm und ließ das schlichte barocke Herrenhaus an der Straße errichten. 1766 wurde das Gut aufgeteilt und an verschiedene Einwohner Ober-Rosbachs verkauft. Das **Herrenhaus** ist ein schlichter zweigeschossiger Barockbau mit Mansarddach.

Im straßenseitigen Mittelrisalit erscheint das in Sandstein gehauene Allianzwappen Wiesel-Westerfeld. Hinter dem Haus steht über quadratischem Grundriss der gut 11 m hohe, dreigeschossige **Wohnturm**. Er hat ca. 7 m Seitenlänge, die Wandstärken liegen im Erdgeschoss bei 1,2 und im obersten Geschoss bei 0,75 m. Das niedrige Erdgeschoss verfügt über ein Kreuzgewölbe. Der Eingang liegt, über eine Außentreppe auf der Nordseite erreichbar, im ersten Obergeschoss. Die Spitzbogentür im Erdgeschoss wurde erst nachträglich eingefügt. Das zweite Obergeschoss hat größere Fenster, die teilweise mit Sitzbänken in den Wandnischen ausgestattet sind. Unter dem steilen Walmdach verläuft ein Rundbogenfries auf Konsolen.

15. Jh. Wohnturm
1738 Herrenhaus

Homburger Straße 1a/3,
nur Außenbesichtigung,
Tel.: 06003/822-0
www.rosbach-hessen.de

oben: Schlüsselscharte

unten links: Ansicht

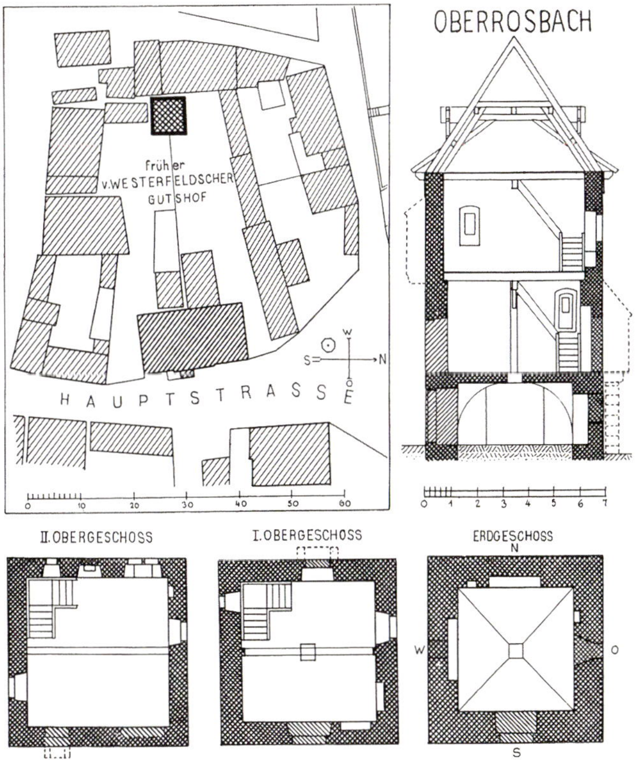

Lageplan, Schnitt und Grundrisse, aus Bronner 1934

57. Niddatal-Assenheim

Schloss

Vor 1184 Gründung
1786–93 Bau des Solmser Schlosses
1854 Küchenbau
1876 Ausbau Wirtschaftshof
1881–83 Archivgebäude

Hauptstraße 38–40
Privat, nicht zugänglich.
Einzelne Räume stehen für Hochzeiten zur Verfügung.
www.solms-assenheim.de

Es war wohl Kuno I. von Münzenberg, der in Assenheim zwischen 1170 und 1184 eine Burg errichten ließ. Mit dem Tode des letzten Münzenbergers 1255 fiel auch Assenheim an dessen sechs Erben. Schließlich waren nur noch die Herren von Falkenstein und von Hanau Anteilseigner. Mit dem Aussterben der Falkensteiner fiel deren Anteil 1418 zu gleichen Teilen an die Herren von Hanau, an die Isenburger und die Grafen von Sayn. Assenheim entwickelte sich zu einer Ganerbenburg. Sie spielte im 15. Jh. regional eine gewisse Rolle. So diente ihr Bergfried als Haftstätte für das Freigericht Kaichen, das wiederum zum Hoheitsgebiet der Burg Friedberg (Nr. 59) gehörte. Seit 1461 waren die Grafen von Solms Anteilseigner. 1722 wurde Assenheim Residenz einer eigenen Linie Solms-Rödelheim und Assenheim. Graf Johann Carl Ernst ließ 1786 durch den Frankfurter Georg Friedrich Mack einen dreiflügeligen Neubau beginnen, der aber nicht vollendet wurde. 1816 fiel Assenheim an das Großherzogtum Hessen, das Schloss blieb aber im Besitz der Isenburger und Solmser. 1851 gelang den Grafen von Solms-Rödelheim der Erwerb des Isenburger Anteils.

Von der Burg steht nichts mehr. 1860 ergaben Grabungen Hinweise auf einen Turm von 11,5 m Seitenlänge, der im 18. Jh. abgebrochen worden ist. Er wurde von einer quadratisch geführten Mauer umgeben, die in Resten noch erhalten ist. An sie lehnt sich der 1881–83 errichtete neugotische **Archivbau**. Im Zentrum der heutigen Anlage steht der dreigeschossige **Schlossbau** mit hohem Mansarddach. Die schlichten Fassaden gliedern große Segmentbogenfenster. Der Zugang wird durch einen 1874 erneuerten Arkadenvorbau hervorgehoben, der den Hauptbau mit dem südlichen Trakt verbindet. Dieser reicht ins Jahr 1698 zurück und diente ursprünglich als Gartensaal. 1835 und 1871 wurde er aufgestockt und durch einen kurzen Zwischenbau mit dem Hauptgebäude verbunden. Auf der westlichen Stirnseite erhielt er einen Turmvorbau. Die Nordseite des Ostflügels schließt seit 1854 die neugotische **Küche** ab.

Nördlich des Hauptbaus liegt der hufeisenförmig angelegte **Ökonomiehof** mit dem Uhrturmbau, der 1876 errichtet wurde, ein sehr qualitätsvolles Wirtschaftsgebäude des Historismus.

oben: Tor und Archivbau

unten links: Wirtschaftshof

unten rechts: Ansicht Solmser Schloss

58. Niddatal-Assenheim, Wickstadt

Hofgut

Das Hofgut Wickstadt geht auf eine Siedlung zurück, die 1231 dem Zisterzienserkloster Arnsburg geschenkt wurde und fortan ein Klostergut bildete. Am Westrand der Siedlung erhebt sich der um 1400 errichtete **Pfortenturm**, ein einstiger Wehrspeicher, über dessen beiden steinernen Geschossen sich zwei Fachwerkgeschosse erheben. Sie zeigen mit langen geschossübergreifenden Streben (Schwertungen) und Kopfbändern typisch mittelalterliche Konstruktionsmerkmale. Entsprechend der mittelalterlichen Bauweise sind die Hölzer nicht gezapft, sondern noch verblattet und werden durch Holznägel zusammengehalten. Der Turm stellt einen der wenigen erhaltenen Bauten dieser Art in Hessen dar. Die schräg gegenüber liegende kleine barocke **Pfarrkirche** entstand 1707 und wurde 1714 geweiht. Ihr Portal ziert eine Figur des hl. Nikolaus.
Durch Mauern abgegrenzt von der übrigen Siedlung ist das **Herrenhaus** des reichsfreien Klosters Arnsburg mit dem vorgelagerten, langgestreckten Wirtschaftshof, den Bauten aus dem 18. und 19. Jh. umstehen. Das Herrenhaus selbst, das als Lustschloss des Arnsburger Abtes diente, ist ein zweigeschossiger Spätbarockbau mit Mansarddach. Die schlichte Fassade, deren Mittelachse durch zwei Wandvorlagen gerahmt ist, wird von zwei halbrunden Pavillons gefasst, die sich spiegelbildlich auf der Rückseite wiederholen, so dass das Gebäude einen h-förmigen Grundriss erhält. Sie verleihen dem Bau seinen eigentümlichen Reiz.
Mit der Säkularisation kam das Anwesen 1803 an die Grafen von Solms-Rödelheim.

1231	*erstmals erwähnt*
Um 1400	*Wehrspeicher*
1707–14	*Pfarrkirche*
1792	*Herrenhaus*
Seit 1803	*im Besitz der Grafen zu Solms-Rödelheim*

oben links: Landschaftsbild

oben rechts: Pfortenturm

unten: Herrenhaus

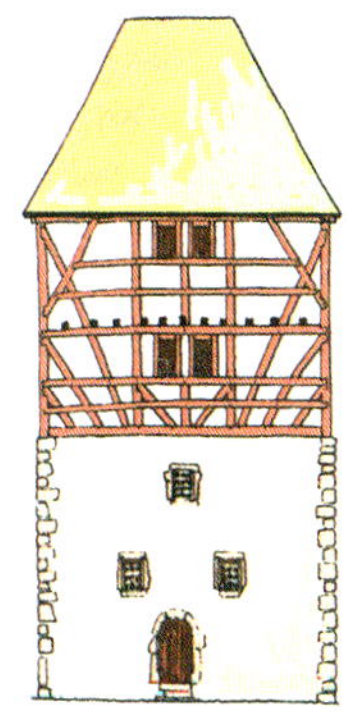

59. Friedberg
Reichsburg

Um 85–260 Römerkastell
Um 1170/80 Gründung
1347/52 Adolfsturm
1492–95 Dicker Turm
1604–10 Burggrafiat
1782–1808 Neubau Burgkirche
1806 Auflösung der Burggrafschaft

Außenbereich frei zugänglich
Adolfsturm: 1. April–31. Okt. Sa., So., Feiertag 14–18 Uhr
www.schloesser.hessen.de, www.friedbergergeschichtsverein.de

Die Burg Friedberg dürfte eine der ganz wenigen Burgen Deutschlands sein, die sich tatsächlich an Stelle eines römischen Kastells befindet und auch noch über dessen Ringmauern erstellt wurde. Eine erste römische Befestigung wurde wohl unter Kaiser Domitian um 85 n. Chr. angelegt. Ihr folgten mehrere Kastellbauten, deren letzter spätestens 260 aufgegeben wurde. In karolingischer Zeit existierte evtl. an seiner Stelle ein Königshof. Um 1170/80 erfolgte unter Friedrich I. Barbarossa die Gründung der Reichsburg, und mit ihr oder nur wenig später die Anlage einer Stadt auf dem langgezogenen, flachen Bergsporn über der Usa. Möglich, aber unwahrscheinlich ist die Gründung schon unter Friedrichs Vorgänger Konrad III. Die Burg sollte jedenfalls wie Münzenberg, Büdingen und Gelnhausen (vgl. Nr. 66, 73, 76) dem Ausbau der königlichen Herrschaft in der Wetterau dienen. Im Interregnum wurde sie 1275 durch die Bürger der Reichsstadt Friedberg zerstört. Dies ist der erste und deutlichste Hinweis auf die konfliktreiche Beziehung zwischen der adeligen Burgmannschaft und den Bürgern der aufstrebenden, selbstbewussten Handelsstadt, die aus der verfassungsmäßigen Vormachtstellung der Burg erwuchs: So war der Burggraf oberster Stellvertreter des Königs und Gerichtsherr der Stadt. Die Auseinandersetzungen zwischen Burg und Reichsstadt, die auch bewaffnet ausgetragen wurden, entwickelten sich schließlich aber mehr und mehr zu Gunsten der Burgmannschaft. 1306 setzte König Albrecht sechs Burgmannen in den Stadtrat ein. Damit konnte die Burg ihren Einfluss auf die Stadt erheblich ausbauen.

Die Burg entwickelte sich seit dem 13. Jh. zu einer sich selbst verwaltenden Adelskorporation, deren Mitglieder die einzelnen Burgmannen waren. Seit 1285 wählten sie den Burggrafen, der vormals vom König eingesetzt worden war. In dieser Rechtsform war Burg Friedberg einmalig im alten Reich. Der Burggraf war 1492–1729 Führer der Wetterauer Ritterschaft und 1532–1764 auch Hauptmann der mittelrheinischen Reichsritter. Er residierte in dem 1604–10 unter Burggraf Johann Eberhard von Cronberg neu errichteten Burggrafiat, das im 19. Jh. zum Lustschloss der Großherzöge von Hessen wurde.

Von der romanischen Ursprungsanlage steht heute nichts mehr. 1383 und 1447 verwüsteten Brände die Burg, und im Laufe der Jahrhunderte wurden besonders die Burgmannensitze und die Befesti-

Ansicht von Nordwesten

gungen verändert. 1682 stürzte der stauferzeitliche Bergfried auf der Südseite ein. Mit der Mediatisierung 1806 wurde die Burggrafschaft aufgelöst, Friedberg und seine Burg gelangten an das Großherzogtum Hessen. Zum damaligen Zeitpunkt zählte die Burgmannschaft rund hundert adelige Mitglieder.
Erst 1834 wurde die Burg mit der Stadt zu einer Gemeinde zusammengefasst, womit auch ein über Jahrhunderte währender politischer Gegensatz sein friedliches Ende fand.
Die innere **Ringmauer** folgt wohl weitgehend den Fundamenten der römischen Kastellbefestigung, wodurch sich ihr längsrechteckiger Grundriss erklärt. Sie umschließt ein rund 39 000 qm großes Areal. Friedberg ist damit eine der größten Burgen Deutschlands. Um diese hochmittelalterliche Befestigung wurde im 14. Jh. ein **Zwinger** gelegt, der mit Schalentürmen besetzt war und im 15. Jh. weiter ausgebaut und verstärkt wurde. So entstand wohl um 1492–95 an der Südwestecke der **Dicke Turm** als weit vorgeschobenes Bollwerk mit 18,70 m Durchmesser und 5,70 m dicken Mauern, in deren Stärke die Treppen liegen. Er diente auch als Machtsymbol gegenüber der Reichsstadt, denn der Zugang zu Burg und Stadt ließ sich von hier aus mit Geschütz beherrschen. Der Turm büßte durch den Bau der Landstraße 1841–43 viel von seiner Wirkung ein. Dabei wurde auch die gewölbte Kaponniere überbaut, die ihn mit dem Eckturm des Zwingers verbindet.
Um die ganze Burg verliefen Wall und **Graben**. Auf der Ostseite ist ihr ein weiterer Zwinger vorgelegt, dessen Fläche seit der Barockzeit als Lustgarten angelegt war. Er gehörte zum Burggrafiat.
Die Burg hat zwei Tore, eines zur Stadt, eines im Norden gegen das Feld und zum Usaübergang. Dieses wurde erst im 14. Jh. geschaffen und sicherte die Unabhängigkeit der Burg im Konfliktfall mit der Stadt. Das **Südtor**, heute der Hauptzugang, wurde ursprünglich durch den 1682 eingestürzten Bergfried verteidigt. Davor wurde im 15. Jh. eine Barbakane mit zwei flankierenden Rundtürmen, gotischem Tor und Schlüsselscharten errichtet. Über der Durchfahrt prangt der Reichsadler mit dem Burgwappen. An die westliche Innenseite des Vorwerks lehnt sich die barocke **Burgwache** von 1771/72.
Das **Nordtor** ist eine mehrfach gestaffelte Anlage aus drei Zwingern. Das innerste Tor wird seit 1347/52 durch den runden **Adolfsturm** gesichert. Sein Bau als zweiter Bergfried wurde mit dem Lösegeld Graf Adolfs von Nassau-Saarbrücken finanziert, der bei einer Fehde in die Gefangenschaft der Burgmannen geraten war. Der Turm ist ca. 58 m hoch und hat einen Durchmesser von 12,3 m. Er war nur über einen hoch gelegenen Eingang vom Wehrgang der inneren Ringmauer aus zugänglich. Im 15. Jh. wurde er erhöht und erhielt damals auch den schlankeren Aufsatz, so dass seine charakteristische Silhouette entstand. Der steinerne Turmhelm und die vier kleinen Türmchen wurden nach Befunden 1893 rekonstruiert, der innere Umgang unter dem Wehrgang und der Zinnenkranz allerdings sind eine freie Nachschöpfung. Die vier Geschosse des Unterbaus sind alle gewölbt.
Innerhalb der Umwehrung befinden sich die einstigen Burgmannensitze, die Burgkirche und Wirtschaftsbauten. Links

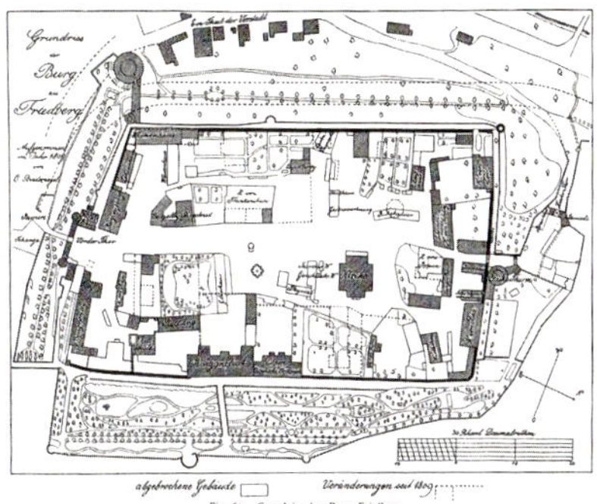

oben: Südfront

Mitte links: Grundriss im 19. Jh., nach Adamy 1895

Mitte rechts: Stadtseitiges Tor um 1600, aus Wetterauer Geschichtsblätter 9, 1930

Adolfsturm, Schnitt und Grundrisse, nach Adamy 1895

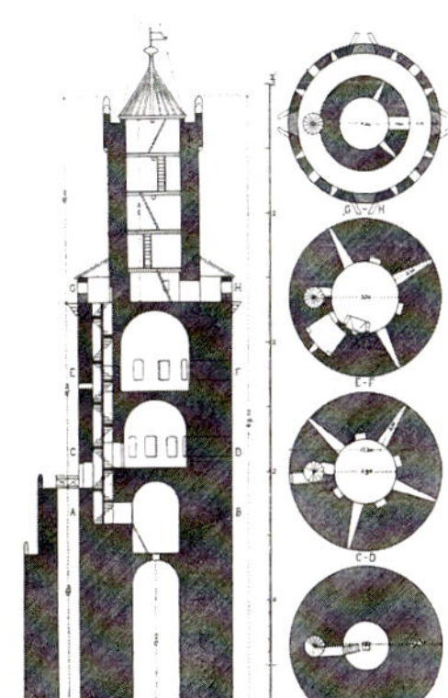

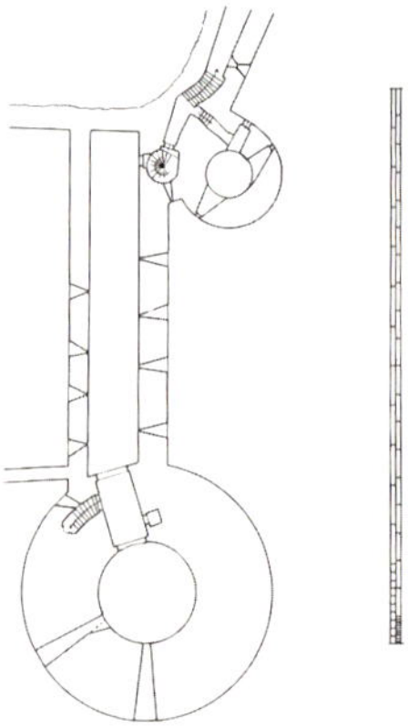

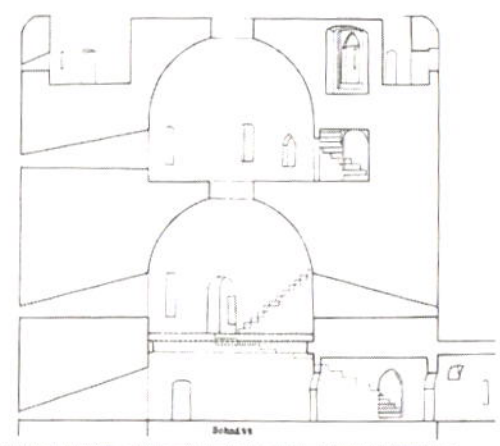

oben links: Kaponniere und Dicker Turm, nach Gutbier 1973

unten links: Dicker Turm, Schnitt nach Gutbier

oben rechts: Dicker Turm

vom Südtor steht die **Kanzlei** (1704/05) mit hohem Krüppelwalmdach und Barockportal, in der wohl noch Teile des spätmittelalterlichen Saalbaus stecken und die daher noch im 16. Jh. als *Saal* bezeichnet wurde. Rechts befindet sich die **Rentei** (1696). Repräsentativster Bau ist das **Burggrafiat**, das Sitz des Burggrafen war. Es diente seit 1818 als großherzogliches Sommerschloss. 1910 wurde hier Zar Nikolaus mit seiner Familie empfangen. Ein aufwändig mit Beschlagwerk verziertes Renaissanceportal mit zwei seitlichen Fußgängerpforten führt in den weiten Hof vor dem burggräflichen Haus, das durch Mauern vom übrigen Areal abgegrenzt ist. Links erhebt sich der sog. **Kavalierbau** mit barock veränderten Fenstern. Den dreiflügeligen **Hauptbau** zieren drei Schweifwerkgiebel, sein Mittelrisalit nimmt das Treppenhaus auf. Entworfen hat den Bau vermutlich der Mannheimer Baumeister Jakob Thomann, der auch am Hungener Schloss tätig war (Nr. 69). Nach einem Großbrand 1990 wurde das Burggrafiat bis 1997 wiederhergestellt. Gleich links davon steht das **Deutschordenshaus**, die Niederlassung der Marburger Kommende des Deutschen Ritterordens, die sich 1491 in die Burg eingekauft hatte. Der bestehende Bau wurde 1716–18 unter Damian Hugo von Schönborn, seit 1701 Landkomtur der Deutschordensballei Hessen, wahrscheinlich nach einem Entwurf Maximilian von Welschs errichtet. Das übrige Areal nehmen die teilweise noch erhaltenen **Burgmannensitze** ein, die in ihrer heutigen Form überwiegend aus dem 16.–18. Jh. stammen, dazu kommt eine Reihe von Gebäuden des 19. Jh. Alle gruppieren sich um einen weiten Platz, in dessen Mitte der barocke **St. Georgs-Brunnen** von 1738 steht. Seine Einfassung zeigt neben dem Reichsadler mit Burgwappen die Wappen des damaligen Burggrafen und des Burgregiments, also der Regierung der Burg. Auf der Nordseite des Platzes erhebt sich die dem hl. Georg als Patron der Ritter geweihte frühklassizistische **Burgkirche**. Ihr Neubau wurde 1782 begonnen. Die Pläne hierzu hatte bereits 1775 Johann Philipp Wörrishofer nach ersten Entwürfen Franz Ludwig Cancrins ausgearbeitet. Erst 1808 konnte der Bau eingeweiht werden.

Leider wurde vor allem im 20. Jh. das Burgareal nicht sehr pfleglich behandelt. Es kam zu Neubauten und Abbrüchen. So entstand 1963 auf der Westseite der unansehnliche Neubau einer Schule, bei dem man allerdings die Ruinen eines römischen **Kastellbades** freilegte, die erhalten und in den Schulbau einbezogen wurden. Man kann sie von außen durch große Fenster sehen. Das Badhaus umfasste *frigidarium* (Kaltbad) und *caldarium* (Warmbad).

unten links: Südtor, Detail

unten rechts: Burggrafiat, Portale

60. Friedberg, Ockstadt

Wasserburg

Die heutige Burg wurde um 1480/90 durch Gottfried von Cleen, eventuell an Stelle einer 1385 erstmals erwähnten Anlage, als kompletter Neubau errichtet. Beratend wirkte dabei vermutlich der landgräfliche Baumeister Hans Jakob von Ettlingen, den Gottfried von Cleen durch seine Tätigkeit für den Landgrafen kannte. 1522 kam die Burg in den Besitz Hans IV. von Franckenstein zu Sachsenhausen. Dessen Sohn Gottfried begründete die Linie Ockstadt-Franckenstein. Im Dreißigjährigen Krieg wurde die Burg kurz belagert, blieb aber von Zerstörungen verschont. Später verfielen die Befestigungen und wurden teilweise niedergelegt. Die Herrschaft Ockstadt selbst gelangte 1806 an Hessen-Darmstadt.

Die ehemalige Wasserburg bildet eine regelmäßig viereckige Anlage. Die kastellförmige Kernburg wurde von einem **Zwinger** mit vier runden Ecktürmen umgeben. Später erfolgte zur Verstärkung eine Wallhinterschüttung, die auf der Südseite erhalten geblieben ist. Hier und im Osten lässt sich auch noch der einst mit Wasser gespeiste **Graben** ablesen.

Im Osten liegt die rechteckige **Vorburg**. Von ihren beiden Ecktürmen steht noch der nordöstliche und von ihren drei Toren das südliche im Schutz eines der Geschütztürme. An die Ringmauern lehnen sich **Wirtschaftsbauten** des 18. Jh.

Der Zugang zur **Hauptburg** lag ursprünglich etwa in der Mitte der verschwundenen Ostfront. Ein zweites Tor aus dem frühen 18. Jh. lässt auf der Nordseite ein. Die vier runden **Ecktürme** des Zwingers sind deutlich dicker als die der Vorburg. Sie sind alle zweigeschossig, wobei das Untergeschoss gewölbt ist, und in ihren Mauern sitzen Maulscharten. Das Obergeschoss des Nordostturms wurde im 18. Jh. zu Wohnräumen ausgebaut und schließt im Gegensatz zu den drei anderen Türmen, die einfache Kegeldächer tragen, mit einer welschen Haube ab. Auf der verbindenden **Ringmauer** verlief ein vorkragender offener Wehrgang. Von der Kernburg stehen nur noch ein hoher **Rundturm** mit Maueransatz auf der ehemaligen Nordwestecke und der Stumpf eines ähnlichen Turmes auf der Südwestecke. Die Westseite des Zwingers nimmt der langgestreckte **Franckensteinische Wohnbau** aus dem 18. Jh. ein, ein schlichtes Gebäude mit Walmdach. An der Nordseite steht das **Brauhaus**, das auf der Zwingermauer aufsitzt.

Burg Ockstadt ist ein eindrucksvolles Zeugnis dafür, wie der Adel im 15. Jh. auf die zunehmende Bedrohung durch die Kanonen zu reagieren versuchte. Es entstand ein kompletter Neubau, dessen Befestigungen ganz auf der Höhe der Zeit waren. Während die äußere Befestigung dabei relativ niedrig war, um der feindlichen Artillerie so wenig Angriffsfläche wie möglich zu bieten, ragten die Türme der Kernburg aus Repräsentationsgründen hoch empor, eventuell auch, um von hier aus über den Wall hinwegfeuern zu können. Der Neubau einer so großen und wehrhaften Anlage dürfte allerdings entsprechend kostspielig gewesen sein, und längst nicht alle Herren und Ritter waren zu einem solchen Neubau finanziell in der Lage. So stellt die Wasserburg Ockstadt in ihren Dimensionen für einen einfachen Herrensitz Ende des 15. Jh. eher den Ausnahmefall als die Regel dar.

oben links: Nordfront der Hauptburg um 1895 nach Adamy
oben: Grundriss, nach Gutbier 1973
Mitte: Kernburg, Südwestturm
unten: Kernburg, Ansicht

1385	*Erste Erwähnung*
Um 1480/90	*Neubau*
18. Jh.	*Franckensteinischer Wohnbau*
1804	*Abbruch der Kernburg*

Bachgasse 28 und 36
Privatbesitz, Außenanlagen frei zugänglich

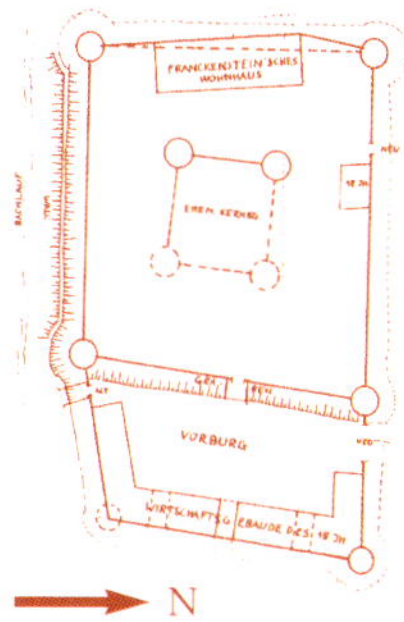

61. Ober-Mörlen
Schloss

1589 Bau
1684 Hofmauer
1691 Treppenhaus-vorbau
1704 Wirtschaftshof
1716–17 Wiederaufbau nach Brand

Frankfurter Straße 31–35
Gemeindebesitz, Außenbereich frei zugänglich

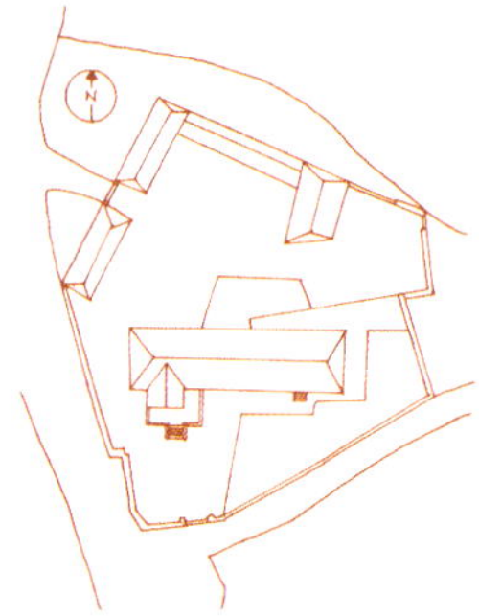

oben: Plan der Schlossanlage

unten links: Wappen am Treppenhausvorbau

unten Mitte: Hauptbau

unten rechts: Ansicht des Treppenhausvorbaus

Der ländliche Adelssitz wurde 1589 durch die Herren von Hess errichtet und 1716 bei einem Dorfbrand schwer zerstört. Vermutlich ersetzte der Renaissancebau einen älteren Ansitz, der 1424 erstmals erwähnt wird. 1583 erwarb Hans Georg von Hess das Anwesen und ließ wenig später ein neues **Herrenhaus** errichten. Seit 1683 waren die Reichsfreiherren von Wetzel im Besitz des Schlosses. Sie ließen 1684 die **Ringmauer** um das Herrenhaus errichten. Im Hof wurde ein Geschütz mit Zielrichtung auf das Tor aufgestellt, wohl mehr repräsentativer Gestus denn ernstgemeinte Sicherheitsvorkehrung. 1691 wurde der **Treppenhausvorbau** mit seinem geschweiften Giebel auf der Südseite vorgesetzt und 1704 der **Wirtschaftshof** im Norden zwischen Mühlgraben und Usa errichtet. Jenseits davon erstreckte sich ein barocker Garten, der heute noch in Teilen als öffentliche Grünfläche existiert. Der Ziehbrunnen im Schlosshof wurde 1710 erstellt.
1920 erwarb die Gemeinde Ober-Mörlen das Schloss und nutzt es seither für kommunale Zwecke und als Bürgerhaus. Nachdem 1966 der gesamte Dachstuhl abbrannte, wurde das Schloss wiederhergestellt.
Das Herrenhaus ist ein schlichter, langgestreckter Renaissancebau, dem auf der Südseite eine niedrige Terrasse vorgelagert ist. Hauptzier des Gebäudes ist der spätere Treppenhausvorbau, den das große Wappen der Reichsfreiherren von Wetzel ziert. Nördlich des Herrenhauses erheben sich die jüngst restaurierten Wirtschaftsbauten, die teilweise noch verschiedene Wappensteine zeigen.

62. Ober-Mörlen
Hofgut Hasselhecke

Der Hof Hasselhecke wurde erstmals 1367 als Reichslehen im Besitz der Herren von Falkenstein erwähnt. Das Hofgut kam 1407 an die Herren von Buches, die es befestigten. Sie verkauften es 1588 an den kurmainzischen Rat Gernand von Schwalbach. Dieser ließ nicht nur die spätgotische Kapelle erneuern, sondern machte sich daran, das Hofgut zu einer veritablen kleinen Festung auszubauen. Dagegen klagte aber die Burggrafschaft Friedberg (Nr. 59) beim Kaiser, denn seit 1292 existierte ein von König Adolf der Burg verliehenes Privileg, dem zufolge niemand in der Nähe der Burg Friedberg eine burgliche Behausung ohne Erlaubnis der Burggrafschaft anlegen durfte. Daher sollten 1596 die begonnenen Befestigungen wieder niedergelegt werden, wozu es aber nur teilweise kam, vielleicht, weil Gernand selbst Mitglied der Friedberger Burgmannschaft war. 1697 gelangte das Gut in den Besitz der Freiherren Ritter zu Groensteyn, einer am kurmainzischen Hof wichtigen Familie, und wurde zwei Jahre später zu deren Witwensitz bestimmt.

Ein weiträumiger Vorhof, dessen Mauer teilweise mit Schlüsselscharten ausgestattet war, ist der Anlage im Norden vorgelegt und umschloss die zugehörigen Gärten. Vor der Nordfront des Hofgutes finden sich noch Reste des 1588 angelegten Zwingers, der sich einst auch auf der Ostseite entlangzog. An seiner Ost- und Westseite sitzen zwei übereck gestellte Türme mit Schlüsselscharten, die das mittige Tor decken. Es stammt in seiner jetzigen Form aus dem späten 17. Jh. und sitzt in einer rustizierten Zugbrückenblende. Der aufgesprengte Barockgiebel zeigt das von einem Einhorn und einem Greifen gehaltene Wappenschild der von Groensteyns. Das **Herrenhaus** in der Nordwestecke, ein dreigeschossiger Steinbau, geht ebenfalls noch auf das 16. Jh. zurück. Seine Ecke besetzt ein viereckiger Turm mit Maulscharten. Der anstoßende klassizistische **Nordflügel** mit dem Torturm, das Wohngebäude des Verwalters, wurde im 19. Jh. völlig neu erstellt. Über der hofseitigen Durchfahrt befindet sich das Allianzwappen Gernands von Schwalbachs und seiner Frau Anna von Hohenstein. In einem Nebengebäude findet sich noch ein vermauertes Renaissanceportal. Auf der Südwestseite liegt die **Kapelle**.

1367 Ersterwähnung
1407 Befestigung
1588 Ausbau
1596 teilweise Schleifung

Direkt hinter der Autobahnraststätte „Wetterau“ an der A5 aus Richtung Frankfurt
Privatbesitz, nur Außenbesichtigung

oben: Eckturm am Zwinger

Mitte: Eckturm am Herrenhaus

unten: Ansicht mit Portal

63. Butzbach
Landgrafenschloss

12. Jh.	*Gründung*
Um 1390	*Ostflügel*
Um 1475	*Geschütztürme*
1487/1505	*Südflügel*
1609–22	*Umbau*
1633/34	*Ballhaus*
1817–1991	*Kaserne*
1937	*Westflügel*
2000–02	*Restaurierung und Umbau*

Schlossstraße
Nur Außenbesichtigung, städtische Hauptverwaltung
www.stadt-butzbach.de

Schloss Butzbach geht auf eine Turmburg des 12./13. Jh. zurück. Sie war wohl Sitz der 1243 erstmals genannten Ritter *von Buetsbach*, Gefolgsleuten der Reichsministerialen von Münzenberg. Später gelangte sie in den Besitz der Münzenberger und von diesen 1255 an die Herren von Falkenstein. 1310 wird sie erstmals urkundlich erwähnt.

Um die Turmburg gruppierten sich Burgmannensitze und später die Wohnbauten der verschiedenen Anteilseigner. Philipp VII. von Falkenstein ließ um 1390 eine neue, repräsentative Kemenate an der Ostseite des Areals unter Einbeziehung der Stadtmauer aufführen. Dieser Bau ist vermutlich in Zusammenhang mit seinen Bemühungen zu sehen, durch König Wenzel in den Reichsgrafenstand erhoben zu werden, was ihm 1397 gelang. So ist die neue Burg vor allem als Anspruchsbau zu interpretieren.

Als die Herren von Falkenstein 1418 ausstarben, kam es zur Aufteilung des Besitzes unter verschiedenen Erben, die 1419 im Butzbacher Schloss vollzogen wurde. Die Herren von Eppstein erbten dabei ein Drittel des Falkensteinischen Territoriums mit Butzbach und übernahmen somit die Burg. Seit 1464 war der Burgbezirk in vier Bereiche untergliedert. 1481 gehörte die Kemenate Eppstein-Königstein, ein Viertel der Burg Solms-Lich, das dritte Viertel Solms-Braunfels und das letzte dem Landgrafen von Hessen. Die Landgrafen Wilhelm III. von Hessen-Marburg und Wilhelm II. ließen 1487 und 1505 südwestlich der alten Kemenate einen festen Schlossbau aufführen, der bis in den Graben der alten Burg reichte. Der landgräfliche Schlossbau steckt heute noch im Südflügel. Die erhaltenen Gewölbe im Erdgeschoss und einige spätgotische Sandsteinportale stammen aus dem späteren 15. Jh. und verweisen auf den landgräflichen Baumeister Hans Jakob von Ettlingen.

Landgraf Georg I. von Hessen-Darmstadt gelang es 1595, den Königsteiner Anteil, der inzwischen an Mainz gefallen war, zu erwerben. 1609 wurde Butzbach unter Philipp, einem Sohn Georgs I., Residenz einer darmstädtischen Seitenlinie. Da Philipp (1581–1643) als Landesherr einer winzigen Teillandgrafschaft kaum politische Macht besaß, die er gewinnbringend hätte einsetzen können, suchte er Prestigegewinn auf anderem Felde. Der hoch gebildete Philipp entfaltete in Butzbach einen glänzenden Musenhof der Spätrenaissance. Er war äußerst aufgeschlossen gegenüber den Künsten, der Architektur und den Wissenschaften. Daher saß auf dem Dach des Südflügels ein Aufbau, der als Plattform für ein astronomisches Observatorium diente. Eine weitere Sternwarte bekrönte den hofseitigen Treppenturm. Im Schloss gab es die *Reißkammer*, wo nicht nur Architekturrisse, sondern auch Modelle und astronomische Geräte aufbewahrt wurden und die zugleich als wissenschaftliche Bibliothek diente.

Philipp empfing berühmte Gäste in seiner Residenz, so den Astronomen Johannes Kepler. Sein Schloss ließ er durch Jakob Wustmann 1609–22 zu einer repräsentativen Zweiflügelanlage ausbauen, wobei der in der Architektur bestens be-

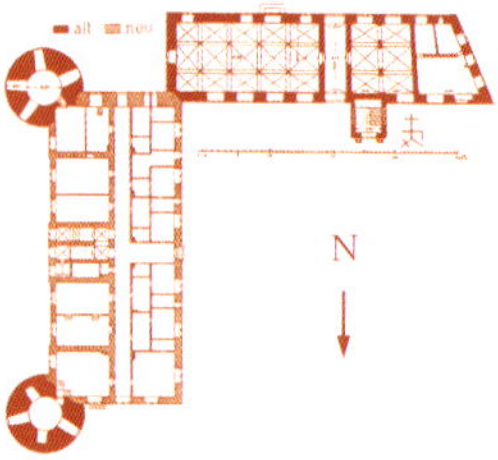

Mitte: Grundriss, aus Adamy 1895

unten links: Hofportal des Südflügels

unten rechts: Ansicht von Südwesten

wanderte Landgraf sehr wahrscheinlich selbst in die Planungen eingriff. Teile des alten Falkensteiner Baus waren schon unter Landgraf Ludwig IV. von Hessen-Darmstadt nach einem Brand 1603 erneuert worden. Der Südflügel hingegen entstand 1609–13 unter Einbeziehung des älteren landgräflichen Burghauses und wurde 1617–22 erweitert und vereinheitlicht.

Nach dem Tod Philipps 1643 fiel Butzbach zurück an Hessen-Darmstadt. 1688 wurde Butzbach Witwensitz der Landgräfin Elisabetha Dorothea. Nach ihrem Tod 1709 übernahm ihr jüngerer Sohn Prinz Heinrich das Schloss bis 1741 als Wohnung. 1817 wurde der Bau zur Kaserne, auf dem Schlossareal entstanden verschiedene Militärbauten, darunter der klassizistische **Marstall** im Norden. In der Folge wurde das Schloss 1824 einem tiefgreifenden Umbau unterzogen. Zahlreiche Neubauten entstanden ab 1935, als das Landgrafenschloss zur Wehrmachtskaserne ausgebaut wurde. Dabei fielen auch die letzten Reste der Stadtmauer. Bis 1991 wurde der Schlossbezirk militärisch genutzt, zuletzt von der US-Army. Die Kasernenbauten wurden 1998/99 bis auf zwei abgebrochen, das Schloss bis 2002 restauriert.

Das **Renaissanceschloss** Graf Philipps entstand durch den Umbau des 66 m langen spätmittelalterlichen Wohnbaus östlich der alten Burg und des älteren hessischen Schlossbaus. Die beiden mächtigen **Geschütztürme**, die den **Ostflügel** zur Feldseite flankieren und im Erdgeschoss noch Maulscharten aufweisen, entstanden wohl um 1475. Die späteren Veränderungen, vor allem im 19. Jh., haben den Bau seines einstigen Schmuckes fast gänzlich beraubt. So ist seit 1818 der hohe achteckige Treppen- und Hauptturm des Schlosses, der vor dem Ostflügel stand, verschwunden. Auch die zahlreichen Zwerchhäuser mit ihrem reichen Giebelschmuck und die Erker und Türmchen, die den Bau zierten, fehlen vollständig. Immerhin blieb noch das Hauptportal am Treppenhausvorbau des **Südflügels**. Seinen aufgesprengten Giebel bekrönt die Statue der Justitia, unter ihr befindet sich die Bauinschrift mit dem Datum 1610. Links davon steht Minerva/Athene, die Göttin der Weisheit. Der **Westflügel** entstand erst 1937 als Kasernengebäude für die Wehrmacht, passt sich aber baulich mit rechteckigen Doppelfenstern dem Spätrenaissancebestand an.

Von den Nebengebäuden steht fast nichts mehr. Erhalten blieb aber im Westen der Anlage, wenn auch stark verändert, das 1633/34 errichtete **Ballhaus**, das dem damals sehr beliebten, aus Amerika importierten Federballspiel diente. Im Obergeschoss dieser ältesten erhaltenen Sporthalle Hessens befanden sich die Räume der Kanzlei.

Zum Schloss gehörte auch ein ab 1611 angelegter **Lustgarten** jenseits des Stadtgrabens. Er genoss im 17. Jh. wegen seiner Wasserspiele und Skulpturen große Berühmtheit. Um 1800 verschwanden die Parkbauten. Der Bereich des Lustgartens wurde vor allem ab 1950 mit inzwischen wieder abgebrochenen Kasernen überbaut. Heute ist ein kleiner Teil des Gartens andeutungsweise rekonstruiert.

Wer sich einen Eindruck von der einstigen Pracht der Residenz Philipps verschaffen will, kann dies im Stadtmuseum (Nr. 64) tun. Dort zeigen Modelle, wie der Schlossbau im 17. Jh. aussah.

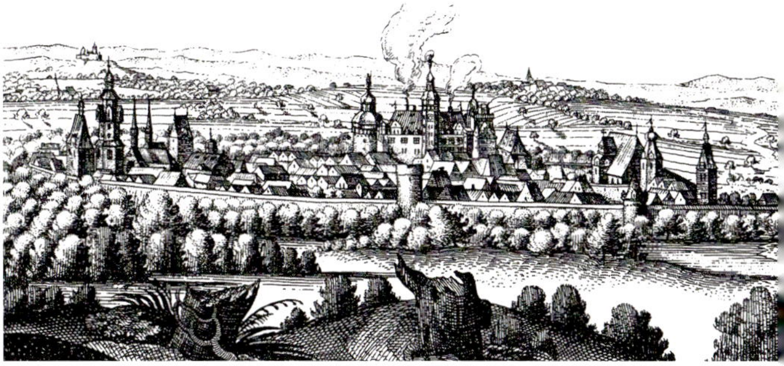

Ansicht im 17. Jh. von Merian, aus Adamy 1895

Ansicht von Südosten

64. Butzbach
Solmser Schloss

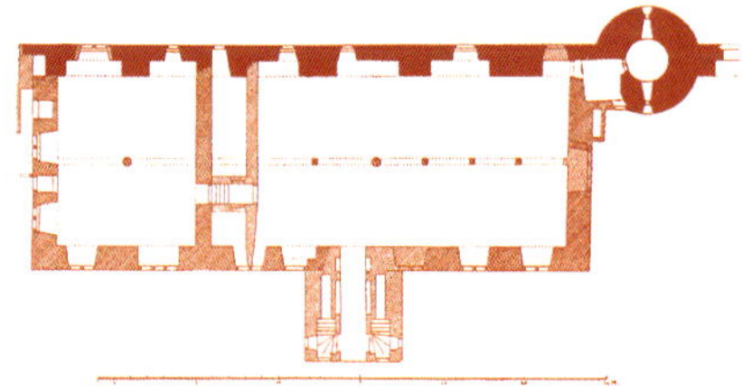

1462 erbaut
1481 Umbau
1588 Treppenhaus
1876–79 Restaurierung

Färbgasse 16 und 24
Derzeit nicht zugänglich
Stadtmuseum im Rentamt
Di.–So. 10–12 und 14–17 Uhr, Sa. Vormittag geschlossen
Tel.: 06033/995-250
www.stadt-butzbach.de

oben rechts: Grundriss, aus Adamy 1895

unten: Ansicht

unten rechts: Ehem. Rentamtgebäude

Die Grafen von Solms waren seit 1429 Besitzer einer Hälfte von Butzbach, die sie später nochmals unter den Linien Solms-Lich und Solms-Braunfels teilten. 1479 erwarben die Grafen von Solms-Lich einen Fruchtkasten auf dem Schlossareal, den 1462 Werner von Eppstein an die Stadtmauer hatte anbauen lassen (Färbgasse 24). Sie bauten ihn 1481 zum herrschaftlichen Ansitz aus. Dieser Schlossbau diente in der Folge als Witwen- und Amtssitz. 1588 wurde das Gebäude umgebaut und erhielt das eigentümliche renaissancezeitliche Treppenhaus. Schon 1629 wurde das Solms-Licher Viertel der Burg mit dem Gebäude durch Landgraf Philipp von Hessen-Butzbach erworben. Im 18. und 19. Jh. baute man es um. 1876–79 kam es zu einer umfassenden Restaurierung, bei der das Gebäude einen neuen Ostgiebel in Renaissanceformen erhielt.
Der dreigeschossige Bau lehnt sich mit seiner Nordseite gegen die Stadtmauer, von der ein Rundturm in das Gebäude einbezogen ist. Ein steiles Krüppelwalmdach schließt das Haus ab. Vor dem Ostgiebel verlief ursprünglich ein offener Gang auf Konsolen. Besonders bemerkenswert ist das 1588 erstellte **Treppenhaus**, das seinesgleichen sucht. Es handelt sich nicht um die in der Renaissancezeit übliche Wendeltreppe und auch um keinen Zweiläufer, wie er im Landgrafenschloss (Nr. 63) zu finden war. Zwei gewundene Läufe, die parallel zueinander angeordnet sind, erklimmen jeweils ein mittiges Podest, von dem aus man in die einzelnen Geschosse gelangt. Die Treppenläufe beschränken sich nach oben hinauf auf einen immer engeren Raum und setzen sich vom Podest des obersten Geschosses in Spindeln bis unter das Dach fort. Die Stufen im zweiten Geschoss sind an der Stirnseite mit Diamantquaderung und Beschlagwerk verziert. Außerdem schmücken humanistische Sinnsprüche moralischen Gehalts den Aufgang. Die Treppe kann als Sinnbild des Lebens verstanden werden, besagt der Hauptspruch doch *Nach dem auffgang Folgt nietergang*, was bedeutet, dass jedem Höhenflug irgendwann auch ein Absturz folgen kann.
Westlich des Solms-Licher Burgareals schloss das der Grafen von Solms-Braunfels an. Von ihren Schlossbauten steht nur noch das **Rentamt** (Färbgasse 16), ein Fachwerkbau des 18. Jh. über einem älteren Erdgeschoss aus gotischer Zeit. Der Bau gelangte 1741 mit dem Braunfelser Viertel an Hessen-Darmstadt. Seit 1994 ist er in den Komplex des Stadtmuseums einbezogen, das in Modellen veranschaulicht, wie der Burgbezirk einst aussah.

65. Rockenberg
Burg

Die Burg in Rockenberg geht vermutlich auf den Ritter Conrad I. von Crüftel zurück, der sich 1198 im Gefolge Kunos I. von Münzenberg nachweisen lässt. Die Besitzungen der Ritter von Crüftel wurden Ende des 13. Jh. als Reichslehen von König Rudolf von Habsburg eingezogen, um diese für Wegelagereien zu bestrafen. Er vergab den Besitz an die Herren von Bellersheim, die sich fortan von Rockenberg nannten und wahrscheinlich an Stelle der geschleiften Burg der Crüftel eine neue, kastellförmige Anlage mit großem Turmhaus im Zentrum errichten ließen. 1417 kam die Burg als Reichslehen an die Grafen von Eppstein-Königstein und 1535 im Erbgang an die Grafen von Stolberg-Königstein. 1581 fielen Ort und Burg an Kurmainz. Bis zu diesem Zeitpunkt diente die Burg wahrscheinlich noch als Sitz der Herren von Bellersheim.
Im 19. und 20. Jh. musste die Burg empfindliche Verluste an ihrer Bausubstanz erleiden. Noch 1925–28 fielen Teile der Ring- und Zwingermauern. Seit 1909 ist sie im Besitz der Gemeinde. 1985–87 wurde der Wohnbau

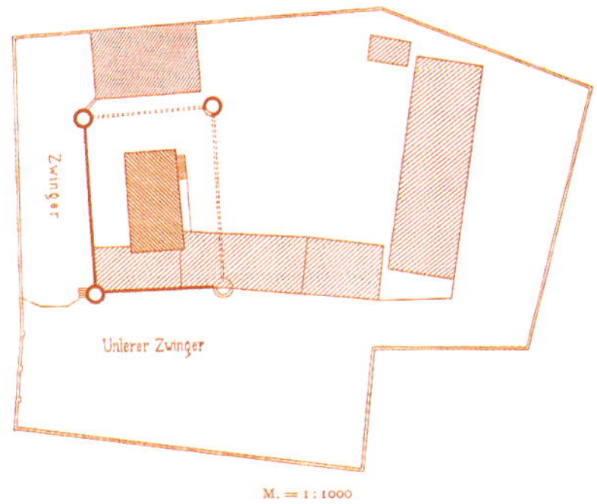

gründlich renoviert und wird seither von der Gemeinde für verschiedene Zwecke genutzt.
Die kleine Burganlage liegt an einem ansteigenden Hang oberhalb der Wetter. Sie bietet ein schönes Beispiel für die Tendenz zu regelmäßigen Burgbauten im Spätmittelalter. Die äußere Ringmauer, von der noch ein Abschnitt an der Nordseite erhalten ist, wurde im frühen 16. Jh. mit Maulscharten versehen, um eine Verteidigung mit Feu-

1300/1400	*Erbauung*
1719	*Rentamt*
1800	*teilweise Abbruch*
1925–28	*weitere Abbrüche*
1985–87	*Renovierung*

Obergasse 3
Gemeindebesitz, nur Außenbesichtigung
Tel. 06033/96390

oben: Gesamtplan, aus Adamy 1895

unten: Ansicht

oben: Wohnbau und Eckturm

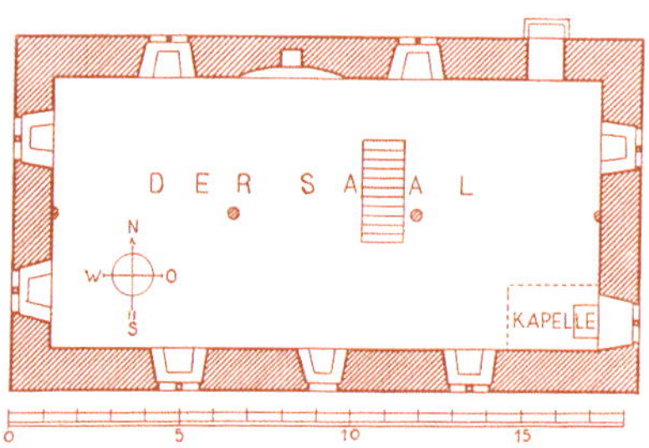

Mitte: Grundriss des Saals, aus Brunner 1934

unten: Holzstütze im Saal, aus Adamy 1895

erwaffen zu ermöglichen. Von der Befestigung der längsrechteckigen **Kernburg** stehen noch Teile der Ringmauer und drei schlanke Rundtürme mit breiten Zinnen, die ins 14. Jh. gehören dürften. Der vierte Turm wurde um 1800 abgebrochen. Die Mauer umgab einen zentralen, ebenfalls längsrechteckigen **Wohnturm** von 8 x 10,5 m Seitenlänge, eigentlich mehr ein festes Haus, das von einem hohen Walmdach abgeschlossen wird. Der Bau entstand um 1300, ist viergeschossig und hat noch teilweise gotische Fensteröffnungen, darunter auf der Ostseite ein Spitzbogenbiforium, das die Lage der Hauskapelle markiert. Der ursprünglich einzige Zugang liegt auf der Südseite im ersten Obergeschoss. Treppe und Tür sind allerdings neueren Datums. Das dritte Geschoss bildete das Hauptstockwerk, wie sich an den Fensterformen deutlich ablesen lässt, die in ihrer jetzigen Form wohl aus dem 15. Jh. stammen. Hier befindet sich der das ganze Geschoss einnehmende große Saal mit ehemals offenem Kamin auf der Nordseite.

Auf der Ostseite des Burgareals liegt das von einem Mansarddach bekrönte **Rentamt**, das 1719 durch Mainz errichtet wurde. Aus dieser Zeit stammt auch das barocke Hoftor.

66. Münzenberg
Burg

Burg Münzenberg, das „Wetterauer Tintenfass“, beherrscht weithin das Land. Sie zählt zu den bedeutendsten Profanbauten der Romanik in Deutschland. An ihr lässt sich geradezu exemplarisch zeigen, wie kompliziert Burgenforschung bzw. die genaue Datierung von Bauwerken sein kann – und wie umstritten.
Zwischen 1138 und 1152 erwarb Konrad II. von Hagen-Arnsburg den bisher wohl unbesiedelten Münzenberg vom Kloster Fulda. Die Kuppe inmitten der Wetterau war prädestiniert für eine Burg. Allerdings hat diese erst sein Sohn Kuno I. um 1155–65/70 errichtet, der nach dem Neubau den alten Stammsitz Arnsburg (Nr. 67) wohl aufgab und sich nach der neuen Anlage „von Münzenberg“ nannte. Der Bau ist in engem Zusammenhang mit der Reichslandpolitik Kaiser Friedrichs I. Barbarossa zu sehen. Einige Forscher meinen allerdings, Kuno I. habe zwar die Burg gegründet, was aber heute stünde, sei erst Ende des 12. Jh. an Stelle hölzerner Gebäude errichtet worden, zu einem Zeitpunkt, da sich das Königtum in einer Phase der Schwäche befand und ein Reichsministeriale wie Kuno mehr Spielraum gehabt habe, einen so anspruchsvollen Bau umzusetzen. Außerdem sei ein so aufwändiger Bau vor der Pfalz Gelnhausen (Nr. 76), die erst nach 1165 begonnen wurde, kaum denkbar. Wenn Kuno I. allerdings, was sehr nahe liegt, Münzenberg nicht nur mit dem Einverständnis des Kaisers, sondern sogar auf dessen Betreiben hin gebaut hat, um einen Stützpunkt königlicher Macht zu schaffen, erklären sich die repräsentativen Bauformen von selbst. Münzenberg war eben nicht nur einfache Ministerialenburg, sondern ein Symbol königlichen Machtanspruches,

Um 1155–70	*Errichtung*
Um 1270	*Ausbau*
Vor 1424	*Oberer Torzwinger*
Um 1500	*Verstärkung*
1628	*Zerstörung*

unten: Plan von Stadt und Burg, nach Gruber/ Küther 1968

ganz unten: Ansicht

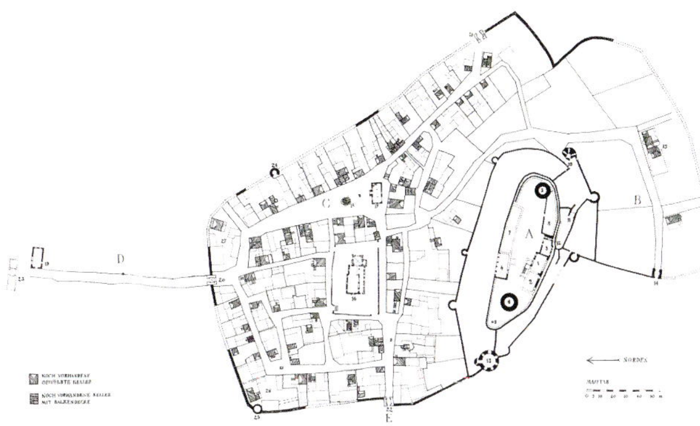

oben: Äußeres Tor

oben rechts: Östlicher Bergfried und Ringmauer

unten: Romanischer Palas

unten rechts: Rekonstruktion des Palas nach Binding, aus Gruber/Küther 1968

der durch Kuno I. vertreten wurde. Letztendlich wird sich die Frage nach dem genauen Baubeginn aber nie lösen lassen, da schriftliche Quellen fehlen.

Das Projekt in Münzenberg sah eine nahezu ovalförmige Ummauerung des Berges vor. An seinen beiden Enden sollten sich runde Bergfriede erheben. Von diesen gelangte aber anfangs nur einer zur Vollendung. Auch die Ringmauer wurde vermutlich im Osten und Norden nicht geschlossen, die Lücke wohl nur provisorisch durch Palisaden gesichert. Hier bot vorerst der natürliche Felsen Schutz. Ebenso unvollendet scheinen die Wohnbauten geblieben zu sein. Der sehr aufwändige Palas mit seinen ausgesprochen reichen Steinmetzarbeiten wurde nie verputzt. Vielleicht blieb das Projekt liegen, weil Kuno I. in den Diensten Friedrichs I. zu sehr eingespannt war, als sich auf den Bau der neuen Burg konzentrieren zu können. Vermutlich wohnte er, der den Kaiser auch nach Italien begleitete, so gut wie nie auf Münzenberg, zumal er über noch weitere Burgen verfügte. Auch sein Nachfolger scheint auf Münzenberg nicht weitergebaut zu haben, für ihn war wohl Babenhausen (Nr. 82) interessanter.

Im Kampf Friedrichs II. gegen den vom Papst unterstützten Gegenkönig Heinrich Raspe, mächtiger Landgraf von Thüringen, wurde die Wetterau zum Kriegsschauplatz. Bei den Auseinandersetzungen wurde vielleicht auch die Münzenburg um 1246 erobert und teilweise durch Feuer zerstört, wie Gra-

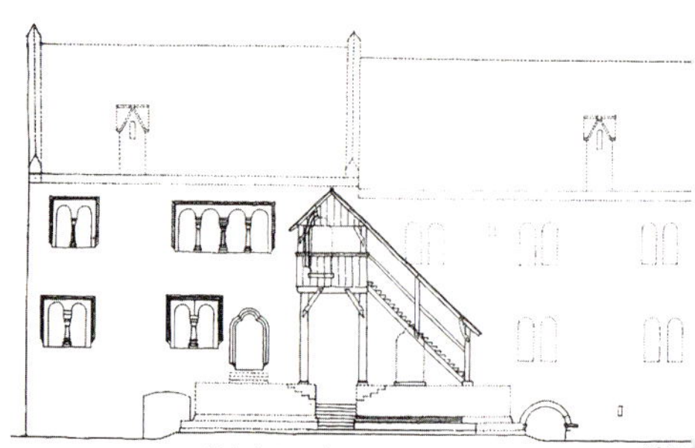

bungen ergeben haben. 1255 starben die Münzenberger mit Ulrich II. im Mannesstamm aus. Burg und Herrschaft wurden unter den sechs Erbtöchtern und damit unter verschiedenen Anteilseignern aufgeteilt, darunter die Herren von Falkenstein. Philipp I. von Falkenstein projektierte den Ausbau Münzenbergs zu seiner Residenz. Nachdem er um 1270 fünf Sechstel der Burg erworben hatte, ließ er einen modernen gotischen Wohnbau gegenüber dem romanischen Palas errichten. Die Hoffnungen auf den Alleinbesitz Münzenbergs zerschlugen sich allerdings, da die Falkensteiner das letzte Sechstel der Burg, das den Herren von Hanau gehörte, nicht an sich bringen konnten. Mit ihrem Aussterben 1418 fiel ihr Anteil wiederum an eine Ganerbenschaft, nämlich die Grafen von Eppstein, die Grafen von Solms und die Herren von Isenburg. Sie verwalteten zusammen mit Hanau die Burg und nutzten sie auch noch zu gelegentlichen Aufenthalten. Aus einer gemeinsamen Baukasse finanzierte man den Unterhalt der Burg. Um 1500 kam es zu einer Modernisierung der Werke, wobei fraglich ist, ob die Zwinger damals nur mit Geschütztürmen verstärkt oder gar komplett neu angelegt wurden. Der massive Ausbau steht wahrscheinlich in Zusammenhang mit politischen Spannungen zwischen den Wetterauer Grafen und der Landgrafschaft Hessen.

Da Münzenberg nun keine zentrale Funktion als Mittelpunkt einer Herrschaft mehr spielte, begann noch im späten 16. Jh. der Verfall. 1628 wurde Münzenberg durch kaiserliche Truppen beschossen und erobert, danach verfiel die Burg endgültig, auch wenn die Ganerbenschaft weiterhin die Mauern erhielt. Erst Mitte des 19. Jh. erwachte das Interesse an der Anlage, u. a. nachdem Georg Moller 1836 einen Aufsatz über die Burg publiziert hatte. Heute wird die Anlage durch die Verwaltung der Staatlichen Schlösser und Gärten betreut.

Die Burg bildet eine annähernd ovalförmige Anlage. Seit dem Spätmittelalter wird sie von ausgedehnten **Zwingeranlagen** umgeben, die durch Schalen- und Geschütztürme verstärkt sind. Sie zeigen Maul- und Schlüsselscharten. Die Westseite nimmt das sog. **Bollwerk** ein, ein großer runder Geschützturm. Besonders stark ist die Mauer zwischen dem Pfortenhaus am Zugang und dem folgenden Eckturm ausgebildet. Von hier führt der Burgweg zum oberen Torzwinger mit dem 1424 erwähnten **Pfortenturm**. Mächtig baut sich darüber die stauferzeitliche **Ringmauer** mit ihrer Verblendung aus riesigen Buckelquadern und dem dahinter stehenden **östlichen Bergfried** auf. Die Sandsteinquader setzen erst im oberen Mauerabschnitt an und dienen allein dazu, den repräsentativen Wert der Burg zu unterstreichen. Sie waren ähnlich wie die großen Zinnen im dritten Viertel des 12. Jh. in der Wetterau noch nicht verbreitet und kamen auch im übrigen Reich erst kurz vor der Jahrhundertmitte auf. Kuno I. von Münzenberg brachte hier also ganz neue Bauformen zum Einsatz, um den staufischen Machtanspruch auf die Wetterau zu unterstreichen und sich selbst als wichtigen Gefolgsmann des Kaisers in adelsgleicher Stellung ins rechte Licht zu rücken.

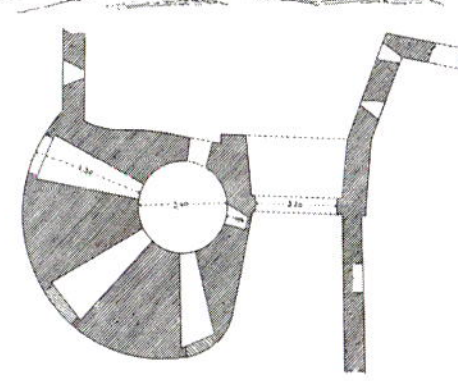

ganz oben: Geschützturm

oben: Grundriss des Geschützturms am äußeren Tor, aus Adamy 1895

März, April, Okt. Di.–So. 10–16 Uhr, Nov. Sa., So. 10–16 Uhr, Mai–Sept. Di.–So. 10–19 Uhr, Juli, Aug. auch Mo. 10–19 Uhr Tel.: 06004/2928 www.schloesser-hessen.de

Falkensteiner Palas und jüngerer Bergfried

Die Ringmauer wurde im 13. Jh. nochmals erhöht, wie die Ausmauerung der Zinnenlücken deutlich zeigt.
Über der Tordurchfahrt zur **Hauptburg** befindet sich die spätgotisch umgebaute **Burgkapelle**. Sie war vom anstoßenden romanischen **Palas** zugänglich. Dieser bildete ein zweiteiliges Gebäude mit reicher Bauornamentik, dessen östlicher Bereich im zweiten Obergeschoss den großen Saal mit einer großen Fensterarkade, die sich zur Landschaft öffnet, barg. In den Mauern blieben Reste von Kaminwangen erhalten. Die einzelnen Geschosse wurden durch hölzerne Außentreppen erschlossen, deren Fundament vor der Hofseite des Palas erkennbar ist. Hier zeigt sich auch ein besonders schönes Biforium, das von einem Rahmen mit Würfelfries gefasst wird.
Westlich erhebt sich der zweite **Bergfried**, der im unteren Bereich eine deutliche Baufuge zeigt. Vermutlich wurde er noch im 12. Jh. begonnen, aber erst unter den Herren von Falkenstein vollendet.

Die ganze Nordseite des Hofes nehmen die Reste der Falkensteiner Bauten ein, links der Palas, rechts daran anstoßend die Wirtschaftsbauten. Der **Falkensteiner Palas** ist aus dem anstehenden Basalt aufgeführt. Im Gegensatz zum romanischen Wohnbau wirkt seine frühgotische Architektur sehr schlicht und zurückhaltend. Seinen Reiz machen die streng in die Wände geschnittenen Spitzbogenfenster aus. Aber auch er verfügte im Obergeschoss über einen Saal, der sich in Drillingsfenstern zur Stadt öffnete.
Unterhalb der Burg, im Südosten der Anlage, steht der ehem. **Solms-Laubacher Burgmannenhof** (Hattsteiner Hof 11 und 13). Die weiträumige Gutsanlage geht auf die Grafen von Solms zurück, die seit 1418 Anteilseigner an Burg Münzenberg waren. Seit 1609 war der Hof im Besitz der Herren von Hattstein. Das Herrenhaus stammt in seiner heutigen Form aus dem 16. Jh. (Standerker, Treppenturm) und wurde ab 1767 um einen barocken Bau mit Mansarddach, den Hattsteiner Hof, erweitert.

67. Lich, Arnsburg
Burgstall

11. Jh.	*Turmburg*
Um 1138–55	*Ausbau*
1174	*Übergabe an die Zisterzienser*
1198	*Gründung des Klosters*
Um 1255	*Aufgabe der Burg*
1984/85	*Grabungen*

Oberhalb von Kloster Arnsburg
Frei zugänglich

Die Arnsburg wurde im letzten Viertel des 11. Jh. auf einem Sporn über dem Flüsschen Wetter durch die Reichsministerialen von Arnsburg gegründet. Ihre Fundamente hat 1984/85 das Landesamt für Denkmalpflege Hessen ergraben und teilweise wieder aufgemauert.
Ursprünglich bestand die Burg aus einem von einer Ringmauer umgebenen Wohnturm über einem Quadrat von 11,5 x 11,5 m mit 3 m starken Mauern, ähnlich wie er sich noch in Dreieichenhain als Ruine erhebt (Nr. 80). Östlich war ein Abortschacht an den Turm angelehnt, der eventuell schon zur ersten Bauphase gehörte. Im südlichen Bereich sprang die den Turm umgebende Mauer etwas aus und umschloss einen Brunnen. Östlich des Berings erhob sich ein steinernes Gebäude bisher unbekannter Funktion, möglicherweise eine erste Burgkapelle.
Die Reichsministerialen von Arnsburg erscheinen erstmals 1057 in den Quellen. Wahrscheinlich existierte damals schon ihre Burg. Nach der Heirat Eberhards von Hagen mit der Arnsburger Erbtochter Gertrud 1093 wählte die Familie von Hagen diesen Turm als dauerhaften Wohnsitz.
Die Herren von Hagen-Arnsburg, als Reichministeriale rein rechtlich betrachtet Unfreie, stiegen im Dienst der Salier und Staufer zur führenden Familie in der Wetterau und Dreieich auf. Angehörige der Familie bekleideten wichtige Ämter. Ihre adelsgleiche Stellung unterstrichen sie durch aufwändige Burgenbauten. Zwischen 1138–52 wurde die Turmburg um einen neuen Bering aus Stein erweitert, in dessen Verlauf man auch das bisher außerhalb gelegene Gebäude einbezog. Ein Graben wurde um die gesamte Anlage gezogen. Im Süden und Osten bot der Steilhang zur Wetter Schutz. Um 1151 wurden Mauer- und Grabenverlauf erweitert, so dass nun der gesamte Sporn von 180 m Länge und 120 m Breite in den Bering einbezogen war. Er umschloss ein 1,6 ha großes Gelände. Der ältere Steinbau wurde zu einer Kapelle mit eingezogenem Rechteckchor umgebaut. Sie verfügte über eine Westempore als Stand für die Herrschaft. Unmittelbar neben dem alten Wohnturm wurde ein Palas von 20 x 10 m errichtet. In einer letzten Bauphase, vielleicht schon unter Kuno I.

von Münzenberg, entstand im Osten der Anlage ein mächtiger runder Bergfried, eine Neuheit in der damaligen Wetterau, die Kuno auch beim Bau der Münzenburg aufgriff, wo gleich zwei solcher eindrucksvollen Türme geplant wurden. Es könnte sein, dass die Arnsburg nach 1174 noch bzw. wieder von den Münzenbergern benutzt wurde, denn die Mönche, die aus Eberbach kamen, kehrten schon kurz nach der Gründung des Konvents in ihr Mutterkloster zurück. Erst 1198 kam es in etwa 500 m Entfernung südöstlich unterhalb der Burg zur eigentlichen Klostergründung. Das würde dafür sprechen, dass der große Rundturm vielleicht sogar erst im frühen 13. Jh. errichtet wurde, die Burg also erst mit dem Aussterben der Münzenberger 1255 aufgegeben wurde.

oben: Grundriss der ergrabenen Mauern, aus Herrmann 1994

unten: Brunnen innerhalb der Ringmauer

ganz unten: Ansicht mit den Fundamenten der alten Turmburg

68. Lich

Schloss

1296–1300	*errichtet*
Ab 1462	*Ausbau*
1673–82	*Umbau*
18. Jh.	*erneuter Umbau*
1792	*Abbruch des Ostflügels*
1833–37	*Querbau*
1911/12	*Neubau des Nordflügels*

Unterstadt 29
Privatbesitz, nur Außenbesichtigung
www.lich.de

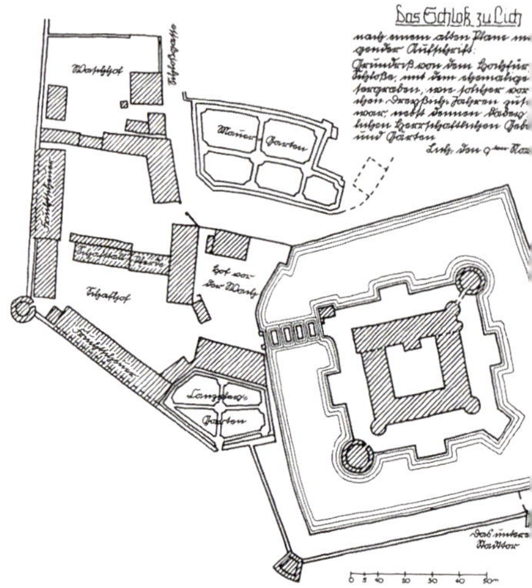

Schloss Lich ging aus einer Burgverlagerung hervor. Die ursprüngliche Burg stand auf dem Breuerberg nördlich von Lich, um hier einen Übergang über die Wetter zu sichern. Wahrscheinlich wurde sie von Kuno I. von Münzenberg errichtet. 1255 gelangte sie an die Herren von Falkenstein, die 1296–1300 einen kompletten Neubau als wasserumgebene Kastellburg im Tal errichten ließen und Lich zur Stadt ausbauten. 1436 gelangte Lich in den Besitz der Grafen von Solms. Unter Graf Johannes wurde der Ort Sitz der Linie Solms-Lich, die hier bis zur Mediatisierung durch das Großherzogtum Hessen 1806 residierte und noch heute das Schloss bewohnt.

Die Befestigungen der Wasserburg wurden um 1462 ausgebaut. Weitere Verstärkungen erfolgten 1506–19, als nicht nur die Burg mit einem Zwinger und Geschütztürmen befestigt, sondern die ganze Stadtbefestigung mit einem Erdwall, Rondellen, Grabenstreichen und Batterietürmen ausgebaut wurde. Von der Wetter gespeiste Wassergräben umgaben die Festung. Das Schloss bildete ihre Zitadelle. Die Befestigungen hatten Graf Philipp und sein Sohn Reinhard geplant. Letzterer sollte es als Festungsbaumeister zu großem Ruhm bringen. Nach dem Schmalkaldischen Krieg gehörte er einer kaiserlichen Kommission an, die jene hessischen Festungen zu be-

oben rechts: Gesamtplan des Schlosses um 1797, aus Walbe 1933

unten: Ansicht

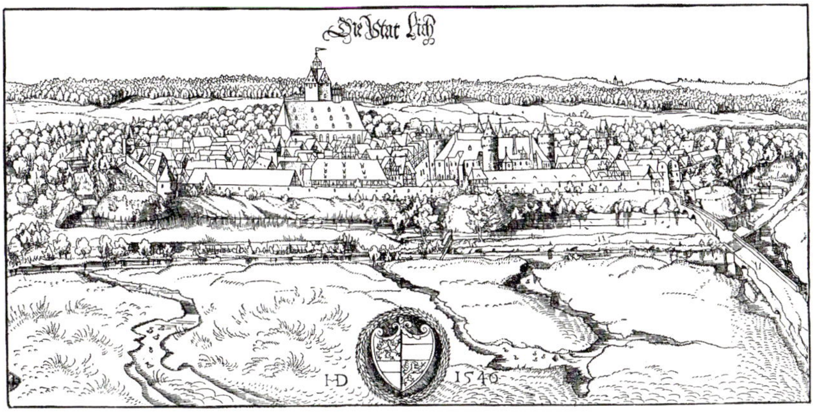

Burg und Stadt mit der Wallbefestigung 1546, Holzschnitt von Hans Döring, aus Walbe 1933

stimmen hatte, die auf Befehl des Kaisers geschleift werden mussten, darunter Rüsselsheim (Nr. 21).
1673–82 erfolgte ein Umbau im Frühbarockstil. Graf Karl Christian ließ das Schloss 1764–68 erneut umbauen und, nachdem er 1792 in den Reichsfürstenstand erhoben worden war, den stadtseitigen Nordflügel vollständig abbrechen, so dass eine hufeisenförmige Anlage mit offenem Ehrenhof entstand. 1833–37 verkleinerte Georg Moller diesen durch einen Querbau, der ein neues Treppenhaus aufnahm. 1911/12 wurde an der Nordostecke der neobarocke Anbau aufgeführt.
Das Schloss liegt am Südrand der Altstadt in einem großen Park. Bis 1764 war es von Wassergräben umgeben. Die Architektur ist schlicht und zurückhaltend. Die Mansarddächer gehen auf den Umbau in den 1760er Jahren zurück. Einen markanten Akzent setzen die vier **Rundtürme**, die 1682 welsche Hauben erhielten. Die Mollersche Erweiterung fügt sich unauffällig in den barock überformten Baukörper ein. Sie ist nur an den beiden großen Rundbogentüren in der Beletage und dem Altan erkennbar. Westlich erstrecken sich die Gebäude des **Wirtschaftshofes**, die sich an die Stadtmauer anlehnen. Hier blieb ein kräftiger **Geschützturm** des 16. Jh. erhalten. Der spätbarocke **Marstall** entstand im 18. Jh.

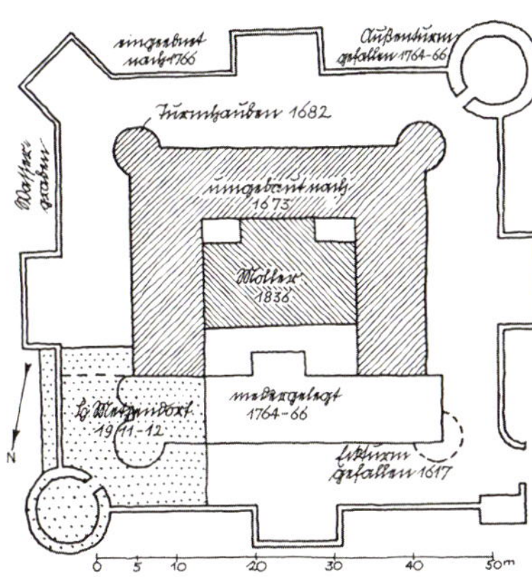

unten links: Geschützturm an der Ecke des Wirtschaftshofes

unten rechts: Grundriss Kernschloss, aus Walbe 1933

69. Hungen
Schloss

1383 Ersterwähnung
1454–70 Erneuerung
1535 Vorburg
1602–78 Residenz
1608–12 Umbau
Um 1700 Barockisierung
Ab 1982 Restaurierung

oben: Grundriss, aus Walbe 1933

unten: Kernschloss, Hauptfassade

Das Schloss in Hungen zählt zweifellos zu den malerischsten in ganz Hessen. Es geht zurück auf eine erstmals 1383 erwähnte Burg der Herren von Falkenstein, die die wichtige Straße *durch die kurzen Hessen* sicherte. 1419 kam sie an die Grafen von Solms-Braunfels. Graf Bernhard ließ 1454–70 die Burg in weiten Teilen erneuern. 1487–92 wurde sie nochmals erweitert. Aus dieser Zeit stammen im Kern die drei Flügel der **Hauptburg**, deren Anlage den Eindruck erweckt, als habe man sie nachträglich an die bestehende Stadtmauer angesetzt. Der nördliche **Alte Bau** zeigt auf der Ostseite noch Kreuzstockfenster und im Giebel eine zugesetzte gotische Türöffnung. In diese Zeit datiert wohl auch der viereckige **Torturm** mit seinem achteckigen Dach und den vier Ecktürmchen. Zur Feldseite schloss einst die Stadtmauer den Hof ab, an deren Knick sich bis 1716 ein runder Bergfried erhob. Die **Vorburg** mit dem spätgotischen **Torbau** entstand erst ab 1535. 1602 fiel Hungen bei einer Erbteilung als eigenständige Herrschaft an Graf Otto d. J. von Solms-Braunfels, der das Schloss weiter ausbauen und Schloss und Stadt durch Wallanlagen mit kleinen Bastionen sichern ließ. 1604 wurden der nördlich an die Hauptburg anstoßende **Neue Saalbau**, der bis um 1700 frei stand, und die den Vorhof auf der Nordseite abschließende **Kanzlei** errichtet. Der Torbau wurde erweitert. Ab 1608 modernisierte man auch die Kernburg. Die hofseitigen Renaissancegiebel am **Frauenzimmerbau** mit Roll- und Schweifwerk entwarf Jacob Thoman.

Hungen diente bis 1678 als Residenz der Linie Solms-Hungen. Um 1700 ließ Graf Wilhelm Moritz von Solms-Braunfels das Kernschloss umfassend barockisieren. Auf der Hofseite entstanden Arkadengänge. Vor allem aber erhielt die **Hauptfassade** gegen den Vorhof ein neues Gesicht. Den Torturm flankieren seither zwei schmale Standerker. Sie waren einst höher und endeten in offenen Aufbauten mit umlaufenden Galerien. Links da-

oben links: Kernschloss, Torturm
oben rechts: Innenhof, Treppenturm und Loggia
unten: Torbau

von erhebt sich ein viereckiger Turm mit Fachwerkobergeschoss und eindrucksvoller ausbauchender Haube. Dem Ostflügel wurde noch ein Fachwerkgeschoss aufgesetzt, das geschweifte Giebel zieren. Im Lauf des 18. und 19. Jh. verlor das Schloss an Bedeutung. Erst um 1870 kam es zu einer Renovierung, und 1873 bezog noch einmal eine fürstliche Witwe das Schloss, das seit dem 15. Jh. immer wieder als Witwensitz gedient hatte. Allerdings verschwanden damals die Wallbefestigungen vor der Westseite, da man ab 1863 die Bahnstrecke nach Gelnhausen anlegte. Seit 1974 betreut der „Freundeskreis Schloss Hungen e. V.“ die Anlage, die er als Schenkung erhielt. Seither wurde sie restauriert und liebevoll wiederhergerichtet. Heute befinden sich im Schloss Wohnungen.

Privat, nur Außenbesichtigung
Infos: Freundeskreis Schloss Hungen e. V.
www.freundeskreis-schlos-shungen.de

70. Echzell, Bingenheim

Schloss

1046 erste Erwähnung
14./15. Jh. Wohnturm
1648–81 Residenzschloss
1723–29 Brücken, Amtshaus und Küchenbau
Seit 1950 Heil- und Erziehungsinstitut

Nur Außenbesichtigung, Höfe frei zugänglich
Heim, Schule und Werkstätten für Seelenpflege-bedürftige Menschen

oben: Gesamtansicht, aus Wagner 1890

Mitte: Grundriss, aus Wagner 1890

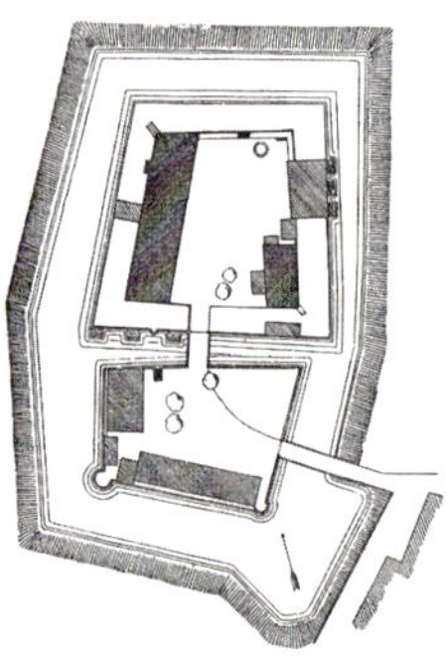

Eine Burg in Bingenheim ist schon für das Jahr 1046 bezeugt. Sie war damals im Besitz des Reichsklosters Fulda. 1423 verkaufte Fulda die Burg an Nassau-Saarbrücken. Die Nassauer ließen wahrscheinlich im 15. Jh. den Wohnturm erbauen. Um 1550 wurden die Zwingermauern erneuert und erhielten Maulscharten mit getreppten Wandungen. 1570 erwarb der Landgraf von Hessen-Marburg das Schloss, 1604 fiel es an Hessen-Darmstadt. 1648 trat Landgraf Georg II. das Amt Bingenheim mit dem Schloss an seinen Schwiegersohn Johann Christoph von Hessen-Homburg ab. Dieser nahm hier seine Residenz und den Titel Landgraf von Hessen-Bingenheim an. Johann Christoph ließ das Schloss im Stil des Frühbarock umbauen und 1679 größere Fenster in den Wohnturm brechen. 1681 fiel Bingenheim wieder an Hessen-Darmstadt zurück. Seit 1950 ist in den Mauern des Schlosses ein Heil- und Pflegeinstitut mit landwirtschaftlichem Betrieb untergebracht.

Das Schloss untergliedert sich in die um 1500 ausgebaute Vorburg und die Hinterburg. Sie wurden einst von Wassergräben umgeben, die heute parkartig gestaltet sind. Die Zugbrücken wurden schon 1729 durch steinerne Brücken ersetzt. Die **Vorburg** sichern zwei Rundtürme, die ähnlich den Mauern Schlüsselscharten besitzen. Durch ein gotisches Tor gelangt man in die Vorburg. Das **Amtshaus**, ein stattlicher barocker Fachwerkbau mit Walmdach, wurde 1723 von Landbaumeister Helfrich Müller aus Gießen errichtet. An Stelle der Fruchtspeicher aus dem 18. Jh. entstand in den 1970er Jahren ein Neubau für das Erziehungsinstitut in anthroposophischen Formen, der Werkstätten und Unterrichtsräume beherbergt.

Die **Hauptburg** war mit doppelten Toren und Mauern gesichert. Der viergeschossige **Hohe Bau** mit den vier Ecktürmchen datiert wohl ins 15. Jh. Das heutige Walmdach dürfte aus dem 17. Jh. stammen. Daneben steht der **Küchenbau** mit Mansarddach, der in der ersten Hälfte des 18. Jh. entstanden ist. Der gegenüberliegende **Lange Bau** nimmt die gesamte Westfront ein. Er entstand 1675 durch Umbau eines spätgotischen Gebäudes aus dem 15. Jh. Von diesem zeugen neben den beiden Treppengiebeln noch verschiedene Tür- und Fensteröffnungen, u.a. auf der Hofseite, wo sich ein Treppenturm erhob. Der Lange Bau umfasste neben einem Saal auch die Appartements des Landgrafen und seiner Gemahlin. An seiner Hoffassade sind Reste eines einst reich verzierten frühbarocken Portals erhalten geblieben, das man 1933 nicht ganz richtig und auch ohne alle Bestandteile wieder zusammengesetzt hat.

unten links: Wohnturm von Süden

unten rechts: Langer Bau

71. Florstadt, Staden

Schlösser

12. Jh.	*Gründung*
1574	*Wohnbau*
1597	*Brauhaus*
1746–48	*Schloss der Freiherren von Löw*

Hotel-Restaurant, Hof und Außenanlagen frei zugänglich. Das Löw'sche Schloss dient als Bürgerhaus. www.florstadt.de

Die Burg zu Staden wird erstmals 1156 im Besitz der Herren von Büdingen erwähnt. Nach deren Aussterben gelangte sie an die Herren von Isenburg-Limburg, wurde allerdings 1402 an eine Ganerbenschaft verkauft, deren Angehörige sich in Staden diverse Ansitze errichteten. Noch im 18. Jh. waren von diesen Ganerben drei in Staden vertreten: die Burggrafen von Friedberg, die Löw von Steinfurth und die Herren von Isenburg-Büdingen.

Die **Wasserburg** untergliedert sich in die gut erhaltene Vorburg und die einstige Hauptburg. Sie lag auf zwei von der Nidda und dem von ihr abgeleiteten Mühlbach umflossenen Inseln. Ursprünglich gewährte ein mächtiger, annähernd quadratischer **Torturm** von 9 x 9,3 m Seitenlänge Einlass in die **Vorburg**. Der einstige Fallgatterlauf lässt sich noch gut ablesen. Das Tor wurde später zugesetzt. Der Bau war als Schalenturm ausgebildet und datiert wahrscheinlich in die Zeit um 1400. Noch im 16. Jh. wurde er auf der Rückseite geschlossen und auch hier mit Schießscharten versehen, um als Wohnturm zu dienen. In dieser Zeit wurde vermutlich auch das Tor zwischen den Turm und den rechts davon gelegenen Wohnbau, das sog. **Ysenburger Schloss**, verlegt. Es entstand 1574 unter dem Ganerben Reichsritter Hermann von Carben. 1788 gelangte es in isenburgischen Besitz. Zwei Staffelgiebel und der im frühen 20. Jh. neugotisch veränderte Standerker prägen den dreigeschossigen Bau. Auf der Hofseite erhebt sich ein runder Treppenturm. Rechts schließt der um 1600 erbaute **Marstall** mit dem Stumpf eines halbrunden Schalenturms an. Das vor dem Torturm gelegene **Brauhaus** von 1597 ist nur noch als Ruine erkennbar.

Die ovalförmige **Hauptburg** liegt inmitten von Wiesen. Außer einem **Eckturm** und spärlichen Resten der Ringmauer blieb nichts erhalten. Der Turm stammt aus dem Spätmittelalter und hat Schlüsselscharten. Er wurde vor die ältere, stauferzeitliche Mauer gesetzt, wie eine Baufuge zeigt, an der sich auch noch die **Buckelquader** der älteren Befestigung aus dem 12. Jh. finden. Grabungen 1953 ergaben, dass die Hauptburg einen quadratischen Torturm besaß.

Nördlich der Burg, am Rand der Altstadt, steht das **Schloss der Freiherren**

Ansicht

links: Torturm

rechts: Kernburg, Eckturm

Löw zu Steinfurth. Freiherr Friedrich Ferdinand ließ es 1746–48 als einfaches, zweigeschossiges Gebäude errichten. Nachdem er im diplomatischen Dienst in England geweilt hatte, ließ er den zugehörigen Garten im Landschaftsstil umgestalten. Seine heutige Form erhielt der Park allerdings erst unter Bernhard vom Stein zu Staden und seiner Gemahlin Luise durch den seinerzeit berühmten Gartenarchitekten Eduard Petzold, der 1874 auf Einladung der Familie nach Staden kam. Seit 1885 befindet sich der Park im Besitz der Gemeinde, die das Schloss 1910 zu einer Schule einrichtete. 1945 brannte es aus und wurde danach restauriert. Der Park mit seinem schönen alten Baumbestand wird seit 1990 nach den Originalplänen Petzolds nach und nach in seine ursprüngliche Gestalt zurückgeführt.

Löw'sches Schloss

72. Glauburg
Glauberg

6./5. Jh. v. Chr. — *Keltischer Fürstensitz*
4./5. Jh. n. Chr. — *Alamannische Höhenburg*
7./8. Jh. — *Fränkische Burg*
13. Jh. — *Reichsburg*
1256 — *Zerstörung*
Seit 1933 Ausgrabungen

Frei zugänglich
Führungen So. 15 und 16 Uhr, Treffpunkt Info-Pavillon
Glauberg-Museum: So 14–16 Uhr
Tel.: 06041/820711
www.keltenwelt-glauberg.de

Der Glauberg wurde durch den 1987 entdeckten frühkeltischen Fürstengrabhügel und dessen sensationelle Funde, die bei seiner Freilegung 1994–96 gemacht wurden, berühmt. Seither ist die Befestigungsanlage auf dem Glauberg vor allem als keltischer Fürstensitz bekannt. Aber auch im Mittelalter war der Berg besiedelt. Der Glauberg darf sogar als einer der ältesten besiedelten Plätze Hessens gelten. Schon um 4500 v. Chr., in der Jungsteinzeit, war er bewohnt. Sein langgestrecktes Basaltplateau bot sich hierzu hervorragend an. Ein **Teich** sicherte die Wasserversorgung. Er wurde durch das Oberflächenwasser gespeist, das hier, durch undurchlässige Tonschichten geleitet, zusammenlief. Bis zu Sprengarbeiten nach dem Zweiten Weltkrieg enthielt er immer Wasser.

Weitere Siedlungen sind für die Zeit um 4000 v. Chr. und für das 10.–8. Jh. v. Chr. belegt. Ab dem 6. Jh. v. Chr. bis ca. 400 v. Chr. existierte ein keltisches Oppidum, eine stadtähnliche Siedlung mit Fürstensitz. Es wurde im 6. Jh. v. Chr. mit einer ca. 5 m breiten Holz-Erde-Steinmauer (*murus gallicus*) befestigt. Diese vernichtete im frühen 5. Jh. v. Chr. ein enormes Feuer, was eine kriegerische Zerstörung sehr wahrscheinlich macht. Es erfolgte ein Neubau, dessen Wallanlagen sehr ausgedehnt waren. Sie zogen sich auch am Fuß des Berges bis zum Enzheimer Kopf südwestlich der Hauptfestung hin.

In römischer Zeit lag der Glauberg nur 5 km jenseits des Limes. Funde deuten auf einen römischen vorgeschobenen Wachtposten hin. Um 260 nahmen die Alamannen den Berg in Besitz, der im 4. und 5. Jh. als Höhenburg diente und vermutlich wieder einen Fürstensitz beherbergte. Er war von einer 1,5 m starken Trockenmauer umgeben. Im 7. und 8. Jh. wurde der Berg von den Franken neu befestigt. Wahrscheinlich entstand damals der gewaltige Abschnittswall im Osten, dem mehrere Gräben und niedrigere Wälle vorgelegt sind. Die dem Berg lange zugesprochene Mittelpunktsfunktion mit kirchlichem und weltlichem Zentrum hat er aber wohl nicht eingenommen. Erst ab dem 12. Jh. erlangte er wieder Bedeutung.

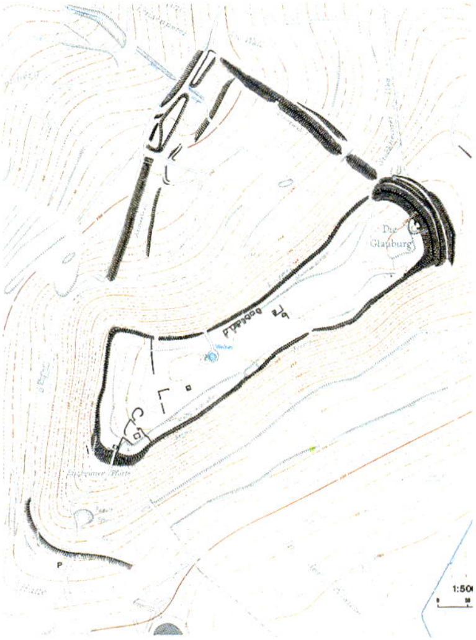

Der Glauberg galt in der Stauferzeit als Reichsburg, wobei es offensichtlich zum Versuch einer Stadtgründung kam, wie Grabungen ergaben. Der Ausbau Glaubergs zur Reichsburg ist mit der staufischen Politik zur Sicherung der Wetterau unter Friedrich I. Barbarossa in Verbindung zu bringen, möglicherweise aber auch erst ein Zeugnis für den Endkampf zwischen der staufischen Partei und ihren Gegnern um die Mitte des 13. Jh.

oben: Gesamtplan, aus Herrmann 2000

unten: Burghaus und Wall

oben: Mauerfundamente auf dem Abschnittswall

oben Mitte: Enzheimer Pforte, Grundmauern des Torturms

unten: Hausfundamente

Die Reichsburg war mit Burgmannen besetzt, von denen sich eine Familie nach dem Berg nannte: 1247 werden Wortwin und sein Bruder Friedrich von Glauburg erwähnt. Als eine der letzten staufertreuen Bastionen in der Wetterau wurde der Glauberg um 1256 erobert und zerstört. Danach wurde er nicht mehr besiedelt. Die Herren von Glauburg wanderten nach Frankfurt ab, wo sie ins Patriziat aufgenommen wurden (Nr. 17).

1933–39 kam es erstmals zu umfangreichen Grabungen. Bis heute aber ist das Plateau nicht vollständig erforscht. Die alamannische Besiedelung bestand aus zahlreichen Blockhäusern, die in annähernd gleicher Entfernung (ca. 20–25 m) zueinander standen. Außerdem existierten drei große Häuser. Das Plateau war damals durch zwei Abschnittsmauern unterteilt.

Die **Befestigung** umschließt eine Fläche von annähernd 8 ha. Die Anlage auf dem Berg hat eine Länge von gut 660 m bei einer durchschnittlichen Breite von ca. 100 m. Gegen Norden umfasst ein weit ausgreifender weiterer Wall den Hang und am Fuß des Berges einen 150 m langen und 50 m breiten Teich, welcher der Wasserversorgung diente. Die **Wälle** lassen sich bis heute gut im Gelände nachvollziehen. Besonders eindrucksvoll sind die mächtigen, noch bis zu 9 m hohen Werke mit zwei Gräben im Osten an der Hauptangriffsseite. 130 m weiter östlich schützte eine weitere Wall-Graben-Anlage, die karolingischen Ursprungs sein dürfte, die Festung. Auf den Hauptwall wurde in der Stauferzeit die steinerne Schildmauer gesetzt.

Vier **Tore** führen in die Anlage. Das Haupttor bildete von jeher die **Stockheimer Pforte** im Nordosten. Im Südwesten liegt die **Enzheimer Pforte** mit den freigelegten Grundmauern eines viereckigen Torturms. Er gehört wahrscheinlich noch in die Karolingerzeit, eventuell auch erst in das 12./13. Jh. Im Süden lässt die **Düdelsheimer Pforte** in das umwallte Areal ein, im Norden die **Glauburger Pforte**.

Die Grabungen in den 30er Jahren ergaben die Grundmauern hochmittelalterlicher Bauten. So liegen im Südwesten die Reste von **Hofanlagen**, während sich entlang des nördlichen Walles eine ganze **Hauszeile** in Form von Kellerfundamenten fand, deutlicher Hinweis darauf, dass man auf dem Glauberg im 13. Jh. mit der Anlage einer Stadt begonnen hatte. Die Herren von Glauburg selbst wohnten wohl in einem festen **Steinhaus** im Schutze des Ostwalles, dessen Fundamente sich heute in aufgemauerter Form mit einem romanischen Rundbogenportal präsentieren.

73. Büdingen
Schloss

Das Schloss in Büdingen gehört zu den besterhaltenen Burgen in Deutschland. An ihm lässt sich exemplarisch adelige Baukultur vom 12. bis ins frühe 19. Jh. studieren. Einmalig sind die Wandmalereien aus der Renaissancezeit.

Die edelfreien Herren von Büdingen erscheinen erstmals 1131. Sie waren Vögte des Reichsforstes Büdinger Wald. Die bestehende Burg wurde wohl zwischen 1166 und 1195 errichtet. Erwähnt wird sie allerdings erst 1219. Sie war Reichslehen und sollte den Reichsforst schützen.

1240 starben die Herren von Büdingen aus. Der Besitz ging u. a. an die Herren von Isenburg. Seit 1323 im Alleinbesitz der Isenburger, bildete Büdingen fortan deren Hauptsitz. 1442 wurde Diether I. von Isenburg vom Kaiser in den Reichsgrafenstand erhoben. Unter ihm und seinem Sohn Ludwig II. wurde die Burg umgebaut und erweitert, um dem neuen Rang auch baulichen Ausdruck zu verleihen. Die Kernburg erhielt ihre geschlossene Hofumbauung. Vor allem aber kam es um 1500 zu einer umfangreichen Neubefestigung der kleinen Stadt, in die auch die Burg einbezogen war. Sie verwandelte Büdingen in eine moderne Festung zur Verteidigung mit Feuerwaffen. Nach einer 1529 vorgenommenen Teilung der Grafschaft blieb Büdingen bis 1597 im gemeinsamen Besitz der Linien Isenburg-Birstein und Isenburg-Ronneburg. Beide Linien begannen mit umfangreichen Baumaßnahmen in ihrem Anteil. So ließ Graf Anton von Isenburg-Ronneburg 1546–53 seine

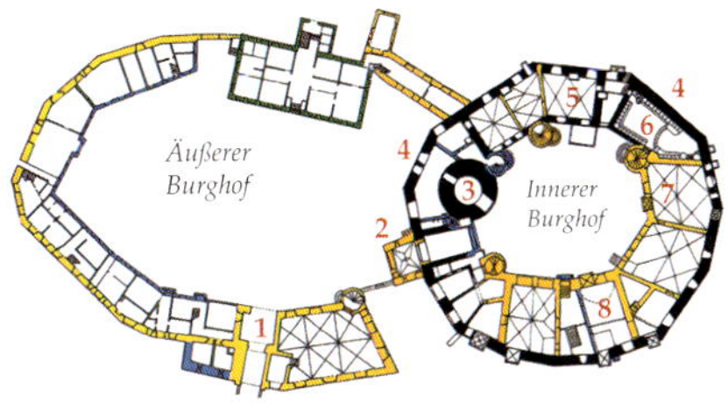

schwarz = 12./13. Jh. *blau = 16./17. Jh.*
gelb = 14./15. Jh. *grün = 18./19. Jh.*

1 Torbau
2 Inneres Tor
3 Bergfried
4 Außenmauer mit Buckelquadern
5 Palas
6 Kapelle
7 Krummer Saalbau
8 Küchenbau

2. H. 12. Jh.	*Bau der Burg*
1241	*Bergfried*
15. Jh.	*Ausbau*
1529	*Teilung*
1603–11	*Stallhof*
1833–36	*Neuer Bau*
2003	*Restaurierung*

Schlossplatz 1
Schlossmuseum
Führungen Mitte April–Mitte Okt. 14, 15, 16 und 17 Uhr
Tel.: 06042/9647-0
www.schloss-buedingen.de

oben: Grundriss

unten links: Ansicht

unten rechts: Bergfried, Schnitt, aus Wagner 1890

ganz oben rechts: Wachtbau, Erker

oben links: Kernburg vom äußeren Hof gesehen

oben rechts: Kernburg, Biforien des Palas

unten: Kapelle, romanisches Portal

Gemächer durch den Mainzer Maler Hans Abel prachtvoll ausschmücken. Die Isenburger teilten sich in der Folge in acht Linien, deren Besitz 1806 unter die Oberhoheit der inzwischen gefürsteten Linie Isenburg-Birstein kam. Doch 1816 wurde das Fürstentum zwischen dem Kurfürstentum Hessen und dem Großherzogtum Hessen aufgeteilt. Das Schloss ist bis heute im Besitz der Fürsten zu Isenburg und Büdingen, die sich um seinen kostspieligen Unterhalt kümmern.

Das Schloss gliedert sich in drei Teile: die kreisförmige Hauptburg, davor im Westen die ovalförmige Vorburg und im Süden der Hauptburg der Stallhof. Haupt- und Vorburg wurden einst von Wassergräben umgeben.

Man betritt die **Vorburg** durch das Tor im Wachtbau. Rechts der **Barbakane** erhebt sich der Westflügel des 1603–11 errichteten **Stallhofes**. Die Vorburg existiert wahrscheinlich schon seit der Burggründung, ummauert wurde sie allerdings erst im 15. Jh. Markantestes Bauwerk ist der **Wachtbau**. Er wurde 1486 errichtet und 1530–33 zu einem repräsentativen Wohntrakt umgebaut. Aus dieser Zeit stammen die reich verzierten Erker, von denen einer die Porträtbüsten Johanns III. von Isenburg-Birstein und seiner Frau Anna zeigt. Gegenüber steht der klassizistische **Neue Bau**, der 1833–36 als Wohnung des Erbgrafen entstand. Dahinter befindet sich die ehem. nördliche Ausfallpforte, die durch einen gedeckten Wehrgang mit der Hauptburg verbunden ist. Das heutige Nordtor der Vorburg stammt erst aus dem späten 17. Jh. und führt zum 1682 erbauten **Brauhaus**. Durch das 1480/90 ausgebaute Ludwigstor gelangt man in die **Kernburg**. In ihr stecken noch große Teile des stauferzeitlichen Gründungsbaus. So stammt die gesamte, bis zu 6 m hohe und ca. 2 m dicke **Ringmauer** mit ihren Buckelquadern aus dem 12. Jh. Gleich links vom Tor steht auf der Westseite der **Bergfried**. Er wurde wohl um 1241 erbaut und hat einen Durchmesser von ca. 10 m. Der Turm erhielt zu Ende des 15. Jh. seinen etwas schlankeren Aufsatz und den Treppenturm.

Auf der Nordwestseite erhebt sich der romanische **Palas**. Seine Geschosse waren einst nur über hölzerne Außentreppen zugänglich. Das Hofniveau ist heute allerdings um bis zu zwei Meter höher als im 12. Jh. Um 1330/40 wurde der Palas aufgestockt. Sein Inneres zieren wertvolle Wandmalereien der Renaissance, ein besonderer Schatz, da in vielen Schlössern nördlich der Alpen Malereien aus dieser Zeit in diesem Erhaltungszustand kaum erhalten sind. Besondere Aufmerksamkeit verdient das *Gemalte Zimmer* mit einer tapetenartigen Wappenmalerei, die das Sparrenwappen von Hanau in Rot und Gold und das Balkenwappen der Isenburger in Schwarz und Weiß zeigt und wohl unter Heinrich von Isenburg nach dessen Eheschließung mit Adelheid von Hanau 1332 entstanden ist. In der Renaissance erfolgte eine Übermalung. Aus dieser Zeit stammt das sog. „Musikgemälde“, das Gruppen musizierender Menschen zeigt und sich auf die Musiktheorie des Pythagoras bezieht. Im *Rittersaal* erblickt man scheinbar durch ein gemaltes Rundfenster Burg Büdingen, wie sie sich um 1550 darbot.

An den Palas schließt die **Kapelle** an, die ebenfalls ins 12. Jh. zurückreicht. Der alte Kapellenraum liegt heute unter dem Hofniveau und bildet den Keller, zu dem das romanische Portal mit eingestellten Säulchen und Tympanonrelief führt. Im 14. Jh. wurde auch dieses Gebäude zu Wohnzwecken aufgestockt, die Räume allerdings 1456 nach Aufgabe der alten Kapelle zu einem neuen, spätgotischen Sakralraum umgebaut. Diesen gestaltete man 1495–99 nochmals prachtvoll um. 1561/62 wurde die Kapelle erneut aufgestockt, um weitere Wohnräume zu gewinnen.

An sie schließt der um 1490 errichtete **Krumme Saalbau** an, in dessen Erdgeschoss sich eine *Hofstube* befindet. 1547 erhielt sie durch Graf Anton von Isenburg-Ronneburg einen Erker. Er ist blau gefasst und war ganz bewusst als Repräsentationsstück an jenem Bau gedacht, der seit der Teilung von 1529 Graf Anton gehörte. Der Anstrich ist nach Befund rekonstruiert und war zu seiner Entstehungszeit äußerst teuer, denn als Grundstoff diente Azurit, das aus dem vorderen Orient bezogen wurde. Auch im Inneren ließ der Graf den Bau reich ausschmücken, wovon noch ein großes Wandgemälde mit einer Eberjagd zeugt.

Es folgt der **Küchenbau** von 1470, der um 1600 seine drei Zwerchhäuser mit den reichen Renaissancegiebeln erhielt. Das frühbarocke Portal mit Knorpelwerkverzierungen entstand 1673. Hier ließ Fürst Ernst Casimir IV. 1846–53 durch Rudolf Hofmann aus Darmstadt den *Gemalten Saal* mit Szenen aus der isenburgischen Geschichts- und Sagenwelt ausschmücken, ein Verweis auf die Anciennität und Würde des inzwischen entmachteten Fürstenhauses.

Gegen Südwesten schließt das **Binthaus** an, das im Kern noch spätromanische Substanz des frühen 13. Jh. birgt.

oben: Kernburg vom Garten gesehen

unten: Vorburg

74. Büdingen
Isenburgische Stadthäuser

1510/11 Großes Haus
1569–71 Oberhof

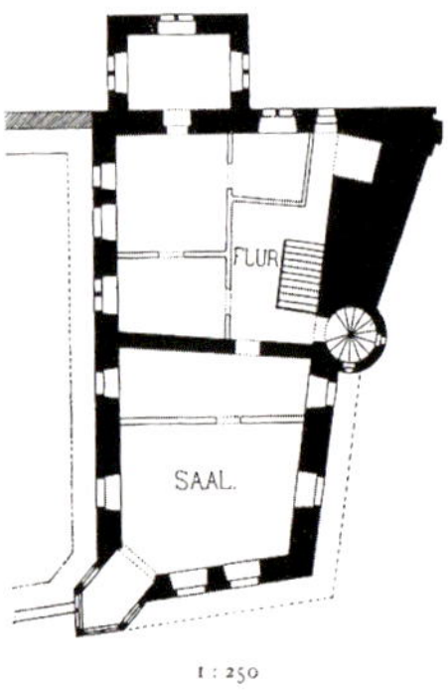

oben rechts: Steinernes Haus

oben links: Steinernes Haus, Grundriss OG, aus Wagner 1890

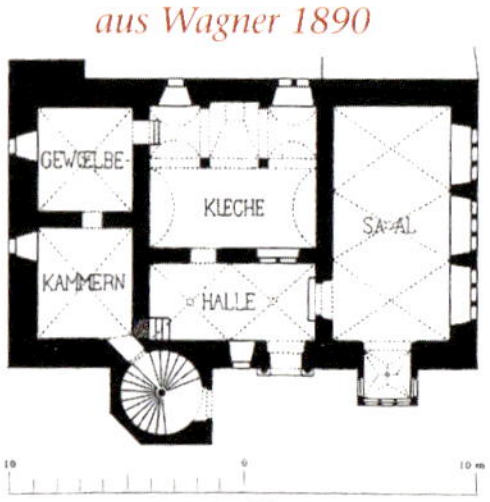

unten links: Oberhof, Detail vom Hauptportal

Mitte: Oberhof, Grundriss EG, aus Wagner 1890

unten: Oberhof

Das **Große Haus** o. a. Steinerne Haus (Schlossgasse 24) ist einer der eindrucksvollsten spätgotischen Wohnbauten der Region. Es wurde 1510/11 für Graf Johannes, den jüngsten Sohn Ludwigs II. von Isenburg-Büdingen, direkt neben dem Mühltor errichtet und entstand vielleicht aus dem Umbau eines älteren Burgmannensitzes. Hohe Staffelgiebel prägen seine Silhouette. An der Südwestecke sitzt ein über beide Obergeschosse reichender Erker, dessen Brüstungsfelder reiches Blendmaßwerk und das Wappen Graf Johanns zieren. Von ihm führte ursprünglich im ersten Geschoss eine offene Galerie bis zum Treppenturm auf der Ostseite. Dieser hat Maulscharten, denn er lag direkt neben der Durchfahrt der Mühlpforte, von der noch die westliche Außenwand mit Rücksprüngen und Balkenlöchern für die ursprüngliche Geschosseinteilung erhalten geblieben ist. Erkennbar ist auch noch ein Rest des Fallgatterlaufes.
Gegen den Zwinger zwischen der alten inneren Stadtmauer und dem Wall erhebt sich ein großer, turmartiger Standerker, dessen Fenster allerdings wohl erst auf einen Umbau um 1590 zurückgehen.

Als es 1560 nach dem Tode Graf Antons von Isenburg-Ronneburg in seiner Linie erneut zu einer Erbteilung kam, erhielt sein jüngster Sohn neben der Ronneburg auch den Ronneburger Anteil an Stadt und Schloss Büdingen. Sein älterer Bruder Georg, dem eigentlich Schloss Meerholz als Residenz zugedacht war, konnte dieses wegen des Einspruchs der Reichsstadt Frankfurt nicht ausbauen. Daher ließ Georg in Büdingen 1569–71 durch Conrad Leonhard den **Oberhof** (Obergasse 23), einen alten Burgmannensitz, zur standesgemäßen Wohnung für sich und seine Gemahlin ausbauen.
Der Oberhof bildet eine unregelmäßige Anlage hinter der Stadtbefestigung. Im Erdgeschoss befinden sich eine gewölbte Vorhalle, die Küche und ein kreuzgewölbter Saal. In den beiden Obergeschossen lagen die Wohn- und Repräsentationsräume. Ein Treppenturm erschließt die einzelnen Stockwerke und akzentuiert zusammen mit einem über alle Geschosse reichenden Standerker die Hoffassade. Seine Brüstungsfelder im ersten Geschoss schmücken groteske Masken. Der Treppenturm verfügt noch über eine originale Renaissancetüre. Das Hauptportal zieren die Wappen Graf Georgs und seiner Gemahlin. An den Postamenten der rahmenden Säulen bellen zwei in Stein gehauene Kettenhunde dem Eintretenden entgegen.
Die Nebengebäude, teilweise mit Fachwerkarkaden im Erdgeschoss, entstanden 1570 und 1620, das Erstere mit einer originalen diamantierten Eichenholztüre.

75. Ronneburg, Altwiedermus

Ronneburg

Die Ronneburg zählz zu den sehr gut erhaltenen Burgen Deutschlands und zeigt exemplarisch die Entwicklung eines Adelssitzes vom 13.–16. Jh. Sie wurde wohl zu Anfang des 13. Jh. vom Erzstift Mainz als Stützpunkt errichtet. 1258 wird sie erstmals erwähnt. Die Mainzer setzten auf der Burg einen Amtmann und Burgmannen ein, verpfändeten sie allerdings immer wieder. Im 14. Jh. wurde an der Burg fleißig aus- und umgebaut. So entstanden unter Johann von Rockenberg, der seit 1327 Pfandinhaber war, der Palas und der westlich vorgelegte Zwinger. Ab 1477 ließ Ludwig II. von Isenburg die Burg, die er von seinem Bruder Erzbischof Diether von Mainz als Entschädigung für dessen Unterstützung in der Mainzer Stiftsfehde zu Lehen erhalten hatte, weiter ausbauen. Der Bergfried erhielt einen Treppenhausanbau, und auf der Nordseite des Hofes entstand der sog. Alte Bau. 1523 wurde die Ronneburg nach einer Erbteilung Residenz einer eigenständigen Linie Isenburg-Ronneburg. Ab 1538 erfolgte unter Graf Anton die Anlage der weiträumigen Vorburg mit Wirtschafts- und Stallbauten. Graf Heinrich baute die Burg schließlich 1570–73 zu einer repräsentativen Renaissanceresidenz aus. Den Abschluss der Maßnahmen bildete die Erhöhung des Bergfriedes 1581 zu einem Belvedere mit vier Erkern, Galerie und der charakteristischen Steinkuppel.

1601 starb die Ronneburger Linie aus und Graf Wolfgang Ernst von Isenburg-Büdingen brachte die Burg sogleich gewaltsam in seinen Besitz, um etwaigen Ansprüchen anderer Erbschaftsanwärter zuvorzukommen. Die Burg, die noch bis 1615 als Witwensitz diente,

grau = um 1300/Anfang 14. Jh.
gelb = 14./15. Jh.
rot = 16./17. Jh.
blau = 18.–20. Jh.

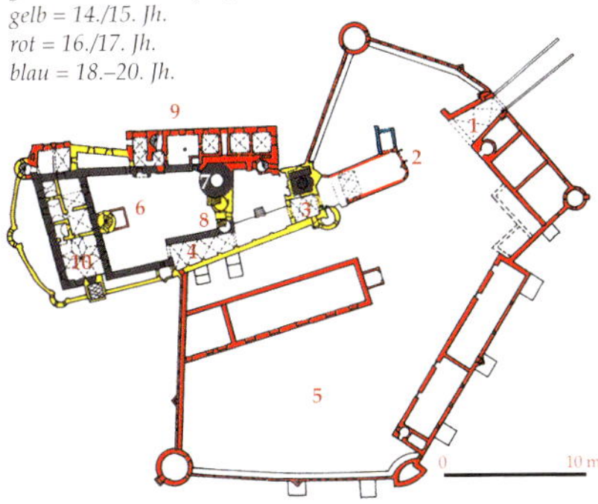

1 Äußeres Tor
2 Vorburgtor
3 Inneres Vorburgtor
4 Inneres Tor, Zinzendorfbau
5 Vorburg
6 Innenhof
7 Bergfried
8 Ostflügel
9 Nordflügel (Alter Bau, Kemenatenbau)
10 Westflügel (Palas)

Anf. 13. Jh. Gründung
1328–30 Palas und Westzwinger
1371 Palasumbau
1477/78 Ausbau der Kernburg
1538–54 Vorburg
1570–73 Zinzendorfbau und Kemenate
1581 Erhöhung des Bergfriedes
1621 Brand
1947–57 Renovierung

Burgmuseum
Anf. März–Ende Nov.
Di.–So. 10–17 Uhr
Tel.: 06048/950905
www.burg-ronneburg.de

oben: Grundriss

unten: Ansicht von Westen

Mitte: Vorburg, Eckturm

unten links: Saalbau, Hofansicht

unten rechts: Hauptburg von Norden

wurde 1621 durch Unvorsichtigkeit Opfer eines verheerenden Feuers. In der Folge wurde sie mehrfach verpachtet und verfiel zunehmend. Schließlich bot der tolerante Kasimir I. von Isenburg-Büdingen die Burg Glaubensflüchtlingen, darunter zahlreiche Juden, und gesellschaftlichen Außenseitern als Wohnung an, und 1736 wurde sie Graf Zinzendorf, dem Gründer der Herrnhuter Brüdergemeinde, und seiner Anhängerschaft überlassen, bevor er in das neu gegründete Herrnhag übersiedelte. Die Inspirierten-Gemeinde nutzte die Ronneburg allerdings noch bis ins 19. Jh. 1838 brach man die Gebäude der Vorburg zum großen Teil ab. Ende des 19. Jh. wurde die Burg dann zum beliebten Ausflugsziel, was zu ersten Instandsetzungen führte. 1947–57 erfolgten umfangreiche Restaurierungen. Die Burg ist bis heute im Besitz der Fürsten zu Isenburg und Büdingen. Der Ronneburg-Verein, der die Burg seit den 80er Jahren gepachtet hat, kümmert sich um ihre Erhaltung und hält das bedeutende Baudenkmal als Museum für die Öffentlichkeit zugänglich.

Die Ronneburg erhebt sich weithin sichtbar auf einem steilen Basaltsporn am Rande der Wetterau. Sie kontrollierte u. a. die Frankfurt-Leipziger Fernhandelsstraße. Die Burg gliedert sich in die Vor- und die höher gelegene Hauptburg. Die **Vorburg** entstand, um die besonders gefährdete Südseite der Burg zu sichern und mehr Platz für die Hofhaltung Graf Antons zu schaffen. Man begann mit dem Torbau 1538 und beendete den Bau der Befestigung 1551 im Südosten mit dem Anschluss der Ringmauer an die Hauptburg. Diese wird durch vier runde Ecktürme flankiert. Türme und Mauer zeigen verschiedene Schartenformen zum Einsatz leichter Feuerwaffen, darunter eigentümliche Deckelscharten, die der Verteidigung des Mauerfußes dienten. Über dem **Torbau** erhob sich ursprünglich ein Turm. Der anschließende Flügel ist bis heute Ruine. Der südwestlich anstoßende Marstall wurde 1549–51 errichtet und 1964/65 aufgestockt. Er beherbergt heute die Burggaststätte. Das gegenüber, unterhalb der Kernburg gelegene Bandhaus entstand 1554/55.

Die **Hauptburg** datiert im Kern aus dem frühen 14. Jh. Wie die Bauten des 13. Jh. aussahen, ist weitgehend unbekannt. Sie wurde im 14. Jh. mit einem **Zwinger** umgeben, der sich noch auf der Westseite mit drei Schalentürmen erhalten hat. Drei **Tore** lassen ein. Das erste entstand um 1523–27 und steht nur noch in seinen Umfassungsmauern.

oben links: Innenhof mit Neuem Wohnbau und Bergfried, aus Wagner 1890

oben rechts: Gesamtansicht von Südosten, um 1895

unten: Bergfried, Schnitt und Grundrisse des Belvedere, aus Nieß 1968

Von hier führt eine Rampe zum zweiten Tor, das im Kern ins 15. Jh. datiert und einst eine Zugbrücke besaß. Gleich rechts der Durchfahrt befindet sich das **Brunnenhaus** mit dem großen Tretrad aus dem 16. Jh. Der Brunnen selbst wurde vielleicht schon um 1260/70 ausgeschachtet und ist noch 96 m tief. Der innerste Torbau stammt im Kern aus dem frühen 14. Jh. Sein Aufbau, der sog. **Zinzendorfbau**, entstand um 1570/71. Dieser diente im 18. Jh. der Herrnhuter Brüdergemeinde als Gottesdienstraum. Zur Hofseite ragt ein Erker mit Maßwerkbrüstungen und Wappenschmuck aus der Mauerflucht. Der runde **Bergfried** in der Nordostecke entstand im frühen 14. Jh. Die Architektur seines luftigen Aufbaus mit der Kuppel zeigt sich italienisch beeinflusst und geht sehr wahrscheinlich auf Georg Robin zurück, der zumindest beratend am Bau beteiligt war. Die Gestaltung erinnert an den nur wenig jüngeren, allerdings noch weit italienischer und eleganter wirkenden Aufbau des Höchster Schlossturmes (Nr. 19).

Die Nordseite nehmen der Neue Wohnbau und der sog. Alte Bau ein. Der **Neue Wohnbau** entstand 1573–75, wobei man aus Platzgründen über den Zwinger der Hauptburg hinausbaute. Er ist seit dem Brand 1621 ein Torso und wurde nicht vollständig wiederaufgebaut. Im mittleren Teil des Gebäudes befinden sich in zwei Geschossen übereinander die sog. unteren und mittleren Herrengemächer, die Wohnungen von Graf und Gräfin. Hier schließt der **Alte Bau** an, der unter Ludwig II. im 15. Jh. entstand und in den Zwinger gestellt wurde, da der Hof keinen Raum für Neubauten ließ. Die sog. Rieneck'schen Gemächer zeigen reiches florales Rankenwerk, das erst vor einigen Jahren freigelegt und restauriert wurde. Der anstoßende **Küchenbau** datiert ebenfalls noch ins 15. Jh., wurde aber 1573 aufgestockt. Die Westseite des Hofes nimmt der stattliche **Saalbau** des 14. Jh. ein, der um 1370/71 nochmals umgebaut wurde. Aus dieser Zeit stammen die Kreuzstockfenster und der zierliche **Kapellenerker**. Er ist vom Saal im obersten Geschoss aus zugänglich. Der Treppenturm entstand 1477. In dieser Zeit wurde auf der Südseite die **Hofstube** mit ihrem schönen spätgotischen Rippengewölbe, das von einem Mittelpfeiler getragen wird, eingerichtet. 1546 erhielt sie auf der Südseite einen Erker, der über den Zwinger der Hauptburg hinausragt. Auch im Mittelgeschoss kam es zu einer Neueinteilung der Räume, von der die Fachwerkwände des 15. Jh. zeugen.

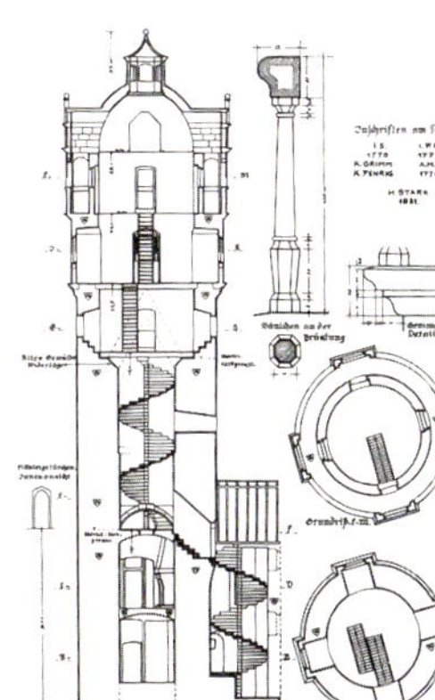

76. Gelnhausen
Kaiserpfalz

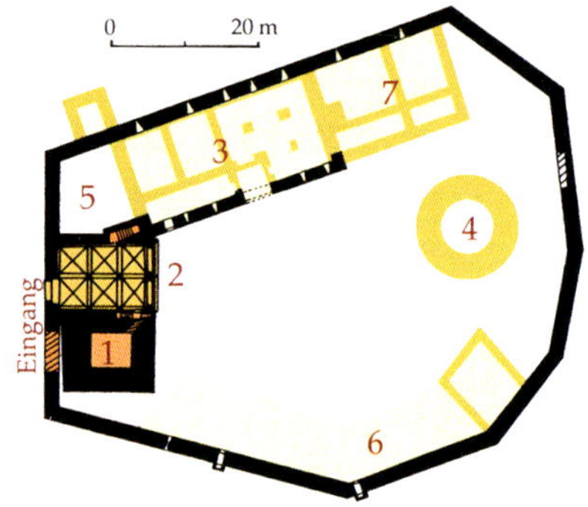

1 Bergfried am Tor
2 Torhalle mit Pfalzkapelle
3 Palas
4 Ehem. Bergfried
5 Hof
6 Wohn- und Wirtschaftsgebäude
7 Wohnbau

1158	*Erwähnung einer Burg*
Um 1170–80	*Errichtung der Pfalz*
1180	*Reichstag*
1349	*Verpfändung*
1430–79	*Vorburgbefestigung*
1634	*Zerstörungen*
1858–60	*Erste Restaurierung*

Burgstraße 14
März–Okt. Di.–So., Feiertage 10–17 Uhr, Nov.–Dez. Di.–So. 10–16 Uhr, Mo. auf Anfrage
Tel.: 06051/3805
www.schloesser-hessen.de

oben: Grundriss

Mitte: Plan mit Burgmannensiedlung, nach Hotz 1951

unten: Hofansicht

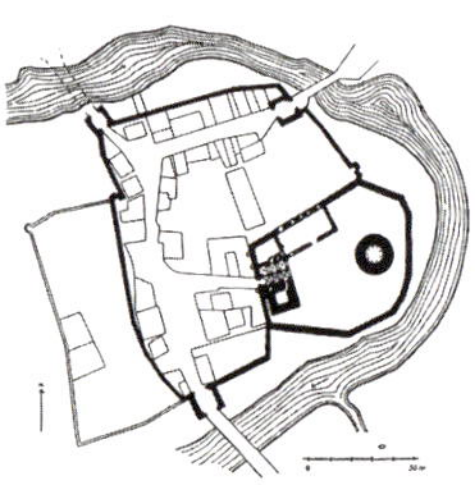

Die Pfalz zu Gelnhausen gilt als einer der bedeutendsten stauferzeitlichen Profanbauten in Deutschland. Ein *castrum Gelenhusen*, eine Burg, wird erstmals 1158 erwähnt, als Erzbischof Arnold von Mainz diese mit Gütern und Ministerialen von ihrem bisherigen Besitzer, vermutlich dem Grafen von Selbold-Gelnhausen, erwarb. Mit dieser Burg lässt sich wohl eine ca. 250 m oberhalb der Stadt gelegene Anlage in Verbindung bringen. Hier befindet sich noch heute eine schildförmige, ca. 60 x 30 m große Gemarkung, die den Flurnamen *An der Burg* trägt. Der Erzbischof gab die Burg zwischen 1165 und 1170 zur Hälfte Kaiser Friedrich I. Barbarossa zu Lehen, der damals einen weiteren Stützpunkt in der *Terra Imperii* Wetterau schaffen wollte. Gelnhausen lag strategisch günstig in unmittelbarer Nähe des Reichsforstes Büdingen. Durch das Kinzigtal führten zwei wichtige Fernhandelsstraßen von Frankfurt nach Leipzig bzw. Erfurt. Schon 1170 gewährte Barbarossa daher der Kaufmannssiedlung, die er begründet hatte, bestimmte Freiheiten und bereitete so die Stadtgründung vor. Gleichzeitig wurde auf einer Kinziginsel mit dem Bau einer neuen Burg begonnen, d. h. die alte Burg wurde von der Höhe in die Ebene verlagert, ein seltener Vorgang im Hochmittelalter.

Die neue Burg sollte dem Kaiser als Pfalz dienen. 1180 fand in der Pfalz ein besonders wichtiger Reichstag statt, auf dem es um die Verteilung jener Territorien ging, die der Kaiser kurz zuvor in Würzburg seinem welfischen Widersacher Herzog Heinrich dem Löwen unter Zustimmung der Reichsfürsten entzogen hatte. Ähnlich wie bei Burg Münzenberg (vgl. Nr. 66) gibt es auch im Fall Gelnhausens einen langen Gelehrtenstreit um die genaue Erbauungszeit. Es ist wahrscheinlich, dass Friedrich I. schon kurz nach Erwerb seiner Lehenshälfte an den Bau der Pfalz ging. Pfähle vom Fundament der Torhalle konnten dendrochronologisch auf 1169/70 datiert werden, was nahelegt, dass zu diesem Zeitpunkt mit dem Bau begonnen wurde. Spätestens 1180 wird die Pfalz wohl in wesentlichen Teilen fertig gestellt gewesen sein, sonst hätte kein so großer Reichstag in ihren Mauern abgehalten werden können, zumal der aufwändige Bau auch der königlich-kaiserlichen Repräsentation dienen sollte. Friedrich weilte jedenfalls mehrmals in Gelnhausen, zuerst 1170, erneut 1173, beim Reichstag 1180 und nochmals 1182.

Der Bauuntergrund der Kinziginsel war sehr feucht. Um ihn zu verfestigen, musste man zuerst einen Pfahlrost schaffen, wozu man 1–1,5 m lange Pfähle aus verschiedenen Hölzern dicht an dicht in den

Erdboden rammte. Der weiche Untergrund sorgt noch heute immer wieder für statische Probleme. Die schweren Steinbauten drohten mehrmals abzusinken. Daher hat man schon in früheren Zeiten Stützpfeiler vorgemauert.
Auch nach Friedrich I. rissen die Herrscherbesuche nicht ab. In Gelnhausen weilten Heinrich VI., Friedrich II. und sein Sohn Heinrich (VII.). Die Pfalz überstieg die von Frankfurt damals an Bedeutung. Aber zu Ende der Herrschaft Friedrichs II. geriet Gelnhausen in den Kampf um die Krone zwischen der Stauferpartei und den vom Papst unterstützten Gegenkönigen. Im Oktober 1250 wurde die Burg durch König Wilhelm von Holland auf seinem Huldigungszug durch das Reich – allerdings vergeblich – belagert. Noch konnten die Anhänger der Staufer diesen Stützpunkt für eine gewisse Zeit gegen die feindliche Übermacht halten.
Nach dem Ende der Staufer verlor die Pfalz zunehmend an Bedeutung. An die Spitze der Burgmannschaft traten die Forstmeister von Gelnhausen, die das Amt des Reichsforstmeisters im Büdinger Wald innehatten. Ähnlich der Burgmannschaft in Friedberg (Nr. 59) bildete auch die Burg Gelnhausen eine Adelskorporation, der allerdings – im Gegensatz zu Friedberg – nie der Aufbau eines eigenen Territoriums gelang.
1349 wurden Pfalz und Reichsstadt durch den in Geldnot befindlichen Karl IV. wie die Frankfurter Königsburg (Nr. 12) an Günther von Schwarzburg und die Grafen von Hohenstein verpfändet. 1363 kam es zu Zerstörungen, als Michael Kubicz, der Hauptmann der Wetterau, einen in die Burg geflüchteten Geächteten verfolgte, und 1398 beschwerte sich König Wenzel bei der Burgmannschaft, die Pfalz würde verbaut. Das bedeutet, dass die adeligen Burgmannen, die in der Vorburg ansässig waren, nun ihre Häuser auch in der Hauptburg zu errichten begannen. Wahrscheinlich wurde damals auch ein schmaler Zwinger mit zwei kleinen Rundtürmen um die Kernburg gezogen und ein weiterer Wassergraben, der Hussgraben, im Westen der Vorburg angelegt. Schon 1431 gab es aber gravierende Bauschäden, welche die Burgmannschaft Kaiser Sigismund meldete, und es fanden an der durch Absenkungen bedrohten Westseite Reparaturen statt. 1562 erfolgten nochmals größere Ausbesserungen.

Eingangsfront mit Torturm und Torhalle

Im Dreißigjährigen Krieg wurden Stadt und Burg übel mitgespielt. Beim Kroateneinfall 1634 wurde die Burg niedergebrannt, und wenig später nahmen die Schweden Reichsstadt und Pfalz ein und plünderten sie. 1736 gelangte die Burg an Hessen-Kassel. Die Anlage verfiel mehr und mehr und wurde zum Steinbruch. Der vom Mittelalter begeisterte Kurfürst Wilhelm I. verbot allerdings 1816 die weitere Zerstörung. Sein diesbezügliches Dekret ist eines der ältesten Dokumente des Denkmalschutzes in Hessen. Und das 1813 erstmals verfasste Buch des Juristen Bernhard Hundeshagen über den Pfalzbau dürfte die älteste kunsthistorische Baumonographie über eine Burg in Deutschland sein.
1858 kam es zu ersten Sicherungs- und Freilegungsarbeiten an Kapelle und Palas. 1929–32, 1961–63 und 1991–93 erfolgten umfangreiche Grabungen und Instandsetzungsarbeiten.
Die **Kernburg** wird, wie für die Stauferzeit typisch, von einem polygonalen Mauerring umgeben, an den sich die Gebäude der Pfalz anlehnten. Die **Ringmauer** ist 1,95–2,10 m dick und besitzt eine beidseitige Verblendung aus Buckelquadern mit Füllsteinen und Mörtelverguss. Die einzelnen Quader sind teilweise bis zu 1,50 m lang.
Die Hauptburg war durch einen Wassergraben von der Vorburg im Westen getrennt, in der sich Wirtschaftsbauten und die Wohnungen der Burgmannen befan-

links: Kaminwand

rechts: Palasfassade

den. Eine zweischiffige **Torhalle** leitet als äußerst repräsentativer Zugang in den Hof der Kernburg. Ihr Kreuzgewölbe wird von zwei stämmigen Säulen getragen. Über der Torhalle lag, nicht untypisch für den Burgenbau des Hochmittelalters, die bis 1811 genutzte **Kapelle**. Erst 1859 wurde sie zur Ruine, als man die romanische Substanz „freilegte". Ihre Hoffassade muss reich gegliedert gewesen sein, wie der Unterbau mit den Säulen und Blendrahmen erahnen lässt. Wie die Torhalle war auch die Kapelle zweischiffig mit drei Jochen, verfügte aber über reicher gegliederte Wandvorlagen, welche die Gewölbe trugen. An ihre Südseite lehnt sich der Stumpf eines viereckigen, ursprünglich doppelt so hohen **Turmes**, der wohl als Bergfried anzusehen ist. Er steht direkt hinter der Ringmauer und diente der Verteidigung des Burgzugangs. Sein Eingang befindet sich in 7 m Höhe.

Die Nordseite des Hofes nimmt zur Hälfte die Ruine des 29 x 15,7 m großen **Palas** ein. Der Hauptzugang lag im ersten Geschoss. Der Palas gilt wegen seines reichen Bauschmucks zu Recht als eines der Hauptwerke romanischen Profanbaus in Deutschland. Von der einst prachtvollen Hoffassade mit ihren Fensterarkaden steht heute nur noch das Kellergeschoss und das Hochparterre, in das man über eine Freitreppe gelangte. Einst von Rechteckblenden eingefasste Fensterarkaden gliedern die Fassade, deren schönster Schmuck die Kapitelle darstellen. Sie sind von elsässischer und südfranzösischer Plastik des 12. Jh. beeinflusst.

Über die einstige Raumanordnung können nur Vermutungen angestellt werden, aber die Einteilung des Kellers in mehrere Räume legt nahe, dass dies deshalb geschah, um in den Geschossen darüber Zwischenwände zu tragen. Das Erdgeschoss gliederte sich demnach vermutlich in drei Räume, u. a. einen kleinen Saal, der über einen reich verzierten offenen Kamin verfügte. Er wird von zwei einzigartigen Schmuckplatten mit Flechtbandornamenten flankiert. Der große Fest- und Audienzsaal, in dem sicher auch die Reichsversammlung von 1180 stattfand, lag im ersten Obergeschoss und nahm die ganze Breite und Tiefe des Gebäudes ein. Auf der Nordwestecke des Palas sprang ein Anbau über die Ringmauer vor. Hier lagen die **Abortanlagen**, die aus beiden Geschossen zugänglich waren.

An den Palas schloss noch ein weiteres, nur in Fundamenten überliefertes, 18 m langes Gebäude an. Es könnte sich um einen Kemenatenbau mit Wohnräumen für die kaiserliche Familie gehandelt haben, in dessen Erdgeschoss sich eventuell die Küche befand. Weitere Gebäude lagen auf der Südseite, wo sich Fensterschlitze und ein Aborterker erhalten haben. Eventuell handelte es sich um Wohnbauten für das Gefolge.

Im Osten des Hofraums liegen, unter Erdreich verborgen, die 4 m starken Fundamente eines enormen **Rundturms**, der wahrscheinlich erst im frühen 13. Jh. begonnen und nie vollendet wurde. Für diese Entstehungszeit sprechen seine kissenförmigen Buckelquader. Einen ähnlichen Turm gab es in der Frankfurter Pfalz (vgl. Nr. 11 und 12).

Die einstige **Vorburg** entwickelte sich im Spätmittelalter zu einer kleinen Stadt mit eigenem Rathaus. Sie war Sitz der Burgmannen. Ursprünglich war sie wohl nur durch Hecken und Zäune gesichert. Erst um 1430 hat man sie mit einer steinernen Befestigung umgeben, die um 1479 vollendet war. Eindrucksvollster Überrest ist das **Haintor** im Süden mit Feuerwaffenscharten. Von den einstigen Burgmannenhäusern blieb nur die sog. „**Burgkaplanei**" erhalten, ein spätmittelalterlicher Bau mit kleinen Vorhangbogenfenstern. Sie stand noch innerhalb des Torzwingers der Kernburg. Heute beherbergt das Haus ein kleines Museum, das über die Pfalz informiert.

77. Langenselbold

Jagdschloss

Das ehemalige Jagd- und Lustschloss Langenselbold zählt auf Grund seiner reichen Rokokoausstattung zu den herausragenden Schlossbauten des 18. Jh. in Hessen. Graf Wolfgang Ernst III. von Isenburg-Birstein ließ an Stelle des ehemaligen Prämonstratenserklosters Selbold, das in der zweiten Hälfte des 12. Jh. gegründet und 1545 aufgelöst worden war, 1722–27 in strenger Symmetrie ein Hofgut anlegen. Als Baumaterial dienten u. a. Steine des 1725 abgebrochenen Klosters.

Erst nach seiner Erhebung in den Reichsfürstenstand ließ Wolfgang Ernst durch den Hanauer Hofbaumeister Christian Ludwig Hermann ab 1749 das Corps de Logis als Wohnbau errichten, den heute sog. Prinzessinnenbau. Seine Errichtung war aber wahrscheinlich von Anfang an geplant, da er mit dem äußerlich fast identischen Fruchtbau (heute Rathaus) den nördlichen Abschluss des Hofes bildet. Für die Innenausstattung verpflichtete der Fürst einige der besten Kunsthandwerker und Maler des Rokoko. Johann August Nahl, der für Friedrich den Großen in Sanssouci ebenso tätig war wie für den hessischen Landgrafen Wilhelm VIII. in Wilhelmstahl bei Calden, schuf die feinen Rokokostuckaturen. Johann Heinrich Tischbein d. Ä, der schwedische Hofmaler Georges Desmarées und der Frankfurter Landschaftsmaler Georg Christian Schütz lieferten großformatige Porträts und Supraporten. Hierbei kamen dem Fürsten u. a. seine Kontakte zu Landgraf Wilhelm VIII. von Hessen-Kassel zugute. Die Raumschöpfungen in Langenselbold zählen somit zu den exquisitesten des Spätbarock in Hessen.

Nach seiner Fertigstellung diente das Schloss als Ersatz für ein älteres Jagdschloss im Steinweg (heutiges Ärztehaus). Mehrfach beherbergte das Schloss hohen Besuch, es wurde gar zeitweilig an hochgestellte Personen vermietet. So nächtigten hier 1792 der preußische König Friedrich Wilhelm II., als dieser sich auf der Reise ins preußische Heerlager befand, und Napoleon, der die Nacht vom 29. auf den 30. Oktober 1813 vor der Schlacht bei Hanau im Schloss verbrachte.

1849–54 diente das Schloss dem vormaligen König von Portugal, Dom Miguel de Braganza, und seiner Gemahlin, einer Fürstin von Löwenstein, als Wohnsitz, da er mit dem isenburgischen Fürstenhaus verwandt war. Seit 1976 befindet sich das Schloss in Gemeindebesitz und wurde in den letzten Jahren schrittweise aufwändig restauriert.

Die sechs Gebäude des Komplexes umgeben einen 127 x 95 m großen rechteckigen Hofraum. Im Osten, Süden und

1722–27	*Errichtung*
1727–35	*Pfarr- und Hofkirche*
1749–52	*Corps de Logis*
1976	*Erwerb durch die Gemeinde*
1997–2005	*Instandsetzung*

Schlosspark – Nutzung durch die Gemeinde für Veranstaltungen, im Fruchtbau befindet sich das Rathaus
Geöffnet So. und nach Vereinbarung
Tel.: 06184/80-227
www.schloss-langenselbold.de
www.langenselbold.de

links: Corps de Logis

rechts: Corps de Logis, Grundriss des Erdgeschosses

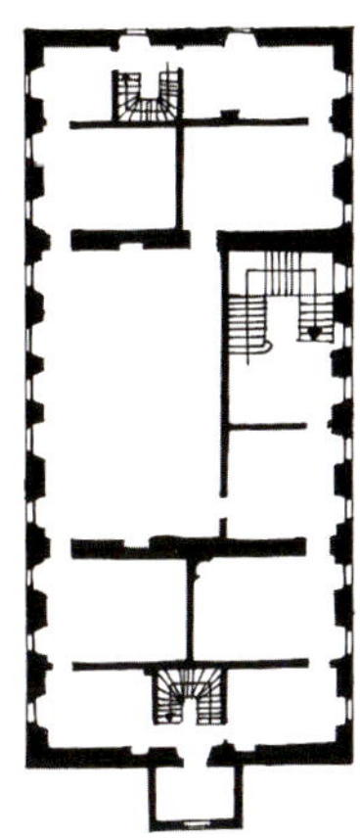

Sala Terrena, Ausschnitt aus der Stuckdekoration

Westen begrenzen ihn eingeschossige **Wirtschaftsbauten** mit Sattel- und Walmdächern (Scheunen und Ställe), während die Nordseite die beiden fast identischen Hauptgebäude, der Fruchtbau und das etwas jüngere Corps de Logis (sog. Prinzessinnenbau), schließen. Auf der Südseite öffnet sich der parkartig gestaltete Hof zwischen Dragonerbau und Jagdgebäude mit einer Terrasse und Treppe zur umgebenden Landschaft, die hier leicht abfällt.

Alle Gebäude wurden aus rötlich-braunem Bruchstein errichtet. Fenster- und Türrahmen, Gesimse und Eckfassungen wurden aus rotem Sandstein gearbeitet. Die Wirtschaftsbauten sind sehr einfach und werden nur durch genutete Sandsteinbänder betont. Etwas reicher ist die Gestaltung der beiden **Hauptgebäude**. Sie sind zweigeschossig und werden von Mansarddächern abgeschlossen. Ein einfaches Band aus rotem Sandstein umzieht beide Gebäude und trennt so das Erdgeschoss von der Beletage. Die Gebäudeecken sind durch genutete Lisenen betont, ebenso die Mitte der jeweils neunachsigen Langseiten, so dass hier der Eindruck dreiachsiger Risalite entsteht. An die Ostseite des Corps de Logis wurde um die Jahrhundertwende ein pavillonartiger, einachsiger Anbau gesetzt, der Bäder aufnahm.

Auch die Portale auf der Nord- und Südseite der Langseiten beider Gebäude sind sehr zurückhaltend gestaltet. Alles in allem verrät die äußere Architektur wenig über die reiche Innengestaltung. Vielmehr gewinnt man den Eindruck, ein ländliches Gut zu betreten.

Die Binnengliederung des **Corps de Logis** ist sehr klar. Zwei Scheidmauern unterteilen den Grundriss in ein mittleres Kompartiment zu fünf, und zwei äußere zu je drei Fensterachsen. Darin eingezogen sind Fachwerkwände. Die Mitte des Erdgeschosses nimmt das Vestibül mit der breiten hölzernen Stiege und im Anschluss daran ein Saal ein, dessen Wände mit grauem Stuckmarmor überzogen sind. Auf ihn hat Nahl elegante Stuckaturen appliziert, Rocaillen und vegetabile Ornamente. Rokokostuck ziert auch die Decke, die Blumenkörbe, Putten und turtelnde Vögel zeigt. Sie bilden ein für ein Lustschloss angemessenes Programm, dem auch die zahlreichen amourösen Putten- bzw. Kinderszenen in einigen Supraporten diverser Räume entsprechen. Zu beiden Seiten des Saales schließen sich Appartements an. Diese Einteilung wiederholt sich fast spiegelbildlich in der Beletage. Hier ist der Saal mit dunkelbraunen Holztäfelungen und textilen Wandbespannungen ausgestattet. Über den beiden offenen Kaminen befinden sich Bildnisse des Landgrafen Wilhelm VIII. von Hessen-Kassel und des Kölner Kurfürsten Clemens August als Großmeister des Deutschen Ordens. Beide Gemälde bezeugen die politischen Verbindungen des Fürsten Wolfgang Ernst, zumal sein Sohn Christian Ludwig Deutschordenskomtur war. In den beiden anschließenden Appartements befinden sich im Kaminzimmer, Grünen Zimmer und Napoleonzimmer originale bemalte Seidentapeten des 18. Jh., die aus der Erstausstattung des Schlosses stammen dürften. Sie zeigen in chinesischem Stil duftige Blumen und zartes Astwerk, in dem bunt schillernde Vögel hocken. Ob es sich bei diesen sog. Pekingtapeten um echte chinesische Textilien oder um Fabrikate einer deutschen Manufaktur, evtl. aus Frankfurt, handelt, ist ungeklärt. Solche chinoisen Tapeten waren jedenfalls um 1750 in ganz Europa große Mode und sehr begehrt. Sie wurden vor einigen Jahren restauriert und bilden einen der großen Schätze des Schlosses.

Alle Speisen mussten von außen in das Corps de Logis gebracht werden, denn die Küche befand sich im Untergeschoss des Fruchtbaus. Vermutlich plante Hermann eine Verbindung zwischen den beiden Flügeln, vielleicht als halbrunde Orangerie oder Galerie, die aber nie ausgeführt wurde.

Zum Schlosskomplex zählt letztlich auch die außerhalb des Areals gelegene, aber ausgesprochen aufwändige und große ev. **Pfarrkirche**, die 1727–35 nach Plänen Hermanns errichtet wurde. Sie bildet einen querovalen Bau mit vier Kreuzarmen. Gegen Süden steht der hohe Turm. Für ein Dorf wie Langenselbold ausgesprochen repräsentativ, sollte der Bau auch als Hofkirche dienen.

oben: Kleiner Vorsalon, Detail aus der Tapete

unten: Grünes Zimmer, Detail aus der Tapete

78. Nidderau, Windecken

Burg Wonnecken

Wonnecken war der alte Hauptsitz der Herren von Hanau, die erst 1436 ihren Herrschaftsmittelpunkt in die namengebende Stadt an der Kinzig verlegten. Burg Wonnecken wurde um 1260 von Reinhard I. von Hanau über dem Ort *Tezelenheim* gegründet. Den Namen der Burg übertrug man bald auf die ganze Siedlung. 1288 erhob König Rudolf I., der Gönner Reinhards I., diese zur Stadt und erteilte ihr die Freiheiten Frankfurts. Wenig später wird man wohl mit dem Bau einer Stadtbefestigung begonnen haben, deren eine Ecke die Burg besetzte. All dies muss im Zusammenhang mit dem konsequenten Aufbau einer größeren Herrschaft durch die Herren von Hanau gesehen werden, zumal die neue Burg eine wichtige Nidderfurt unweit der Hohen Straße beherrschte.

Nach der Verlegung der Residenz von Windecken nach Hanau (Nr. 26) blieb die alte Burg für die Grafen von Hanau auch weiterhin als Amts- und besonders als Witwensitz bedeutend. Im 15. Jh. wurde die westlich gelegene Vorburg und im 16. Jh. die Kernburg ausgebaut und modernisiert, so dass eine repräsentative Vierflügelanlage entstand, die von Zwingermauern und Türmen umgeben war.

1612 wurde Burg Wonnecken Witwensitz Katharina Belgicas, der Gemahlin Philipp Ludwigs II. von Hanau. Sie veranlasste den weiteren Ausbau in den Jahren 1627–29 durch den Hanauer Baumeister Joachim Rumpf. Die Baumaßnahmen scheinen aber Stückwerk geblieben zu sein, denn bald suchte der Dreißigjährige Krieg die Grafschaft heim. 1646 ging das Schloss bei einem schwedischen Überfall in Flammen auf. Ein Wiederaufbau unterblieb. Um die Mitte des 18. Jh. wurde Windecken Gerichtssitz. Hierzu baute man den Südflügel der Burg wieder auf, der bis 1970 als Amtsgericht diente. Heute ist die Burg ein Pflegeheim. Sie erhebt sich in Spornlage über der Altstadt. Zur Nidder fällt das Gelände steil ab. Von den ursprünglich zwei Vorburgtoren steht nur noch das östliche. Im Abschluss der flankierenden Vorburgmauer wurden später Spolien des Renaissancebaus (u. a. Masken) vermauert. Die **Vorburg** erstreckte sich entlang der Stadtmauer. Von den Innenbauten und der Ringmauer steht so gut wie nichts mehr. Die auf der Nordseite bis zu 8–10 m hoch erhaltene Ringmauer ist bis zu 1,75 m stark. Der sog. **Hexenturm** an der Nordwestecke datiert aus dem 15. Jh. und flankierte einst den westlichen Zugang.

Die **Hauptburg** bildet eine rechteckige Anlage, die im Norden und Osten von einem Zwinger umgeben wurde. Ihr eindrucksvolles gotisches **Tor** mit seinen beiden runden Türmchen datiert in die erste Hälfte des 16. Jh. und besaß einst eine Zugbrücke. Über dem Tor sitzt noch das Wappen der Grafen von Hanau. Ein runder Eckturm diente der Flankierung von Graben und Brücke.

Um 1260 Gründung
1436 Verlegung der Residenz nach Hanau
15. Jh. Ausbau der Vorburg
1627 Ausbau der Kernburg
1646 Zerstörung
18. Jh. Bau des Amtsgerichtes

Privat, nur Außenbesichtigung

unten links: Ehem. Amtsgericht

unten rechts: Kernburg, Torbau

VII. IN DER DREIEICH

Das Jagdrevier der Landgrafen von Hessen-Darmstadt

Das Gebiet südlich des Mains mit dem Reichsforst Dreieich war seit alters ein großes Jagdrevier. Es gruppierte sich um die Pfalzen bzw. Königshöfe Trebur, Frankfurt und Dieburg. Ursprünglich fungierten seit dem 11. Jh. die Herren von Hagen-Arnsburg bzw. Münzenberg als Reichsvögte über den Forst. Im 12. Jh. stand die Dreieich in engem Zusammenhang mit der Wetterau. Sie war Teil des Reichslandes, das Kaiser Friedrich I. Barbarossa durch Kuno I. von Münzenberg aufbauen und verwalten ließ. Friedrich I. konnte hierbei an bestehende Herrschaftsstrukturen anknüpfen, denn vermutlich hat schon Kaiser Heinrich III. aus dem Haus der Salier (reg. 1139–56) den Wildbann Dreieich in einen königlichen Sonderbezirk umgewandelt und sich dabei auf die Herren von Hagen-Arnsburg gestützt. In Zusammenhang mit dem Ausbau der Dreieich sind auch die großen Burgneu- und Ausbauten in Babenhausen (Nr. 82), Dieburg (Nr. 84) und Dreieichenhain (Nr. 80) zu sehen.

Das Amt des Reichsvogtes über die Dreieich gelangte in nachstaufischer Zeit an verschiedene Familien. Seit 1418 hatten die Grafen von Isenburg-Büdingen das Gebiet zu Lehen, um so die königlichen Hoheitsrechte über den Wildbann zu wahren. Dieser reichte im Norden über den Main bis nach Bad Vilbel, im Osten bis Aschaffenburg, im Westen bis an den Rhein. Nach und nach kam es aber zur territorialen Zersplitterung. So gelang es den Landgrafen von Hessen-Darmstadt im 16. Jh. mit dem Amt Kelsterbach umfangreichen Besitz in der westlichen Dreieich von den Isenburgern zu kaufen. Dieser wurde im 17. Jh. durch weitere Erwerbungen abgerundet. Die Isenburger wollten dies nicht hinnehmen und bestanden auf ihren alten Jagdrechten. Bis 1642 stritten sie sich mit den Landgrafen um Besitz und Rechte am Amt Kelsterbach. Die Isenburger, die im Dreißigjährigen Krieg auf protestantischer Seite standen und vom Kaiser mit dem zeitweiligen Einzug ihrer Lehen bestraft wurden, mussten schließlich auf ihre Rechte verzichten. Allerdings dauerten die Streitereien noch bis 1710, als ein Vergleich zu Stande kam, der die Rechte Hessen-Darmstadts bestätigte. Die Landgrafen machten sich daraufhin an den Ausbau ihres Territoriums als Jagdrevier, um den Anspruch auf die Landeshoheit zu untermauern, denn nirgendwo kam die Herrschaft über das Land so deutlich zum Ausdruck wie in der Jagd. Landgraf Ernst Ludwig ließ zwischen 1723 und 1732 gleich drei Jagdschlösser nördlich der Residenzstadt Darmstadt errichten, darunter **Mönchbruch** (Nr. 79). Die Reviere lagen fast ringförmig um Darmstadt. Die Beliebtesten bildeten der Kranichsteiner Forst (Nr. 91) und die Wälder um Messel, Offenthal, Langen und Mörfelden. Man frönte besonders der französischen, 1708 eingeführten Parforce-Jagd. Sie galt den Fürsten der Zeit als die kunstvollste Form der Hetzjagd. Hierbei wurde jeweils nur ein Tier aufgespürt und gehetzt, bis es erschöpft zusammenbrach. Dem Landgrafen gebührte das Recht, das gestellte Wild schließlich zu erlegen. Hierzu wurden die Reviere von Schneisen durchschnitten, die teilweise sternförmig aufeinander zuliefen und die heute noch so manchen Wald unterteilen. An diesen Schneisen und den Mittelpunkten der Sterne errichtete man Schießstände und Jagdpavillons. Weniger geschätzt war die Jagd bei den Untertanen, denn das fliehende Wild und die rücksichtslos über Äcker und Felder preschenden Reiter verwüsteten das Land. Nicht zuletzt war die Bevölkerung zu Jagdfronen verpflichtet, d. h. sie musste z. B. als Treiber helfen. Darüber hinaus erlitten die Bauern so manchen Schaden durch die Tiere, insbesondere durch Wildschweine, aber auch durch den Verbiss des Hochwildes. Erst der sparsame Landgraf Ludwig IX. ließ 1768 den kostspieligen *Jagdstaat* abschaffen. Die Jagd wurde auf zwei umfriedete Areale, darunter Kranichstein, beschränkt. Außerhalb gab man das Wild zum Abschuss frei, so dass die Wildschäden zurückgingen. Spätestens in der ersten Hälfte des 19. Jh. wurden dann die meisten Jagdschlösser entweder abgetragen, verkauft oder zu Forstämtern eingerichtet.

Dreieichenhain, Burg Hayn

79. Mörfelden-Walldorf

Jagdschloss Mönchbruch

Das Jagdschloss Mönchbruch wurde 1729–32 für Ernst Ludwig von Hessen-Darmstadt durch den Baumeister Helferich Müller ganz in Fachwerk errichtet. Es lag in einem weiten Sumpfgebiet. Der Name Mönchbruch verweist auf den einstigen Besitzer der Gegend, das Zisterzienserkloster Eberbach im Rheingau. 1608 erwarb Landgraf Ludwig V. den Mönchbruch.

Mönchbruch war das großzügigste der unter Ernst Ludwig errichteten Jagdhäuser. Das Schloss war im Rechteck angelegt, dessen Westseite von einem durchgehenden Stalltrakt eingenommen wurde. Er besaß in der Mitte eine Toreinfahrt und enthielt Wohnungen für das Personal. Auf der Ostseite des Hofes erhoben sich drei herrschaftliche Gebäude. Parallel zu Herren- und Stalltrakt wurde der Hof durch drei weitere Pavillonbauten geteilt, alle von gleicher Länge und Breite. Den östlichen, größeren Hof umgaben sechs eingeschossige Herrschaftshäuser. Eine Mauer umschloss beide Höfe. Außerdem existierte am Waldrand ein langgestreckter Bau, der als Jagdzeughaus diente. Der Jagdhof bot somit Unterkunft für große Gesellschaften. So fand 1750 unter Ludwig VIII. ein Haupthirschjagen zu Ehren des Erzbischofs und Kurfürsten von Mainz statt.

Die Räume der Herrschaftshäuser waren mit aufwändig bemalten Tapeten geschmückt, die Jagdszenen zeigten und von denen heute einige in Schloss Kranichstein (Nr. 91) zu bewundern sind. In Mönchbruch waren diese Tapeten teilweise auf bewegliche Rahmen übereinander montiert, so dass man je nach Belieben die Bilder austauschen konnte. 1836 wurden die drei nördlichen Gebäude des Jagdhofes auf Abbruch verkauft, das größte davon in Groß-Gerau wiedererrichtet. 1855 ließ Großherzog Ludwig III. die übrigen Bauten restaurieren und darin das Forstamt unterbringen. Nach dem Krieg diente der Komplex als Altenheim, dann als Asylbewerberunterkunft. Das Schloss ist jetzt Hotel.

Am Mönchbruch 2
Informationen: Förderverein Umwelt- und Kulturzentrum Jagdschloss Mönchbruch e. V.
Tel.: 06142/832180, www.foerderverein-moenchbruch.de
Schlosshotel
Tel.: 06105/9243-0, www. jagdschloss-moenchbruch.de

1729–32	*Bau des Jagdschlosses*
1836	*Teilabbruch*
1855	*Forstamt*

oben: Pavillons

unten: Ansicht

80. Dreieich, Dreieichenhain

Burg Hayn

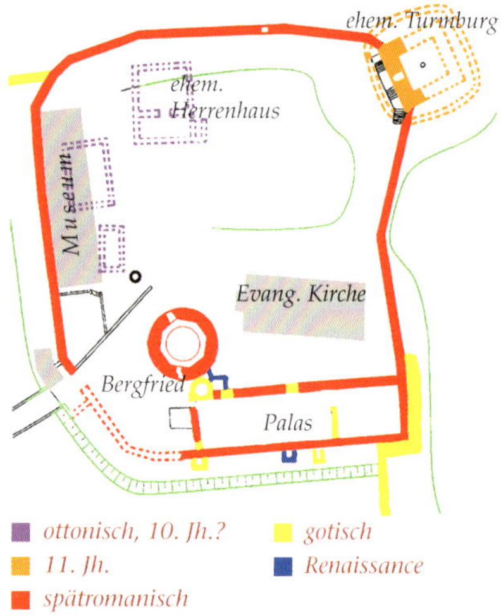

2. H. 11. Jh. Gründung
Um 1180/1200 Ausbau
Ende 18. Jh. Teilabbruch
1924/25 Ausgrabungen
1955 Bau des Dreieich-Museums

Dreieich Museum
Fahrgasse 52
Di.–Fr. 9–12.30
und 14–18 Uhr,
Sa. 14–18 Uhr,
So. 10.30–18 Uhr
Tel. 06103/84914
www.burg-hayn.de,
www.dreieich-museum.de

Hayn war die Stammburg der Reichsministerialen von Hagen, die später die in der Wetterau ansässigen Reichsministerialen von Arnsburg beerben und sich ab Mitte des 12. Jh. von Münzenberg (vgl. Nr. 66 und 67) nennen sollten. Sie waren vom König mit der Verwaltung des Reichsforstes Dreieich betraut. Ihre ausgedehnte Wasserburg im Hengstbachtal bildete den Verwaltungsmittelpunkt ihrer südlich des Mains gelegenen Besitzungen.

Lange Zeit vermutete man einen karolingischen oder ottonischen Jagdhof als Ursprung der Burg, nachdem man 1924/25 die Grundmauern verschiedener Gebäude ergraben hatte. Neuere Forschungen allerdings widersprechen dem und setzen die vorgefundenen Bauten vorsichtig erst in das 3. Viertel des 11. Jh., also in salische Zeit. Die Burg eines Eberhard, der als Vogt der Dreieich fungierte, wird erstmals 1076 erwähnt, womit sehr wahrscheinlich Dreieichenhain gemeint ist. Er ist der erste bekannte Vertreter des Ministerialengeschlechts derer von Hagen, das wiederum erstmals 1085 genannt wird. Vermutlich war es Eberhard, der Burg Hayn errichten ließ. Die Anlage erstreckte sich über zwei, von Wassergräben umgebene Inseln. Die größere wurde von einem Erdwall gesichert und war mit mehreren Steingebäuden bebaut. Das größte stand an der Nordwestspitze der Insel und maß 11,3 x 14,9 m im Rechteck. Sicher handelte es sich um einen repräsentativen Wohnbau. Durch einen Graben von der Vorburg abgegrenzt erhob sich über einem rechteckigen Grundriss von 12,5 x 13,2 m ein mächtiger Wohnturm. Er wurde von einer eng um ihn geführten Ringmauer mit gerundeten Kanten umgeben.

Um 1180, vielleicht auch erst um 1200 ließ Kuno I. von Münzenberg die alte Turmburg als Burgmannensitz ausbauen. Es entstanden eine Ringmauer aus hammerrechten Bruchsteinen, der runde Bergfried und ein einfacher Palas. Der Wohnturm wurde in die Ringmauer einbezogen. Nach dem Aussterben der Münzenberger 1255 wurde die Burg zum Ganerbensitz. 1418 fiel sie an die Grafen von Sayn und die Grafen von Isenburg, die 1486 in den Alleinbesitz gelangten. Burg Hayn diente ihnen überwiegend als Witwensitz und Absteigequartier bei Reisen nach Mainz. Vor allem wirtschaftlich war sie für die Isenburger interessant, war die Burg doch Mittelpunkt einer ertragreichen Kellerei. Noch 1562 wurde innerhalb der Burg ein neuer Wohnbau errichtet, der heute fast restlos verschwunden ist.

Im 18. Jh. begann der Verfall. 1750 stürzte der Wohnturm ein, wobei der Überlieferung nach durch den dabei entstandenen Druck die Fische aus dem Burg-

oben: Grundriss

unten: Palas und Bergfried

weiher geflogen sein sollen. Schließlich wurde die Burg Ende des Jahrhunderts vorläufig zum Abbruch freigegeben. Nach einigen Jahren gelang es dem Grafen von Isenburg-Philippseich ein Ende der Abbruchtätigkeit zu erreichen. Der Verfall der Anlage schritt aber trotzdem voran. Seit 1931 ist die Burg im Besitz des Geschichts- und Heimatvereins, der Untersuchungen und Sicherungsmaßnahmen durchführen ließ.

Die Burg Hayn bildet ungefähr ein Viereck, das ursprünglich von Wassergräben umgeben war. Der stadtseitige Graben ist heute trocken, nur vom Großen Woog aus ist die alte Situation der Wasserburg noch gut nachvollziehbar. Auf der Nordwestecke der Burg erhob sich der **Wohnturm**, von dem nur noch die burgseitige Außenwand in fast voller Höhe (25 m) steht. Sie zeigt deutlich, dass der Turm fünfgeschossig war. Seine Mauern aus kleinen schichtgelagerten Hausteinen sprangen je Geschoss etwas ein, um Auflager für die hölzernen Decken zu erhalten. Das Untergeschoss wurde um 1460 eingewölbt.

Als der Turm gebaut wurde, war er sicher einer der weithin monumentalsten profanen Steinbauten der Gegend. Seine Anlage mit der eng um ihn geführten Ringmauer, von der heute keine Reste mehr zu sehen sind, ist typisch für die Salierzeit. Beim Ausbau der Burg im 12./13. Jh. erhielt er auf der Südwestseite ein rundes Pendant in Form des 17 m hohen **Bergfrieds**, dessen Durchmesser 14 m beträgt. Dieser Turm wurde 1792/93 bis auf ein Drittel seiner ursprünglichen Höhe abgetragen. Direkt neben ihm erhebt sich die Ruine des im Kern romanischen **Palas**, der ursprünglich frei hinter der Ringmauer stand. Er wurde nach 1286 durch die Herren von Falkenstein nach Süden erweitert und barg in seinem Ostteil vermutlich eine Kapelle. Der Palas wurde in der Folge noch mehrfach umgebaut und mit dem Bergfried durch Mauern verbunden. Aus dieser Zeit stammt der noch im Ansatz erkennbare gotische Staffelgiebel auf der Westseite. In der Spätgotik wurden auch die Fenster der Südseite verändert, wie im Mauerwerk deutlich sichtbar ist. Auf der Innenseite ist noch ein ehemals offener Kamin erkennbar. Der römische Grabstein mit Inschrift über dem Palaseingang wurde 1605 vom isenburgischen Amtmann aus dem Wohnturm gebrochen, wo er als Zinnenstein vermauert war. 1802–16 stürzte der Palas nach und nach ein und ist seither Ruine.

rechts: Wohnturm, Fassade

links: Palas, späterer Turmvorbau an der Südseite

Parallel zum Palas steht die **Pfarr- und Burgkirche**, die nach einem Brand 1710–18 wiederaufgebaut und nach Westen erweitert wurde. Die Westseite der Burg nimmt seit 1955 das **Dreieich-Museum** ein, das 2001/02 erweitert wurde. Hier finden sich neben den bei Grabungen gemachten Funden auch sehr anschauliche Modelle von Burg und Stadt, die einen Endruck vermitteln, wie diese im Mittelalter ausgesehen haben. Der **Ziehbrunnen** von 1559 ist vom früheren Standort in der Fahrgasse hierher über den romanischen Brunnenschacht im Burggarten versetzt worden.

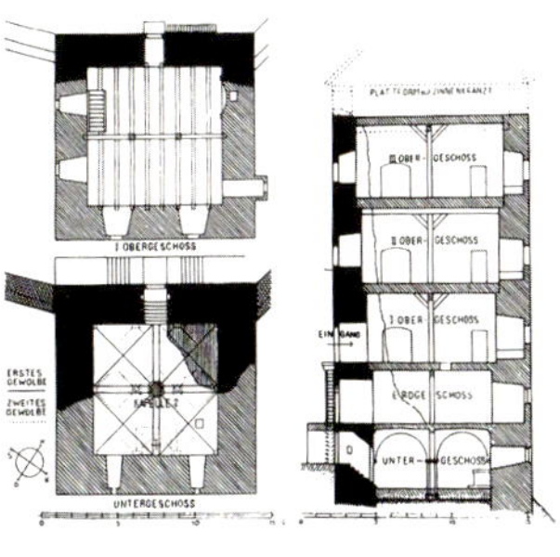

Wohnturm, Schnitt- und Grundrissrekonstruktionen, nach Nahrgang 1924/25

81. Heusenstamm

Schloss Schönborn

Um 1180 Gründung
1. H. 16. Jh. Ausbau
1663–68 Neues Schloss
19. Jh. Umbau der Kernburg
1979 Rathaus

Im Herrngarten 1
Rathaus, nur Außenbesichtigung
www.stadt-heusenstamm.de

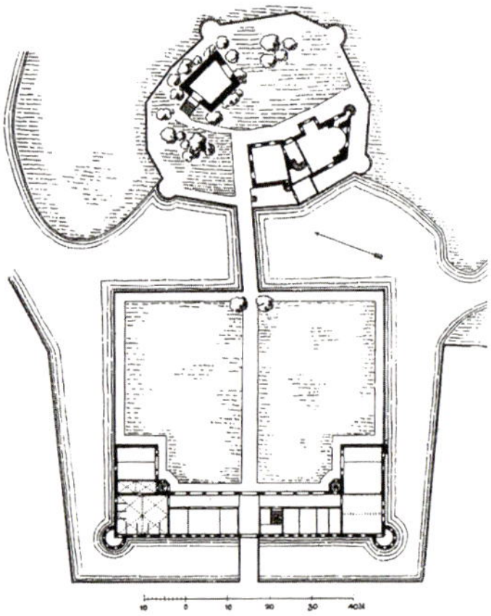

Schloss Heusenstamm wurde wahrscheinlich um 1180 durch Eberhard Waro von Hagen, einen Bruder Kunos I. von Münzenberg, als Wasserburg erbaut. Er und seine Nachkommen nannten sich fortan nach der Burg. 1211 wird sie erstmals als Reichslehen erwähnt. Die Herren von Heusenstamm verkauften 1414 Anteile an die Herren von Eppstein. Heusenstamm bildete seit 1435 ein reichsritterschaftliches Territorium. Um 1510–20 ließ Martin von Heusenstamm die Burg ausbauen. Nach dem Erlöschen der

Herren von Heusenstamm kam sie 1661 an Philipp Erwein von Schönborn. Er ließ 1662 die Burg instand setzen und 1663–68 – vermutlich durch Clemens Hinckh – im Bereich des erstmals 1412 erwähnten Vorhofs das Neue Schloss beginnen. Es sollte wohl eine kastellförmige Anlage bilden, die über eine Brücke mit der alten Burg

oben rechts: Wohnturm

oben links: Plan um 1885, aus Schäfer 1885

unten: Ansicht

verbunden wurde. Allerdings vollendete man nur einen Flügel mit zwei anstoßenden kurzen Seitenflügeln. Der Schönbornsche Schlossbau fand seine „Vollendung" erst im 20. Jh. Die Stadt erwarb ihn 1976/77 und richtete 1979 darin ihr Rathaus ein. Hierzu wurde der Hof gänzlich umbaut und in sehr eigenwilliger Weise sichtlich Burgenarchitektur rezipiert, vor allem in Bezug auf den Durchgangsbau zum hinteren Schloss, der in seiner Grundform Assoziationen an Torbauten englischer Burgen erweckt.
1806 wurde Heusenstamm durch das Fürstentum Isenburg mediatisiert, 1816 Bestandteil des Großherzogtums Hessen. Das Schloss blieb aber im Besitz der Grafen von Schönborn.
Das Schloss wurde noch bis ins 20. Jh. von Wassergräben umgeben. Die zehneckige Anlage der **Kernburg** ähnelt den Wasserburgen in der Region (vgl. Nr. 73, 76). Die Gebäude lehnten sich als Randhausbebauung an eine hohe Ringmauer mit Wehrgang. Im Spätmittelalter wurde sie durch einen Zwinger mit vier runden Schalentürmen verstärkt. Nach Abbrüchen im 19. Jh. stehen nur noch der stark veränderte Wohnbau und der Wohnturm sowie die Zwingermauer. Ältester Teil ist wohl der sog. **Bannturm** mit 11 m Seitenlänge und rund 20 m Höhe. Um die Mitte des 19. Jh. erhielt er große neugotische Fensteröffnungen. Noch 1810 trug er ein Satteldach und zwei Renaissancegiebel. Das **Herrenhaus** wurde im 19. Jh. in neugotischen Formen über dem Sockelgeschoss des 1533 erwähnten *Steinernen Hauses* errichtet.
Das **Neue Schloss** bildet einen langgestreckten Flügel, an dessen Ecken zwei runde Türme mit Schlüsselscharten im Erdgeschoss und geschweiften Hauben sitzen. In der Frontmitte befindet sich das Tor mit Rustikablende und Anschlag für die Zugbrücke. Die Hofseite nehmen im Erdgeschoss Arkaden ein. Vom **Garten** blieb u. a. die Umfassungsmauer mit Torpfeilern, die ein Löwenpaar tragen. Die Tiere halten die Wappen des Erbauers Philipp Erwein in den Tatzen.

oben: Eckturm

unten: Portal

82. Babenhausen
Schloss

11. Jh. *Gründung*
Um 1185/90 *Romanischer Ausbau*
1460–80 *Neubefestigung*
1525 *Pfortenbau*
1570–80 *Umbau, Südflügel*
1818 *Militärstrafanstalt*
1901/02 *Restaurierung*

Schlossweg 1
Führungen auf Anfrage beim Heimat- und Geschichtsverein Babenhausen e. V.
Tel.: 06073/3531
www.babenhausen.de

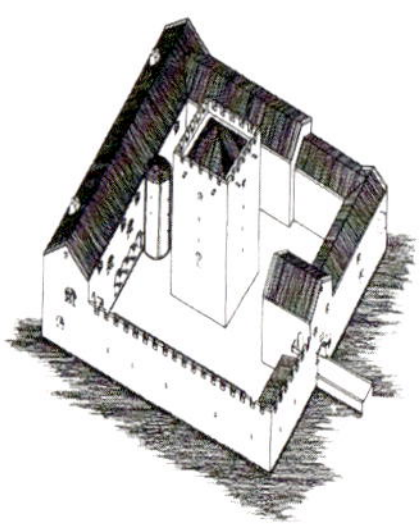

oben: Rekonstruktion des romanischen Zustands, aus Ahrens 1977

unten links: Grundriss der Kernburg, aus Gutbier 1973

unten rechts: Ansicht von Westen

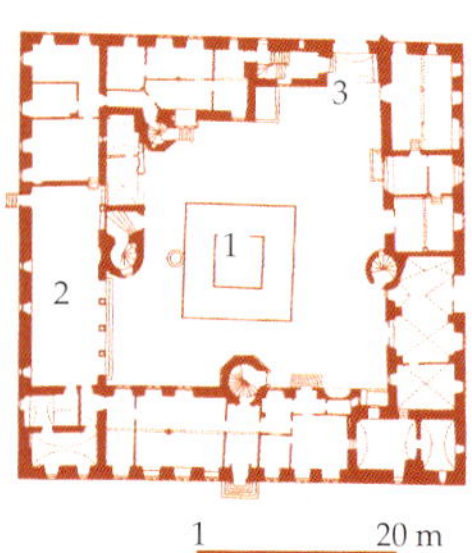

1 Fundament des ehem. Bergfrieds
2 Romanischer Gebäudeteil
3 Toreinfahrt

Schloss Babenhausen ist ein immer noch viel zu unbekanntes Kleinod mittelalterlichen Burgenbaus, denn es stellt trotz zahlreicher späterer Umbauten im Kern eine der bedeutendsten stauferzeitlichen Burgen Südwestdeutschlands dar. Das Schloss wird 1236 erstmals urkundlich erwähnt. Seinen Ursprung hat es aber ähnlich Dreieichenhain (vgl. Nr. 80) in einer salischen Turmburg. Kuno I. von Münzenberg ließ um 1185/90 mit ihrem Ausbau beginnen, wobei der ältere Turm, dessen Fundamente 1954/55 ergraben wurden, als Bergfried einbezogen wurde. Es entstand ein sehr anspruchsvoller und repräsentativer, geradezu exzeptioneller Bau über quadratischem Grundriss mit aus Ziegeln aufgeführten Mauern und Schmuckelementen in Sandstein. Einmalig war die Gestaltung des Palas, der eine offene Loggia im Erdgeschoss erhielt. Ihre Kapitellplastik ist u. a. verwandt mit den Schmuckformen am Mainzer Dom. Die inzwischen zu adelsgleicher Macht aufgestiegenen Reichsministerialen wollten mit diesem Bau wie schon auf Münzenberg (Nr. 66) ihre Königsnähe und ihre besondere Stellung zum Ausdruck bringen. Eventuell sollte die Burg sogar als Jagdschloss für Friedrich I. Barbarossa dienen, da sie günstig am Rande des Reichsforstes Dreieich gelegen war. 1255 gelangte sie im Erbfall u. a. an die Herren von Hanau, denen es bis 1290 gelang, alle anderen Anteile aufzukaufen. 1458 avancierte sie zur Residenz der Babenhäuser Linie der Grafen von Hanau unter Philipp d. Älteren. Um 1460 ließ er mit dem Ausbau seiner Residenz zur Festung beginnen. Gleichzeitig wurden auch die Gebäude der Kernburg umgebaut. Um 1464 wurde als erster Geschützturm vermutlich das Nordwestbollwerk errichtet, 1475 war man mit dem Innenausbau der Burg beschäftigt, um 1480 waren die Arbeiten abgeschlossen. 1509–1525 erfolgte ein Umbau der Geschütztürme zu Rondellen und deren Einwölbung. Hinter der äußeren Ringmauer wurde ein Erdwall zur Aufstellung von Artillerie aufgeschüttet. Es entstand eine Befestigung, die in ihrer Konzeption als Kastell mit einem deckenden Artilleriewall der landgräflichen Festung Rüsselsheim (Nr. 21) glich. Sie behielt ihren militärischen Wert bis ins 18. Jh. So widerstanden die Wehranlagen 1635 einer fünfwöchigen Belagerung durch kaiserliche Truppen. Noch um 1800 gab es ein Projekt zur Verstärkung der Werke durch eine tenaillierte Enceinte.

Philipp IV. ließ 1568–71 durch den Baumeister Jörg Münster auf dem Wall ein neues Zeughaus errichten. Noch während der Arbeiten beauftragte er Meister Jörg auch mit dem Umbau des Kernschlosses. Münster allerdings ließ sich mit dem Beginn der Arbeiten Zeit, bis der Graf ihm einen bösen Brief schrieb und ihm befahl,

endlich zu beginnen, statt die Zeit *mit Fressen und Saufen* zu vertrödeln. Das half. 1572 war der Südflügel im Wesentlichen fertig, 1578 wohl auch der Umbau der übrigen Flügel.

1686 wählte Gräfin Anna Magdalena das Schloss zum Witwensitz. Um für sie neue, komfortable Gemächer zu schaffen, erhielt der Nordflügel 1687 ein neues Fachwerkgeschoss, das ältere darunter aus dem 15. Jh. wurde komplett umgebaut. 1736 kam es nach dem Aussterben der Grafen von Hanau zu einem heftigen Streit um das hanauische Erbe zwischen den Landgrafen von Hessen-Kassel und Hessen-Darmstadt, der beinahe zum Krieg geführt hätte. Erst 1771 konnte man sich einigen und teilte die Herrschaft über Babenhausen. Das Schloss diente ab 1774 regelmäßig als Sommersitz des Erbprinzen Wilhelm von Hessen-Kassel. Seit 1785 war im Schloss die bisherige Mätresse des nunmehrigen Landgrafen inhaftiert, da sie sich in Abwesenheit Wilhelms IX. mit einem Gardefähnrich verlustiert hatte. Sie wurde von dem zu ihrer Bewachung abgestellten Artillerieleutnant geehelicht und dieser daraufhin zwar aus dem Militärdienst entlassen, aber er behielt mit seiner Frau Wohnrecht im Schloss und wurde später Rentmeister in Babenhausen.

1810 gelangte das Schloss an das Großherzogtum Hessen und diente ab 1818 als Militärstrafanstalt und 1869–90 als Kaserne. Damals kam es zu ersten Substanzverlusten. 1892–1901 befand sich das Schloss im Besitz des Frankfurter Kaufmanns und Kommerzienrates Hickler, der es historistisch ausstatten ließ und sich so den Bürgertraum vom Fürstenschloss erfüllte. Dann erwarb der Großherzog das Schloss und ließ es bis 1902 restaurieren, wobei es auch hier zu behutsamen Veränderungen und Ergänzungen in historistischem Sinne kam. 1948–81 war im Schloss ein Altenheim untergebracht, was zu schwerwiegenden Eingriffen in die Substanz führte. 2006 wurde es von einem Unternehmen erworben und soll demnächst als Hotel genutzt werden. Umfangreiche Bauforschungen in den 90er Jahren erbrachten u. a. genaue Daten zur Gründungszeit mittels dendrochronologischer Analysen von Hölzern aus der Saaldecke im Erdgeschoss des Westflügels, die das sichere Fälldatum 1188/89 ergaben.

Das Schloss liegt südlich der Altstadt zwischen Gersprenz und Ohlebach. Es sicherte die wichtige Straße von Frankfurt nach Franken. Die Anlage der **Kernburg** misst ca. 42 x 44,50 m. Solch regelmäßige Bauten sind nördlich der Alpen im Hochmittelalter sehr selten. Eines der wenigen weiteren Beispiele findet sich mit Dieburg in nächster Nähe (Nr. 83). Vielleicht ist dahinter der gewollte Ausdruck des Bauherrn zu sehen. Sicher ist die Rechteckform nicht von süditalienischen Kastellbauten abzuleiten, wie vermutet wurde, weil die berühmten Burgen Friedrichs II. dort erst ein halbes Jahrhundert später entstanden. Möglicherweise ist aber die Loggia von oberitalienischen Bauten inspiriert, z. B. von Kommunalpalästen, die Kuno I. bei seinen Aufenthalten in Italien im Gefolge des Kaisers gesehen haben mag. Auch die Verwendung von Ziegeln verweist auf die Architektur der Lombardei, was vermuten lässt, dass evtl. sogar oberita-

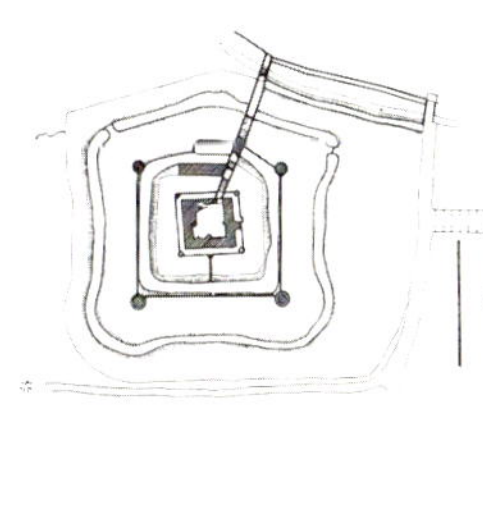

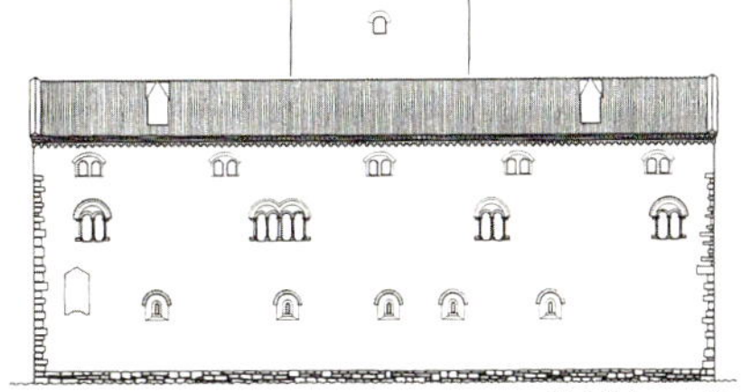

oben: Nordwestturm

Mitte: Plan im Zustand um 1800, nach Gutbier

unten links: Palas, Westfront, Rekonstruktion des romanischen Zustands nach Haake

unten rechts: Palas, Kapitell

links: Erker am Nordflügel

rechts: Pfortenbau

lienische Bauleute in Babenhausen am Werk waren.

Im Hof erhob sich der viereckige Bergfried, der erst im 18. Jh. abgebrochen wurde. Der Westflügel, der alte **Palas**, stammt noch aus dem 12. Jh. Ihm ist ein runder **Treppenturm** vorgestellt. Treppentürme sind im Profanbau des Hochmittelalters äußerst selten. Im 16. Jh. wurde der lisenengeschmückte Treppenturm durch eine weite Stichbogenarkade mit dem Nordflügel verbunden. Die Obergeschosse des Palas hat man damals verändert, wie die Fenster deutlich zeigen. Im Erdgeschoss sind aber noch die trichterförmigen romanischen Rundbogenfenster zu sehen. Die Säulen der hofseitigen Viererarkade wurden 1902 ausgewechselt, ebenso die Kapitelle, die sich jetzt in der ehem. Abtei Seligenstadt (Nr. 31) befinden. Original ist noch die Doppelarkade rechts des Treppenturms, abgesehen von leichten Ergänzungen im Sockel- und Basisbereich. Im Verlauf des Spätmittelalters wurde von der Halle im Westflügel im Norden ein Saal abgeteilt, der reich ausgemalt war. Die Malereien zeigen Rankenwerk mit Blüten, dazwischen befinden sich Fabelwesen, höfisch gewandete Personen und Tiere. Wahrscheinlich entstanden sie zu jener Zeit, da Babenhausen als Pfand in Mainzer Hand war und als erzbischöflicher Sommersitz diente (1404–19).

Der **Nordflügel** wurde um 1200–10 errichtet und im 15. Jh. und 1687 bzw. 1698 umgebaut. Der **Ostflügel** hat über zwei Massivgeschossen einen Fachwerkstock, dessen Überblattungen deutlich zeigen, dass die Konstruktion aus dem Spätmittelalter stammt. Der südliche Teil dieses Flügels wurde im Wesentlichen um 1460 errichtet. Der **Südflügel** mit dem achteckigen Treppenturm entstand um 1570 weitgehend neu. In der hofseitigen Wand befindet sich seit 1713 ein Wandbrunnen mit Hirsch, der von einem Hund bedrängt wird. Er verweist auf die damalige Nutzung Babenhausens als Jagdschloss.

Ursprünglich war die Kernburg von einem schmalen Zwinger mit vier Ecktürmen umgeben, der im 19. Jh. abgebrochen wurde. Dabei hat man auch den inneren Graben zugeschüttet. Heute umgibt nur noch die **äußere Befestigung** das Schloss. An ihren vier Ecken sitzen gedrungene Geschütztürme mit Maulscharten. Sie sichern u. a. den auf 1525 datierten stadtseitigen **Pfortenbau**. Die äußere Befestigung wurde einst von einem doppelten Wassergraben und einem Wall umgeben, die ebenfalls im 19. Jh. zugeschüttet und eingeebnet wurden.

Innenhof

83. Dieburg

Wasserburg und Albini-Schloss

Dieburg war im Besitz der Herren von Ortenberg/Staden, einer Nebenlinie der Herren von Büdingen. Vermutlich errichteten sie bis um 1208 die Burg. Der Bauherr Heinrich war wohl mit einer Tochter Kunos I. von Münzenberg verheiratet. So würde sich auch die regelmäßig quadratische Anlage der Wasserburg erklären, die in der Burg Babenhausen (Nr. 82) eine Parallele hat. Wahrscheinlich wurde Heinrich von seinem Schwiegervater beim Bau seiner Burg beraten, und diese sollte wie Babenhausen einen Stützpunkt kaiserlicher Politik in der Dreieich bilden. 1239 war Dieburg dann im Besitz Ulrichs II. von Münzenberg. 1255 fiel die Burg an eine Ganerbenschaft, bis 1310 erwarb Mainz die einzelnen Anteile. Im 14. Jh. kam es zu umfangreichen Bauarbeiten. Nach dem Ende der Mainzer Stiftsfehde überließ Erzbischof Adolf von Nassau die Burg seinem unterlegenen Kontrahenten Diether von Isenburg. Er hatte hier 1463–75 seine Residenz und machte sich an den weiteren Ausbau der Befestigungen. Als Dieburg 1803 an Hessen-Darmstadt fiel, schenkte Landgraf Ludwig X. die Burg dem Freiherrn von Albini für seine Verdienste als General des Landsturms im Kampf gegen die Franzosen. Albini ließ 1809 die alten Gebäude abbrechen und ein neues Herrenhaus errichten. Die Befestigungen wurden mit Ausnahme eines Eckturmes geschleift, die Gräben verfüllt. 1857 erwarb die Stadt den Komplex und richtete darin ihre Verwaltung ein. Der repräsentative kaiserzeitliche Bau des Großherzoglichen Kreisamts entstand 1900–02. Er erinnert mit seinen neugotischen Formen daran, dass hier einst ein herrschaftlicher Bau stand. 60 Jahre später hat man weniger harmonisch gebaut. Die Erweiterung des Landratsamtes im alten Burgareal ist in ihrer Belanglosigkeit typisch für die damalige Zeit und dominiert in unschöner Weise die Bebauung der Umgebung.

Das Areal der Wasserburg liegt am Westrand der Altstadt. Die **Kernburg** maß etwa 60 x 60 m im Quadrat und besaß eine etwa 2 m starke Ringmauer. In der Nordwestecke erhob sich der in die Ecke gestellte mächtige **Turm** über quadratischem Grundriss, der um 1334–44 erstellt wurde. Um die Kernburg legte sich ein **Zwinger** mit Rund- und Halbrundtürmen. Hiervon sind noch Fundamente zweier Schalentürme als Terrasse vor der Front des Albini-Schlosses erhalten. Ein runder Eckturm wurde in das Gebäude des ehem. **Kreisamtes** einbezogen. Der Turm diente vermutlich einst als Waffenkammer (man hat 1900 ganze Bündel von Pfeilen darin gefunden). Doppelte Wassergräben und Erdwälle umgaben die Anlage, die über zwei Mauerzüge an die Stadtbefestigung angebunden war.

Das Kreisamt wird durch einen Torbogen mit dem **Albini-Schloss** verbunden, das die ganze Südseite des Hofes einnimmt. Der Bau entstand teilweise unter Benützung älterer Außenmauern bzw. der Ringmauer.

Vor 1208	*Erbauung*
Mitte 14. Jh.	*Ausbau*
1809	*Albini-Schloss*
1900–02	*Bau des Kreisamtes*
1991/92	*Ausgrabungen*

Schlossgasse 8, 12, 13, 14, 16
Behördennutzung, Wohnungen
Außenanlage frei zugänglich

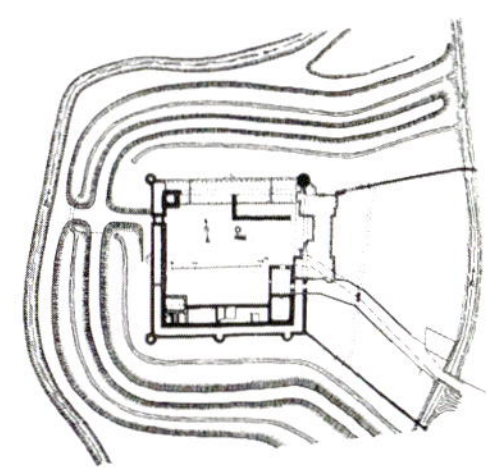

oben: Grundrissrekonstruktion, aus Herchenröder 1944

unten links: Eckturm

unten rechts: Lageplan

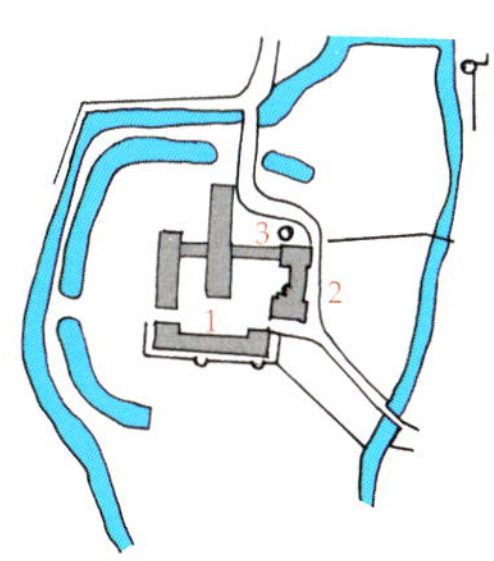

1 Albinischloss
2 Kreisamt
3 Eckturm

84. Dieburg

Schloss Fechenbach

16. Jh. Gründung
1717 Neubau
1860/61 Umbau
2002–07 Instandsetzung

Museum Schloss Fechenbach
Eulengasse 8
Di.–Sa. 14–17 Uhr,
So. 11–17 Uhr
www.dieburg.de

oben rechts: Schlossgarten Stockau

unten rechts: Fechenbacher Schloss

unten: Fechenbacher Schloss, Wappen über dem Hauptportal

Neben dem Albini-Schloss existierte noch eine Reihe weiterer Adelssitze in Dieburg, die jenen Familien gehörten, die als Burg- und Amtmänner in kurmainzischen Diensten standen. **Schloss Fechenbach**, das nahe dem Markt liegt, gehörte ursprünglich der Familie von Ullner. 1717 ließ Johann Pleickard von Ullner an Stelle des alten Herrenhauses ein barockes Palais mit zwei kurzen Seitenflügeln und Mansarddach errichten. Über dem Portal, zu dem eine Treppe hinaufführt, ist das Ullnerwappen zu sehen. 1841 wurde das Schloss an den Freiherrn Friedrich Karl Joseph von Fechenbach veräußert. Dessen Sohn Hugo ließ 1860–1861 das Schloss in spätklassizistischem Stil umbauen. Man erhöhte den Mittelflügel und betonte die Seiten durch dreiachsige Risalite, die den Zugang zu den Terrassen auf den Seitenflügeln ermöglichen. Um 1870 wurde das Treppenhaus angebaut und das Vestibül erhielt seine reichen Groteskenmalereien im Stil der Neorenaissance. Heute beherbergt das 2002–07 restaurierte Schloss das Stadtmuseum, u. a. mit archäologischen Funden aus der Wasserburg (Nr. 83).

Das Wasserpförtchen in der Ummauerung des Anwesens zeigt noch das Allianzwappen von Ullner-Kratz von Scharfenstein und trägt die Jahreszahl 1564.

Den Freiherren von Groschlag gehörte das heute völlig verschwundene Lustschloss **Stockau** südwestlich der Altstadt. Von der einst ausgedehnten Parkanlage, dem sog. **Schlossgarten** Dieburg, existiert heute noch ein Rest als Stadtgarten. Schon sehr früh, ab 1763, war ein Teil des Gartens im landschaftlichen anglo-chinoisen Stil gestaltet worden. Das sollte den Park im 18. Jh. berühmt machen. Wieland, Goethe und Herzog Karl August von Sachsen-Weimar kamen zu Besuch. Seit 1988 bemüht sich die Stadt um die Erhaltung und teilweise Rekonstruktion der historischen Grünanlage. So wurde 1997 die Hauptallee aus Schnittkronen-Linden wieder angelegt, die auf den ebenfalls erneuerten Trapezteich mit Fontäne zuführt.

85. Braunshardt
Lustschloss

1627 Hofgut
1760–63 erbaut
1927 Erweiterung
1987 Restaurierung

Schlossgartenstraße 2
Jeden 1. So im Monat Führung oder nach Voranmeldung
Tel.: 06150/186433
www.schloss-braunshardt.de

Schloss Braunshardt bei Weiterstadt zählt zu den bisher noch fast unbekannten Rokokojuwelen in Deutschland. Lange war es der Öffentlichkeit nicht zugänglich, doch seit die Anlage im Besitz der Stadt Weiterstadt ist, kann man das Schloss besichtigen.
Das herrschaftliche Hofgut in Braunshardt existierte schon im 17. Jh. 1760–63 ließen sich Prinz Georg Wilhelm von Hessen-Darmstadt, Reichsgeneralfeldmarschall, und seine Gemahlin Marie Louise Albertine durch den Ingenieurleutnant Johann Jakob Friedrich Hill das spätbarocke Lustschloss erbauen. Hill orientierte sich bei der Raumdistribution sehr eng an Entwürfen des französischen Architekten Jacques-François Blondel, der 1737 ein Musterbuch über Landhäuser und Lustschlösser publiziert hatte. Im Unterschied zu einem Stadtpalais liegen die Haupträume hier im Erdgeschoss mit möglichst direktem Zugang zum Garten. Prinz Georg Wilhelm und seine Gemahlin machten Braunshardt zu einem beliebten Treffpunkt der damaligen Gesellschaft und des Darmstädter Hofes. Schloss Braunshardt hat einige illustre Gäste bzw. Bewohner gesehen. Prinzessin Louise von Mecklenburg-Strelitz, die spätere preußische Königin, und ihre Schwester verbrachten nach dem Tod ihrer Mutter einen Teil ihrer Kindheit und Jugend auf Braunshardt bei Marie Louise Albertine, ihrer Großmutter. Louise hat sich mit der etwas ungelenken Einritzung ihres Vornamens in eine der Fensterscheiben verewigt. Sie wohnte auch 1793 mit ihrem jungen Bräutigam Kronprinz Friedrich Wilhelm von Preußen im Schloss, während dieser an der Belagerung des französisch besetzten Mainz beteiligt war. Im 19. Jh. kamen gar Queen Victoria und die russische Zarin Alexandra, eine hessen-darmstädtische Prinzessin, zu Besuch. Victoria dachte beim Anblick der Säle und Kabinette an *kleine bunte Pralinenschachteln* und hat sich wie so viele andere Gäste auch mit ihrem Monogramm in den bis heute original erhaltenen Bleiverglasungen eines Fensters verewigt.

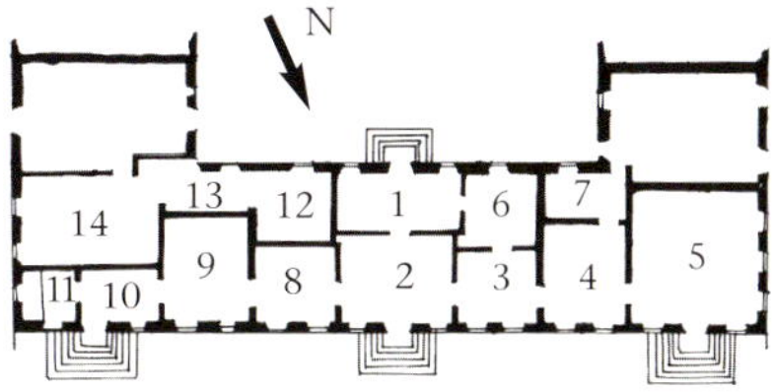

Grundriss des Corps de Logis
1 Vestibül mit Treppenhaus
2 Speisesaal
3 Blaues Zimmer
4 Gelbes Zimmer
5 Grüner Saal
6 Schlafzimmer
7 Garderobe
8 Grünes Zimmer (Vorzimmer)
9 Lila-Zimmer (Paradeschlafzimmer)
10 Blaues Kabinett (Toilettenzimmer)
11 Badezimmer
12 Schlafzimmer
13 Garderobe
14 Küche/Konditorei

Grünes Zimmer, Deckenstuck

Ansicht

links: Blaues Kabinett, Deckenstuck

rechts: Speisesaal, Ausschnitt aus der Stuckdekoration

Nach dem Tode Prinz Georg Wilhelms wählte seine Gemahlin das Schloss als Witwensitz, wo sie 1818 starb. Ihr jüngerer Sohn Georg Karl, technisch und naturwissenschaftlich sehr interessiert, gab sich zahlreichen mehr oder weniger erfolgreichen Experimenten hin, die Unsummen verschlangen und ihn schließlich ruinierten. 1819 übernahmen seine Gläubiger Schloss Braunshardt. 1857 gelang Großherzog Ludwig III. der Rückerwerb. 1898 ging es in Privatbesitz über. 1926 wurde der Bau Altersheim des Caritasverbandes und im Jahr darauf zu diesem Zweck nach Westen um fast das Fünffache erweitert, wozu Kavalier- und Küchenbau zu beiden Seiten des Ehrenhofes abgebrochen wurden. Dabei entstand auch die **St.-Ludwigs-Kapelle**. In den 80er Jahren gelangte das Schloss wiederum in Privatbesitz und wurde seit 1987 aufwändig und liebevoll restauriert. 2006 erwarb die Gemeinde den Komplex und nutzt das Schloss seither für Veranstaltungen.

Das Schloss stellt seit der Erweiterung 1927 eine Vierflügelanlage dar, auf deren Südseite die Kirche steht. Das ursprüngliche Corps de Logis, der sog. **Herrenbau**, bildet heute den Nordflügel. Es ist ein langgestreckter, eingeschossiger Bau mit Mansarddach, der ursprünglich frei stand. Parkseitig betonen ein Mittel- und zwei flache Eckrisalite den Baukörper. Sie werden von genuteten Wandvorlagen eingefasst. Treppen führen zu den mittigen Eingängen in Mittel- und Seitenrisaliten. Im **Inneren** blieb die historische Raumfolge großenteils erhalten. Ihre Decken werden von feinem Rokokostuck geziert, der vermutlich von einem süddeutschen Stuckator geschaffen wurde. Die alten Raumfassungen, die bei einer Voruntersuchung zur Restaurierung 1987 zu Tage traten, waren hervorragend erhalten, was zum Entschluss führte, die ursprüngliche, kräftige Farbigkeit zu rekonstruieren. Gegen Norden erstreckt sich der **Garten**. Allerdings handelt es sich nur noch um einen Torso. Noch in den 70er Jahren des vergangenen Jahrhunderts ging ein wichtiger Teil der Anlage, der einst im Osten ein Boskett mit Heckentheater und Spielgeräten barg, durch Ausweisung als Bauland verloren. Erhalten blieb der Mittelteil, der einst von schiffbaren Kanälen umzogen wurde, die in ein zentrales Becken einmündeten. Dies lässt sich im Bodenrelief noch gut nachvollziehen. Erhalten blieben außerdem die Reste der Alleen, die einst die Kanäle begleiteten. In den nächsten Jahren soll dieser Bereich des Parks nach und nach wieder hergestellt werden.

Gartenfassade

86. Groß-Gerau, Dornberg

Burg und Fasanerie

Vor 1160	*Gründung*
14./15. Jh.	*Ausbau*
16. Jh.	*Ausbau zur Festung*
1689	*Zerstörung*
1722–26	*Fasanerie*
1827	*Abbruch des Jagdschlosses*

www.schloss-dornberg.de

Die Herren von Dornberg werden erstmals in einer Urkunde 1160 erwähnt. Das bedeutet, dass ihre namengebende Burg schon vorher bestanden haben muss. Vermutlich wurde sie in der ersten Hälfte des 12. Jh. gegründet. Die Burg, die 1236 erstmals urkundlich erwähnt wird, gelangte 1259 an die aufstrebenden Grafen von Katzenelnbogen, die ihre Herrschaft auch südlich des Mains ausdehnten. Unter Graf Dieter V. entstand in der zweiten Hälfte des 13. Jh. wohl die Vorburg, die man im 15. Jh. nach Osten erweiterte.

1311 wurde Dornberg Amtssitz. Die Kernburg scheint im dritten Viertel des 14. Jh. in großen Teilen neu gebaut worden zu sein, also zu einem Zeitpunkt, da an einigen Burgen der Grafen von Katzenelnbogen umfangreiche Bautätigkeit nachzuweisen ist. Nochmals wurde die Kernburg 1454 erneuert, als man einen neuen großen Wohnbau errichtete. Aus dem 15. Jh. stammen überwiegend auch die bis heute erhaltenen Teile, die Schlüsselscharten zum Einsatz von Feuerwaffen aufweisen.

Mit dem Tod des letzten Grafen von Katzenelnbogen 1479 fiel Dornberg im Erbgang an die Landgrafschaft Hessen. Die Landgrafen nutzten die Burg als Jagdschloss und bauten sie weiter zur Festung aus. Ein weiterer Ausbau der Befestigungen erfolgte im 16. Jh. 1689 wurde die Festung Dornberg durch die Franzosen erobert und zerstört. Die Kernburg brach man in der Folge zur Materialgewinnung restlos ab.

Landgraf Ernst Ludwig ließ 1722–26 unmittelbar neben der Burg eine **Fasanerie** zur Haltung und Jagd von Fasanen anlegen. Als Unterkunft diente ihm ein Gebäude, das er neben dem erhaltenen äußeren Torbau der Kernburg errichten ließ. Es umfasste Küche und Stallungen, einen großen Gewölbekeller, einen Saal und zwei Zimmer. 1827 wurde dieses kleine Jagdschloss auf Abbruch verkauft und von der jüdischen Gemeinde Groß-Gerau auf deren Friedhof wiedererrichtet. Die Fasanerie dient heute als Naherholungsgebiet für die Groß-Gerauer. Von der Burg stehen im Wesentlichen nur noch die Mauern der **Vorburg** und der langgezogene **Torbau** der Kernburg mit flankierendem Turm. Das Areal der **Hauptburg** ist vollkommen überwuchert.

oben links: Blick durch das äußere Tor

oben rechts: Äußeres Tor

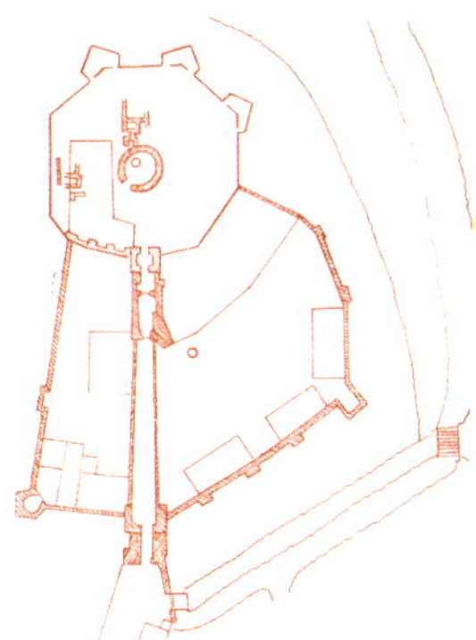

Mitte: Grundriss, aus Kunze 1969

unten: Turm am Zwinger des inneren Tors

VIII. DIE LANDGRÄFLICHE RESIDENZSTADT DARMSTADT

Darmstadt bildete 1567–1918 das politische und kulturelle Zentrum der Landgrafschaft Hessen-Darmstadt bzw. seit 1806 des Großherzogtums Hessen und bei Rhein. Ursprünglich war der Ort im Besitz der Grafen von Katzenelnbogen, an die Darmstadt 1259 mit Dornberg (Nr. 86) und Bessungen gelangt war. Es war damals noch ein Dorf, und eventuell bestand auch schon eine Burg. Spätestens 1330, als der Ort die Stadtrechte verliehen bekam, hat eine solche wohl existiert und man hat sie in die neu errichtete Stadtbefestigung einbezogen. Diese Burg sollte zum Kern der Residenzentwicklung werden, denn schon unter den mächtigen Grafen von Katzenelnbogen, deren Territorien sich an Mittel- und Oberrhein erstreckten, erhielt Darmstadt Mittelpunkts- und Residenzfunktionen. Der Ort bildete seit dem 14. Jh. das Zentrum der katzenelnbogischen Obergrafschaft. 1479 fielen Darmstadt und die Obergrafschaft mit den übrigen katzenelnbogischen Territorien als Erbschaft an die Landgrafschaft Hessen und sorgten so nicht nur für territorialen Zugewinn, sondern auch für eine breitere Machtbasis der Landgrafen, die nun auch südlich des Mains über Besitz verfügten. Doch erst nach der Aufteilung der Landgrafschaft unter den Söhnen Philipps des Großmütigen 1567 sollte das Städtchen samt seiner Burg zu größerer Bedeutung gelangen. Darmstadt bildete nun die Haupt- und Residenzstadt der Landgrafschaft Hessen-Darmstadt, die 1806 als Rheinbundstaat zum Großherzogtum Hessen und damit zum souveränen Staat avancierte.

Portal zum Prinz-Georg-Garten, landgräfliches Wappen

Die Landgrafen und Großherzöge haben das Bild ihrer Residenzstadt seit der zweiten Hälfte des 16. Jh. durch Bauten und eine umfangreiche Stadtplanung nachhaltig geprägt, zumal man sich immer in einer gewissen Konkurrenzsituation zur Verwandtschaft in Hessen-Kassel sah, die sich als ältere und damit vornehmere Linie verstand. Mag der Zweite Weltkrieg auch die Altstadt Darmstadts quasi ausradiert haben, so lässt sich das Gesicht der einstigen Residenz doch noch in Spuren ablesen, so in den Neu- und Vorstadtanlagen der Renaissance- und Barockzeit und auch der großzügigen Stadterweiterung in der Zeit des Klassizismus, als der Hofbaumeister Georg Moller dem Stadtbild seinen Stempel aufdrückte. Seit der Anlage der Neuen Vorstadt 1695–1720 westlich des Schlosses bildete dieses den Ausgangspunkt der barocken und klassi-

Ansicht von Merian im 17. Jh.

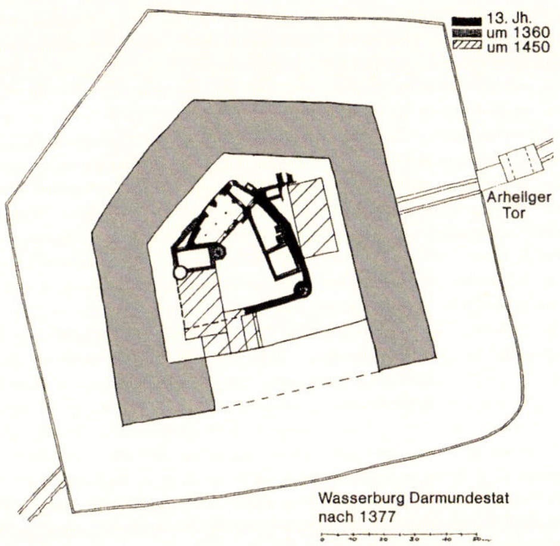

Grundriss der Katzenelnbogen-Burg, aus Zimmermann 1978

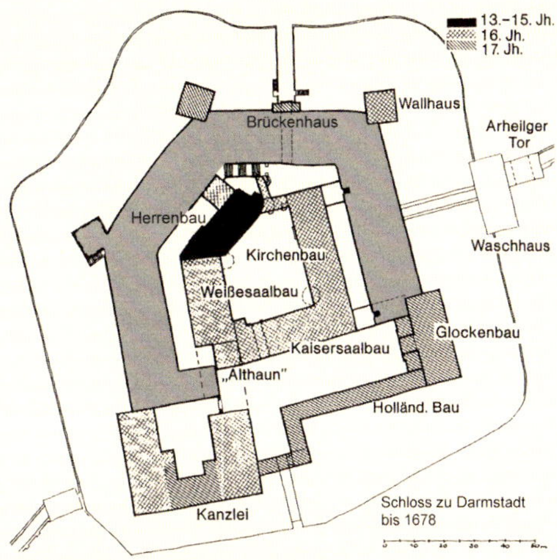

Das Schloss bis 1678, aus Zimmermann 1978

zistischen Stadtplanung, und wer von Westen nach Darmstadt kommt, wird feststellen, dass bis heute mit der Rheinstraße eine wichtige Straßenachse über den Luisenplatz direkt auf das Parforce-Tor des Stadtschlosses zuführt.

Eine letzte große Blüte erfuhr Darmstadt als Zentrum des von Großherzog Ernst Ludwig geförderten Jugendstils kurz vor dem Untergang der Monarchie 1918. Wichtigste Zeugnisse dieser Epoche bilden die Mathildenhöhe mit den Bauten berühmter deutscher Architekten des frühen 20. Jh. und die spätesten Schöpfungen großherzoglicher Gartenkultur auf der Rosenhöhe.

Zur Stadt- und Residenzlandschaft zählen neben dem aus der Burg erwachsenen Residenzschloss natürlich Lust- und Jagdschlösser in der näheren und weiteren Umgebung der Stadt. In weitestem Sinne gehören hierzu auch die in Kapitel VII. beschriebenen landgräflichen Jagd- und Lustschlösser der Dreieich (Nr. 79, 85). Vor allem als Gartenstadt machte Darmstadt seit dem 18. Jh. von sich reden, denn es waren die zahlreichen herrschaftlichen Gärten, die das Bild der barocken Residenz prägten und bis heute Darmstadt zu einer grünen Stadt machen.

87. Darmstadt
Residenzschloss

1331 Ersterwähnung
1355–77 Ausbau
1595–97 Kaisersaal- und Kirchenbau
1627 Walltorhaus
1663 Glockenbau
1716–29/30 Neuschloss
1893–96 Umbau des Herrenbaus
1944 Zerstörung
1950–64 Wiederaufbau

Marktplatz 15
Universität

oben rechts: Grundriss

unten: Südfront des Neuschlosses

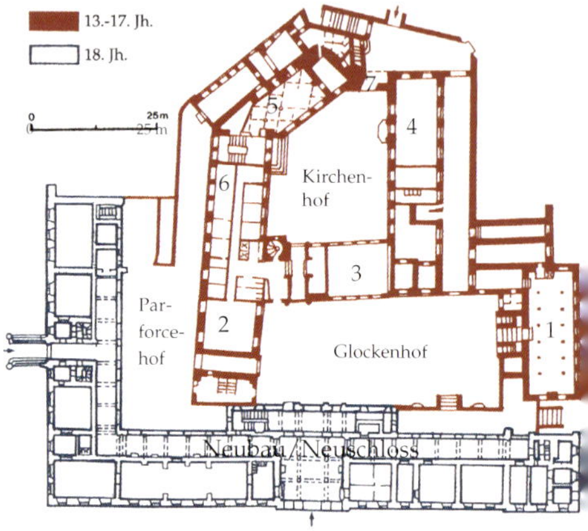

1 Glockenbau
2 Prinz-Christian-Bau
3 Kaisersaalbau
4 Schlosskapelle
5 Herrenbau
6 Weißer Saalbau
7 Paukergang

Das Darmstädter Schloss bildet ein Konglomerat verschiedenster Bauten, die im Laufe von gut fünf Jahrhunderten entstanden sind. Die einstige Residenz der Landgrafen von Hessen-Darmstadt entwickelte sich aus einer 1331 erstmals erwähnten Wasserburg der Grafen von Katzenelnbogen. Wahrscheinlich wurde sie im 13. Jh. errichtet, um die katzenelnbogische Herrschaft an der Bergstraße zu sichern. Die Wasserburg wurde im 15. Jh. die glanzvolle Residenz der katzenelnbogischen Obergrafschaft, die sich zwischen Main, Odenwald und Rhein erstreckte. Damals war der Bau kostbar ausgestattet.
Die erste Burg bildete eine polygonale Anlage. Ihre Grundrissform erinnert an andere, ähnliche katzenelnbogische Burgen wie Hohenstein (Nr. 49). Auf der Nordwestseite lehnte sich der Wohnbau an die Ringmauer. Er steckt noch heute in seinen Außenmauern im späteren Renaissanceschloss. 1355–60 erfolgte ein weiterer Ausbau für Else von Hanau, die Gemahlin Graf Wilhelms. Der Wohnbau wurde auf der Ostseite um einen weiteren Flügel mit Fachwerkobergeschossen erweitert, der noch im 15. Jh. die Gemächer der Gräfin beherbergte. Aus einem nach Elses Tod aufgestellten Inventar geht hervor, dass sich in diesem *Hölzernen Bau* neben dem Silberschatz auch eine Bibliothek befand.
1377 wurden südlich des Palas das Badhaus und die Kapelle aufgeführt. Südlich der Kapelle entstand in dieser Zeit auch der Weiße Saalbau, der allerdings 1512 fast vollständig neu aufgeführt wurde. Alle Gebäude lehnten sich noch an die alte Ringmauer, aus der vermutlich im Westen und an der Südostecke Rundtürme in den Graben vorsprangen. Letzterer bestand bis 1699.
Die ausgebaute Burg war offensichtlich repräsentativ genug, um für fürstliche Festivitäten genutzt zu werden. So fand 1422 in Darmstadt die prachtvolle Hochzeit des Grafen Philipp d. Ä. von Katzenelnbogen mit Anna von Württemberg statt. Mit dem Tod des letzten Grafen von

oben: Schlossbefestigung mit Bastionen

oben links: Saalbau

Katzenelnbogen fiel Darmstadt 1479 an Landgraf Heinrich III. von Hessen. 1546 wurde die Stadt im Schmalkaldischen Krieg erstürmt. Das Schloss brannte teilweise nieder.

Einer der Söhne Philipps, Ludwig, ließ das Schloss wiederherstellen. Sein Bruder Georg I., der bei der Erbteilung nach Philipps Tod 1567 Darmstadt die Obergrafschaft erhalten hatte, ging dann an den Ausbau der alten Burg zur repräsentativen Residenz der neu gebildeten Landgrafschaft Hessen-Darmstadt. 1568 wurde durch Christoph Müller aus Kassel der Herrenbau nach Nordwesten erweitert. Der im Kern spätmittelalterliche Erdwall, der die Burg im Westen, Norden und Osten umgibt, wurde wohl schon von Philipp d. Großmütigen für den Geschützkampf eingerichtet. 1569 hat man auf ihm Gärten angelegt, aber schon 1589 wurde er als Verteidigungsanlage erneuert und an den drei ausspringenden Ecken zur Feldseite mit kleinen Bastionen verstärkt. Jenseits des Grabens wurden bastionierte Erdwerke angelegt.

1595–97 ließ Georg I. über dem alten Zwinger durch Jakob Kesselhuth und Jakob Wustmann den Kirchenbau und im rechten Winkel dazu den Kaisersaalbau errichten, so dass der Raum des Altschlosses bedeutend vergrößert wurde. In den 1620er Jahren entstand auf der Feldseite nach Plänen Jakob Müllers das **Wallhaus**, das durch den Wall führende Torhaus. 1629 wurde der Kanzleibau aufgeführt, der den stadtseitigen Eingang beherrschte, und nach dem Dreißigjährigen Krieg wurde 1663 unter Ludwig VI. durch Johann Philipp Pfannmüller an der Südostecke des Schlosses der Glockenbau errichtet, den man 1671 mit einem aus Amsterdam erworbenen Glockenspiel einweihte.

1715 vernichtete eine Feuersbrunst den Kanzleibau und zog auch andere Schlossteile arg in Mitleidenschaft, wobei die landgräflichen Wohngemächer zerstört wurden. Der Baumeister Louis Remy de la Fosse wurde mit Planungen zu einem totalen Neubau beauftragt. Vom alten Schloss wäre dabei nichts erhalten geblieben. 1716 erfolgte die Grundsteinlegung. Die prekäre Finanzlage der Landgrafschaft erlaubte allerdings nicht die Verwirklichung des gigantischen Bauprojektes, das sich um drei Höfe und einen Mittelturm gruppieren sollte. Ausgeführt wurden bis

Wallhaus

Schlosskapelle, aus Haupt 1952

1729/30 nur der Flügel zum Markt und der Westflügel, wobei der Innenausbau unterblieb. Das monumentale, unvollendete Neuschloss wurde nie vom Landgrafen bezogen. Immerhin blieb so das Altschloss in weiten Teilen erhalten, zum anderen hatte die Residenz auf ihrer Hauptzugangsseite eine moderne, repräsentative Schaufront erhalten. Als Landgraf Ernst Ludwig 1737 wenigstens endlich Türen und Fenster einsetzen lassen wollte, um die Bauruine gegen die Witterung zu sichern, machte ihm der Landtag einen Strich durch die Rechnung und verweigerte weitere Gelder. Erst 1805 bekam das Neuschloss Fenster. 1808 wurden hier Behörden und die großherzoglichen Sammlungen untergebracht. 1814 legte man die Schlossgräben trocken, was zu Senkungen am Neuschloss führte. Verschiedene Ausbauprojekte Georg Mollers blieben auf dem Papier. Die Großherzöge residierten in einem Palais am Ludwigsplatz, das im Zweiten Weltkrieg zerstört und dessen Reste nach 1945 beseitigt wurden. Auch das Schloss brannte bei der Zerstörung Darmstadts 1944 vollständig aus. In den 1950/60er Jahren erfolgte der Wiederaufbau. Heute wird der überwiegende Teil des Schlosses von der Technischen Universität belegt.

Der mittelalterliche Kern des Residenzschlosses ist bis heute noch im Grundriss der Gebäude um den **Kirchenhof** überliefert. An seiner Westseite erhebt sich der **Herrenbau**, der in seinen Umfassungsmauern noch bestehende alte Palas der katzenelnbogischen Burg. Seine Nordecke ist abgerundet, eine Bauform, die für das 14. Jh. typisch ist, und zeigt noch Reste eines umlaufenden Rundbogenfrieses. Der Herrenbau wurde zuletzt 1896 unter Großherzog Ernst Ludwig durch Baurat Becker im Stil der Neorenaissance umgestaltet. Schon 1893 hatte Carl Sutter den neorenaissancen Anfahrtsturm mit dem sog. **Teepavillon** an der Nordwestecke des Baus als Belvedere mit Blick auf den Wallgarten errichtet.

An den Herrenbau schließt südlich der **Weiße Saalbau** an. Die Südseite des Kirchenhofes nimmt der unter Georg I. erbaute **Kaisersaalbau** ein, der im zweiten Obergeschoss den großen Saal barg. Auf der Ostseite steht der ebenfalls unter Georg errichtete **Kirchenbau**, der die Schlosskirche und die landgräflichen Gemächer enthielt. Das feine Barockportal zur Kirche entwarf Louis Remy de la Fosse 1709. Der Kirchen- und Herrenbau werden durch den 1595 errichteten **Paukergang** mit seinen zweigeschossigen Arkaden verbunden. Die Dachflächen der Gebäude zierten ursprünglich Zwerchhäuser und Giebelaufbauten.

Bis 1699 erhob sich im Zwickel zwischen Kirchen- und Kaisersaalbau der alte runde Hauptturm des Schlosses. Seine Fundamente wurden beim Wiederaufbau nach dem Krieg ergraben und sind im Keller des Kirchenbaus zugänglich geblieben.

Vor dem Kernschloss erstreckt sich der **Glockenhof**. Seine Ostseite wird vom **Glockenbau** eingenommen, dessen Mitte von einem hohen Treppenturm

Glockenbau

akzentuiert wird. Er ist zwar erst nach dem Dreißigjährigen Krieg entstanden, aber, wie die beiden Giebel an den Schmalseiten mit ihrer Roll- und Beschlagwerkornamentik zeigen, noch deutlich in den Formen der Spätrenaissance gehalten. In seinem Erdgeschoss befand sich das Zeughaus, in den Obergeschossen die Wohnung der Familie Ludwigs VI. und die Schlossbibliothek. Ihm gegenüber liegt der in Verlängerung des Weißen Saalbaus 1678 errichtete **Prinz-Christian-Bau**. Nach dem Brand 1715 entstand auf der Südseite das Neuschloss, das sich mit einem kurzen Flügel um die Südwestecke der alten Anlage herumzieht. Zwischen dem **Neuschloss** und dem Prinz-Christian-Bau liegt der **Parforcehof** mit einer Auffahrt auf den Wall. Durch das Parforcetor, vor dem noch die alten Wachthäuschen stehen, öffnet sich der Bau hier zum Friedensplatz, der Teil der barocken Stadterweiterung unter Landgraf Ludwig Ernst ist.

Die Fassade zum Markt wird durch zwei hohe Eckpavillons mit gewölbten Mansarddächern eingefasst. Der Mittelpavillon mit der triumphbogenartigen Haupteinfahrt wird durch eine monumentale komposite Pilastergliederung korinthischer Ordnung über einem Erdgeschoss mit Bänderrustika in drei Achsen gegliedert und durch hohe Bogenfenster und einen Balkon betont. Über dem Mittelfenster präsentieren Löwen das landgräfliche Wappen und über den beiden Seitenfenstern befinden sich Reliefs mit den Personifikationen der Fama (Ruhm) zur Rechten und der Bellona (Krieg) zur Linken, die 1733 von Bildhauer Ammon geschaffen wurden. Die hohe Attika schmücken vier Kolossalfiguren des Bildhauers Johann Wendel Eckhard. Sie stellen die Personifikationen der Fides (Glaube), Caritas (Fürsorge), Justitia (Gerechtigkeit) und Abundantia (Überfluss) dar, Symbole für die erfolgreiche Herrschaft eines guten Landesvaters. In der monumentalen Tordurchfahrt stehen die Standbilder der Landgrafen Philipp und Georg I., die 1845 von Johann Baptist Scholl geschaffen wurden.

Trotz aller Zerstörungen im 20. Jh. vermittelt das Darmstädter Schloss immer noch einen Eindruck vom einstigen Mittelpunkt der Landgrafschaft. Schon das Renaissanceschloss war eine eindrucksvolle und stattliche Anlage, aber mit dem barocken Neubau wären noch ganz andere Maßstäbe gesetzt worden. Seine Architektur zeugt von den Bemühungen der Darmstädter Landgrafen, mit ihrem gewaltigen Neubauprojekt in Konkurrenz zu den ausgesprochen ambitionierten Bauten der nordhessischen Verwandtschaft in Kassel zu treten.

oben: Parforcehof

unten links: Neuschloss, Mittelpavillon

unten rechts: Parforcetor

88. Darmstadt

Prinz-Georg-Palais und Garten

1624 Lustgarten
Um 1710 Pretlacksches Gartenhaus
Um 1720 Bau des Palais
1944 Zerstörung des Pretlackschen Gartenhauses
1951 Wiederaufbau
2003 Rekonstruktion der Fassadenbemalung am Pretlackschen Gartenhaus

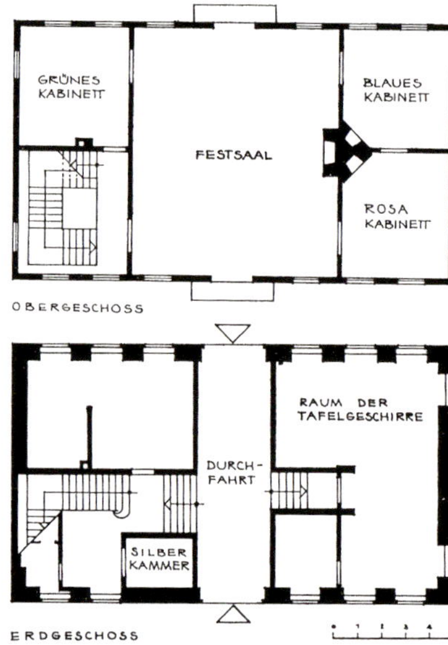

oben rechts: Prinz-Georg-Palais, Grundriss des EG und 1. OG, aus Biehn 1963

Der Prinz-Georg-Garten zählt zu den wenigen einigermaßen original erhaltenen Barockgärten in Deutschland. Schon 1624 befand sich hier an der Landstraße nach Frankfurt ein erster Lustgarten, der dem landgräflichen Kanzler Wolff von Todenwarth gehörte und der 1632 durch einen von Georg II. angelegten Lustgarten erweitert wurde, den dieser seinem Kanzler überließ. 1698 gelangte ein Teil des Grundstücks im Tausch an den Landgrafen Ernst Ludwig, der um 1720, vermutlich durch Louis Remy de la Fosse, das kleine Barockpalais als Lustschloss errichten ließ. Der andere Teil war im Besitz der Schütz von Holzhausen, dann des Generalleutnants von Pretlack, der seinerseits um 1710 ein Gartenhaus erbauen ließ. Eventuell wurde auch dieses von de la Fosse geplant, nach neuerer Ansicht zeichnet Maximilian von Welsch, der Mainzer Hofbaumeister, dafür verantwortlich.

1719 erwarb Erbprinz Ludwig den Pretlackschen Gartenanteil, und 1748 wurden beide Gärten vereinigt. Als Landgraf schenkte er Garten und Palais 1764 seinem Lieblingssohn Georg Wilhelm (vgl. Nr. 85), nach dem die Anlage benannt ist. Georg Wilhelm war es, der in Darmstadt ein eigentliches Hofleben entfaltete, da sein Vater vorzugsweise als passionierter Jäger in Kranichstein wohnte,

unten: Ansicht des Gartens

während Georgs älterer Bruder Ludwig IX. nach seinem Regierungsantritt in Pirmasens residierte. So wurde das Gartenpalais zum Mittelpunkt höfischer Kultur. Im Garten fanden Festlichkeiten und Theateraufführungen statt. 1793 sahen Palais und Garten die Verlobungsfeier der Enkelinnen Prinz Georgs, Prinzessin Louises und Friederikes von Mecklenburg-Strelitz, mit den preußischen Prinzen Friedrich Wilhelm (III.) und Ludwig.

1819 übernahm die Großherzogin Luise das Anwesen, das sie als ihr *Tuskulum* zu bezeichnen pflegte, und kümmerte sich um die Erhaltung und Pflege des Gartens. Nach dem Tode Luises wurde das Prinz-Georg-Palais nicht mehr als fürstliche Wohnung verwendet. 1899 richtete man im Palais die ersten Ateliers der neu gegründeten Künstlerkolonie ein. Seit 1908 beherbergt es die Großherzogliche Porzellansammlung.

1944 wurde auch der Prinz-Georg-Garten ein Opfer der Bomben. Das Pretlacksche Gartenhaus brannte aus, wurde aber bis 1951 wiederhergestellt. Von seiner einst prachtvollen Ausmalung mit illusionistischen Landschaftsperspektiven ist seither nichts mehr vorhanden. Die reiche Fassadenbemalung, die schon seit dem 19. Jh. verloren war, aber in Ansichten detailgenau überliefert ist, konnte 2003 rekonstruiert werden.

Der Prinz-Georg-Garten gliedert sich in zwei Partien, einmal den Palais-Garten und einmal den Pretlackschen Garten, die seit 1764 vereinigt sind. Der Palaisgarten wiederum besteht aus dem Orangeriegarten, in dem sich einst das Gartentheater befand, und dem vierteiligen Hauptparterre mit einem Brunnenbassin im Zentrum. Der Palais-Garten ist mit seiner Hauptachse auf das Prinz-Georg-Palais orientiert. Den Hauptzugang bildet das frühbarocke Portal am Schlossgartenplatz. Es entstand 1681 und zeigt das Wappen der Landgräfin Elisabeth Dorothea. Das Portal gehörte ursprünglich zum Herrengarten, dem eigentlichen Hofgarten des Schlosses, bevor man es 1818 hierher versetzte.

Das **Palais** ist ein schlichter zweigeschossiger Barockbau zu fünf Achsen mit Mansarddach. Die Beletage wird durch die etwas höheren Fenster gegenüber

dem Erdgeschoss betont. Die Mitte der Beletage nimmt der Saal mit offenem Kamin und Bandlwerkstuck ein.

Hinter dem Palais stehen links das ehem. **Stallgebäude** und rechts die **Remise** mit ihrer schönen Holzgitterarkade. Ein Tor öffnet sich von hier zum heckenumschlossenen **Orangeriegarten**, auf dessen Westseite sich das um 1770/80 entstandene **Teehaus** findet. Die spätbarocke Treillagearchitektur diente als Gartensalon und Loge für das **Gartentheater**, dessen Bühne sich gegenüber auf der Ostseite befand. Seit 1960 steht an dessen Stelle eine kleine Voliere. Ursprünglich bildete ein Rundtempel den Point de vue des Heckentheaters. Im Theater wurden Schau- und Singspiele aufgeführt. An den Aufführ-

Prinz-Georg-Palais

Schlossgarten 6b
Palais (Großherzoglich-Hessische Porzellansammlung):
Mo–Do 10–13, 14–17 Uhr,
Sa, So, Fei 10–13 Uhr
Tel.: 06151/713233
www.porzellanmuseum-darmstadt.de
Garten: März–Okt. tgl. 7–19 Uhr, Nov.–Feb. tgl. 8–17 Uhr
Tel.: 06151/4927131
www.schloesser-hessen.de

Gartensalon

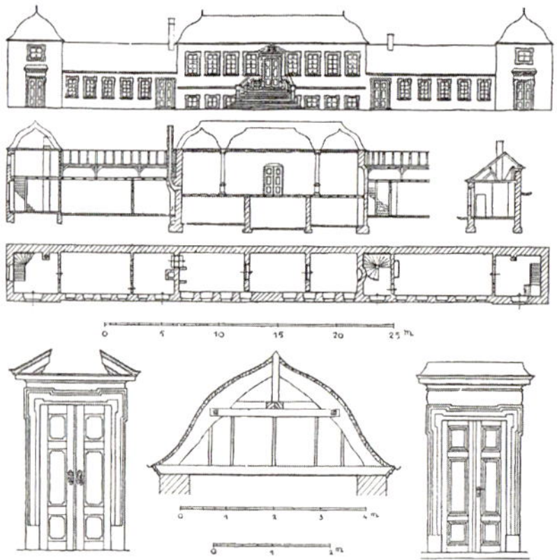

Grundriss und Schnitt des Pretlackschen Palais, aus Haupt 1952

rungen wirkten auch die hohen Herrschaften selbst mit, so Prinz Georg Wilhelm an der ersten Geige.

Ein Durchgang führt in das **Hauptparterre**. Dieses schmücken neben dem Fontänenbassin in der Mitte der beiden südlichen Parterrefelder zwei Sonnenuhren mit Globus, Wetterfahne und dem Monogramm Ludwigs VIII. Von hier aus betritt man das Parterre des alten **Pretlackschen Gartens**, der wiederum mit seiner Hauptachse auf das **Gartenhaus** orientiert ist. Dessen Fassade ist gut 47 m lang und wird durch zwei Eckpavillons und einen Mittelpavillon mit geschweiften Dächern betont. Zum Mittelpavillon führt eine Freitreppe hinauf. Über dem Portal ist das Wappen des Bauherrn und seiner Gemahlin zu sehen.

Die etwas niedrigeren Flügel zwischen Mittel- und Eckpavillons dienten als Gewächshäuser. Die reiche, rekonstruierte Fassadenbemalung entstand wohl erst nach 1748 unter Ludwig VIII.

Ein besonderes Gartenkleinod aus Darmstadts später Residenzzeit bildet die **Rosenhöhe**. Der Park entstand zwar schon 1810 unter Großherzogin Wilhelmine, erhielt aber im Wesentlichen seine heutige Gestalt unter Großherzog Ernst Ludwig. Er ließ um 1900 auf der höchsten Erhebung des Parks ein **Rosarium** mit Laubengängen und formalen Beeten anlegen, das als *Darmstädter Gartenstil* in die Kunstgeschichte einging und sichtlich beeinflusst ist von den Gärten der englischen Arts-and-Crafts-Bewegung. Innerhalb des umgebenden Parks stehen auch das 1826 von Georg Moller errichtete landgräfliche **Mausoleum**, ein klassizistischer Bau, und das 1905 nach dem Vorbild der frühchristlichen Grabkapelle der Galla Placidia in Ravenna erbaute Neue Mausoleum.

Pretlacksches Palais

89. Darmstadt, Bessungen

Orangerie

1714 Erwerb durch den Landgrafen
1719–21 Orangerie
1779–82 Wiederaufbau nach dem Brand

Bessunger Straße 44
Park frei zugänglich
www.darmstadt.de

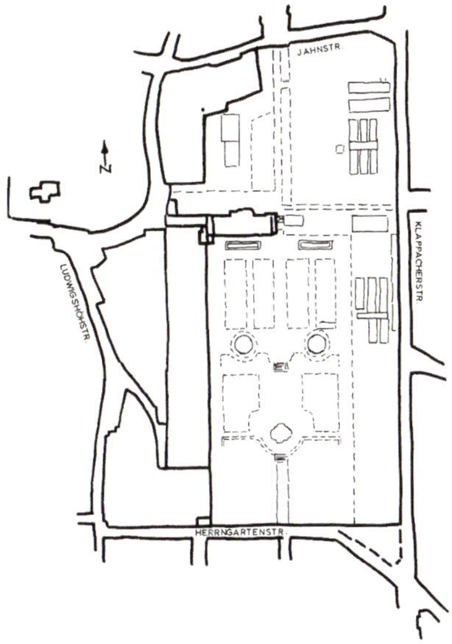

Die immergrünen Zitrusgewächse galten in der Barockzeit als Sinnbild fürstlicher Macht, die sogar die Jahreszeiten beherrschte, und als Symbol für den ewigen Frühling des Herrscherhauses und dessen dauerhafte Existenz. Allerdings war die Pflege der mediterranen Kübelpflanzen äußerst aufwändig, weshalb man eigens beheizte, mit hohen Glasfenstern versehene Gebäude errichten musste, deren Räume im Winter der Unterbringung der empfindlichen Gewächse dienten, im Sommer oft als Gartensäle für Festlichkeiten genutzt wurden. Neben den Zitruspflanzen, darunter auch Orangenbäumchen, zog man in den Orangerien noch andere exotische Gewächse. Fremdländische Pflanzen waren Teil der fürstlichen Sammlungen und heiß begehrt. Die Höfe tauschten gegenseitig Samen, Pflanzen und Fachleute zur Pflanzenzucht aus. Besonders seltene Gewächse wurden in Stichen publiziert. Und Südfrüchte wie die Ananas aus eigener Zucht waren die Höhepunkte fürstlicher Tafeldekorationen.

1716 ließ Landgraf Ernst Ludwig, vermutlich nach dem Vorbild des Wiener Belvederegartens, nach Plänen Louis Remy de la Fosses mit der Anlage eines neuen Terrassengartens beginnen. Erst 1719 wurde der Grundstein zur *Neuen*

oben: Plan, aus Franz 1980

unten: Ansicht

Fassade

Orangerie gelegt. Ausgeführt wurde aber nur der westliche Flügel. Ursprünglich sah der Plan eine Verdoppelung der Orangerie vor, deren beide Flügel ein Lustschloss rahmen sollten. Nach einem Brand 1774 wurde die Orangerie 1779–82 durch Johann Martin Schuhknecht wiederaufgebaut. Dabei wurde das Mansarddach um etwa 1,5 m erhöht, so dass der ganze Bau schwerer proportioniert wirkt als ursprünglich geplant. Der eingeschossige, über 52 m lange Bau, der gelegentlich als Sommersitz diente, wird von zwei Eckrisaliten mit Dreiecksgiebeln begrenzt, zwischen denen im Wechsel mit ionischen Pilastern elf hohe Fenstertüren sitzen, die den Saal der Orangerie zum Garten hin öffnen. De la Fosse entlehnte diese Gliederung eventuell dem Lustschloss Grand Trianon im Park zu Versailles.

Der **Orangeriegarten** bildete den repräsentativen Rahmen für die Aufstellung der kostbaren Zitruspflanzen und anderer exotischer Gewächse in der warmen Jahreszeit. Er genoss im 18. Jh. einen gewissen Ruf, einmal wegen seiner Pflanzen, zum anderen wegen der kunstvoll geschnittenen Taxushecken. Der Garten behielt seine barocke Form bis heute, da Landgraf Ludwig XI. zu Ende des 18. Jh. die Umwandlung in einen Landschaftspark untersagte. Erst im 19. Jh. kam es zu Zerstörungen, als die Orangerie Soldaten beherbergte, 1870/71 im Kriege gegen Frankreich im Parterre Lazarettschuppen errichtet und im Ersten Weltkrieg auf den historischen Beeten Gemüse und Kartoffeln angebaut wurden. Heute gewährt die restaurierte Anlage einen Eindruck von der einstigen Pracht der landgräflichen Orangerie. Die Grundstruktur mit drei ansteigenden Terrassen blieb dabei erhalten, ebenso die drei großen Springbrunnen.

Die den Nordeingang schmückende **Toranlage** mit ihrem reichen Barockgitter wurde erst 1850 hier aufgestellt. Sie stammt vom ehemaligen landgräflichen Palais am Markt.

90. Darmstadt, Bessungen

Prinz-Emil-Schlösschen und Park

Der Prinz-Emil-Garten gehörte ursprünglich dem landgräflichen Kanzler Friedrich Carl von Moser, der die Grundstücke zur Anlage des Gartens seit 1772 erworben hatte. Er ließ sich 1775 ein Landhaus erbauen und durch den Dieburger Gartenarchitekten Nikolaus Andreas Siebert, der gleichzeitig für den Kurfürsten von Mainz in Aschaffenburg tätig war, einen Garten anlegen. Als Moser 1780 gestürzt wurde, erwarb der Erbprinz die Anlage.

Der Garten bildete eine Mischung aus spätbarocken formalen und landschaftlichen Elementen. Erst um 1900 wurde er vollständig landschaftsgärtnerisch überformt. Es gab neben dem eigentlichen Landhaus diverse Parkarchitekturen, darunter einen chinesischen Pavillon und die Ruine einer gotischen Kirche, die allesamt verschwunden sind.

Das **Herrenhaus** wurde von Johann Martin Schuhknecht d. Ä. geplant. Der kleine Bau setzt sich aus einem dreiachsigen Mittelpavillon und zwei seitlichen, flach gedeckten zweiachsigen Anbauten zusammen. Der Mittelpavillon wird durch die hohen Rundbogentüren im Erdgeschoss, ein Mezzanin und Lisenen betont.

1836 kaufte Prinz Emil das Anwesen, nach dem es bis heute heißt. Das Schlösschen wurde 1898 umgebaut. 1944 zerstört, hat man es 1948/49 in der äußeren Form wiederhergestellt.

Park und Schlösschen gehören schon seit 1927 der Stadt Darmstadt. 1986 wurde mit der systematischen Restaurierung begonnen und dabei der seit 1934 zugeschüttete Teich wiederhergestellt. Im Zuge dessen entstand auch der schmiedeiserne Pavillon auf der Insel als Ersatz für einen älteren, 1934 abgebrochenen Pavillon. Es handelt sich um eine gründerzeitliche Arbeit, die ursprünglich in einem Privatgarten stand.

1775–78 Bau des Landhauses
1900 Umgestaltung des Gartens
1986 Instandsetzung

Heidelberger Straße 56
Park frei zugänglich

Ansicht

91. Darmstadt, Kranichstein
Jagdschloss Kranichstein

1578–80 Bau des Schlosses
1688–90 Jagdzeughaus
1839 Mittelrisalit
1860–74 Umgestaltung
1918 Jagdmuseum
1988–96 Instandsetzung

Museum Jagdschloss Kranichstein
Kranichsteiner Str. 261
1. April–31. Okt.
Mi.–Sa. 14–17 Uhr,
So. u. Feiertag 10–18 Uhr,
1. Nov.–31. März Mi.–Sa.
14–17 Uhr, So. u. Feiertag
10–17 Uhr
Tel.: 06151/971118-0
www.jagdschloss-kranichstein.de

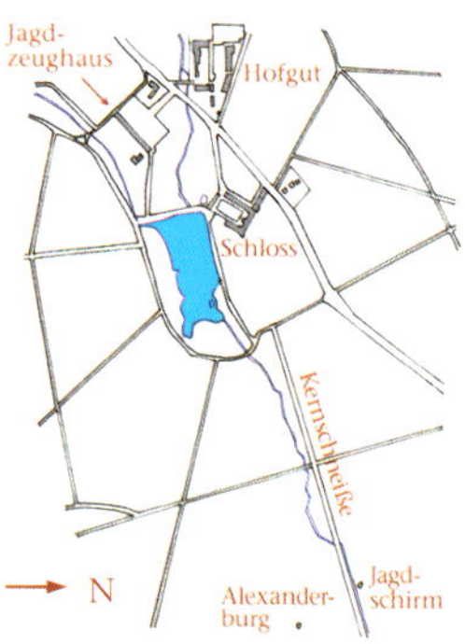

oben: Lageplan

unten: Eckturm

Schloss Kranichstein war eines der wichtigsten Jagdschlösser der Landgrafen von Hessen-Darmstadt. In seinem Erhaltungszustand mit einem ganzen Ensemble frühneuzeitlicher, für die Jagd bestimmter Gebäude ist es wohl einmalig in Deutschland. Seinen Ursprung hat das Schloss in einem festen Steinhaus, das Graf Eberhard von Katzenelnbogen als Burglehen 1399 an Henne Cranich zu Dirnstein vergab. 1567 erwarb Landgraf Georg I. das Gut und ließ 1578–80 durch seinen Baumeister Jacob Kesselhut das Jagdschloss errichten. Es wurden der Hirschgarten angelegt und eine Fasanerie eingerichtet. Ab der Mitte des 17. Jh. begann Kranichsteins große Zeit. Landgräfin Sophia Eleonora ließ den Tiergarten ummauern und einen Kanal zu Lustfahrten zwischen dem Backhausteich neben dem Schloss und dem Steinbrücker Teich anlegen. Nach dem Brand des Residenzschlosses 1715 (Nr. 87) diente Kranichstein als bevorzugter Wohnsitz Landgraf Ernst Ludwigs und des besonders jagdbegeisterten Ludwig VIII. Unter Großherzog Ludewig I. verwandelte sich das Jagdschloss mehr und mehr in einen Sommersitz. Ein geplanter Umbau Mollers in neugotischen Formen gelangte nicht zur Ausführung, allein ein Mittelrisalit mit neugotischem Staffelgiebel setzte man 1839 vor die Hoffront. Bei einer erneuten Umgestaltung des Schlosses in den Jahren 1860–74 wurde der Giebel im Renaissancestil verändert und als Kutschenvorfahrt in harmonischer Ergänzung zum alten Bestand der Altan angefügt. Die Anlagen um das Schloss, ursprünglich als Fasanerie und Tiergärten genutzt, wurden ab 1858 durch den Hofgartendirektor Georg Friedrich Schnittspahn zum ausgedehnten Landschaftsgarten umgestaltet. Unmittelbar am Schloss entstand ein Pleasureground mit Rasen und Blumenbeeten.

1988–96 erfolgte eine durchgreifende Instandsetzung, bei der man auch den Anstrich aus der Zeit des letzten Umbaus im 19. Jh. nach Befund rekonstruiert hat. Die Scheune wurde zur Nutzung durch Hotel und Restaurant ausgebaut.

Das **Schloss** bildet eine Dreiflügelanlage, an deren Nordostecke ein **Rundturm** mit geschweifter Haube sitzt, der im 18. Jh. als Jagdpavillon errichtet wurde. Er diente als Zentrum eines **Schneisenfächers** zur Parforcejagd. Vom Saal im ersten Obergeschoss erlaubten Fenster rundum die Beobachtung des Wildwechsels und die Verfolgung des Jagdgeschehens durch die Hofgesellschaft.

In den Erdgeschossen des Schlosses waren Stallungen untergebracht. Der Ostflügel nimmt in seinem Südteil die **Kapelle** mit der Fürstenempore auf. Ihre Renaissancestuckdecke entstand um 1628. In den beiden Hofecken stehen zwei viereckige Treppentürme, und aus der Mitte des Nordflügels springt der Mittelrisalit mit dem Altan vor. Die Voluten seines Neorenaissancegiebels sind aus Blech gebildet, ebenso die des Ostflügels. Der Westflügel hingegen besitzt noch den geschweiften Giebelabschluss des 16. Jh.

Das **Treppenhaus** im Mittelrisalit erschließt die herrschaftlichen Gemächer im Obergeschoss. Einer der Räume zeigt eine stark farbige Wandfassung des 18. Jh.: Ein fast schon expressionistisches Zackenmuster überzieht in langen Bahnen von oben nach unten die Wände. In weiteren Räumen sind kostbare Tapeten und Bilder, u. a. aus anderen Jagdschlössern zu sehen, so eine um 1730 entstandene bemalte Leinwandtapete aus Schloss Mönchbruch (Nr. 79). Eine Gemäldeserie, die im Auftrag Ludwigs VIII. angefertigt wurde, zeigt alle landgräflichen Jagdschlösser und -häuser, darunter die in Kapitel VII. beschriebenen der Dreieich.

Auf der Westseite des Schlosses erhebt sich, heute in das Restaurant einbezogen, der im 18. Jh. aus Gründen der Feuersicherheit abseits errichtete **Küchenbau**. Südöstlich liegt der zu Fischzucht und Entenfang angelegte **Backhausteich**. Der See wurde 1851 in die Gestaltung des Landschaftsparks einbezogen, die geraden Uferbegrenzungen natürlicher modelliert.

Unter Ernst Ludwig wurde 1688–90 das **Jagdzeughaus** errichtet. Ludwig VIII. ließ

es 1741 noch auf 112 m verlängern und um ein Geschoss erhöhen. Das Gebäude diente der Aufnahme von Jagdzubehör. Daneben umfasste es Stallungen für Pferde und Hunde und Wohnungen für das Personal. Dahinter lag der Wolfszwinger, in dem die Jagdhunde der Landgrafen gehalten und gezüchtet wurden. Nahebei steht das um 1800 errichtete **Jagdzeugmeisterhaus**. Zum Komplex des Schlosses gehörte auch das **Hofgut** westlich der Kranichsteiner Straße, das der Schafzucht diente.

Ein **Jagdlehrpfad** informiert in einzigartiger Weise am Originalschauplatz sehr anschaulich über die Jagdarten und die dazu benötigten Einrichtungen. Er führt u. a. zu verschiedenen Bauten wie einem gemauerten **Jagdschirm** an der **Kernschneise** aus dem 18. Jh., aus dessen Maulscharten die Jäger das vorbeigetriebene Wild erlegten. Solche festen Stände dienten u. a. zur gefährlichen Wildschweinjagd. Der kleine Bau erinnert an Festungswerke, und dies nicht zufällig, galt die Jagd doch dem Adel als Vorübung für den Krieg bzw. als Krieg in Friedenszeiten. Auch ein Saufanghäuschen in Form eines Pavillons, die zu Ehren Zar Alexanders II. benannte **„Alexanderburg"**, blieb an der Kernschneise erhalten. Diese Bauten spielten eine wichtige Rolle beim sog. *Eingestellten Jagen*. Diesem dienten auch rasterförmige Wege, die neben den fächerförmigen Schneisen für die Parforcejagd den Wald durchziehen. Mit Hilfe dieses Systems wurden die Tiere, vorzugsweise Schwarzwild, schon Tage vor der Jagd durch die zur Jagdfron verpflichteten Bauern der Umgebung zusammengetrieben. Mit an Schnüren befestigten Lappen engte man den Bewegungsraum des Wildes mehr und mehr ein, wobei es schon vorkam, dass eines der Tiere den Treibern „durch die Lappen ging". Schließlich riegelte man das Areal mit dem zusammengetriebenen Wild durch lange Leinwandbahnen ab, die an hohen Stellstangen aufgehängt waren. Daher der Begriff „Eingestelltes Jagen".

oben: Ehrenhof

Mitte: Grundriss der Beletage, nach Haupt 1952

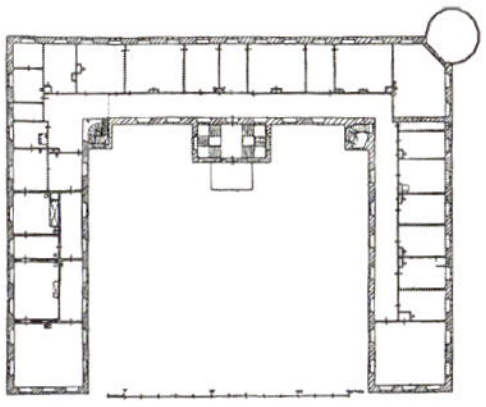

unten links: Blick vom Backhausteich auf das Schloss

unten rechts: Jagdschirm mit Scharten an der Kernschneise

Einige häufig genannte Reihen und Zeitschriften wurden abgekürzt:

ADH Archäologische Denkmäler in Hessen
AHG Archiv für hessische Geschichte und Altertumskunde
BGbl. Büdinger Geschichtsblätter
BuS Burgen und Schlösser. Zeitschrift für Burgenkunde und Denkmalpflege
DBD Denkmaltopographie Bundesrepublik Deutschland
D&K Denkmalpflege & Kulturgeschichte
DiH Denkmalpflege in Hessen
EVSSGH Edition der Verwaltung der Staatlichen Schlösser und Gärten Hessen
FBS Forschungen zu Burgen und Schlössern
FGbl. Friedberger Geschichtsblätter
FvfD Führer zu vor- und frühgeschichtlichen Denkmälern
HH Hessische Heimat
KiH Kulturdenkmäler in Hessen
KGH Kunstdenkmäler im Großherzogthum Hessen
HGbl. Hanauer Geschichtsblätter
JHtk Jahrbuch Hochtaunuskreis
KiRP Kulturdenkmäler in Rheinland-Pfalz
MSSA Mitteilungen aus dem Stadt- und Stiftsarchiv Aschaffenburg
MZ Mainzer Zeitschrift
NA Nassauische Annalen
NMfHG Neues Magazin für Hanauische Geschichte
QFGH Quellen und Forschungen zur hessischen Geschichte, hg. v. d. Hessischen Historischen Kommission Darmstadt u. Historischen Kommission für Hessen
Veröff. DBV Veröffentlichungen der Deutschen Burgenvereinigung e. V.
VGKA Veröffentlichungen des Geschichts- und Kunstvereins Aschaffenburg e. V.
WGbl. Wetterauer Geschichtsblätter

BURGEN UND SCHLÖSSER IM SÜDLICHEN HESSEN

Backes, Magnus: Miszellaneen zum Werk Julius Ludwig Rothweils (1677–1750). In: Birgit Kümmel u. Ulrich Schütte (Hg.): Julius Ludwig Rothweil und die Architektur kleinfürstlicher Residenzen im 18. Jahrhundert. Beiträge des Kolloquiums zum 250. Todesjahr in Bad Arolsen. Petersberg 2006, S. 11–40.

Biehn, Heinz: Schlossbauten der Romantik in Hessen und der Historismus. In: Renate Wagner-Rieger u. Walter Krause (Hg.): Historismus und Schlossbau. München 1975, S. 103–118.

Binding, Günther: Deutsche Königspfalzen von Karl dem Großen bis Friedrich II. (765–1240). Darmstadt 1996.

Böhme, Horst Wolfgang: Burgen der Salierzeit in Hessen, in Rheinland-Pfalz und im Saarland. In: Ders. (Hg.): Burgen der Salierzeit. Teil 2: In den südlichen Landschaften des Reiches. Sigmaringen 1992, S. 7–80.

Ders.: Die Herren von Falkenstein und ihre Burgen. In: Ders. u. Otto Volk (Hg.): Burgen als Geschichtsquelle. 1. Marburger Mittelaltertagung der Arbeitsgruppe „Marburger Mittelalterzentrum (MMZ)“ 11. und 12. Oktober 2002 (Kleine Schriften aus dem vorgeschichtlichen Seminar Marburg, Heft 54). Marburg 2003, S. 9–102.

Brohl, Elmar: Der Festungsbau des hessischen Landgrafen Philipp 1518–1567. In: Festungsjournal Heft 27, Februar 2006, S. 26–50.

Bronner, Karl: Wohntürme im Volksstaat Hessen, 2. Teil. In: MZ 29, 1934, S. 14–25.

Dehio, Georg: Handbuch der Deutschen Kunstdenkmäler. Hessen, bearb. v. Magnus Backes. München, Berlin 1982.

Demandt, Karl E.: Geschichte des Landes Hessen. Kassel, Basel ^{2}1972.

Ders.: Rheinfels und andere Katzenelnbogener Burgen als Residenzen, Verwaltungszentren und Festungen 1350–1650 (Arbeiten der Hessischen Historischen Kommission NF, Bd. 5). Darmstadt 1990.

Franz, Eckart G.: Das Haus Hessen. Eine europäische Familie. Stuttgart 2005.

Frölich, Marie u. Hans-Günther Sperlich: Georg Moller. Baumeister der Romantik. Darmstadt 1959.

Grossmann, G. Ulrich: Der Schlossbau in Hessen 1530–1630. Diss. Marburg 1979.

Gutbier, Reinhard: Der landgräfliche Hofbaumeister Hans Jakob von Ettlingen. Eine Studie zum herrschaftlichen Wehr- und Wohnbau des ausgehenden 15. Jahrhunderts (QFGH 58). 2 Bde., Darmstadt, Marburg 1973.

Handbuch der historischen Stätten Deutschlands Bd. 4: Hessen, hg. v. Wilhelm Sante. Stuttgart 1967.

Hehemann, Walter: Burgen und Schlösser im Taunus und in der Wetterau. Friedrichsdorf 1991.

Hofrichter, Hartmut (Hg.): Die Burg – ein kulturgeschichtliches Phänomen (Veröff. der DBV, Reihe B: Schriften, Bd. 2). Braubach, Stuttgart 1994.

Jost, Bettina: Kuno von Münzenberg als Bauherr. In: HH 46, 1996, Heft 1, S. 3–11.

Keunecke, Hans Otto: Die Münzenberger. Quellen und Studien zur Emancipation einer Reichsdienstmannenfamilie (QFGH 35). Darmstadt, Marburg 1978.

Knappe, Rudolf: Mittelalterliche Burgen in Hessen. 800 Burgen, Burgruinen und Burgstätten. Gudensberg-Gleichen 1994.

Kunze, Rainer: Burgenpolitik und Burgenbau der Grafen von Katzenelnbogen bis zum Ausgang des 14. Jahrhunderts. Braubach 1969.

Krupp, Ingrid: Burgen und Schlösser in Hessen-Nassau. Ein Handbuch. Würzburg 1987.

Löffler, Anette: Die Herren und Grafen von Falkenstein (Taunus). Studien zur Territorial- und Besitzgeschichte, zur reichspolitischen Stellung und zur Genealogie eines führenden Ministerialengeschlechts 1255–1418 (QFGH 99). 2 Bde., Darmstadt, Marburg 1994.

Löwenstein, Uta: Gartenkunst und Gartenlust. Historische Parks und Gärten in Hessen (Schriften des Hessischen Staatsarchivs Marburg 7). Marburg 1991.

Luthmer, Ferdinand: Die Bau- und Kunstdenkmäler des Rheingaues (BKW I). Frankfurt 1902.

Ders.: Die Bau- und Kunstdenkmäler des Östlichen Taunus. Landkreis Frankfurt – Kreis Höchst – Obertaunus-Kreis – Kreis Usingen (BKW II). Wiesbaden 1905

Ders.: Die Bau- und Kunstdenkmäler der Kreise Unter-Westerwald, St. Goarshausen, Untertaunus und Wiesbaden Stadt und Land (BKW V). Wiesbaden 1914.

Modrow, Bernd (Hg.): Gespräche zur Gartenkunst und anderen Künsten. Symposion der Verwaltung der Staatlichen Schlösser und Gärten Hessen am 28. Juli 2002. Regensburg 2004.

Ders. u. Claudia Gröschel: Fürstliches Vergnügen. 400 Jahre Gartenkultur in Hessen. Regensburg 2002.

SCHÄFER, Regina: Die Herren von Eppstein. Herrschaftsausübung, Verwaltung und Besitz eines Hochadelsgeschlechts im Spätmittelalter (Veröffentlichungen der Historischen Kommission für Nassau, Bd. 68). Wiesbaden 2000.

SCHMIEDER, Felicitas: Die Herren von Falkenstein auf Burg Königstein. Unfreie in der Führung des Reiches. In: Festbuch zum Königsteiner Burgfest 1994, hg. v. Burgverein e. V. Königstein im Taunus. Königstein 1994.

SEHENSWERTE. Schlösser & Gärten in Hessen. Besuchermagazin 1/2005–4/2008.

STEINMETZ, Thomas: Burgen im Odenwald. Brensbach 1998.

STRICKHAUSEN, Gerd: Burgen der Ludowinger in Thüringen, Hessen und dem Rheinland. Studien zu Architektur und Landesherrschaft im Hochmittelalter (QFGH 109). Darmstadt, Marburg 1998.

ZUCH, Rainer: Pfalzen deutscher Kaiser von Aachen bis Zürich (Imhof-Kulturgeschichte). Petersberg 2007.

I. DIE LANDESHAUPTSTADT WIESBADEN

KIESOW, Gottfried: Vom Klassizismus zur Romantik. Die baugeschichtliche Entwicklung in Nassau. In: Herzogtum Nassau 1806–1866. Politik, Wirtschaft, Kultur. Ausstellungskatalog Wiesbaden 1981, S. 305–329.

RENKHOFF, Otto: Wiesbaden im Mittelalter (Geschichte der Stadt Wiesbaden 2). Wiesbaden 1980.

STRUCK, Wolf-Heino: Wiesbaden im Biedermeier (Geschichte der Stadt Wiesbaden 5). Wiesbaden 1981.

RUSS, Sigrid: Wiesbaden I. 1. Historisches Fünfeck (DBD, KiH). Stuttgart 2005.

DIES.: Wiesbaden II. Die Villengebiete (DBD, KiH). Braunschweig, Wiesbaden 1988.

1. Stadtschloss

DIH. Berichte 1999/2000, S. 63–64.

FRÖLICH/SPERLICH 1959, S. 321–340 u. 421–430.

SCHNELLBACH, Dietrich u. Reinhard Johann GROSS: Das Stadtschloß zu Wiesbaden. Hessischer Landtag (Große Baudenkmäler 354). München, Berlin 1991.

ZIMMERMANN, M.: Schloss Wiesbaden. Berlin 1938.

2. Erbprinzenpalais

KIESOW 1981 (wie I.), S. 311–312.

3. Biebrich: Schloss Biebrich

BACKES 2006, S. 18–19.

EINSINGBACH, Wolfgang: Das Biebricher Schloß in den ersten Jahren seiner Entstehung (1700–1708). In: NA 73, 1962, S. 153–182.

DERS.: Johann Maximilian von Welsch. Neue Beiträge zu seinem Leben und seiner Tätigkeit für den Fürsten Georg August von Nassau-Idstein. In: NA 74, 1963, S. 79–170.

DERS.: Das Biebricher Schloß seit seinem Übergang an die Fürstinwitwe Charlotte Amalie von Nassau-Usingen (1728) bis zu seiner Gegenwart. In: NA 86, 1975, S. 178–232.

GEURTS, Sonja: Schloss und Schlosspark Biebrich. Landschaftspark nach Entwürfen von Friedrich Ludwig von Sckell mit Schloss und Mosburg (EVSSGH 8). Regensburg 2000.

OLSCHEWSKI, Eckhard: Die Schlösser in Saarbrücken und Biebrich. Zwei Residenzen des Grafenhauses Nassau-Saarbrücken – ein Beitrag zur Schlossarchitektur mindermächtiger Reichsfürsten im 18. Jahrhundert. Weimar 2001.

SCHLOSS BIEBRICH am Rhein. Geschichte seiner Entstehung und Ansichten des 19. Jahrhunderts, hg. v. Landesamt für Denkmalpflege Hessen. Mainz-Kastel 2006.

4. Biebrich: Mosburg

HÄDLER, Emil: Die Mosburg im Schlosspark Biebrich. Bauforschung und Untersuchungen zur Nutzungsverträglichkeit. Eine freie Diplomarbeit an der Fachhochschule Mainz. In: Froschkönige und Dornröschen. Die Pflege der Staatlichen Schlösser und Gärten Hessen im Jahre 1997 (EVSSGH, Monographien Bd. 6). Bad Homburg 1998, S. 162–166.

5. Jagdschloss Platte

EVEN, Pierre: Herzog Adolph zu Nassau und das Jagdschloß Platte bei Wiesbaden (= Bad Emser Hefte 179, 1998). Wiesbaden, Bad Ems 1998.

6. Frauenstein: Burg Frauenstein

BOCHEN, M., H. STRAUSS u. a.: Frauenstein – älteste Burg Wiesbadens, ihre Entstehung – ihre Geschichte – ihre Wiederherstellung. Wiesbaden 2006.

SICHART, Jochen von: Sicherung der Burg Frauenstein. In: D&K 1/2004, S. 53f.

WUNDERER, Hartmann: Aufstieg und Niedergang eines Rittergeschlechts. Burg Frauenstein. In: Honekamp, Gerhard, Wolfgang Jung u. Hartmann Wunderer (Hg.): Alltag zwischen Mächtigen und Müßiggang. Wiesbaden-Erbenheim 1994, S. 87–90.

7. Sonnenberg: Burg Sonnenberg

CZYSZ, Walter: Sonnenberg. Die Geschichte eines nassauischen Burgfleckens vom Mittelalter bis zur Eingemeindung nach Wiesbaden. Nach Urkunden, Gerichts- und Kirchenakten sowie anderen Dokumenten. Wiesbaden 1996.

REISS, Thorsten: Burg Sonnenberg bei Wiesbaden. Wiesbaden 2001.

II. DIE KURFÜRSTLICHE RESIDENZSTADT UND FESTUNG MAINZ

FISCHER, Günther: Die Festung Mainz 1866–1921 – ein Beitrag zu ihrer Baugeschichte im Rahmen des deutschen Festungsbaus. In: Festungsbau im 19. Jahrhundert. Köln, Mainz, Krakau (Schriftenreihe Festungsforschung Bd. 9). Wesel 1990, S. 93–126.

KAHLENBERG, Friedrich P.: Kurmainzische Verteidigungseinrichtungen und Baugeschichte der Festung Mainz (Beiträge zur Geschichte der Stadt Mainz 19). Mainz 1963.

KRIENKE, Dieter (Bearb.): Stadt Mainz. Vororte (DBD, KiRP Bd. 2.3). Worms 1997.

LAUTZAS, Peter: Die Festung Mainz im Zeitalter des Ancien Regime, der französischen Revolution und des Empire (1736–1814). Ein Beitrag zur Militärstruktur des Mittelrhein-Gebietes. Wiesbaden 1973.

NEUMANN, Hans-Rudolf: Die Bundesfestung Mainz 1814–1866. Entwicklungen und Wandlungen (Ing.-Diss. TU Berlin). Berlin, Mainz, Gensingen 1987.

SCHUMACHER, Angela u. Ewald WEGNER: Stadt Mainz. Stadterweiterungen des 19. und frühen 20. Jahrhunderts (DBD, KiRP Bd. 2.1). Düsseldorf 1986.

WEGNER, Ewald (Bearb.): Stadt Mainz. Altstadt (DBD, KiRP, Bd. 2.2). Düsseldorf 1988.

8. Residenzschloss Martinsburg

FRANK, Lorenz: Ergebnisse der bauhistorischen Untersuchungen am ehemaligen Kurfürstlichen Schloß in Mainz. In: Denkmalpflege in Rheinland-Pfalz 1992–1996. Worms 1999, S. 66–86.

ZAHLER, Ursula: Das kurfürstliche Schloß zu Mainz. Studien zur Bau- und Stilgeschichte (Saarbrücker Hochschulschriften 8, Kunstgeschichte). St. Ingbert 1988.

9. Zitadelle

ZITADELLE Mainz. 200 Jahre Mainzer Geschichte auf engstem Raum. Gestern – heute – morgen, hg. v. d. Initiative Zitadelle Mainz e. V. Mainz 2005.

10. Mainz-Kastel: Brückenkopfreduit

LACOSTE, Werner: Kastel als Teil der Festung Mainz. In: Elmar Brohl (Hg.): Militärische Bedrohung und bauliche Reaktion. Festschrift für Volker Schmidtchen. Marburg 2000, S. 81–117.

III. DIE ALTE REICHS- UND KRÖNUNGSSTADT FRANKFURT

JUNG, Rudolf u. Julius HÜLSEN: Die Baudenkmäler in Frankfurt am Main. Fünfte Lieferung, Frankfurt a. M. 1902.

LASS, Heiko: Städtische Burgen des späten Mittelalters in Deutschland. In: Burg und Stadt, hg. v. d. Wartburg-Gesellschaft zur Erforschung von Burgen und Schlössern in Verbindung mit dem germanischen Nationalmuseum (FBS Bd. 11). München, Berlin 2008, S. 105–118.

MACK, ERNST: Von der Steinzeit zur Stauferstadt. Die frühe Geschichte von Frankfurt am Main. Frankfurt a. M. 1994.

MÁSALA, Lino, Heike RISSE, Volker RÖDEL u. Heinz SCHOMANN: Stadt Frankfurt am Main, hg. v. Magistrat der Stadt Frankfurt a. M., Untere Denkmalschutzbehörde (DBD, KiH). Braunschweig, Wiesbaden 1986

PADJERA, Emil: Die bastionäre Befestigung von Frankfurt a. M. In: Archiv für Frankfurts Geschichte und Kunst Dritte Folge, Bd. 12, 1920, S. 230–302.

PEHL, Hans: Als sie einst die Stadt schützten: Frankfurts befestigte Gutshöfe. Frankfurt a. M. 1979.

SCHOMANN, Heinz: 111 Frankfurter Baudenkmäler schildern. Illustrierte Beschreibung der wichtigsten historischen Gebäude der Stadt. Frankfurt a. M. 1977.

WOLFF, Carl u. Rudolf JUNG: Die Baudenkmäler in Frankfurt am Main. Dritte Lieferung, Frankfurt a. M. 1897.

DIES.: Die Baudenkmäler in Frankfurt am Main. 2. Bd.: Weltliche Bauten. Frankfurt a. M. 1898.

DIES.: Die Baudenkmäler in Frankfurt am Main. 3. Bd.: Privatbauten. Frankfurt a. M. 1914.

11. Kaiserpfalz

HEINEMEYER, Karl u. Elsbeth ORTH: Die deutschen Königspfalzen. Repertorium der Pfalzen, Königshöfe und übrigen Aufenthaltsorte der Könige im deutschen Reich des Mittelalters. Bd. 1 Hessen, Zweite Lieferung. Göttingen 1985, S. 113–130.

12. Die staufische Stadtburg Saalhof

ARENS, Fritz: Der Saalhof zu Frankfurt und die Burg zu Babenhausen, zwei staufische Wehr- und Wohnbauten am Mittelrhein. In: MZ 71/72, 1976/1977, S.1–56.

BINDING, Günther: Die Saalhofkapelle zu Frankfurt am Main. In: Schriften des Historischen Museums Frankfurt a. M. XIII, 1972, S. 7–32.

STAMM, Otto: Der königliche Saalhof zu Frankfurt am Main. Mit einem Vorbericht über die Ausgrabungen des Museums für Vor- und Frühgeschichte 1958–1961. In: Schriften des Historischen Museums Frankfurt a. M. XII, 1966, S. 5–64.

STRICKHAUSEN 1998, S. 260f.

13. Westend: Holzhausensche Öde

JUNG, Rudolf u. Julius HÜLSEN: Die Baudenkmäler zu Frankfurt am Main. Dritter Band: Privatbauten. Frankfurt a. M. 1914, S. 287–301.

14. Die Warten

PELISSIER, Eduard: Die Landwehren der Reichsstadt Frankfurt a. M. Topographisch-historische Untersuchung (= Archiv für Frankfurts Geschichte und Kunst 3. Folge, 8. Bd.). Frankfurt 1905.

WOLFF, Carl u. Rudolf JUNG: Die Baudenkmäler in Frankfurt am Main. Dritte Lieferung, Frankfurt a. M. 1897, S. 58–100.

15. Bonames: Landhaus Metzler und Wasserburg

HAMPEL, Andrea: Die Burg von Bonames. Führungsblatt zu einer mittelalterlichen Niederungsburg in Frankfurt am Main (ADH 130). Wiesbaden 1996.

16. Heddernheim: Schloss

GRÜNDEL, Friedrich: Der Rittersitz Philippseck bei Heddernheim. In: MZ 32, 1937, S. 59–96.

17. Nieder-Erlenbach: Schloss Glauburg und Charlottenburg

SCHOTTDORF, Alfred: Aus der Geschichte Nieder-Erlenbachs. In: Festschrift zur 1200-Jahr-Feier des Frankfurter Stadtteils Nieder-Erlenbach. Nieder-Erlenbach 1979, S. 11–79.

18. Bergen: Schelmenburg

HENSCHKE, Werner: Die Schelme von Bergen in Sage, Geschichte und Dichtung. Frankfurt 1979.

19. Höchst: Kurmainzisches Schloss

GROSSBACH, Markus: Der Schlossturm (= Höchster Geschichtsblätter 1). Frankfurt a. M. 2004.

METTERNICH, Wolfgang: Die Burg des 13. Jahrhunderts in Höchst am Main. Frankfurt a. M. 1995.

DERS. u. Susanne HAHN: Im neuen Glanz. Das alte Höchster Schloß. Frankfurt a. M. 1997.

SCHÄFER, Rudolf: Das kurmainzische Schloß zu Höchst am Main (= Höchster Geschichtshefte 30/31). Frankfurt a. M. 1978.

20. Höchst: Der Bolongaropalast

GROSSBACH, Claudia: Die Gartenanlage des Bolongaropalastes in Frankfurt-Höchst. Ein Gartendenkmal der Barockzeit? In: D&K 1/2001, S. 52–57.

IV. DER MAIN VON RÜSSELSHEIM BIS ASCHAFFENBURG

BONIN, Sonja: Stadt Offenbach. Mit Beiträgen von Bettina Güdelhöfer u. Christina Uslular-Thiele (DBD, KiH). Stuttgart 2007.

GRÖBER, Karl u. Hans KARLINGER: Die Kunstdenkmäler von Unterfranken & Aschaffenburg. XVI Bezirksamt Alzenau (Die Kunstdenkmäler des Königreichs Bayern Bd. 3). München 1916.

KRUMM, Carolin: Stadt Hanau (DBD, KiH). Stuttgart 2006.

MADER, Felix: Die Kunstdenkmäler von Unterfranken und Aschaffenburg. XIX Stadt Aschaffenburg (Die Kunstdenkmäler des Königreichs Bayern Bd. 3). München 1918.

NITZ, Michael, Simone BALSAM u. Sonja BONIN: Main-Taunus-Kreis (DBD, KiH). Stuttgart 2003.

SCHÄFER, Georg: Provinz Starkenburg, Kreis Offenbach (KGH, A). Darmstadt 1885.

21. Rüsselsheim: Festung

DIH. Berichte 1999/2000, S. 48, u. D&K 1, 2008, S. 36.

HEITZENRÖDER, Wolfram: Die Festung Rüsselsheim. Frankfurt a. M. 1999.

22. Rüsselsheim: Palais und Park Verna

MATTAUSCH, Roswitha: Verna-Park: Stadtpark Rüsselsheim. In: Garten RheinMain. Vom Klostergarten zum Regionalpark, hg. v. d. KulturRegion FrankfurtRheinMain. Hanau 2008, S. 128–129.

23. Offenbach: Isenburger Schloss

PERLE der Renaissance. Das Isenburger Schloss in Offenbach am Main, hg. v. PraeLudium, Förderkreis Musik im Zentrum Offenbachs e. V. Regensburg 2006.

24. Offenbach: Büsing-Palais und Badepavillon Metzler

BERGMANN-GAADT, Martina: Badetempel Metzler, „Lili-Tempel". Salins de

Montforts Badehaus in Offenbach am Main. Offenbach 1996.

25. Offenbach, Rumpenheim: Schloss Friedrichsanlage

REINHARDT, Helmut: Noch ist der Schlosspark Rumpenheim/Offenbach nicht verloren! In: DiH 2, 1989, S. 14–17, u. D&K 1, 2008, S. 31.

26. Hanau: Stadtschloss

BOTT, Heinrich: Beiträge zur Baugeschichte des Schlosses in Hanau. In: HGbl. 17, 1960, S. 49–72.

LORSCHEIDER, Frank: Archäologische Untersuchungen zu Stadtschloss und Burg. In: 700 JAHRE STADTRECHTE, 400 Jahre Judenstättigkeit (= Stadtzeit 6, 2003). Hanau 2003, S. 74–77.

WINKLER, A. u. J. MITTELSDORF: Die Bau- und Kunstdenkmäler der Stadt Hanau. I. Teil (Festschrift zum 300-jährigen Jubiläum der Gründung der Neustadt Hanau). Hanau 1897, S. 179–195.

27. Hanau, Kesselstadt: Schloss Philippsruhe

BACKES, Magnus: Julius Ludwig Rothweil. Ein rheinisch-hessischer Barockarchitekt (Studien zur deutschen Kunstgeschichte Bd. 317). Baden-Baden, Straßburg 1959, S. 10–12 u. 25–28.

HOFFMANN, Klaus: Die Schloss- und Parkanlagen von Philippsruhe im 19. Jahrhundert unter besonderer Berücksichtigung der beiden Umgestaltungsphasen 1826–28 und 1875–80 (= HGbl. 32). Hanau 1994.

DERS.: Schloss Philippsruhe. Vom Barockschloss zum Historischen Museum. Hanau 2001.

28. Hanau, Kesselstadt: Wilhelmsbad, Burg und Fasanerie

BOTT, Gerhard: Die Burg auf der Insel in Wilhelmsbad, ein frühes Zeugnis romantischer Baukunst in Deutschland. In: HGbl. 21, 1966, S. 317–340.

DERS.: Heilübung und Amüsement. Das Wilhelmsbad des Erbprinzen (VVKH 27, 3, Schriften zur hessischen Kulturgeschichte, hg. v. d. Historischen Kommission für Hessen). Hanau 2007.

BRUNCKHORST, Friedl: Die Wiedereröffnung der Burg in Wilhelmsbad bei Hanau. In: Froschkönige und Dornröschen. Einblicke in die Staatlichen Schlösser und Gärten Hessen Bd. 2, 1998/99. Regensburg, Bad Homburg 2000, S. 88–92.

29. Hanau, Steinheim: Burg

KAISER, Wilhelm Bernhard: Steinheim: Denkmäler und Geschichte. Hanau 1991, S. 102–124.

WOLFRAM, Sabine, Anton MERK u. Richard SCHAFFER-HARTMANN: Museum Schloss Steinheim. Regensburg 1992.

30. Seligenstadt: Palatium

ATZBACH, Rainer: Das Palatium in Seligenstadt. Ein Schlossbau Friedrichs I. Barbarossa. Seligenstadt o. J.

BINDING, Günther: Das Palatium in Seligenstadt, ein Bau Friedrichs II. In: AHG NF 26, 1972, S. 240–254.

31. Seligenstadt: Prälatur der Benedikterabtei

KALINOWSKI, Anja: Die ehemalige Benediktinerabtei Seligenstadt. Ein Führer durch Klosteranlage und Schauräume (EVSSGH 30). Regensburg 2008.

MÜLLER, Otto: Die Prälatur der Abtei Seligenstadt. Ein Beitrag zur Datierung der Innenräume und Dekorationen. Michelstadt 1988.

32. Seligenstadt, Klein-Welzheim: Wasserburg

TROUET, Dorothee: Die „Wasserburg der Äbte" in Seligenstadt. In: HOFRICHTER 1994, S. 119–124.

33. Emmerichshofen: Schloss

Mader 1918 (wie IV.), S. 31–33.

34. Alzenau: Burg

SCHARWIES, Walter: Burg Alzenau. Wahrzeichen am bayerischen Untermain. München, Zürich 1985.

35. Aschaffenburg: Schloss Johannisburg

CZYMMEK, Götz: Das Aschaffenburger Schloß und Georg Ridinger. Köln 1978.

ERMISCHER, Gerhard (Hg.): Schlossarchäologie. Funde zu Schloß Johannisburg in Aschaffenburg. Aschaffenburg 1996

KRÄMER, Steffen: „Nihil fecit antequam finxit". Das Aufrisssystem des Aschaffenburger Schlosses im Kontext der europäischen Profanbaukunst. In BuS 1994/I, S. 18–23.

PATTLOCH, Bernd: Schloss Johannisburg in Aschaffenburg. Zerstörung und Wiederaufbau 1944 bis 1994 (VGKA 57). Aschaffenburg 2007.

RODA, Burkhard von: Schloss Aschaffenburg und Pompejanum. Amtlicher Führer, München 1989.

SPIES, Hans-Bernd: Zum Wiederaufbau der mittelalterlichen Burg in Aschaffenburg um 1570. In: MSSA 7, 2002, Heft 6, S. 287–290.

36. Aschaffenburg: Schönborner Hof

POLLNICK, Carsten: Der Schönbornhof – Aschaffenburgs erster Barockbau. In: MSSA 1, 1983, S. 3–10.

37. Aschaffenburg: Park Schönbusch mit Kurfürstlichem Pavillon

HELMBERGER, Werner: Schloss und Park Schönbusch Aschaffenburg. Amtlicher Führer, München 1991.

DERS.: Neues zum Park Schönbusch bei Aschaffenburg. Die Baudaten der Jahre 1783–1793. In: Bayerische Schlösser. Bewahren und Erforschen. Gerhard Hojer zum 60. Geburtstag, hg. v. d. Bayerischen Verwaltung der staatlichen Schlösser, Gärten und Seen. München 1996, S. 207–238.

DERS. u. Jost ALBERT: Der Landschaftsgarten Schönbusch bei Aschaffenburg (Bayerische Verwaltung der Staatl. Schlösser, Gärten und Seen, Beiträge zur Gartengeschichte und Gartendenkmalpflege Bd. 1). Worms 1999.

V. AM UND IM TAUNUS

BILLER, Thomas: Burgen im Taunus und im Rheingau. Ein Führer zu Geschichte und Architektur. Regensburg 2008.

HOCHTAUNUS – Bad Homburg – Usingen – Königstein – Hofheim (FvfD Bd. 21, hg. v. Römisch-Germanischen Zentralmuseum Mainz). Mainz 1972.

KRAMER, Waldemar (Hg.): Ursella. Quellen und Forschungen zur Geschichte von Oberursel am Taunus, Bommersheim, Oberstedten, Stierstadt und Weißkirchen. Frankfurt 1978.

SÖDER, Dagmar: Rheingau-Taunus-Kreis II. Altkreis Untertaunus, hg. v. Landesamt f. Denkmalpflege Hessen (DBD, KiH). Stuttgart 2003.

38. Bad Homburg v. d. Höhe: Residenzschloss Friedrichsburg

BIEHN, Heinz u. Wolfgang EINSINGBACH: Schloss Homburg v. d. Höhe. Amtlicher Führer. Bad Homburg 1981.

MODROW, Bernd: Schlosspark Homburg vor der Höhe. Vom Burggarten zum Schlosspark (EVSSGH 29). Regensburg 2007.

REEPEN, Iris u. Claudia GRÖSCHEL: Schloß Homburg vor der Höhe. Englischer Flügel/Elisabethenflügel. Landgräfin Elizabeth, ihre Wohnung in Schloß Homburg und ihre Gärten (EVSSGH 5). Bad Homburg u. Leipzig 1998.

39. Bad Homburg v. d. Höhe – Dornholzhausen: Gotisches Haus

DATZKOW, Beate: Das Gotische Haus im Großen Tannenwald zu Bad Homburg vor der Höhe. Bad Homburg 2005.

Junker-Mielke, Stella u. Gerta Walsh: Gartenlandschaft in Bad Homburg v. d. Höhe. Die Landgräflichen Gärten. Entwicklungsgeschichte und gartenkünstlerische Wertung. Bad Homburg v. d. Höhe 2001.

40. Oberursel, Bommersheim: Burgstall

Petrasch, Jörg u. Karl-Friedrich Rittershofer: Die Burg von Bommersheim, Stadt Oberursel (Taunus), Hochtaunuskreis. Burg des niederen Adels und Ganerbenburg des Hoch- und Spätmittelalters (ADH 101). Wiesbaden 1992.

41. Kronberg: Burg

Bauer, Sofie: Burg Kronberg. Neustadt a. d. Aisch 1993.

Strickhausen, Gerd: Die Anfänge der Burgen Königstein und Kronberg im Taunus. In: Interdisziplinäre Studien zur europäischen Burgenforschung. Festschrift für Horst Wolfgang Böhme zum 65. Geburtstag, Teil II, hg. v. d. Deutschen Burgenvereinigung e. V. (Veröff. DBV, Reihe A: Forschungen, Bd. 9). Braubach 2005, S. 111–122.

Ders.: Zur frühen Baugeschichte der Oberburg Kronberg i. Ts. und zur Gründung der Burg. In: NA 115, 2004, S. 1–24.

42. Kronberg: Schloss Friedrichshof

Biehn, Heinz: Schloss Friedrichshof und seine Erbauerin. Regensburg 2002.

43. Königstein: Festung

Baatz, Dietwulf: Die Ausgrabung auf dem Burgberg in Königstein 1956. In: Kramer 1978 (wie V.), S. 46–48.

Grossmann-Hofmann, Beate u. Hans-Curt Köster: Königstein im Taunus. Geschichte und Kunst. Mit einem Katalog einiger erhaltenswerter historischer Bauten. Königstein i. Ts. 1998, S. 33–45.

Strickhausen 2005 (wie 41).

44. Königstein: Nürings und (Neu-)Falkenstein

Böhme, Horst Wolfgang: Das Rätsel von Falkenstein. Was aus einem Wohnturm der Salierzeit im 14. Jahrhundert wurde. In: Wider das „finstere Mittelalter“. Festschrift für Werner Meyer (= Schweizer Beiträge zur Kulturgeschichte und Archäologie des Mittelalters 29). Basel 2002, S. 51–58.

Müller, Martin: Die Turmburg Nürings bei Falkenstein im Taunus. In: Böhme 1996, S. 151–156.

Schlott, Christoph: Freilegung auf Burg Falkenstein. „Zwingerturm 1988“. In: JHtk 2, 1994, S. 78–82.

45. Königstein: Luxemburger Schloss

Grossmann-Hofmann/Köster (wie 43), S. 50f.

46. Eppstein: Burg

Picard, Bertold: Eppstein im Taunus. Geschichte der Burg, der Herren und der Stadt. Frankfurt a. M. 1968.

Ders.: Wohnen auf Burg Eppstein in alter Zeit. In: Zwischen Main und Taunus 8, 2000, S. 43–49.

47. Hofheim: Wasserburg

Schlecker, Roswitha: Ausgrabungen in der Wasserburg zu Hofheim. In: Zwischen Main und Taunus. Jahrbuch des Main-Taunus-Kreises 1, 1993, S. 97–100.

Süßmuth, Cornelia: Hofheim am Taunus – Bauhistorische Untersuchungen im Hofheimer „Wasserschloß“. In: DiH 2, 1993, S. 29–31.

48. Idstein: Schloss

Lentz, Christel: Das Idsteiner Schloß. Beiträge zu 300 Jahren Bau- und Kulturgeschichte. Idstein 1994.

Dies.: Ein Hexenturm und keine Hexen. Neue Forschungen zum Idsteiner Schlossturm. In: NA Bd. 118, 2007, S. 129–163.

Dies. u. Martina Nath-Esser: Der Schlossgarten zu Idstein. In: Die Gartenkunst 2, 1990, Heft 2, S. 165–216.

49. Hohenstein: Burgruine Hohenstein

Demandt 1990, S. 114 ff.

Michaelis, C. (Hg.): Rheinische Burgen in Handzeichnungen Dilichs (1607). Berlin (1900), S. 20–25.

Kunze 1969, S. 55–57 u. S. 103–105.

50. Schmitten, Hattstein: Burg Hattstein

Mielke, Heinz-Peter: Die Niederadligen von Hattstein, ihre politische Rolle und soziale Stellung. Zur Geschichte einer Familie der Mittelrheinischen Reichsritterschaft von ihren Anfängen bis zum Ende des Dreißigjährigen Krieges mit einem Ausblick bis auf das Jahr 1767. Wiesbaden 1977.

Ders.: Zur Baugeschichte der Burg Hattstein im Taunus. In: NA 23, 1982, S. 197–211.

Wagener, Olaf: Belagerungen und Belagerungsburgen in Hessen. In: Burg und Stadt, hg. v. d. Wartburg-Gesellschaft zur Erforschung von Burgen und Schlössern in Verbindung mit dem germanischen Nationalmuseum (FBS Bd. 11). München, Berlin 2008, S. 205–216.

51. Oberreifenberg: Burg Reifenberg und Bassenheimer Schloss

Ludwig, Thomas: Der Wohnturm der Burgruine Oberreifenberg im Taunus. In: Bericht über die 38. Tagung für Ausgrabungswissenschaft und Bauforschung, hg. v. d. Koldewey-Gesellschaft, Vereinigung für baugeschichtliche Forschung e. V. Bonn 1996, S. 52–57.

Michel, Reinhard: Die Burg Reifenberg (Taunus) in neuer Sicht. Schmitten 1995.

Mielke, Heinz-Peter: Burg Reifenberg im Taunus. In: Rad und Sparren 4, 1978, Heft 2, S. 22–32.

52. Usingen, Kransberg: Burg

Sünkel, Werner, Rudolf Rack u. Pierre Rhode: Adlerhorst. Autopsie eines Führerhauptquartiers. Leinburg 1999.

Rupp, Kurt: Das ehemalige Führerhauptquartier "Adlerhorst" mit den Bunkeranlagen in Langenhain-Ziegenberg. Ober-Mörlen [2]2004.

VI. DIE WETTERAU – EINE ADELSLANDSCHAFT

Adamy, Rudolf: Die Kunstdenkmäler des Großherzogthums Hessen. Provinz Oberhessen, Kreis Friedberg. Darmstadt 1895.

Adelslandschaft Wetterau im 18. und 19. Jahrhundert. Ständische Repräsentation im Zeitalter der Auflösung der Feudalgesellschaft. Abteilungskatalog des Wetterau-Museums Friedberg. Friedberg 1982.

Decker, Klaus Peter: Die Burgen der Grafschaft Ysenburg-Büdingen im Spätmittelalter – Ihr politischer, rechtlicher und wirtschaftlicher Stellenwert. In: Hofrichter 1994, S. 86–96.

Ders. u. Christoph Mohr: Baudenkmale in Hessen. Wetteraukreis I., hg. v. Landesamt für Denkmalpflege Hessen (DBD, KiH). Braunschweig, Wiesbaden 1982.

Ders. u. Dieter Wolf: Terra Imperii – Wetterau und Vogelsberg – Stätten einer Königslandschaft aus staufischer Zeit (Geschichte und Kultur in Wetterau und Vogelsberg Bd. 8). Friedberg 2000.

Friederichs, Friederun: Burgen und Städte als politisch-wirtschaftliche Kristallisationspunkte der staufischen Wetterau. In: WGbl. 16, 1987, S. 19–49.

Heuson, R. u. Peter Niess: Büdingen, seine Geschichte und Denkmäler. Büdingen 1927.

Jost, Bettina: Die Reichsministerialen von Münzenberg als Bauherren in der Wetterau im 12. Jh. (Veröffentlichungen der Abteilung Architekturgeschichte des kunsthistorischen Instituts der Universität Köln, hg. v. Günther Binding). Köln 1995.

LOSSE, Michael, in Zusammenarbeit mit Gabriele Nina BODE: Burgen und Schlösser in der Wetterau und am Vogelsberg. Betrachtungen zu historischen Wehr- und Wohnbauten von der Vor- und Frühgeschichte bis zur Gegenwart (Geschichte und Kultur in Wetterau und Vogelsberg Bd. 6). Friedberg 1998.

WAGNER, Heinrich: Provinz Oberhessen, Kreis Büdingen (KGH). Darmstadt 1890.

WALBE, Heinrich: Die Kunstdenkmäler des Kreises Gießen. Bd. III: Südlicher Teil ohne Arnsburg. Darmstadt 1933.

WIONSKI, Hans: Wetteraukreis II. Bad Nauheim bis Florstadt, hg. v. Landesamt f. Denkmalpflege Hessen (DBD, KiH). Braunschweig, Wiesbaden 1999.

WORBS, Bert: Buchen – Dorfelden – Windecken. Frühe Burgen in der Grafschaft Hanau. In: HGbl. 30, 1988, S. 347–403.

53. Niederdorfelden: Wasserburg Dorfelden und Junkernhof

DIELMANN, Karl: Zur Geschichte des Junkernhofes in Niederdorfelden, Kreis Hanau. In: HGbl. 24, 1973, S. 45–68.

HERRMANN, Fritz-Rudolf: Die Burg Dorfelden im Niddertal. Führungsblatt zu der Wasserburg in Niederdorfelden, Main-Kinzig-Kreis (ADH 116). Wiesbaden 1994.

WORBS 1988 (wie VI.), S. 366–382.

54. Bad Vilbel: Wasserburg

FLECK, Peter: Zur Geschichte der Vilbeler „Wasserburg". Bad Vilbel 2000.

55. Rosbach v. d. Höhe, Nieder-Rosbach: Wasserburg

KNAPPE 1994, S. 332–333.

56. Rosbach v. d. Höhe, Ober-Rosbach: Wohnturm

BRONNER 1934, S. 18–20.

REICHWEIN, Karl: Ober-Rosbach v. d. H. und seine Geschichte. In: WGbl. 4, 1954, S. 29–31.

57. Niddatal-Assenheim: Schloss

KNAPPE 1994, S. 319.

LOYAL, D.: Die Solmser Residenz in Assenheim. In: WGbl. 41, 1992, S. 141–303.

58. Niddatal-Assenheim, Wickstadt: Hofgut

WIONSKI 1999 (wie VI.), S. 840–842.

59. Friedberg: Reichsburg

EINSINGBACH, Wolfgang: Friedberg. Burg – Adolfsturm – St. Georgsbrunnen. Amtlicher Führer, Bad Homburg v. d. Höhe 1983.

RACK, Klaus-Dieter: Die Burg Friedberg im Alten Reich. Studien zu ihrer Verfassungs- und Sozialgeschichte zwischen dem 15. und 19. Jahrhundert (QFGH 72). Darmstadt, Marburg 1988.

ROTH, Hermann: Die Gründung und die Bedeutung der Burg Friedberg unter den Staufern. In: WGbl. Bd. 15, 1966, S. 41–57.

DERS.: Burg und Stadt Friedberg. Ein Wegweiser durch ihre Sehenswürdigkeiten und ihre Geschichte. Friedberg 1974.

SCHILP, Thomas: Die Reichsburg Friedberg im Mittelalter. Untersuchungen zu ihrer Verfassung, Verwaltung und Politik (= WGbl. 31). Friedberg 1982.

ZUCH, Rainer: Burg und Stadt Friedberg: Von der Reichsstadt zur Kreisstadt, von der Reichsburg zum Stadtteil. Stationen eines schwierigen Verhältnisses. In: Burg und Stadt, hg. v. d. Wartburg-Gesellschaft zur Erforschung von Burgen und Schlössern in Verbindung mit dem germanischen Nationalmuseum (FBS Bd. 11). München, Berlin 2008, S. 75–90.

60. Friedberg, Ockstadt: Wasserburg

GUTBIER 1973, S. 166–168.

61. Ober-Mörlen: Schloss

RUPP, Kurt: 400 Jahre Schloß Ober-Mörlen. Butzbach 1989.

62. Ober-Mörlen: Hofgut Hasselhecke

DECKER, Klaus Peter: Eine Karte Nikolaus Persons vom Hof Hasselhecke. In: WGbl. 32, 1983, S. 133–144.

63. Butzbach: Landgrafenschloss

WOLF, Dieter. Das Butzbacher Landgrafenschloß. Zur Entwicklung eines bau-, kultur- und landesgeschichtlich höchst bedeutenden Schlosskomplexes. In: Wetterauer Kreiskalender 22, 1996. Heimat-Jahrbuch und aktuelles Nachschlagewerk. Bad Nauheim, Friedberg, Gießen 1995, S. 57–66.

DERS.: Forschungen zur Burg Butzbach (Wetterau). In: Böhme/Volk 2003, S. 103–115.

DERS.: Butzbach. Eine kleine fürstliche Residenz im Dreißigjährigen Krieg. In: Holger Th. Gräf u. H. Meise (Hg.): Valentin Wagner. Ein Zeichner im Dreißigjährigen Krieg. Marburg 2003, S. 61–66.

64. Butzbach: Solmser Schloss

KNAPPE 1994, S. 322.

65. Rockenberg: Burg

BRONNER 1934, S. 20–22.

66. Münzenberg: Burg

BINDING, Günther: Burg Münzenberg. Eine staufische Burganlage (Abhandlungen zur Kunst-, Musik- und Literaturwissenschaft 20). Bonn 1963.

JOST, Bettina: Burgruine Münzenberg. Adelsburg der Stauferzeit – bedeutende Höhenburg des 12. und 13. Jahrhunderts (EVSSGH 9). Regensburg 2000.

DIES.: Der Falkensteiner Bau der Burg Münzenberg. Überlegungen zu seiner Stellung im Burgenbau des 13. Jahrhunderts. In: Burgenbau im 13. Jahrhundert, hg. v. d. Wartburg-Gesellschaft zur Erforschung von Burgen und Schlössern in Verbindung mit dem Germanischen Nationalmuseum (FBS Bd. 7). München, Berlin 2002, S. 255–268.

GRUBER, Karl u. KÜTHER, Waldemar: Münzenberg. Burg–Stadt–Kirche. Gießen 1968.

STRICKHAUSEN 1998, S. 258–261.

WENDT, Achim: Münzenberg. Burgenarchitektur der Superlative oder: Vom Wert gesehen zu werden. In: SehensWerte. Schlösser & Gärten in Hessen 2/2006, S. 16–17.

67. Lich, Arnsburg: Burgstall

BÖHME 1992, S. 22–24.

HERMANN, Fritz-Rudolf: Lich-Arnsburg, Kreis Gießen. Römisches Kastell – Burgen – Klöster. Führungsblatt zu den Denkmälern beim Kloster Arnsburg und der Berger Mühle (ADH 6).Wiesbaden 1989.

STRICKHAUSEN 1998, S. 261.

68. Lich: Schloss

UHLHORN, Friedrich: Reinhard Graf zu Solms 1491–1562. Marburg 1952.

WAGNER, August: Das Schloß in Lich – ursprünglich eine Wasserburg. In: HH 80, 1970, S. 6–11.

69. Hungen, Schloss

WILDHACK, Klaus Dieter: Schloss Hungen – vom Feudalsitz zur Wohnanlage. Hungen o. J.

70. Echzell, Bingenheim: Schloss

DÖLEMEYER, Barbara: Landgraf Wilhelm Christoph, der „Bingenheimer". Auf den Spuren der Homburger Landgrafen in der Wetterau. In: Aus dem Stadtarchiv. Vorträge zur Bad Homburger Geschichte 1994/1995. Bad Homburg v. d. Höhe 1996, S. 41–66.

71. Florstadt, Staden: Schlösser

DIELMANN, Karl: 650 Jahre Staden. Der

Ursprung von Burg und Stadt. In: WGbl. 2, 1953, S. 1–26.

72. Glauburg: Glauberg

HERMANN, Fritz-Rudolf: Der Glauberg am Ostrand der Wetterau. Führungsblatt zu den Wallanlagen und dem frühkeltischen Fürstengrabhügel bei Glauburg-Glauberg, Wetteraukreis (ADH 51). Wiesbaden 2000.

SCHWÖBEL, Carsten: War der Glauberg wirklich eine „Wiege der Franken"? Anmerkungen zur Besiedlungs- und frühen Kirchengeschichte des Büdinger Landes. In: BGbl. XVII, 2001, S. 577–598.

73. Büdingen: Schloss

DECKER, Klaus-Peter u. Ulrich G. GROSSMANN: Schloss Büdingen (Burgen, Schlösser und Wehrbauten in Mitteleuropa Bd. 2). Regensburg 1999.

D&K 1/2004, S. 12.

NIESS, Walter: Zum Alter und zur Geschichte des Schlosses Büdingen. Ein Beitrag zur frühen Baugeschichte des Schlosses Büdingen. Ergebnisse der Ausgrabungen des Jahres 1962.

74. Büdingen: Isenburgische Stadthäuser

DECKER, Klaus Peter: Georg Graf zu Ysenburg und Barbara geborene Gräfin zu Wertheim – die Erbauer des Büdinger Oberhofs. In: BGbl. XV, 1995–96, S. 82–92.

ENDERS, Siegfried: Der Oberhof in Büdingen. Denkmalpflegerische Begleitung der Renovierungs- und Restaurierungsarbeiten am Oberhof zu Büdingen, Obergasse 23. In: DiH 2, 1992, S. 2–16.

NIESS, Walter: Das „Steinerne Haus" in Büdingen. Neue Untersuchungen zu seiner Geschichte. Büdingen 2006.

75. Ronneburg, Altwiedermus: Ronneburg

DECKER, Hans Peter u. Ulrich G. GROSSMANN: Die Ronneburg (Burgen, Schlösser und Wehrbauten in Mitteleuropa Bd. 6). Regensburg 2000.

NIESS, Peter: Die Ronneburg. Eine Fürstlich Ysenburgische Burg und ihre Baugeschichte. Braubach 1936.

DERS.: Siebenhundert Jahre Ronneburg. In: BGbl. III/IV, 1959/61, S. 9–44.

NIESS, Walter: Die Ronneburg. Von der Fliehburg zum Renaissance-Schloss. Büdingen 2007.

76. Gelnhausen: Kaiserpfalz

BILLER, Thomas: Kaiserpfalz Gelnhausen. Die vor 1170 gegründete und 1180 fertiggestellte Pfalz des Stauferkaisers Friedrich I. Barbarossa (EVSSGH 7). Regensburg 2000.

BINDING, Günther: Pfalz Gelnhausen. Eine Bauuntersuchung (Abhandlungen zur Kunst-, Musik- und Literaturwissenschaft 30). Bonn 1965.

NIESS, Walter: Burg Gelnhausen mit der Kaiserpfalz in nachstaufischer Zeit 1250–1900. In: Geschichtsblätter für Stadt und Altkreis Gelnhausen 1990/91, S. 17–102.

STRICKHAUSEN 1998, S. 247–249.

77. Langenselbold: Jagdschloss

D&K 1/2006, S. 22.

DUMMER, Julia: Peking in Langenselbold. In: D&K 2/2007, S. 9–15.

WOLF, Inge: Christian Ludwig Hermann – Baudirektor am Hanauer Hof. In: HGbl. Bd. 30, 1988, S. 445–556, hier S. 467–473.

78. Nidderau, Windecken: Burg Wonnecken

WORBS, Bert: Die Burg in Windecken. In: Stadt Windecken 1288–1988. Historische Festschrift zur 700-Jahr-Feier der Stadterhebung. Nidderau 1988, S. 64–78.

DERS. 1988 (wie VI.), S. 383–399.

VII. IN DER DREIEICH

ENDERS, Siegfried: Landkreis Darmstadt-Dieburg, hg. v. Landesamt für Denkmalpflege Hessen (DBD, KiH). Braunschweig, Wiesbaden 1988.

HERCHENRÖDER, Max: Die Kunstdenkmäler des Landkreises Dieburg (Die Kunstdenkmäler in Hessen). Darmstadt 1940.

SIEBERT, Gisela: Jagd und Jagdhäuser in Hessen-Darmstadt. Stuttgart 1972.

SÖDER, Dagmar: Kreis Offenbach, hg. v. Landesamt f. Denkmalpflege Hessen (DBD, KiH). Braunschweig, Wiesbaden 1987.

79. Mörfelden-Walldorf: Jagdschloss Mönchbruch

SIEBERT 1972 (wie VII.), S. 88–90.

80. Dreieich, Dreieichenhain: Burg Hayn

BÖHME, Horst Wolfgang: Kritische Bemerkungen zur salischen Turmburg von Dreieichenhain und ihrer Vorgängerbauten. In: Hessisches Jahrbuch für Landesgeschichte 55, 2005, S. 251–262.

DREIEICHENHAIN im Wandel. 750 Jahre Stadt im Zentrum Europas, hg. v. Cives in Hagen, Geschichts- und Heimatverein. Dreieichenhain 2005.

NAHRGANG, Karl: Dreieichenhain – Königshof, Burg, Stadt. In: BuS 1970/II, S. 51–60.

SCHMIDT, Gernot (Bearb.): Dreieichenhain. Beiträge zur Geschichte von Burg und Stadt Hayn in der Dreieich. Dreieich 1979.

81. Heusenstamm: Schloss Schönborn

BRONNER 1934, S. 322.

SÖDER 1987 (wie VII.), S. 171–173.

82. Babenhausen: Schloss

ARENS 1977 (wie 12.).

DÖRR, Hans: Grafen, Vögte, Ackerbürger. Neue Erkenntnisse zur Geschichte von Schloss, Amt und Stadt Babenhausen aus Urkunden des 16., 17. und 18. Jahrhunderts (Babenhausen einst und jetzt, Bd. 30). Babenhausen 2002.

FRANZ, Eckhart G.: Burg – Residenzschloss – Festung. Babenhausen unter den Grafen von Hanau. In: AHG NF 59, 2001, S. 91–106.

GUTBIER 1973, S. 174–184.

LÖTZSCH, Klaus u. Georg WITTENBERGER: Beiträge zur Geschichte der Grafschaft Hanau-Lichtenberg (= Babenhausen einst und jetzt Bd. XXXI, 2004). Babenhausen 2004.

MOHRHAUPT, Wilhelm: Die Herren von Hagen-Münzenberg und Babenhausen in seiner Frühzeit. In: Babenhausen einst und jetzt 14:5–34, 1986, S. 5–33.

83. Dieburg: Wasserburg und Albini-Schloss

PRÜSSING, Peter: Die staufische Wasserburg von Dieburg, Kreis Darmstadt-Dieburg. Die Dieburg nach den Ergebnissen einer Ausgrabung im nordwestlichen Burgbereich im Jahre 1991 (ADH 97). Wiesbaden 1992.

DERS.: Die Wasserburg von Dieburg, Lkr. Darmstadt-Dieburg, nach Ergebnissen einer Ausgrabung im nordwestlichen Burgbereich in den Jahren 1991 und 1992. In: Der Odenwald 44, 1997, Heft 3, S. 83–104.

STEINMETZ, Thomas: Dieburg in der Reichslandpolitik Kaiser Friedrich Barbarossas. In: Der Odenwald 44, 1997, Heft 3, S. 105–133.

84. Dieburg: Schloss Fechenbach

D&K 1, 2008, S. 13f.

DIEL, Karl: Die Freiherren von Fechenbach. Ihr Wirken in Kirche und Staat (Veröffentlichungen des Geschichts- und Kunstvereins Aschaffenburg e. V. 1). Aschaffenburg 1951.

85. Braunshardt: Lustschloss

VOLZ, Helmut, Monika WEHNL, Gerda VOLZ u. Walter HESS: Braunshardt und sein Schloß in zeitgenössischen Schilderungen. Braunshardt 1985.

LICKES, Harald: Schloss Braunshardt bei Weiterstadt. Eine „Maison de plaisance“ des Rokoko. In: D&K 1/2000, S. 2–4.

86. Groß-Gerau, Dornberg: Wasserburg und Fasanerie

KUNZE 1969, S. 61–62.

SIEBERT 1972 (wie VII.), S. 91.

VIII. DIE LANDGRÄFLICHE RESIDENZSTADT DARMSTADT

DARMSTADT in der Zeit des Barock und Rokoko. Ausstellungskatalog hg. v. Magistrat der Stadt Darmstadt. 2 Bde., Darmstadt 1980.

FRANZ, Eckhart G. (Hg.): Darmstadts Geschichte. Fürstenresidenz und Bürgerstadt im Wandel der Jahrhunderte. Darmstadt 1980.

POSTINA: Stadt Darmstadt (DBD, KiH). Braunschweig, Wiesbaden 1994.

HAUPT, Georg: Die Bau- und Kunstdenkmäler der Stadt Darmstadt. Darmstadt 1952.

SCHEPERS, Wolfgang: Darmstädter Gärten des 18. Jahrhunderts. In: DARMSTADT 1980, Bd. 1, S. 314–326.

WOLF, Jürgen Rainer: Darmstadt – Fürstenresidenz und Bürgerstadt. In: DARMSTADT 1980, Bd. 1 (wie VII.), S. 278–305.

87. Residenzschloss

DEMANDT 1990, S. 69 ff.

KRESS, Sandra: Georg Moller und das Residenzschloss in Darmstadt. In: D&K 4/2004, S. 15–19.

ZIMMERMANN, Georg: Das Darmstädter Schloß und seine Baugeschichte. Darmstadt 1978.

88. Prinz-Georg-Palais und Garten

BIEHN, Heinz: Das Prinz-Georg-Palais. München, Berlin 1963.

CLAUSMEYER-EVERS, Bettina: Der Prinz-Georg-Garten Darmstadt. Formal gestalteter Lust- und Nutzgarten des Prinzen Georg-Wilhelm von Hessen-Darmstadt (EVSSGH 21). Regensburg 2004.

89. Bessungen: Orangerie

SCHEPERS 1980 (wie VIII.), S. 314–317.

90. Bessungen: Prinz-Emil-Schlösschen und Park

SCHEPERS 1980 (wie VIII.), S. 323–324.

91. Jagdschloss Kranichstein

CLAUSMEYER-EWERS, Bettina: Wildpark und Schlossgarten Kranichstein. München, Berlin o. J.

REEPEN, Iris: Museum Jagdschloss Kranichstein. München, Berlin 2002.

SIEBERT 1972 (wie VII.), S. 25–31, 43–44 u. 49–50.

Und im Netz:

Zu Renaissanceschlössern in Hessen die Seiten eines beim Germanischen Nationalmuseum Nürnberg angesiedelten DFG-Projektes von G. Ulrich Großmann u. a.: Online-Katalog der hessischen Renaissanceschlösser 2005:
http://forschung.gnm.de/ressourcen/schloesser/index.htm

Zu Burgen im Taunus:
www.netzwerk-taunus-burgen.de

Zu Burgen und Schlössern der Staatlichen Schlösser und Gärten Hessen:
www.schloesser-hessen.de

Zahlreiche hessische Burgen sind auch zu finden bei:
www.burgenwelt.de

Abschnittsburg: Burganlage mit mehreren selbstständig befestigten Bereichen, die durch Gräben voneinander getrennt sind

Abschnittswall: Variante einer Wallbefestigung, vornehmlich der Vor- und Frühgeschichte, bei der meist ein Bergsporn an seiner zugänglichen Seite gegen das Hinterland mit einem Wall oder einer Mauer geschützt wird

Achse: gedachte Linie durch ein Gebäude, meist als Symmetrie-Achse. Im Aufriss ist ein Fassadenelement gemeint, dessen gleichartige vertikale Reihung den Fassaden-Aufriss ergibt.

Altan: balkonartiger Austritt mit Stützen- oder Mauerverbindung zum Erdboden

Appartement: Folge von Räumen, die einen gemeinsamen Zweck haben, wie etwa Wohnung, Gesellschafts- oder Empfangsräume

Apsis: Abschluss des Chores, meist halbkreisförmig oder polygonal gebrochen.

Arkade: auf Pfeilern oder Säulen ruhender Bogen

Attika: eine Wand, die über dem Abschlussgesims eines Gebäudes steht, selten ein Halbgeschoss, oft nur zur optischen Verdeckung eines dahinter befindlichen Daches dienend

Barbakane: Torzwinger

Bastion: aus der Umfassungslinie einer Festung hervorstehendes, aus vier Linien bestehendes, hinten offenes Werk

Batterie: dauernde oder zeitweise Zusammenstellung mehrerer Geschütze. Die Stellung kann in Erde oder Stein aufgeführt sein und wird ebenfalls Batterie genannt.

Bergfried: meist höchster Turm (Hauptturm) einer Burg, der Verteidigungszwecken und nicht Wohnzwecken diente. Nur selten wurde er als letzte Zuflucht genutzt.

Blendbogen, Blendarkade: Bogen oder Arkade, die keine Öffnung überdeckt, sondern einer Wand als Gliederungselement vorgelegt ist

Bosse: Werksteinquader mit scheinbar unbearbeiteter Sichtseite

Burggraf: Befehlshaber einer größeren landesherrlichen Burg, der auch die Gerichtsbarkeit im zugehörigen Gebiet wahrnimmt

Butterfassturm: Turm mit einem kleinen aufgesetzten Turm, sodass die Silhouette eines Butterfasses entsteht

Chor: ehemals den Geistlichen vorbehaltener Raum einer Kirche

Contrescarpe: die äußere Grabenböschung oder auch die Gesamtheit der Werke des Grabens, die jenseits des inneren Randes des Grabens auf der Angriffsseite liegen

Dendrochronologie: beruht auf der Erkenntnis, dass Bäume in Jahresringen wachsen, die sich alle voneinander unterscheiden, bei den Bäumen einer Art und Region aber für dasselbe Jahr gleich breit oder schmal sind. Es entsteht eine charakteristische Abfolge, anhand derer es möglich ist, von der Gegenwart ausgehend eine Kurve zu entwickeln, mit der eine genaue Datierung der Fällung des Baumes möglich ist. Da Bäume im Allgemeinen frisch verarbeitet wurden, kann man mit einem Holzrest in einer Mauer oder in einem Dachwerk oft das ganze Gebäude datieren.

Enceinte: Umwallung einer Festung

Escarpe: Außenseite eines Festungswerkes

Enfilade: Zimmerflucht, bei der die Verbindungstüren in einer Achse liegen

Fassung: ein- oder mehrfarbige Oberflächenbehandlung, etwa ein Fassadenanstrich oder die Bemalung einer Skulptur

Fort: Kleine, selbständige, rein militärische Befestigung, die sich oftmals als vorgeschobenes Werk größerer Festungen findet

Fresko: Bild, das ohne Bindemittel auf den noch feuchten Putz aufgetragen wird und sich so mit diesem beim Trocknen dauerhaft verbindet

Ganerben: An- oder Miterben, eine Art Erbengemeinschaft einer Burg, die zum Beispiel gemeinsam eine Burg bewohnten oder Besitzanteile an ihr hatten

Gebälk: Gesamteinheit der über Säulen, Pfeilern oder Pilastern der Säulenordnungen durchlaufenden Steinlagen

Gekuppelt: gedoppelt, unmittelbar nebeneinander stehende oder zusammengehörende Bauelemente wie etwa Fenster oder vor allem Säulen

Gesims: Architekturglied zur horizontalen Unterteilung einer Fassade. Es gibt Fuß-(Sockel-), Gurt-(Geschoss-), Sohlbank- und Dachgesimse.

Glacis: Vorfeld einer Festung, meist als flacher Wall mit Schützengang und Waffenplätzen ausgeführt

Gürtelfestung: Festung mit einem weit vorgeschobenen Außenring von Forts und Vorwerken

Halsgraben: besonders tiefer und steiler Graben, der die auf einem Bergsporn errichtete Burg vom Hauptberg wie ein Hals den Kopf vom Korpus abtrennt

Heimfall: Einzug des Lehnsbesitzes durch den Lehnsherrn nach Aussterben der Familie der Lehnsnehmer

Kaponniere (Grabenkoffer): niedriges, im Graben liegendes, kasemattiertes Bauwerk zur Flankierung der Enceinte; typisches Element im Festungsbau des 19. Jh.

Kasematte: Gewölbe in Wällen und Bollwerken, in denen Geschütze aufgestellt und Bereitschaftsräume untergebracht werden

Kernburg: innerer Bereich einer Burg, oft mit Bergfried und Palas oder Wohnturm

Kolossalordnung: Säulen oder Pilaster, die über mehrere Geschosse einer Fassade reichen

Kommende: Sitz der untersten Verwaltungseinheit bei den Ritterorden, auch Komturei genannt

Kragen, vorkragen: aus der Mauer vorstehende waagerechte Stützen, etwa Balken oder Konsolen, die einen vorstehenden Bauteil tragen

Krenelierung: mit Schießscharten versehene Mauer

Kurfürst: Reichsfürst, der das Recht hat, den römisch-deutschen König/Kaiser zu wählen. Ursprünglich gab es sieben Kurfürsten, deren Anzahl in der „Goldenen Bulle“ von 1356 festgelegt wurde. Es gab vier weltliche (Pfalz, Meißen/Sachsen, Brandenburg, Böhmen) und drei geistliche (Erzbischöfe von Mainz, Köln, Trier) Kurfürsten. Seit dem 17. Jh. kamen eine achte (Bayern) und neunte (Hannover) Kurwürde hinzu. Gegen Ende des alten Reiches erlangten auch noch weitere Staaten die Kurwürde, so Hessen-Kassel.

Kurtine: Wall-/Mauerabschnitt

Laibung: innere Mauerfläche bei Wandöffnungen

Landwehr: aus Wällen und Gräben bestehende Befestigung größerer räumlicher Bezirke (Kirchspiele, Gerichte, städtische Feldmark, Territorium).

Laterne: runder oder mehreckiger Aufbau in der Mitte oder der höchsten Stelle auf einem Dach oder einer Kuppel

Mainzer Stiftsfehde: Machtkampf um den Erzbischofsstuhl von Mainz zwischen Adolf II. von Nassau als päpstlichem Kandidaten und dem vom Domkapitel gewählten Diether von Isenburg. Diether unterlag der Koalition seiner Gegner, wurde aber mit dem Besitz mehrerer Burgen entschädigt. Nach dem Tod Adolfs wurde er erneut Erzbischof von Mainz.

Manier: Befestigungsweise. Man unterscheidet verschiedene Befestigungs-Manieren, so z. B. die bastionäre Manier oder die polygonale Manier (19. Jh.).

Mansarddach: nach dem französischen Baumeister J. H. Mansart (1645–1707) benanntes, geknicktes Dach mit steiler Neigung im unteren Teil und dadurch gut auszunutzendem Dachraum

Marstall: Stall für Pferde

Mezzanin: Zwischen- oder Halbgeschoss

Ministeriale: Unfreie im höheren Hof- und Kriegsdienst, die sich in Macht, Einfluss und Ansehen von den niederen Dienstleuten abhoben. Im 12. Jahrhundert gewinnen die Ministerialen sprunghaft an Gewicht und Bedeutung. Im 13. Jahrhundert schließen sie zum Adel auf und gehören später zum niederen Adel. Teilweise scheinen sich Adlige sogar in den Rang eines Ministerialen begeben zu haben.

Motte: Burganlage mit einem bewohnbaren Turm, der auf einem künstlichen Hügel steht und von einem Graben umgeben ist

Neudeutsche Festungsbaukunst: Während und nach den Napoleonischen Kriegen entwickeltes Befestigungssystem polygonaler Manier, das weitgehend auf Bastionen verzichtete und den Schwerpunkt der Verteidigung auf Kaponnieren legte

Okulus: Rundfensterchen

Öffnungsrecht: vertraglich gesicherter Zugang des Lehnsherren zu einer verlehnten Burg im Kriegsfall. Es konnte auch bei nicht eigenen Burgen erworben werden, etwa durch Anteilskauf oder Gewalt.

Pfalz: Herrschaftssitz des deutschen Königs und anfänglich nicht befestigt

Polygonal: mehreckig

Portikus: von Säulen getragener Vorbau eines Bauwerkes

Ravelin: vorgeschobenes Werk zur Sicherung einer Kurtine

Reichskrieg gegen die Falkensteiner: Aus einem Konflikt zwischen den Herren von Hanau und von Falkenstein entstand 1365 nach einem Landfriedensbruch Philipps VI. von Falkenstein ein Reichskrieg, der vom Wetterauer Reichslandvogt Ulrich III. von Hanau gegen Philipp geführt wurde und zur Niederlage der Falkensteiner führte.

Reichslandvogt: vom König/Kaiser an einzelne Hochadelige verliehenes Amt zur Wahrung des Landfriedens

Risalit: aus der Fluchtlinie hervortretender Teil eines Gebäudes, der dessen volle Höhe erreicht oder auch höher ist, mit einer eigenen Verdachung; meist als Mittel- oder Eckrisalit ausgebildet.

Rondell: runde Artillerieplattform, die die Kurtine nur wenig oder nicht überragt

Satteldach: Giebeldach, bei dem zwei geneigte Dachflächen gegen einen gemeinsamen First stoßen

Schalenturm: Turm im Verlauf einer Mauer, der zur Innenseite hin offen ist, dort also keine Mauer hat

Schildmauer: Mauer, die gleich einem Schild besonders hoch und kräftig vor einer Burg steht

Segmentbogen: Flachbogen, da nur aus dem Teil (Segment) eines Kreises gebildet

Segmentgiebel: im Gegensatz zum Dreiecksgiebel nicht mit einem Dreieck verdacht, sondern mit dem Segment eines Kreises

Spolien: wiederverwendete ältere Bauteile

Supraporte: Bild über einer Tür

Tenaille: zangenförmiges Werk

Vorburg: vor der Hauptburg (oft tiefer) gelegener, befestigter Bereich, der vornehmlich Wirtschaftsbauten aufnimmt.

Walmdach: im Gegensatz zum Satteldach befinden sich hier an den Seiten keine Giebel, sondern das Dach ist hier ebenfalls abgeschrägt.

Wetterauer Grafenverein: Zusammenschluss verschiedener Grafen- und anderer Adelsfamilien in Mittelhessen zur Wahrung des Landfriedens und gegen die Expansion der Landgrafen von Hessen

Zeughaus: Waffenlager

Zwerchhaus: Querhaus an Dächern, das sich am Dachansatz erhebt und nicht zurückgesetzt ist

Zwinger: Bereich zwischen der Ringmauer und einer weiteren, äußeren Mauer oder einem weiteren äußeren Wall

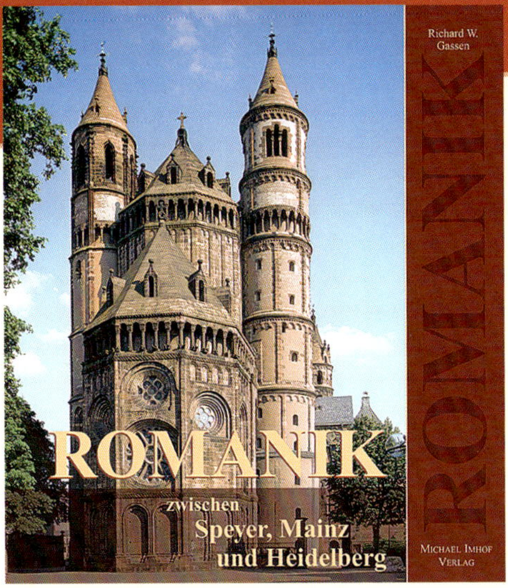

Richard W. Gassen

ROMANIK
zwischen Speyer, Mainz und Heidelberg

22 x 25 cm, 200 S., 360 Farbabb., Hardcover
ISBN 978-3-86568-133-1
19,95 €

Richard W. Gassen

ROMANIK IN DER PFALZ

16,5 x 24 cm
272 S., 563 Abb., Broschur
ISBN 978-3-86568-132-4
19,95 €

Michael Imhof

DIE KIRCHEN IM MITTELRHEINTAL

Führer zu den Bauten des UNESCO Welterbes Mittelrhein

12 x 22 cm, 168 Seiten
636 Farbabb., Broschur
ISBN 978-3-86568-237-6
9,95 €

Christian Ottersbach

BEFESTIGTE SCHLOSSBAUTEN IM DEUTSCHEN BUND 1815–1866

22 x 30 cm, 288 S., 278 Abb.
ISBN 978-3-86568-066-2
49,95 €